酒井芳司　著

大宰府の成立と古代豪族

同成社　古代史選書 49

目次

序章　大宰府成立史への本書の視点

一　近世における大宰府研究と福岡藩による遺跡の保護

大宰府は、その成立期も含めると、七世紀から十二世紀の九州北部にあって、国防と外交、西海道と呼ばれた九国三嶋（天長元年［八二四］に多褹嶋が大隅国に併合された後は九国二嶋となる）の統治を掌った最大の地方官衙である。[1]鎌倉時代に、大宰府の機構が少弐武藤氏に掌握された後も、十四世紀まで大宰府は命脈を保った。その遺跡は、現在の福岡県太宰府市に所在する大宰府政庁跡を中心に広がり、大宰府史跡と総称されている。大宰府政庁は十二世紀前半にその役割を終えて以降、人々の記憶から忘れ去られていった。文明十二年（一四八〇）には連歌師の飯尾宗祇が『筑紫道記』に「天智天皇の皇居木の丸どの の跡（大宰府政庁跡を指す）に馬をとゞむ。境内皆秋の野らにて、大き成礎の数をしらず」と記す（塙保己一編『群書類従　第十八輯　日記部／紀行部』続群書類従完成会、一九七七年訂正三版、六五九頁）。大宰府は、ただ地上に礎石を残すのみとなっていた。

大宰府の研究は、江戸時代、福岡藩の命を受けた貝原益軒・貝原好古が撰した『筑前国続風土記』などの地誌の編纂に端を発し、史料や現地調査にもとづく実証的な研究が行われた。福岡藩は大宰府跡の顕彰と保護に努めたのであり、江戸時代における大宰府の研究は文献史料と遺跡の調査を総合したものであった。[2]文献史料の収集・研究と遺跡の発掘調査を両輪とする大宰府の研究は近代以降、「大宰府学」「太宰府学」とも呼ばれて[3]今日に至るまで継承され、多くの成果を蓄積してきた(4)。

福岡藩の儒学者であった貝原益軒（一六三〇―一七一四）は甥の好古（一六六四―一七〇〇）とともに撰した『筑前国続風土記』（宝永六年［一七〇九］完成）に現地調査をふまえた詳細な記録を残した。元禄元年（一六八八）、福岡藩に筑前国の地誌編纂を願い出て許可された益軒は、藩内を踏査し、現地の人々に聞き取り、自ら資料を集めた。益軒は大宰府跡や水城跡、大野城跡などでも現地に赴き、記録を残している。大宰府政庁跡では礎石を調査し、「大門」「大厦」「都府楼（正殿跡のこと）」等、具体的に建物を比定し、都府楼跡には三十個の礎石があると記録している。

また、寛政五年（一七九三）、福岡藩第九代藩主黒田斉隆の時代には、現地に残る礎石を除去することを禁止し、詳しい礎石の配置図（総礎石数百五十六個）を作成するなど、福岡藩は大宰府の遺跡を保存しようとした。さらに文化三年（一八〇六）に『大宰府旧跡全図』、文政三年（一八二〇）に『文政三庚辰年三月観世音寺村之内旧跡礎現改之図』などが作成され、大宰府の研究と保存の動きが進められた。福岡藩士で伊勢国松坂の本居宣長に国学を学んだ青柳種信（一七六六―一八三五）は、児玉琢、長野種正、佐伯佐七郎を助手として『筑前国続風土記拾遺』を編纂した。種信をはじめとする編纂者が完成前に病没したため、未完成となったものの、『筑前国続風土記』や福岡藩士の加藤一純・鷹取周成編『筑前国続風土記附録』（寛政十年［一七九八］完成）よりも徹底的に古文書を調査し、もれた古文書を収載するなど地誌としての充実をはかった。文政三年の礎石改めの図には政庁跡には総数二〇三個（実数二〇二個）の礎石が描かれ、その位置も正確で、現在では失われた礎石も多くみえる。この絵図は種信が所持していたとみられ、これをもとに種信は的確に建物を比定しながら、『筑前国続風土記拾遺』の「大宰府官舎古址」部分を執筆した。

さらに筑前国鞍手郡の古物神社の神官であった伊藤常足（一七七四―一八五八）は、種信に国学を学び、後に京都や伊勢で宣長の実子の春庭や養子の大平、伴信友ら国学者と交流した。常足は広範に文献を収集し、三十七年の歳月をかけて、大宰府が統治した九州全域の地誌である『太宰管内志』を編纂し、天保十二年（一八四一）に完成させた。本書は地理や歴史研究の基本史料集として今日もなお参照され続けている。常足は大宰府については『太宰府徴』という史料集を別に編纂しており、大宰府に関する文献史料の収集に功績があった。

しかし幕末から明治期にかけて、ふたたび大宰府は歴史のはざまに埋没していく。明治政府のもとでは福岡藩による大宰府の保護政策は継承されず、残っていた礎石は庭石などとして勝手に持ち去られ、文政三年に二〇三個を数えた礎石は『靖方溯源』によると、明治二十三年（一八九〇）には一〇五個と半減してしまった。

二　史跡保存と大宰府の発掘調査の開始

近代考古学により大宰府に最初の光を当てたのは、修猷館（現在は福岡県立修猷館高等学校）の教師であった池上年氏である。池上氏は、トランシットやポールを用いた近代的な調査法により測量を行うとともに、遺存していた礎石を実測して建物の復元を試みた。(5) ついで、九州大学の鏡山猛氏も大宰府の研究を推進した。鏡山氏は江戸時代の古図などを参照しながら現地調査を行い、大宰府政庁建物群の復元案を提示した。(6) この復元案は、一九六八年より始まった福岡県教育委員会および、これを引き継いだ九州歴史資料館による発掘調査において直接的な指針として大いに活用されることとなった。

大宰府史跡の発掘調査は、史跡の保存と密接なつながりを持っている。(7) 一九五〇年代末から六〇年代にかけて、大宰府史跡の周辺で大規模な宅地開発が相次いで計画されたため、福岡県の申請を受けて、文化財保護委員会（一九六八年以降は文化庁）は、一九六六年に史跡指定地の拡大を決定した。しかし、史跡指定地の国による買い上げが進まず、財政が圧迫されていた太宰府町（現在は太宰府市）や、補償もないまま、私権を抑制され、納税の義務をはたしながらも、史跡の大切さを認識し、努力して遺跡を守ってきた地元の人々は、いっせいに反対する声を上げた。この後、国、福岡県、太宰府町、地元の人々の間では四年間におよぶ議論がかわされることになる。

史跡指定地拡大に反対する地域の人々の理解を得るために大きな役割をはたしたのが、大宰府史跡の発掘調査である。福岡県教育委員会は、一九六八年七月一日、十名の学識経験者からなる大宰府史跡発掘調査指導委員会（現在は大宰府史跡調査研究指導委員会）を設置し、調査担当者として、奈良国立文化財研究所（現在は奈良文化財研究所）から藤井功氏を迎えた。十月十九日に鍬入れ式を行い、十二月三日から調査が始まった。藤井氏は、地域の人々に調査員として発掘に参加してもらうとともに、地元の人々に溶け込んで調査し、その熱心な指導が、実際に次々に明らかになる画期的な成果と相まって、地域の人々の史跡への理解を深めた。やがて史跡保存の合意に向けた空気が醸成されていき、一九七〇年九月二十一日、新たな史跡指定が告示されるに至ったのである。

発掘調査は、一九七二年四月一日に福岡県が設置した九州歴史資料館が引き継ぎ、五十年にわたって調査が続けられてきた。発掘開始にいたる経緯を振り返る時、行政や研究者だけではなく、地元の人々の理解と協力があって、史跡が守られ、調査が行われてきたこと、そして調査成果によって地域社会の史跡への理解が深まり、それによって遺跡が地元の人々に大切にされていくという理想的な循環が出来上がってきたことを忘れてはいけない。その循環こそが、地域の宝である遺跡を未来へと受け継いで行くことにつながるのであり、実際、今日でも太宰府市では、市民とともに遺跡を守り伝える取り組みがさかんに行われ続けているのである。(8)

三　大宰府の発掘調査成果

一九六八年に始まった大宰府史跡の発掘調査は、それまで知られていなかった大宰府の姿を明らかにしてきた。(9)第一次調査において早々に、大宰府政庁の遺構が三時期あり、現在、地表面にみえる礎石が、藤原純友の乱で八世紀造営のⅡ期政庁が焼失した後、十世紀後半に再建されたⅢ期政庁のものであることや、礎石建ち瓦葺きのⅡ期政庁以前

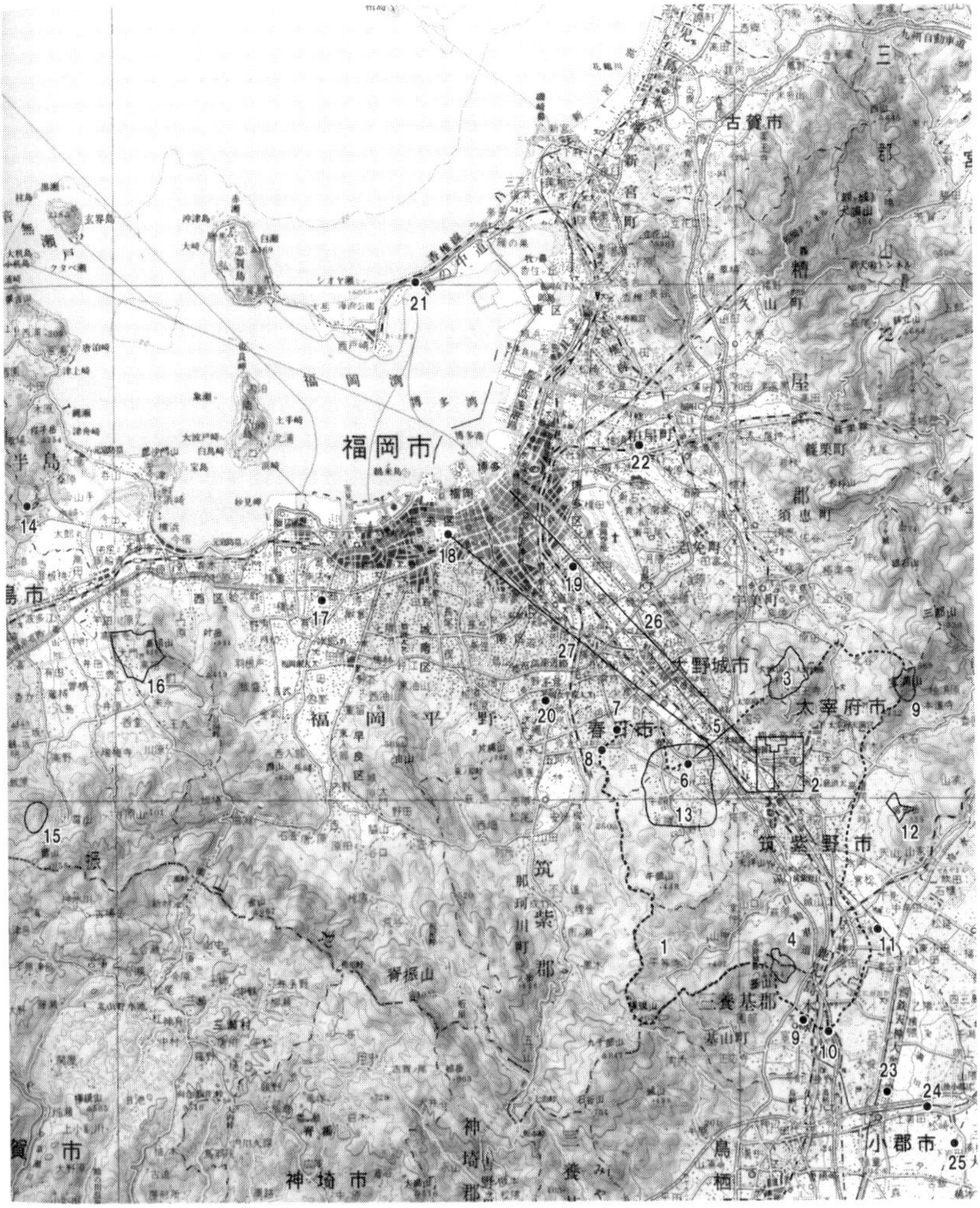

1．大宰府外郭線推定線（阿部義平 1991「日本列島における都城形成」図に基づく）　2．大宰府跡【特別史跡】　3．大野城跡【特別史跡】
4．基肄城跡【特別史跡】　5．水城跡（水城大堤）【特別史跡】　6．上大利水城（小水城）【特別史跡】　7．大土居水城（小水城）【特別史跡】
8．天神山水城（小水城）【特別史跡】　9．とうれぎ土塁　10．関屋土塁　11．前畑遺跡　12．阿志岐山城跡【史跡】
13．牛頸須恵器窯跡【史跡】　14．元岡・桑原遺跡群　15．雷山神籠石【史跡】　16．怡土城跡【史跡】　17．有田・小田部遺跡
18．鴻臚館跡【史跡】　19．比恵遺跡【史跡】・那珂遺跡　20．老司瓦窯跡【史跡】　21．海の中道遺跡　22．阿恵官衙遺跡【史跡】
23．小郡官衙遺跡【史跡】　24．上岩田遺跡【史跡】　25．下高橋官衙遺跡【史跡】　26．水城東門ルート　27．水城西門ルート

図 1　大宰府関連遺跡分布図

（九州歴史資料館編『大宰府外郭線Ⅰ』2023 年より）

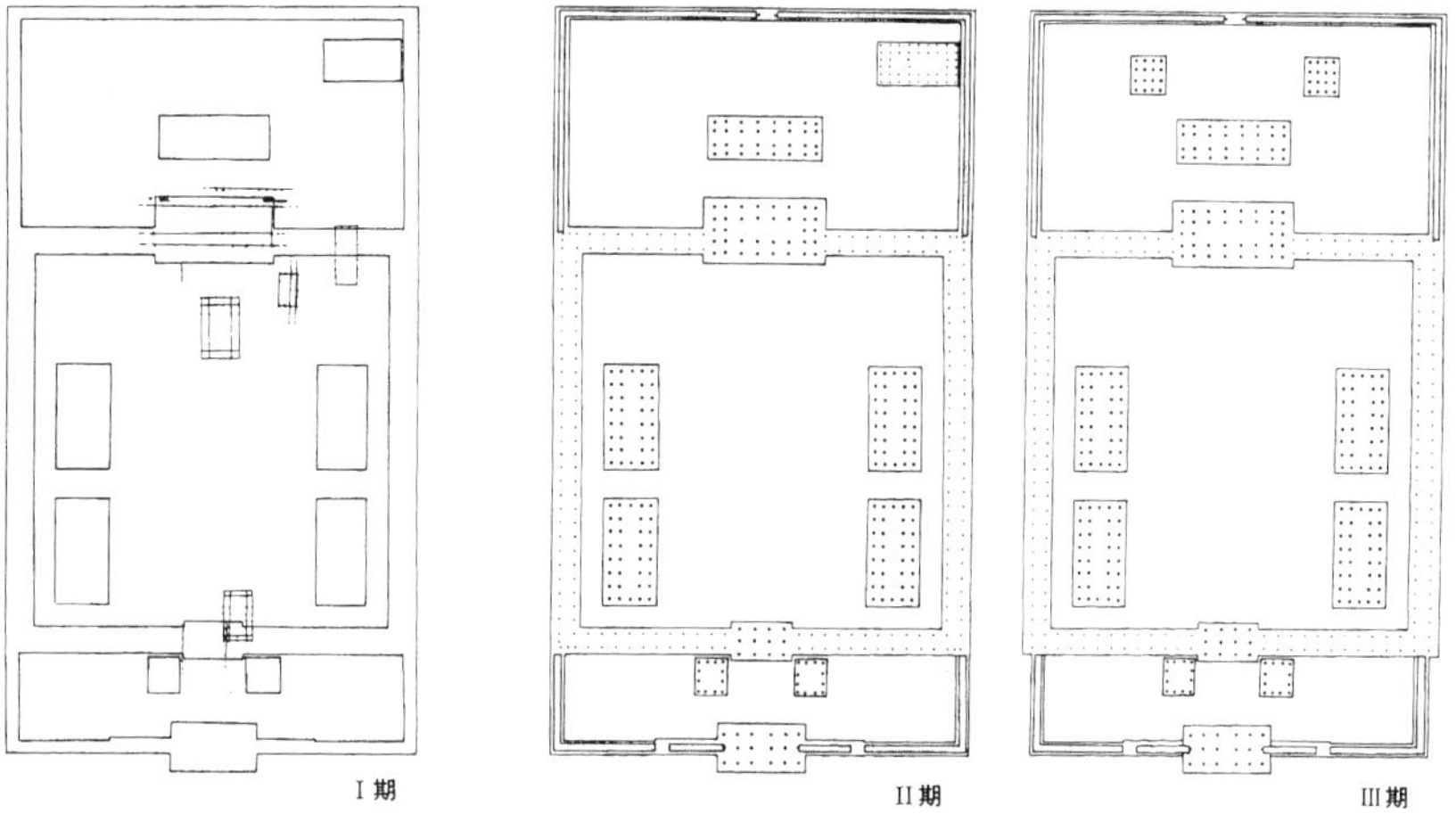

図２　大宰府政庁期別変遷図
（九州歴史資料館編『大宰府政庁跡』2002 年より）

図３　大宰府政庁周辺官衙配置図
（九州歴史資料館編『大宰府政庁跡』2002 年を改変）

に、掘立柱建物のⅠ期政庁の遺構があり、白村江の戦いの敗戦後、天智朝に建てられたとみられることなど画期的な成果があった。その後の調査で、Ⅰ期は天智朝に創建された古段階と、持統天皇三年（六八九）の飛鳥浄御原令施行にともなうと考えられる新段階に分かれることも明らかになっている。

政庁周辺の官衙の調査も行われ、周辺官衙域（府庁域）が、政庁跡南側の東西道路を越え、南側正面の広場をはさんで東西に日吉地区・不丁地区等があり、これに東側の学校院や西側の来木地区の工房を含む逆凸字型に存在することも明らかになった⑽。

観世音寺やその子院の推定金光寺跡の他、筑前国分寺、般若寺など、大宰府にあった古代・中世の寺院の調査も行われ、その姿が明らかにされてきた。観世音寺では、金堂と講堂の建てられた時期に差があることや、現在、地表面にみえる講堂の礎石の下に創建期の講堂の遺構があることなど、新たな成果が上がった。筑前国分寺でも、八世紀中頃から十一世紀におよぶ僧寺の伽藍の変遷や配置が解明され、近年、その西側で太宰府市教育委員会により尼寺の調査も進んでいる。

さらに七世紀後半に大宰府の周辺に築かれた水城、大野城、基肄城についても調査が進められた。水城については、土塁の築造方法や、博多湾側にあった幅六〇メートルの水濠の存在が明らかになり、木樋などの導水施設や西門の時期変遷と構造が解明されてきた。近年、太宰府市教育委員会の調査で、東門の位置も特定されるに至り、その全容がかなり明らかになっている。東西の門を官道が通ることが知られており、西門から鴻臚館に向かう官道と西門との関係は、大野城市教育委員会が調査を進めており、東門付近と異なる様相もみえ、新たな課題が生まれつつある。西門周辺の外濠の様子も広い濠がある東門付近とは異なるようであり、この点も課題を残している。

大野城跡は、従来、倉庫群や太宰府口城門の調査が行われてきたが、二〇〇三年七月十九日の豪雨災害の復旧工事に向けた調査によって、従来知られていた四つの城門に加えて、新たに五つの城門が発見されるなど、大きく解明が進んだ。そして倉庫群の時期変遷も明らかにされ、約七十棟の倉庫が立ち並ぶ姿は、奈良時代以降のもので、創建当初とは異なることも明確になってきたのである。(11)また大宰府の外郭は、阿部義平氏により「大宰府羅城」の存在が提唱されていたが、(12)東側には防衛施設がみつかっていなかった。しかし、一九九九年に筑紫野市の宮地岳において、阿志岐城跡が発見され、筑紫野市教育委員会の調査で、大宰府政庁から豊前に向かう道を押える役割があったと考えられている。(13)さらに、筑紫野市前畑遺跡での土塁の発見をきっかけに、大宰府の外郭についての調査研究も、九州歴史資料館を事業主体とし、大宰府外郭線の範囲として想定されている自治体、すなわち福岡県筑紫野市・春日市・大野城市・太宰府市・那珂川市・糟屋郡宇美町・小郡市と佐賀県・佐賀県三養基郡基山町の協力を受けて、二〇一六年度から二〇二二年度まで現地踏査や図上検討、太宰府市内や小郡市内の土塁状遺構の可能性が想定された場所の発掘調査が実施された。現在までの調査では、外郭線の想定ライン上においては、既知の水城や古代山城、前畑遺跡を含む古代の土塁以外では、確実な古代の土塁状遺構は確認できなかった。(14)

政庁や周辺官衙、寺院、外郭の防衛施設など、古代都市としての大宰府を特徴づける個々の遺跡の調査の他、都城の都市的空間の特徴の一つとして知られる、道路等によって区画された方画地割と地割内の土地の所在を数字の位置表示によって把握する条坊制も解明されつつある。鏡山猛氏は「観世音寺文書」他の古文書にみえる条坊に関する史料と遺存する地割等から東西各十二坊、南北二十二条の条坊制を復元し、一つの条坊域は条里制と同じく一町（一〇八メートル）四方とした。(15)大宰府史跡の発掘調査も、鏡山条坊案にもとづいて行われた。条坊プランは、その後の調査研究の進展によって、現在は、井上信正氏の一区画を大尺二五〇尺（九〇メートル）四方とし、右郭八坊、左郭十二坊、南北二十二条からなる条坊復元案が、(16)発掘調査の成果ともよく合って有力視されている。

このような都城とも比較しうる整然とした条坊プランを大宰府が持つことは、国府や郡衙と比較する時、古代の地方都市としては特殊であることが浮き彫りとなる。日本列島で最初の中央集権国家である律令制国家は、列島の地域社会にそれまでにない均質な制度や文化をもたらした。官衙の建物の建て方や、文書行政、それにともなう遺物である木簡や墨書土器、刻書土器などの出土文字資料、硯などの文房具、律令的な祭祀遺物、国分寺などの古代寺院等、各地で都城と共通する遺跡や遺物が発見されるのである。

全国に六十余り置かれた国府についても、かつては周防国府のように方八町の外郭に囲まれ、条坊制的方格地割のある都城の縮小版と考えられていた。しかし発掘調査の進展により、城柵でもある陸奥国府の多賀城が外郭とその南側に方格地割の都市空間を持つ以外、条坊や外郭を持たないことが明らかとなった。国庁を中心にさまざまな施設が計画的に配置されてはいるものの、国府には外郭がなく、都城や大宰府のような条坊制も持たなかった。都城が宅地面積や宮城、主要な大路との遠近関係によって、貴族、役人の身分序列を可視化したのに対して、国府では役人の数も少なく、条坊制の必要性がなかったのである。(17) 国府に集まる地方豪族（地域首長）もその本拠地の郡司であることに意義があるので、国府域内で滞在する場所に意味はなかっただろう。

この点は評衙や郡衙も同様であり、むしろ地域の有力首長が郡の官人に任命されるため、地域ごとの差が大きかった。出雲や阿波、美濃のように国造だった有力首長の本拠地に郡衙や国府が置かれた地域がある一方、有力首長の本拠地以外に新たに郡衙が設置された例も多く、地域の歴史的な背景によって、郡衙のあり方もさまざまである。(18) このような律令制下の都城、大宰府、国府、郡衙の共通性と相違点は、それぞれの官衙や都市の歴史的特質を表現するものであり、その比較を通して大宰府の特質を把握することができるだろう。

大宰府の発掘調査成果を述べ、その施設や空間のあり方を概観したことを受け、ここであらためて「大宰府」の語義と範囲を確認しておきたい。鏡山猛氏は大宰府の語義は、①九州にある特定の政権――政庁を指す場合、②大宰府の都市又は大宰府条坊の意味をもっている場合、③山城、水城などの城壁に囲まれた広い範囲の都城を意味する場合と整理した。これを継承して倉住靖彦氏は、①帥以下の官人によって構成され、西海道支配の中枢機関としての機能を果たした大宰府政庁を指す場合、②都府楼跡（大宰府政庁跡）の所在した一画を中心に、左右両郭それぞれ十二坊、南北二十二条からなる条坊域内を指す場合、すなわち都市的な意味において用いられる場合、③大野城や水城など周辺に所在する関連施設をも含んだ都城としての大宰府を挙げる。これは鏡山氏と同様の理解だが、倉住氏はさらに加えて、④大宰府政庁によって総管される西海道全域（大宰管内）を指す場合もあるとする[19]。

松川博一氏は、これらの範囲が史料上にどうみえるかを検討し、「城」は大野城・基肄城などの個別の城を指す場合以外に、①の大宰府の府庁域や②の条坊域を指す可能性があるとし、明確に③の「大宰府都城」「大宰府羅城」を指すと断定できる用例はなかったとする。さらに「郭」は②の都市的空間としての大宰府、つまり大宰府条坊に限定して使用されていると結論付けた[20]。筆者も大宰府の語義と範囲を上記と同様に理解している。

四　文献史学による大宰府研究の課題

近世以来の史料にもとづく大宰府研究は、近代以降も継承されたが、とくに皇国史観から解放された第二次世界大戦後に大きく進展した。一九六〇年代から七〇年代までの歴史学（文献史学）を中心とする大宰府に関する研究史は、卯野木盈二氏・長洋一氏・岡藤良敬氏や竹内理三氏、倉住靖彦氏によって整理されている[21]。

戦後の大宰府研究の中で第一にあげられるのは、太宰府天満宮編『太宰府小史』一九五四年刊である。本書は竹岡勝也「上代の太宰府」、長沼賢海「中世の太宰府」、橋詰武生「史伝と史話」の三篇からなる。とくに竹岡氏の論考は、古代大宰府についての初めての本格的な通史であった。大宰府の起源とその成立過程を考察し、大宰府の遺跡とあわせながら奈良時代の大宰府について論じた。さらに藤原広嗣の乱や海賊への対応に触れ、菅原道真の生涯と太宰府天満宮の成立を紹介して、平安時代末までの大宰府の歴史を概観し、最後に文化史的な事績を述べて、略年代記を掲載する[22]。竹岡氏は、宣化天皇元年（五三六）に那津の口に修造された那津官家を大宰府の起源とし、推古天皇の時代には、官家の長官が筑紫大宰と呼ばれるに至った。そして筑紫大宰の名称は那津の口に発生し、官家がそのまま大宰の府であったとした。さらに天智天皇二年（六六三）の白村江の戦いの敗戦によって国防拠点の構築のために、水城や大野城と一連のものとして現在の位置に大宰府が建設されたと述べた[23]。

なお大宰府研究の進展の上で特筆すべきものとして、大宰府に関する史料集の編纂と刊行がある。一九五二年以降の九州大学を中心とする九州文化綜合研究所の共同研究の成果として、竹内理三氏を主班とする文献班は、一九五四年から「大宰府史料　上世編」等を発行した。この私家版の史料集に一九六四年以降、増訂を加えた『大宰府・太宰府天満宮史料』が太宰府天満宮から出版された。この史料集は竹岡氏の説に従って大宰府の起源を宣化天皇元年の那津官家設置とし、同年から近世初頭の慶長四年（一五九九）十一月の太宰府天満宮上座坊実右が出句した連歌記事までの大宰府に関する史料が集大成され、大宰府研究を大いに進展させた。『大宰府・太宰府天満宮史料』は竹内理三氏が巻一～十一、川添昭二氏等が巻十二～十七・附録・補遺を編集し、二〇〇六年に全十九巻をもって完結した。

卯野木氏ら古代史研究会は、先の研究史整理の中で、大宰府研究が九州古代史研究の一つとしてあるという基本的で重要な点を指摘した上で、明治時代から第二次世界大戦終結前の研究を概観した後、戦後については先に触れた竹岡勝也氏の「上代の太宰府」を紹介する。(24)ついで大宰府研究の成果と課題として、大宰府の淵源、藤原広嗣の乱、大宰府都城（主に鏡山猛氏の研究）、律令時代の大宰府の政治機構の制度的研究、管内諸国嶋との関係、大宰府の崩壊と変質を挙げる。さらに西海道戸籍、西海道風土記、観世音寺、主神司や管内神社（宗像の神郡、宇佐宮、香椎宮）との関係、平安時代以降の大宰府の機構や機能の変質、行政的な機構や機能（管内諸国との関係）、財政的機能の実態とその変化（蔵司や税司、調庸未進、公営田）、観世音寺、宇佐宮、兵器生産、新羅海賊に対する沿岸警備、防人の変遷、大宰府の対外関係、主として貿易の面の機能、府官の形成と武士化、私貿易、阿蘇社、藤原広嗣の怨霊、菅原道真と太宰府天満宮、隼人の研究などの研究成果を紹介する。

竹内理三氏は、戦前に活躍した武谷水城氏、藤井甚太郎氏の業績を振り返る。ついで戦後の大宰府都城、大宰府の淵源、藤原広嗣の乱、八世紀の大宰府の機能（鎮西総管の研究が貧弱であることを指摘する）、中世大宰府と鎌倉幕府の鎮西奉行との関係、対外関係における大宰府の軍事機能、大宰府の外交関係、日唐貿易、日宋貿易、菅原道真と太宰府天満宮、天神信仰、長沼賢海氏の業績、観世音寺に関する研究成果を紹介する。先行する古代史研究会の研究史整理をふまえつつ、大宰府の国防、外交、九州の内政統治の三つの機能と関わって、概ね共通した課題を挙げている。

倉住氏は大宰府研究の問題点として、大宰府の起源ないし成立過程の他、藤原広嗣の乱、防人、公営田、管内諸国との関係、対外交渉（貿易）に関する研究を挙げ、大宰府が総管した古代九州に関するものは枚挙に暇がないとしている。以上の研究史上で取り上げられてきた内容は今日もなお重要な大宰府研究上の課題である。とくに大宰府の起源は、先学の研究史整理でも触れられている。大宰府の起源の問題は、その本質に関わることであり、また九州地方における律令制支配の成立と相即的な関係にあるので、多くの研究が積み重ねられている。

竹岡氏が説いた大宰府成立過程の枠組みは、概ね支持されてきた。その後、津田左右吉氏は、筑紫以外の大宰・総領の研究の一環として大宰府の研究を行い、大化改新期以降に史料にみえる大宰・総領は国司であり、大宰府は飛鳥浄御原令で設置されたとし[25]、波多野晥三氏は、津田説を批判し、筑紫将軍（征新羅将軍）が筑紫に留まって国政をみることに大宰府の源由があるとして、推古朝以降、王族が相次いで筑紫大宰に任命されていたと推測した。白村江の戦いの敗戦後に、大陸への出兵から九州北部での守勢に転回して、天智朝に筑紫都督府が筑紫の支配にあたり、その後、大陸との緊張がやわらぐことによって筑紫都督府が大宰府に脱皮し、大宝令の制定が大宰府を整備大成したと捉えた[26]。現在の通説的な見解とみられる倉住氏の説も、これらの先行研究をふまえたもので、推古朝の筑紫大宰の設置が遣隋使派遣を契機としたとする点以外は、波多野説と大枠は共通する。すなわち大宰府は、倭王権が、継体天皇二十一年（五二七）に起こった筑紫君磐井の乱をその翌年に鎮圧した後、宣化天皇元年（五三六）五月に那津（現在の福岡市博多区）の口に修造した那津官家を起源とし、推古天皇十五年（六〇七）の遣隋使発遣を契機に、『日本書紀』推古天皇十七年四月庚子条に初見する筑紫大宰が派遣されて那津官家に駐留した。さらに天智天皇二年（六六三）八月の白村江の戦いでの敗戦により、九州北部の国防体制を整備する過程で、筑紫大宰は、その中核として軍事機能を強化し、水城や大野城、基肄城に囲まれた現在の太宰府市に移転し、律令制の地方支配制度が整備されることによって、大宝律令において大宰府が制度的に完成したと考えられている(27)。

このように、大宰府の成立過程は一見、明確なようであるが、それにも関わらず、大宰府の成立過程は不明な点が多く、さまざまな学説が並立し、帰趨するところを知らない状況にある。その理由は一九八三年十二月に、八木充氏が厳密な史料批判にもとづいて、那津官家を大宰府の起源と考える通説的な見解に対して批判を提起する「いわゆる那津官家について」と「筑紫大宰とその官制」の二つの論文を発表したことにある(28)。もちろんそれ以前にも那津官家の修造を伝える『日本書紀』宣化天皇元年五月辛丑朔条の史実性を否定する見解もあった。しかし倉住靖彦氏は、まさに八木氏の後者の論文が掲載された同じ『九州歴史資料館開館十周年記念　大宰府古文化論叢　上巻』に「那津官家の修造」を発表し、宣化天皇元年条に掲載される詔に詳細な史料批判を行った上で、後半の九州北部の筑紫・肥・豊の三国の屯倉から穀物の一部を那津に移し集めたとある部分が本来の史料とし、那津官家は、韓半島出兵にともなう兵站基地であり、筑紫に駐在する軍隊への補給を主たる目的としたことや、その管理体制、位置について論じた(29)。

那津官家を大宰府の起源とする通説を批判する八木氏の説と、通説の立場に立つ倉住氏の説が同時に発表されたので、発表時点では相互の論及はない。本書第Ⅰ部第二章で詳しく論じるが、八木氏は、那津官家がいかなる性格・機能をもった実体であるか、その史実性を宣化天皇元年条の批判的解明によってただすことを目指した。八木氏は詔全体に潤色の多いことや、詔から軍事的機能を見い出せないことを指摘し、宣化天皇二年条にみえる大伴磐が筑紫に留まって国政を執った場所を那津官家と考える根拠がないことなどから、二つの記事を結び付けて解釈することの困難さを主張し、那津官家が大宰府に発展したことを否定する。宣化天皇元年条の詔は、大宰府の起源としての「那津官家」の設置を述べた記事ではなく、那津付近に一般的な屯倉（筑紫屯倉）を設置し、各地の稲穀を収蔵しようとしたもので、この筑紫屯倉に関する所伝を大幅に変改し、百済の役や壬申の乱、持統天皇の巡狩、筑紫大宰ないし大宰府の権能を素材として相互に重ね合わせ、統一新羅を蕃国視する貴族意識で織り成して那津官家の記事が作られたとしたのである(30)。

さらに、『日本書紀』推古天皇十七年（六〇九）四月庚子条に初見する筑紫大宰についても、那津官家の官制的発展の上に設置されたことを否定し、隋使来朝にともなう外交政策や儀礼・施設の整備についても、隋使の筑紫での受け入れが、難波ほど特筆されていないことから、推古朝における筑紫大宰派遣が、隋使到来への応接を契機としたとする通説を批判した。筑紫大宰が、皇極天皇二年（六四三）四月庚子条と同年六月辛卯条の筑紫大宰の百済や高句麗の使節到来を報告した記事も潤色とみる。八木氏は、筑紫大宰の成立が推古朝か、天智朝か、契機が隋使来朝か、百済の役の敗北かを保留するが、かりにこの二時期を筑紫大宰の成立・発展の画期とするにしても、筑紫大宰にとって第二の時期がより重大とし、筑紫大宰が天智初年、都府楼（現在の大宰府政庁跡）の地へ移動したと主張する所説を、筑紫大宰の都府楼地区における新設の事態もありうることを条件に、支持したいとした。

倉住靖彦氏は一年半ほど後に出版した著書『古代の大宰府』において、八木氏の宣化天皇元年五月条の史料批判、この記事と同二年条の大伴磐が筑紫に留まって国政を執ったとする記事を結び付けることへの批判に反論した。ただし八木氏の厳しい史料批判に対して、確かに潤色はあるが、『日本書紀』編者にこの記事を造作しなければならない必然性が想定できず、すべてを否定する必要はないとし、また大伴磐が駐留した場所も、那津の既存の関連施設を利用したと考え、それを那津官家と考えているとした。皇極天皇二年の記事に筑紫がみえないのも、難波での迎接が公式であるのに対して、筑紫が従に過ぎないからであるとした[31]。八木氏の厳しい史料批判に対して、倉住氏も史料の信憑性を確実に証明することが難しいため、史料の信頼度を主張するにも感覚的なものにならざるを得なかった。八木氏は後年、発掘調査の正式報告書『大宰府政庁跡』に、特論「筑紫における大宰府の成立」を執筆し、この問題を再度論じているが、その主張を変えていない[32]。

これ以降、那津官家や七世紀前半の筑紫大宰については、史料の信憑性に対する根本的な疑義が生じてしまった。そのため七世紀後半、白村江の戦いの後、天智朝に現在の大宰府政庁跡周辺に、筑紫大宰の施設が建設される以前の筑紫大宰は存否を含めて積極的に論じることが難しくなった[33]。その一方で一九八〇年代半ば以降、福岡市博多区の比恵遺跡において、六世紀後半の大型の掘立柱倉庫群や官衙建物の遺跡が発見され、那津官家の施設である可能性が指摘された(34)。ところで養老職員令69大宰府条にみえる帥の職掌をみると、国司の職掌と異なるのは、外交に関わる「蕃客、帰化、饗讌」であり、「蕃客、帰化」は壱岐・対馬・日向・薩摩・大隅の国司とも共通であり、大宰帥に付与された独自の権限は「饗讌」しかなく、大宰府の国防と外交、西海道九国三嶋の内政統治という機能は、職員令を始めとして律令に明確な規定がない。この大宰府の三つの機能は、大宰府の成立過程における歴史的な実績にもとづいて付与されたものであった(35)。このことをふまえれば、大宰府の成立過程を明らかにすることは、大宰府の本質の解明にとって、きわめて大きな課題である。今日において文献史学の立場からも、七世紀前半以前の大宰府前史について、これまでと違った視点で解明することが求められる状況にあると言えよう。

五　本書の視点と方法

『日本書紀』宣化天皇元年・二年条や推古天皇十七年四月条に対する八木氏の史料批判は徹底的なものであり、その疑いに答えて史料そのものから根本的に信憑性を証明することはできない。したがって史料の中から比較的信頼できる記述を探すほかには、史料が語る内容と同時代の周辺の状況や歴史的な発展の経過の中にこれらの史料を置いて、その蓋然性を確認して行くのが最善の方法である。考古学の発掘調査成果はもちろんだが、文献史料についても、大宰府の事跡や倭王権の九州支配を直接に語る記述以外の『日本書紀』編者などの意図しない叙述の中から、蓋然性を高める事実を抽出する必要がある。

研究史の中でも、井上辰雄氏・板楠和子氏・田中正日子氏が、筑紫君磐井の乱後、六世紀から七世紀にかけて倭王権が九州支配をどのように進めていったのかを、とくに九州の部民設置の状況から考察した(36)。これは『日本書紀』編者などの意図しない叙述から外在的に、筑紫大宰に関する史料を検証するために有効である。伝統的な方法であるが、この手法にもとづく研究成果は、大宰府の成立過程に関する研究と接続して検討されてこなかった。本書では、この両者の研究を再検証・統合し、大宰府の成立過程を内政統治機能の成立の視点から解明する。

また八木氏の史料批判と同時に、直木孝次郎氏が大宰と総領は別のものとする説を提唱しており、近年、亀井輝一郎氏が直木説を批判的に継承しながら、詳細に大宰府の成立過程を再検証している[37]。直木氏は「大宰」は「国宰」を数個総括するものとして生まれた語で、飛鳥浄御原令以前の「大宰」は「惣領」を書き改めたものであり、大宝律令によって大宰府や大宰帥が成立したとし、総領は田令（領）の系列の総括者として案出された職名として、赴任した地域の屯倉と国造領の全体を管理・掌握したとされた[38]。この点は、私見は見解を異にするが、屯倉制や国造制など六～七世紀における倭王権の支配制度との関係をふまえて、大宰・総領の系譜や職掌を検討する視点は、大宰府の内政統治機能の成立過程を解明する上でも、有効な事実を提供するものと考える。以上の部民制・屯倉制・国造制との関係、さらにこれらを再編成した大化改新後の評制との関係をふまえながら、大宰府の成立過程を検討することは、史料の内在的な批判のみからする研究を克服することを可能とするのである。

したがって本書の第Ⅰ部では、大宰府が統治した九州地方における古墳時代を中心とする地域首長と倭王権との関係を検討し、倭王権が九州地方の首長層を掌握していった歴史的経過を把握することによって、大宰府の前身である筑紫大宰の内政統治機能がどのように成立していったかを跡付ける。これによって、それぞれの段階で軍事機能や外交機能をどのように行使し得たのかも考えることが可能となるだろう。あわせて那津官家の修造記事に対する史料批判を再度行い、大宰府の起源と位置づけることが可能かどうかも検討する。この作業を行うことによって、『日本書紀』が記載する筑紫大宰の記事が、そのかけられている年代と一致するのか、齟齬するのかということも明らかにすることができる。これによって全国的な律令制地方支配制度が確立していく中での大宰府成立の意義を解明する前提を整理する。

第Ⅱ部では、孝徳朝の大化改新期に派遣されたとみられる筑紫総領について、研究史を繙きながら、総領制全体の中での位置づけや筑紫大宰との関係を論じる。さらに七世紀後半、九州において律令制支配制度が成立していった歴史的経緯とあわせて、百済救援戦争や大宰府周辺における国防拠点の形成、大宰府政庁第Ⅰ期建物の造営とその機能、飛鳥浄御原令施行後の内政統治機能の充実をみることによって、大宰府の成立過程を明らかにする。その際、大宰府の施設そのものだけではなく、その前身の一つとも想定される斉明天皇の朝倉橘広庭宮の所在地とその役割、水城や大野城の造営と国防上の戦略的な機能にも触れることで、これらを含み込んで、その権能を形成し、機能した大宰府の本質を解明することを目指す。

これによって、その起源から完成までの大宰府成立史が一貫して概観できるようになり、九州の地域社会との関係に留意しながら大宰府の成立過程を考察することで、九州各地の地域史や考古学の研究成果とも相互に参照し合う基礎を形成することにもつながる。さらに、本書で述べるように、大宰府の前身である総領は、国司の前身である国宰に先立って、孝徳朝の大化改新期に各地に派遣された地方官である。大宰府は総領の唯一の後身であり、その管内統治のあり方は、総領制の地域支配を受け継いでおり、律令制下において、西海道と呼ばれた九州地方の九国三嶋を統括し、西海道にあっては中央政府の代理となる機関でもあった。したがって、大宰府の成立史を研究することは、総領制を通じて、律令制地方支配の形成過程を解明することに寄与し、かつ九州地方における律令制支配の成立過程を明らかにすることでもあり、具体的な地域社会の実態から律令制国家の成立を論ずることに直結する。

本書が各分野との協業による大宰府研究、研究史上で重視されてきた「大宰府学」「太宰府学」の進展、そして律令制国家の成立とその歴史的意義の解明に寄与するものとなることを願う次第である。

註

（1）「ダザイフ」の表記には「大宰府」と「太宰府」がある。本書は、重松敏彦「古代における『ダザイフ』の表記について―『大宰府』と『太宰府』をめぐって―」（『年報太宰府学』創刊号、二〇〇七年）二頁に述べられている今日の使い分け、すなわち、原則的には古代律令制に定められた機構（役所）、あるいはそれに連なる意味での遺跡としてのダザイフには「大宰府」を、一方、行政地名としてのダザイフには「太宰府」を、その表記として用いるという表記の用法に従って記す。重松氏の同論文、一一〜四頁が詳細に検討したように、正倉院文書など古代の史料からすでに混用がみられるが、印影資料は「大宰之印」であり、この印影のあり方を重視すれば、「ダザイフ」の本来的表記は「大宰府」となる。いっぽう『周礼』や『通典』など中国古典には「太宰」の官名がみえ、このため近世の儒学者・国学者の著作の中では「太宰府」表記でほぼ統一されることになった。今日の「ダザイフ」表記の使い分けは一九六〇年代半ばに鏡山猛氏が提唱し、それ以降に広まったものである。

（2）一瀬智「福岡藩における大宰府跡の保護・顕彰について」（『九州歴史資料館研究論集』三四、二〇〇九年）

（3）川添昭二氏によると、「大宰府学」は、「大宰府を研究対象とする学問体系」で、九州の内政と日本の対外関係を扱うという大宰府の属性、つまり大宰府の大宰府たる所以が消滅する南北朝時代までをひとつの画期と捉える（川添昭二「大宰府学と太宰府市史編纂」『Museum Kyushu』第五〇号、一九九五年、一頁）。また「太宰府学」は、「アジアの視点から太宰府から九州や日本を見直し、太宰府に生かされ太宰府に生きる意味を探求する総（綜）合科学としての地域学である」と定義される（同「創刊の辞」前掲註（1）『年報太宰府学』創刊号、一頁、同「太宰府学の確立をめざして」『都府楼』第三七号、二〇〇九年、二〜三頁）。

（4）近世から現在までの史料と遺跡にまたがる調査研究と保護・顕彰のあゆみは、太宰府市史編集委員会編『「古都大宰府」の展開』太宰府市、二〇〇四年に詳述され、また、松川博一「大宰府研究のあゆみと九州国立博物館」（『九州国立博物館アジア文化交流センター研究論集　第2集　大宰府史跡指定100年と研究のあゆみ』九州国立博物館・福岡県立アジア文化交流センター、二〇二一年。同著『古代大宰府の政治と軍事』同成社、二〇二三年に抜粋収録。以下、本書は書名のみ記す）に要を得たまとめがある。考古学による大宰府史跡の発掘調査の歴史については、九州歴史資料館編『大宰府政庁跡』二〇〇二年、横田賢次郎「大宰府史跡研究の現状と課題」（『七隈史学』第四号、二〇〇三年）、石松好雄「大宰府史跡発掘史」（前掲『「古都大宰府」の展開』）、杉原敏之「大宰府史跡の歴史」（前掲『九州国立博物館アジア文化交流センター研究論集　第2集　大宰府史跡指定100年と研究のあゆみ』）などの整理がある。大宰府史跡の調査成果については、太宰府市史編集委員会編『太宰府市史　考古資料編』太宰府市、一九九二年にも詳細なまとめがある。『大宰府旧跡全図』や『文政三庚辰年三月観世音寺村之内旧跡礎現改之図』など近世に大宰府史跡を描いた絵図は、高倉洋彰『大宰府と観世音寺　発掘された古代の筑紫』海鳥社、一九九六年、二三〇～六二頁に詳しい。以下の記述はこれらの整理による。さらに本書が主な対象とする六～七世紀の九州北部の地域史研究については、岩永省三「第7章　北部九州6・7世紀史研究の予備的検討」「第8章　ミヤケの考古学的研究のための予備的検討」（『古代国家形成過程論―理論・針路・考古学―』すいれん舎、二〇二二年）二五五～三九二頁に、文献史学と考古学にわたる詳細な研究史の整理と論旨の紹介、検討があり、きわめて至便である。

（5）池上年「都府楼址の研究（上）（中）」（『考古学雑誌』第八巻第七・一一号、一九一八年）

（6）鏡山猛「太宰府の遺蹟と條坊（其一・二）」（『史淵』第一六・一七輯、一九三七年）其一、一一六～二八頁。鏡山猛『大宰府都城の研究』風間書房、一九六八年、一三～三七頁

（7）井上理香「『開発』と『保存』―戦後太宰府における史跡保存問題―」（前掲註（4）『「古都大宰府」の展開』）

（8）機関誌『都府楼』編集委員会編『都府楼』第四八号、公益財団法人古都大宰府保存協会、二〇一六年

（9）大宰府史跡の発掘調査成果の概要は、前掲註（4）文献の他、拙稿「大宰府・水城」（森公章編『史跡で読む日本の歴史3古代国家の形成』吉川弘文館、二〇一〇年）でも紹介し、また筆者が主担当を務めた九州歴史資料館の特別展でもまとめたことがある（九州歴史資料館編［責任編集：酒井芳司］『大宰府史跡発掘50年記念特別展　大宰府への道―古代都市と交通―』二〇一八年）。

（10）石松好雄「大宰府庁域考」（『九州歴史資料館開館十周年記念　大宰府古文化論叢　上巻』吉川弘文館、一九八三年）二二六～八頁、第5図大宰府府庁域図

（11）赤司善彦「古代山城の倉庫群の形成について―大野城を中心に―」（髙倉洋彰編『東アジア古文化論攷2』中国書店、二〇一四年）四〇二頁

（12）阿部義平「日本列島における都城形成―大宰府羅城の復元を中心に―」（『国立歴史民俗博物館研究報告』第三六集、一九九一年）

（13）筑紫野市教育委員会編『筑紫野市文化財調査報告書第九二集　阿志岐城跡』筑紫野市教育委員会、二〇〇八年、四五～七頁

（14）九州歴史資料館編『大宰府外郭線Ⅰ』二〇二三年、二七七～八頁

（15）前掲註（6）鏡山論文、其二、三四～五五頁・著書、九一～一一四頁

（16）井上信正「大宰府の街区割りと街区成立についての予察」（『条里制古代都市研究』一七号、二〇〇一年）。同「大宰府条

坊の基礎的考察」(『年報太宰府学』第五号、二〇一一年)。同「大宰府条坊論」(大宰府史跡発掘五〇周年記念論文集刊行会編『大宰府の研究』高志書院、二〇一八年)。宮本雅明「第一編第八章　大宰府の都市」(太宰府市史編集委員会編『太宰府市史　美術工芸建築資料編』太宰府市、一九九八年)

(17) 山中敏史『古代地方官衙遺跡の研究』塙書房、一九九四年、三一六〜九頁。佐藤信「国府と関連遺跡」(佐藤信編『史跡で読む日本の歴史4奈良の都と地方社会』吉川弘文館、二〇一〇年)一〇六・一二三〜六頁。なお宮城県加美郡加美町東山官衙遺跡は、陸奥国賀美郡衙と推定され、その南側の壇の越遺跡では、八世紀中頃に一町間隔に造られた東西南北の道路で区画された方格地割が発見された。北の蝦夷に対して政府の圧倒的な国力を見せ付ける目的もあったのではないかとされ、この方格地割は特別な役割を負った街区だったとみられる(加美町教育委員会編『壇の越遺跡―発掘調査の成果―』二〇〇九年)三〜四頁。

(18) 前掲註(17)山中論文、三六二〜八頁、森公章「評家」(前掲註(9)『史跡で読む日本の歴史3古代国家の形成』)一二七〜三三頁

(19) 前掲註(6)鏡山著書、一頁、倉住靖彦「大宰府研究の現状と問題点についての序章」(『日本史研究』一五三、一九七五年)一九頁

(20) 松川博一「文献史料からみた大宰府の境界観」(前掲註(14)報告書)二六〇〜一頁

(21) 古代史研究会(卯野木盈二・長洋一・岡藤良敬)「大宰府研究の成果と課題(一)〜(三)」(『九州史学』二一、二二・二三合併、二五号、一九六三年)。竹内理三「九州の地方史研究　三〇〜三六、大宰府一〜七」(『歴史評論』一五九・一六一〜一六三・一六五〜一六七、一九六三〜四年)。前掲註(19)倉住論文に整理されている。

(22) 天皇号は七世紀後半の天武・持統朝に成立したと考える説が有力であり(東野治之「天皇号の成立年代について」『正倉院文書と木簡の研究』塙書房、一九七七年、四〇二・四〇八頁)、それ以前の倭国王は列島内外において王を称していた(吉村武彦「古代社会と律令制国家の成立―問題の所在と課題―」『日本古代の社会と国家』岩波書店、一九九六年、四〜九頁)。本書では、天智朝以前の皇子・皇女は、王子・王女と表記し、天皇は、煩雑さを避けるために便宜上、奈良時代に贈られた漢風諡号で表記する。

(23) 竹岡勝也「上代の太宰府」(太宰府天満宮編『太宰府小史』一九五二年)一〜一三頁

(24) 古代史研究会と竹内氏の研究史整理は前掲註(21)論文を参照。倉住氏の研究史整理の引用箇所は、前掲註(19)倉住論

文、三一頁

(25) 津田左右吉『日本上代史の研究』岩波書店、一九四七年、一九七～二〇〇頁

(26) 波多野晥三「大宰府淵源考─筑紫大宰の性格について─」(『日本歴史』第七二号、一九五四年)四〇～一頁

(27) 倉住靖彦『古代の大宰府』吉川弘文館、一九八五年、一～一三八頁

(28) 八木充「いわゆる那津官家について」「筑紫大宰とその官制」(『日本古代政治組織の研究』塙書房、一九八六年、初出一九八三年)

(29) 倉住靖彦「那津官家の修造」(前掲註(10)『大宰府古文化論叢　上巻』)一四七～八・一五二～六頁

(30) 前掲註(28)八木著書、二七一～八・二八五～六頁。以下、とくに断らない限り、八木氏の説は本書、二九八～九・三〇五～七頁による。

(31) 前掲註(27)倉住著書、七・一二・二六頁

(32) 八木充「筑紫における大宰府の成立」(九州歴史資料館編『大宰府政庁跡』二〇〇二年)

(33) 倉住氏の前掲註(27)著書以後の大宰府成立史についての研究史は、本書第Ⅰ部第二章、本書第Ⅰ部第四章、本書第Ⅱ部第五章にまとめている。

(34) 福岡市教育委員会編『比恵遺跡　第8次調査概要　福岡市埋蔵文化財調査報告書第一一六集』一九八五年。同編『比恵遺跡群⑻福岡市埋蔵文化財調査報告書第一七四集』一九八八年。同編『比恵遺跡群⒇比恵遺跡群第50次調査の概要・第53次調査の報告　福岡市埋蔵文化財調査報告書第四五一集』一九九六年

(35) 八木充「那津官家と筑紫大宰」(財団法人古都大宰府を守る会編『大宰府の歴史1』西日本新聞社、一九八四年)一七二～七頁。重松敏彦「だざいふの軌跡」(財団法人古都大宰府保存協会・九州歴史資料館編『西都史跡逍遙』財団法人古都大宰府保存協会、二〇〇八年)二二一～三〇頁

(36) 井上辰雄「大和政権と九州の大豪族─その統治政策を中心として─」(前掲註(10)『大宰府古文化論叢　上巻』)一二三～七・一三一～二頁。板楠和子「乱後の九州と大和政権」(小田富士雄編『古代を考える　磐井の乱』吉川弘文館、一九九一年)二二〇～九頁。田中正日子「筑紫大宰とその支配(その1)」(『ふるさとの自然と歴史』三二一、二〇〇八年)六～七頁。同「同(その2)」(『同』三二二、同年)六～八頁。なお成立期に関する史料が少ない律令制国家の組織や施設について、所在する地域の氏族と倭王権の関係や地域社会の様相の検討をふまえて、その成立過程を研究する方法は、たとえ

ば、熊本県教育委員会が二〇一二年度から実施している鞠智城跡「特別研究」事業で、肥後国の古代氏族や地域社会の状況から、鞠智城の成立を検討した研究が多く提出されていることなどからも、その有効性が認められる（熊本県教育委員会編『鞠智城と古代社会』第一〜十号、二〇一三〜二二年）。主な研究成果として、宮川麻紀「鞠智城築城の背景—肥君の拠点と交通路の複眼的検討—」（『鞠智城と古代社会』第一号、二〇一三年）、須永忍「古代肥後の氏族と鞠智城—阿蘇君とヤマト王権—」（『鞠智城と古代社会』第五号、二〇一七年）、越智勇介「国家形成期における倭王権の交通と鞠智城」・小嶋篤「火国の領域設定と鞠智城」・西村健太郎「鞠智城の築造過程と古代肥後の氏族的特質」（『鞠智城と古代社会』第九号、二〇二一年）などが挙げられる。また同事業の報告書である、熊本県教育委員会編『鞠智城座談会　二〇二〇報告書　地域社会からさぐる古代山城・鞠智城』二〇二一年も同様である。

(37) 直木孝次郎「大宰と総領」（前掲註（10）『大宰府古文化論叢　上巻』）。亀井輝一郎「大宰府覚書—筑紫大宰の成立—」（『福岡教育大学紀要　第五三号　第二分冊社会科編』二〇〇四年）。同「大宰府覚書（二）—吉備の総領と大宰—」（『同　第五四号』二〇〇五年）。同「大宰府覚書（三）—国宰・大宰とミコトモチ—」（『同　第五五号』二〇〇六年）。亀井氏は、これらの論考をふまえて、太宰府市史編集委員会編『太宰府市史　通史編Ⅰ』太宰府市、二〇〇五年の第三編第一章「大宰府の成立前史」第一〜四節、第六・七節、第二章「大宰府の成立」第一・二節を執筆している。

(38) 前掲註（37）直木論文、三六三・三七〇〜一頁。なお前掲註（37）亀井「大宰府覚書—筑紫大宰の成立—」五一・五九〜六〇頁は、直木氏が飛鳥浄御原令制以前の「大宰」を『日本書紀』編者による書き換えとみた点を批判し、孝徳朝以前の「大宰」を潤色とみる。そして筑紫大宰は朝倉宮に附随し、当初は百済救援に伴う「臨時」の軍政府として意図され設置されたとしている。

第Ⅰ部　九州の古代豪族と倭王権

第一章　古墳群からみた九州の古代豪族と倭王権

大宝律令が制定された八世紀以後、九州地方は西海道九国三嶋となり、大宰府の管内とされて、その統治下に置かれた。それぞれの国や嶋は、大宰管内と一括して呼ばれても、その位置づけには相違がある。筑前、筑後、豊前、豊後、肥前、肥後の三前三後の六国は、対馬―壱岐―大宰府という防衛および交通路を押えることを主眼とした、大宰府の財政的、軍事的基盤であり、日向国もこれに準じた。いっぽう大隅、薩摩、壱岐、対馬、多褹等の二国三嶋は、大宰府を介して、六国からの財政的支援を受けて運営されていた。大宰府と管内諸国との関係は、九世紀以降、大宰府の管内支配強化とともに均質化していったとされる(1)。

本書は九州の古代豪族（首長）や地域社会を、倭王権が把握していった歴史的過程から、大宰府とその管内諸国に対する内政統治機能の成立過程を明らかにしようとするものである。古墳時代の地域の特質は、各地域の首長の動向を中心にみると把握しやすい。したがって、大宰府が成立する過程と重なる古墳時代の三世紀から六世紀および、飛鳥時代の七世紀における九州の首長と倭王権との関わりを中心に、まず大宰府前史の歴史的環境を明らかにすることとする。地域首長の動向とその倭王権との関わりは、各地の古墳群の分布や消長から把握できる。本章では、九州各地の古墳群に関する考古学の研究成果をふまえながら、文献史料を合わせつつ、三世紀から七世紀における九州の首長と倭王権との関係を考察することにしたい。

最初に本書で叙述する歴史事象の主な舞台となる九州地方と沖縄地方の一部について、その地形と地質、それにもとづく地域区分、気候など地理的環境を概観しておこう。現在の九州・沖縄地方の総面積は四万四五一二平方キロメートルであり、全国の一一・八パーセント、総人口は二〇一九年現在で、一四二五・七万人で全国の一一・三パーセントを占める(2)。九州は地域的完結性を持って日本列島の最西南端に位置し、その位置が九州の歴史に大きな影響を与えた。ただし、地域的に完結しているとはいえ、その自然や人間は地域性に富み、単一に把握することはできない。

一　九州地方の地形と地域区分

まず九州地方の地形と地質を概観する(3)。九州は西南日本弧と琉球弧の接合部に立地する。西南日本弧は南海トラフに平行で、中国地方・四国から続くほぼ東西方向の島弧である。九州南東の沖で、沈み込み帯が方向を変えるのに対応して、西南日本孤の地形・地質の走向は琉球弧の方向に向きを変える。この向きを変える場所は、九州・パラオ海嶺から韓半島にのびる高まりが横切るところにあたり、この高まりの東側にあたる西日本孤では約一五〇〇万年前に時計回りの回転が生じた。また西側では逆に反時計回りの回転が、約六〇〇万年前以後の沖縄トラフ北部の地殻の伸長と関連して起こったことによって、九州北部で著しい褶曲や地塊化を起こしたと考えられている。

九州の地形を区分し、特徴付けるものは、火山フロントと中央構造線の続きと考えられている横ずれ断層である。西日本の火山フロントは南のトカラ列島から鹿児島湾、霧島火山群、阿蘇カルデラをへて、九重火山群（くじゅう［九重・久住］連山および猟師《りょうし》山、合頭《ごうとう》山、黒岩《くろいわ》山、泉水山《せんすいざん》の総称）、由布火山群、国東半島両子《ふたご》火山、姫島から中国地方南部にいたる。九州中部の阿蘇火山の南には、非火山性の高く大きな山地（九州山地）が連なり、火山を含む台地・丘陵をなす地域との間に明瞭な境界線が走っている。これが四国の中央構造線の続きとみられる臼杵―八代線であり、そのすぐ北方には大分―熊本線がほぼ平行に走る。

この中央構造線によって、九州は北と南に大きく分かれ、北部には、九州中部を横断し、特徴的な火山性地溝（別府─島原地溝帯）がある。この地域を含み、火山の卓越する地域を九州中部とし、国東半島─英彦《ひこ》山─筑紫平野北縁─多良《たら》岳を結ぶ線を境として、その北が九州北部とされる。

この地質学上の境界線は、山地の連なりとして存在するので、その上に展開した歴史的な事象に影響を与えることになる。ただし、地質学的に北部と中部を区分する線の南にある筑後国北部や肥前国東部の平野は、歴史的には筑前国との関わりが深いので、歴史学では九州北部として扱われるし、地質学的に南部とされる九州山地北部や人吉盆地は豊後国や肥後国に含まれ、やはり歴史学的には九州中部として考えられている。このように、大地の成り立ちにもとづく地質学上の区分と、結果として出来上がった地形の影響を受けつつも、その上に展開した歴史的な区分には、若干のずれがある。

むしろ地質学的に九州北部と中部を分ける筑紫平野北縁の地形的区分は、博多湾岸と筑後国や肥後国など古代における九州内陸部との交通路を、現在の福岡県太宰府市や筑紫野市、小郡市、久留米市、佐賀県三養基郡基山町周辺に集中させることになり、本書で明らかにしていく、古墳時代の倭王権がこの交通路上の首長を掌握したり、古代山城などの国防施設や大宰府が太宰府市や筑紫野市周辺に立地したりする事実につながっている。九州地方の地形は、この地域の古代史にも、大きな影響を及ぼしていたと考えられるのである。したがって本章では、歴史的な区分にもとづいて、九州を北部、中部、南部と分けることにしたい。

先に述べたように、地質学上の区分は、気候や人間の気質にも影響する(4)。中央構造線と九州山地という自然の大きな境界は、南北の交通を大きく遮断して秘境を生み、古来、九州南部を孤立させた。この九州山地による中部以北と南部の交通の阻害は、倭王権とこれらの地域との関係の強弱や大宰府の三前三後六国と九州南部の三国に対する管内支配のあり方に影響を与えたと推測される。九州南部は火山地帯であり、始良火山、指宿火山の火山灰、火山礫は「シラス」と呼ばれ、各地にシラス台地を作る。シラス台地は、強度の燐酸欠乏土壌で、地力に乏しく、雨水による侵蝕が激しい。シラスの防災は難しく、農業生産上の大きな阻害条件になっている。南部は高温多雨で、台風常襲地であり、「台風銀座」の異名をとる。人間の気質は剛健である。

なお、もちろん、本章で引用する人間の気質は、その地域の人々がすべてそういう気質だというのではない。特定の地域の人の気質を一般的に論じることは、個々の人は別々の個性を持ち、国内外の人の移動が盛んになった現代では意味を持たないだろう。ただし、高度経済成長を経た後とはいえ、五十年近く前の一九七七年に書かれた文献の記述であるので、現在よりもまだある程度、歴史的に意味のある地域性を反映しているだろうし、また、その時代であっても、九州地方の風土と人々が多様性を持っていたことを示すために、本書の導入として紹介する。

次に、九州中部は阿蘇山を中心部とする中央火山帯がのびている。東北部は、中央に両子山をもつ国東半島で、別府湾から由布火山群、九重火山群が西南にのび、別府をはじめとする豊かな温泉に恵まれている。阿蘇山は世界一のカルデラをもつ複式火山で、九州最大の活火山である。熊本県の上益城・菊池の二郡にまたがり、溶岩流の末端は天草島や筑豊炭田、さらには九州山地の峠をこえて延岡や人吉にも達している。熊本市北方の金峰山と島原半島の雲仙岳は、由布・久住と同時期の火山群で、雲仙の温泉は有名である。中央火山帯のおもな平野は熊本平野で、ほかに山鹿盆地、菊池平野、八代平野などがある。

九州中部と北部は近年、梅雨末期の集中豪雨や台風の被害に見舞われているが、一般的に降雨量が少なく気温も低い。北部の筑紫山地は断裂的な地形要素の配列をみせ、筑豊炭田をはじめとする重要な炭田を形成している。筑豊、脊振、耳納、筑肥などの地塊間の低地は、古くから居住地、農耕地、交通路として重要な役割を果たしている。古代から九州北部の中心地である福岡平野が広がり、遠賀川が南から北に流れて筑豊地域を貫き、「筑紫次郎」の異名をもつ九州最大の大河筑後川が東から西に流れて筑紫平野を潤す。西北部は海岸線の出入りがきわめて多く、肥前半島のように比較的大きな半島や多くの島が交錯して大きな湾や内海を抱き、複雑な地形を展開している。

玄界灘沿岸は冬に曇天が続く日本海型の気候を示すが、降雪が少なく、六月に降水量がもっとも多くなる。そこに暮らす人々の気質は芯が強く内向的で勤勉だが、福岡市などは開放的で、お祭り好きにみられるように陽気である。北東部は冬に快晴が続き、降水量は少なく、瀬戸内海型の気候であり、人々の気質は穏和である。北西部の肥前半島は多雨高温で南部の一部といってもよい気候である。

古代において南島と呼ばれた南西諸島（琉球弧）は、九州と台湾の間に連なる約一二〇〇キロメートルの弧状列島である。近海には黒潮が流れ、サンゴ礁が発達し、熱帯カルストなどの地形も発達している。琉球弧およびその周辺地形の地形・地質構造は、太平洋側から大陸側に向かって、琉球外弧斜面、琉球外弧隆起帯、琉球内弧隆起帯、および沖縄トラフ（琉球内弧斜面）に分けられる。琉球外弧斜面の東側には琉球海溝があり、沖縄トラフの西側には東シナ海大陸棚がある。琉球内弧と外弧は火山フロントで境される。これらの地形は、いずれも太平洋側に弓なりになった帯状の配列を示している。琉球弧は水深一〇〇〇メートル以上のトカラ海峡と宮古凹地《おうち》（慶良間海裂）により境され、北から南に、北琉球、中琉球、南琉球に区分されている。

琉球弧の地質学上の区分は、トカラ海峡と慶良間海裂という広い海域をその境界線としているため、生物地理学上の境界線（前者は渡瀬線、後者は蜂須賀線）に相当するが、北琉球は多褹嶋に編成された種子島、屋久島を含み、中琉球は奄美群島と沖縄本島を中心とする島々で、おそらく律令制国家が交流を持った地域にあたる。倭王権と律令制国家に並行する時代の中琉球は貝塚文化圏を形成していた。南琉球が先島諸島（宮古・八重山諸島）にあたり、この地域は先島先史文化圏を形成していた。『続日本紀』和銅七年（七一四）十二月戊午条に入朝したことがみえる信覚が石垣島周辺である可能性がある他は、律令制国家と先島諸島との交流は、ほとんどみえない。このように琉球弧の地質学上の区分は、歴史的な区分とも重なるようである。

貝塚後期（弥生時代～平安時代初期）の琉球列島は、開元通宝の出土から唐と交易が行われていたと推定され、ヤコウガイが倭国・日本や隋・唐に交易によって運ばれていた。この交易を担っていた社会は、発達した階層化社会だったと指摘されている。『隋書』流求伝等には、流求国には王がおり、その下には「諸洞」があり、それぞれに小王がいた。さらに所々に村があり、戦に長けた者が鳥（烏）了帥として村を治めていたという。これらの記録にみえる流求が琉球列島をさすのか、台湾をさすのかは論争があり、決着をみない。しかし、考古学の研究から、貝塚後期の琉球列島が発達した階層化社会であったとみるならば、『隋書』に描かれた流求が、琉球列島の社会の姿であった可能性は十分に考えられる。[5] この中琉球、南琉球には中世に独立の国家である琉球王国が成立する。

推古朝から南島の人々と倭王権の交流があり、『続日本紀』文武天皇二年（六九八）四月壬寅条に、南島に覓国使が派遣され、翌年七月には、多褹、夜久、菴見、度感の人が来朝し、度感島（徳之島）の人が初めて入朝したとある。『日本書紀』天武天皇十一年（六八二）七月に種子島、屋久島、奄美大島の人々に禄を賜わったことがみえる。倭王権は中華思想にもとづき、南島の人が持参した物を「朝貢物」とみなし、その貢物の値として禄を与えたが、南島人としてはもちろん「朝貢物」は交易物であり、賜禄はその対価としてしか考えていなかったであろう。交易物の対価としての禄は、『隋書』にみえる王、小王、鳥了帥といった首長に奉られたとみられる。

『続日本紀』大宝二年（七〇二）八月丙申朔条から、種子島と屋久島地域は、多褹嶋として律令制国家最南の行政区となったことがわかり、この地域は版図外の南島ではなくなった。これによって、大宰府が統括する西海道九国三嶋が成立する。後に天長元年（八二四）に多褹嶋を廃止して大隅国に併合した後は（『類聚三代格』巻五、分置諸国事、天長元年九月三日太政官奏）、九国二嶋となる。

二　倭王権の九州・沖縄地方への認識

まず、倭王権・律令制国家の九州地方に対する認識を示す史料としては、『古事記』上巻（大八《おおや》島《しま》成出《なりいで》の段）の国生み神話にみえる次の記述が著名である。[6]

（前略）つぎに筑紫嶋《つくしのしま》を生みたまふ。この嶋も身一つにして面《おも》四つあり。面毎《ごと》に名あり。かれ筑紫国《つくしのくに》を白日別《しらひわけ》と謂《い》ひ、豊国《とよくに》を豊日別《とよひわけ》と謂ひ、肥国《ひのくに》を建日向日豊久士比泥別《たけひむかひとよくじひねわけ》と謂ひ、熊曾国《くまそのくに》を建日別《たけひわけ》と謂ふ。つぎに伊岐嶋《いきのしま》を生みたまふ。亦の名は天比登都柱《あめひとつばしら》と謂ふ。つぎに津嶋《つしま》を生みたまふ。亦の名は天之狭手依比売《あめのさぢよりひめ》と謂ふ。（後略）

国生み神話に、筑紫嶋、伊岐嶋、津嶋とあるとおり、九州地方と沖縄地方のうち、九州島、壱岐島、対馬島という、律令制下に大宰府が統治した西海道の九国二嶋にあたる地域は、倭王権の領域内と認識されていた。いっぽう現在、鹿児島県や沖縄県に含まれる南島は、『古事記』に現れない。『日本書紀』推古天皇二十四年（六一六）三月・五月・七月条に掖玖（夜勾）人がみえ、斉明天皇三年（六五七）七月己丑条に覩貨邏国の人が海見嶋に漂着したとあり、天武天皇十一年（六八二）七月丙辰条に多禰人、掖玖人、阿麻弥人に禄を賜わったことがみえる。また、『隋書』流求伝に倭国使（遣隋使小野妹子の一行であろう）が夷邪久国人のことを知っていたことがみえる。七世紀の倭王権は、すでに南島の人々と交流を持っていたが、『古事記』の世界観では、南島は倭王権の版図とは考えられていなかったのである。

『古事記』は、その序文によると、和銅五年（七一二）正月二十八日に元明天皇に献上されたとあるが、近世以来、偽書とする説がある。しかし、『古事記』の素材となった帝紀と旧辞の虚実を定める作業は、天武天皇の生前に完了していたと考えられ、『古事記』の世界観は、奈良時代の知識による潤色はあるとしても、七世紀後半の天武朝頃には形成されていたと考えてよい[7]。

したがって、七世紀後半の倭王権は、今日の九州地方に対して、大きくは、筑紫嶋、壱岐、対馬からなり、筑紫嶋（九州島）については、筑紫国、豊国、肥国、熊曾（熊襲）国の四つの地域に区分する認識を持っていたことがわかる。これは古代の九州地方の地域的な特色を述べるためには便利な区分であるので、本章では、これにもとづいて、筑紫嶋の諸国および、壱岐、対馬の古墳群と古代豪族について述べることにしたい[8]。

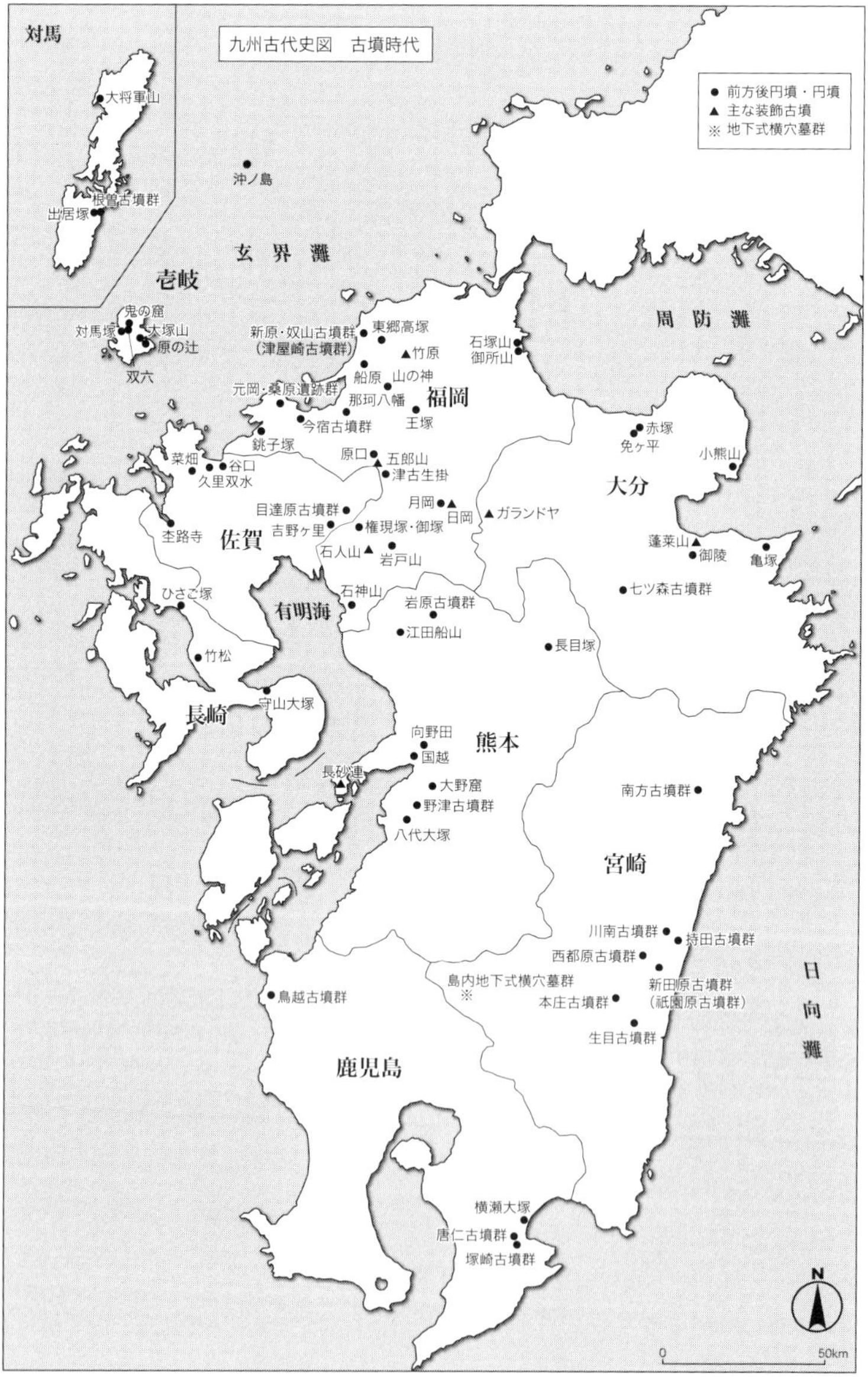

図4　九州古代史図　古墳時代

(吉村武彦・川尻秋生・松木武彦編『シリーズ 地域の古代日本 筑紫と南島』角川選書660、KADOKAWA、2022年より)

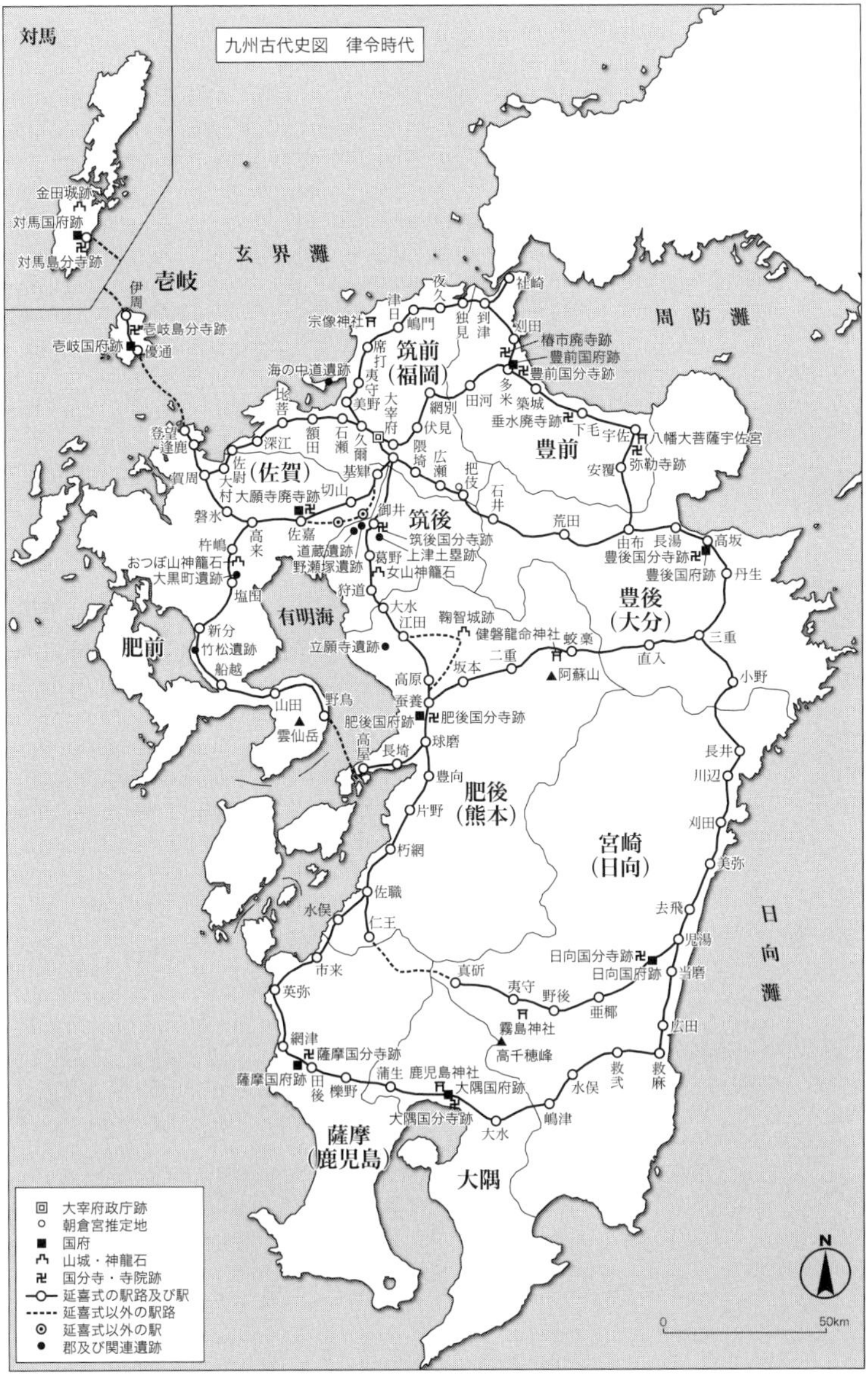

図 5　九州古代史図　律令時代

（吉村武彦・川尻秋生・松木武彦編『シリーズ 地域の古代日本 筑紫と南島』角川選書 660、KADOKAWA、2022 年より）

三　壱岐、対馬、九州北部の古墳群と古代豪族

九州北部は古来、中国、韓半島諸国との対外交流の窓口であり、大宰府が置かれたことが端的に示すように、倭王権および律令制国家との関わりが強い。対外交流という点において、九州北部と韓半島の間に位置する壱岐と対馬も、韓半島諸国や九州北部との関係が深いので、この節であわせて取り上げる。また豊国（豊前国・豊後国）も、筑紫国と倭王権が所在した近畿地方との間にあって、倭王権に対する九州東岸の玄関口として機能し、また渡来人が多く居住した地域で、韓半島との関係も深かったので、やはりここで取り上げる。

九州北部には、崗県主・伊覩県主（『日本書紀』仲哀天皇八年正月壬午条）、水沼県主（『同』景行天皇十八年七月丁酉条）、嶺県主（『同』雄略天皇十年九月戊子条）、佐嘉県主（『肥前国風土記』佐嘉郡条）、壱岐県主（『日本書紀』顕宗天皇三年二月丁巳朔条）がみえる。対馬には下県直（『日本書紀』顕宗天皇三年四月庚申条）がおり、対馬国には上県郡もあるので、下県主と上県主がいたであろう。九州中部と南部には、日向国に曾県主（「薩麻国正税帳」『大日本古文書　編年文書　巻之二』一九頁）、諸県君（『日本書紀』景行天皇十八年三月条・応神天皇十一年是歳条）がみえるくらいであり、県主は九州北部に多くみえる。

県主は王権による地域支配のための在地首長ではなく、王権運営にかかる物資の貢納などを主たる役割とし、地域支配については求められていなかった。県はそれらを生み出す土地に他ならず、県主制は国造制に先行する倭王権の直轄領として理解されるが、一方でそこにある労働力は王権の埒外であった。王権は県主を通じて配下の民衆を支配しておらず、六世紀前半において国造制や部民制が成立する以前は、王権運営にかかる労働力や物的貢納を求めるにとどまっていた(9)。とはいえ、九州北部に県主が多いことは、倭王権がこの地域の首長と早くから関係を持ったことを示すのは確かである。

（1） 壱岐の豪族

壱岐には壱岐国（大宝元〜二年［七〇一〜二］に施行された大宝律令以降は嶋となる）が置かれた。『魏志倭人伝』に一支国と記されるのが壱岐の最古の記録である。周囲は三百里ほどで、竹木・叢林が多く、三千あまりの家があったという。田地はあるが、田を耕しても食するには足らず、南北に市糴（交易）したとある。

壱岐島内には、長崎県で二番目に広い平野である深江田原があり、紀元前二世紀から紀元後四世紀初頭までの六百年の間、一支国の中心集落である原の辻遺跡が営まれ、邪馬台国を中心とする倭国と帯方郡との交易の中継基地としての役割を担った。この弥生時代の交易拠点としての役割は、古墳時代にも継承されていく。壱岐島内には長崎県内の古墳約四六〇基の六割にあたる二八〇基が集中する。まず五世紀後半には深江田原を眼下にする丘陵上に直径一四メートルの円墳の大塚山古墳が築造される。九州北部と共通した技術の横穴式石室を持ち、この時期の壱岐が弥生時代と同じく、九州北部と密接に交流していたことを物語る。六世紀半ば以降、壱岐で最初の大型前方後円墳の対馬塚古墳（墳丘長六五メートル）や、長崎県内最大の前方後円墳の双六古墳（墳丘長九一メートル）が築かれる。これらの古墳には有明海沿岸地域の石室と共通した要素（複室構造の横穴式石室）がみられるようになる。

『先代旧事本紀』巻十、国造本紀の伊吉嶋造条などから、継体天皇二十一〜二年（五二七〜八）に勃発した筑紫君磐井の乱で、天津水凝の後裔の上毛布直が、磐井を討った物部麁鹿火に協力し、乱後にその功績によって伊吉嶋造に任じられたとみられる。物部氏は韓半島に進出する拠点として、壱岐の首長を支配下に置いていった。壱岐における六世紀後半の大型古墳の築造は、この事実と対応すると考えられる。七世紀には飛鳥地域の動向と連動して、大型古墳の築造が停止され、蘇我氏の影響を受けて方形主体の墳墓が形成された(10)。

『日本書紀』から、天智朝（六六一〜七一）には対馬に国司（本来のこの時期の表記は「国宰」）が派遣されていたことがわかる(11)（後述）。対馬と同時期に壱岐にも国宰が派遣され、壱岐国が成立したとみられる。大宝律令の施行にともない、対馬と壱岐は国に準じる行政単位である嶋へと変更された。壱岐は壱岐郡と石田郡の二郡を管する下国という等級の嶋であった。「周防国正税帳」天平十年（七三八）六月二十二日条（『大日本古文書　編年文書　巻之二』一三一頁）や『続日本紀』宝亀三年（七七二）十二月己未条に、下国には置かれていない国司の三等官である掾がみえるので、八世紀半ば頃には等級が中国であった時期もあるらしい。

弥生時代の遺跡として有名な原の辻遺跡だが、この遺跡では八世紀末から十世紀中頃の初期貿易陶磁器と国産施釉陶器がまとまって出土し、遺跡の丘陵上に初期の嶋府（国府）が存在した可能性が指摘されている。ただし遺跡の西約一キロメートルには国府《こう》に通ずる「興触《こうふれ》」の地名があり、その鎮守である興神社が鎮座する。興神社は、一の宮とも、印鑰社ともいわれる。印鑰社とは、国府の権力の象徴である国府の印と税を収納した倉の鍵を祀ったものである。また隣接する惣社丘には総社も祀られる。一般に印鑰社や総社は、国府の近くに祀られることが多いので、それらが現存する興触周辺は、嶋府の有力候補地である。このため、嶋府が当初の原の辻遺跡から、後に興触に移転した可能性も考えられるのである。

壱岐嶋分寺は、『類聚三代格』巻十四、出挙事、天平十六年（七四四）七月二十三日詔によると、肥前国の正税をさいて造営された。その法会の費用も『延喜式』主税上によると、九州島の諸国の正税があてられており、経済基盤は不十分であった。遺構は八世紀前半からみられるが、これは壱岐国造の壱岐直氏の氏寺のものであり、やがて、八世紀後半から九世紀前半には、氏寺が転用されて嶋分寺として機能するようになったと考えられる。嶋分寺の周辺には、壱岐直氏の墳墓である鬼の窟古墳もある。

壱岐を氏族名とする首長がもう一つある。七～八世紀に外交官として活躍した壱岐史である。天武天皇十二年（六八三）に連を賜姓され、壱岐連となる。壱岐史氏でもっとも著名な人物は、伊吉博徳である。斉明天皇五年（六五九）に第四次遣唐使坂合部石布に従って唐に渡った。この唐に滞在した時の記録が『日本書紀』に「伊吉博徳書」として引用される。博徳は、その後も一貫して外交官として活躍した。もう一人、外交にたずさわった壱岐連一族の人物がいる。遣新羅使となった雪連宅満である。宅満は天平八年（七三六）派遣の第二十三次遣新羅使となったが、往路の壱岐島で病死してしまった。その死を悼む挽歌が九首、『万葉集』巻第十五に収められている（三六八八～九六番歌）。

（2）対馬の豪族

対馬には、対馬国が置かれた(12)。対馬は中央に湾入した浅茅湾から万関瀬戸によって南北に分かれており、それぞれ上島・下島とも呼ばれる。旧石器時代から古墳時代の遺跡が豊富である。総数一四二本におよぶ伝来または出土の銅矛が知られ、主流となる古墳時代の墳墓の箱式石棺は全島で四〇〇基あまりも遺されている。住吉神をはじめとする海の神を祀る神社も多く、『延喜式』神名下に掲載される式内社は総数二十九座で、西海道の総数百七座のうち、国別では最も式内社が多い。

『魏志倭人伝』に「対馬国」と記されるのが対馬の最古の記録で、『隋書』倭国伝にも「都斯麻」とあり、さらに『古事記』に「津嶋」、『日本書紀』に「対馬」と記される。『魏志倭人伝』には、韓半島の狗邪韓国から海を渡り、最初にみえる日本列島の国として現れる。土地は山が険しく、森林が深く、道路は禽鹿（けもの）の径《こみち》のようであったという。一千余戸の住民があったが、良田はなく、海の物を食べて自活し、船に乗って南北に市糴したとある。ここにみえる対馬の自然環境やそこに住む人々の生業は以後の時代にもそれほど変わっていない。後世、嶋司（国司）や防人の食料も十分ではなく、九州の筑前国以下六国から毎年二千石の穀物が送られていた（『延喜式』主税上、『万葉集』巻第十六、三八六九番歌詞書）。

『日本書紀』によると、天智天皇三年（六六四）に対馬に防人が置かれた。同六年十一月に対馬国に金田城を築いたとあり、同十年十一月に対馬国司が筑紫大宰に沙門道久らの帰国を報告しているので、天智朝には対馬に国司（国宰）が派遣されていたことがわかる。国府の遺跡は発見されていないが、対馬市厳原町国分の地名があり、西に国府《こう》嶽《だけ》、北に国府平《こうびら》の山名があり、朝鮮王朝の成宗二年（一四七一）に編纂された『海東諸国紀』は厳原港を「古于浦《こうほ》」

と記すので、厳原に国府があったと考えられる。

大宝律令制定以降は対馬嶋となり、嶋司が派遣された。律令制下の対馬嶋には、上県郡と下県郡が置かれ、下国であった。嶋分寺の建立は遅れ、『類聚三代格』巻三、諸国講読師事、斉衡二年（八五五）十一月九日太政官符で講師が置かれており、この頃にようやく完成したとみられる。

対馬の首長としては、津嶋県直が知られる。『古事記』に天菩比命の子・建比良鳥命は津嶋県直の祖とされる。これが津嶋県主であり、上県と下県の郡名はこの県の名に由来する。浅茅湾の最奥部の雞知には島内最古の古墳である四世紀代の前方後方墳の出居塚古墳があり、下県直（津嶋県直）の墳墓とみられる。近くには五～六世紀の根曽古墳（墳丘長四〇メートル）がある。終末期（七世紀）の古墳は、雞知から南部の佐須や豆酘に移動し、下県直が本拠を遷したとみられ、下県郡家もこの付近と推定される。

いっぽう同じ四世紀後半に上島北部西海岸の志多留には大将軍山古墳が築造されており、上県直（津嶋県直）の墳墓とされる。終末期古墳は志多留からやや内陸の佐護や仁田に移動し、上県直も本拠地を遷したであろう。上県郡家も佐護や仁田付近にあったと推定される。

（3）海の豪族、胸肩君

倭王権は、大陸や韓半島との交流を重視し、九州北部の首長たちの中でも、航海技術を持つ海人を率いる海の首長とは早い段階から関係を持った。胸肩君は、九州における海の古代豪族として著名である。胸肩は、胸形、胸方、宗形、宗像とも表記するが、いずれも「むなかた」と読む。現在の福岡県宗像市・福津市を中心とする地域に本拠地を置いた首長であり、胸肩君は宗像神を奉斎し、沖ノ島における祭祀を掌った。

沖ノ島祭祀は、王権のかかわりの下に、四世紀後半に始まったとされるので、厳密には沖ノ島祭祀が始まった時点では、胸肩君と呼ばれる氏族は、成立していなかった。胸肩君の墳墓が福津市の津屋崎古墳群である。この津屋崎古墳群を含めて、宗像地域の古墳を検討して、この地域の首長と対外交渉、沖ノ島祭祀との関わりを明らかにした重藤輝行氏の研究によると、宗像地域の大型古墳のグループには、津屋崎古墳群のほか、その東に位置する宗像市域の釣川流域の古墳群がある。釣川の下流には宗像大社の辺津宮も鎮座している。釣川流域では、筑前地域でも最古級とされる古墳時代前期の三世紀の前方後円墳である徳重本村二号墳（墳丘長一九メートル）や四世紀前半の東郷高塚古墳（墳丘長六四メートル）をはじめとして、中期の五世紀前半頃まで小型の前方後円墳が築かれている。

その後、津屋崎古墳群では、勝浦グループの勝浦峰ノ畑古墳（墳丘長九七メートル）をはじめとして、五世紀後半以降、本格的に大型前方後円墳が築かれるようになる。津屋崎古墳群の中では、その後、大型古墳の中心は、後期の五世紀末～六世紀初めにかけて、新原奴山グループや生家・大石グループに移り、さらには六世紀前半以降には須多田グループにおいて、これらグループ内での最大規模の古墳である天降天神社古墳（前方後円墳。墳丘長八〇メートル）が築かれる。以後、この須多田グループに津屋崎古墳群の中心が固定していき、前方後円墳が築かれなくなった七世紀以降にも、天武天皇の妃となった尼子娘の父である胸形君徳善の墓ともいわれる宮地嶽古墳（円墳。径三八メートル）や手光波切不動古墳（円墳。径二〇メートル）が築かれた。

胸肩君とのつながりが指摘される古賀市の六世紀末頃の船原古墳は、付属する遺物埋納坑から、玉虫の翅の装飾がある杏葉を含む、金銅製馬具や鉄鏃、挂甲、漆塗り飾弓など豪華な遺物が出土し、被葬者は馬飼集団の統括者として新羅あるいは旧加耶勢力に対する軍馬の提供という間接的な軍事支援を職掌とし、激動の韓半島情勢の中で亡命もしくは招聘された人物で、胸肩君を介して半島政策に寄与したとの見解も提出されている⒀。

筑前地域の全体を見渡してみると、糸島地域の一貴山銚子塚古墳、三雲遺跡群、今宿古墳群や、福岡地域の那珂八幡古墳など、三世紀から五世紀前半にかけて、大型古墳が築かれているが、宗像地域で大型古墳が築かれるようになったのは、五世紀後半以降であった。ただ沖ノ島祭祀が四世紀後半から開始されることと、遠賀郡岡垣町や遠賀町など遠賀川下流域に三～四世紀の大型古墳がみられることから、この頃の沖ノ島祭祀を支えていた勢力は、宗像地域

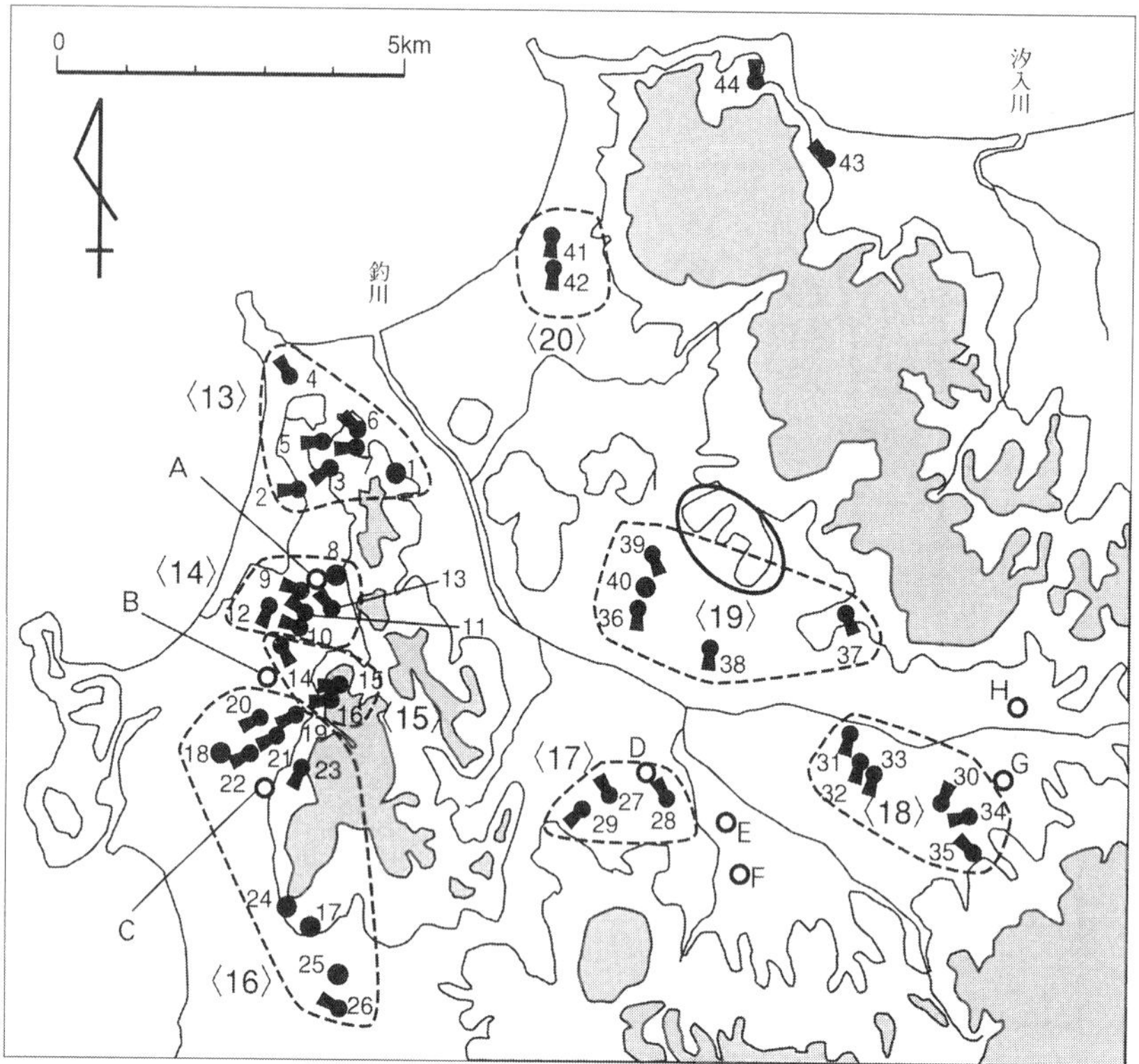

1.上高宮古墳　2.勝浦峯ノ畑古墳　3.勝浦井ノ浦　4.上野3号　5.勝浦高原11号　6.桜京
7.牟田尻スイラ　8.奴山正園　9.新原奴山1号　10.新原奴山22号　11.新原奴山24号
12.新原奴山12号　13.新原奴山30号　14.生家大塚　15.大石岡ノ谷1号　16.大石岡ノ谷2号
17.井手ノ上　18.須多田ニタ塚　19.須多田上ノ口　20.天降天神社　21.須多田ミソ塚
22.須多田下ノ口　23.在自剣塚　24.宮地嶽　25.手光波切不動　26.手光大人　27.東郷高塚
28.久原Ⅰ-3号　29.スベットウ　30.徳重本村2号　31.田久瓜ヶ坂1号　32.田久貴船前1号
33.田久貴船前2号　34.徳重高田16号　35.名残高田　36.河東山崎　37.城ヶ谷3号
38.須恵クヒノ浦　39.相原E-1号　40.相原2号　41.瀬戸4号　42.瀬戸2号　43.磯辺1号
44.塩屋　A.奴山伏原遺跡　B.生家釘ヶ浦遺跡　C.在自遺跡群(在自小田遺跡・在自上ノ原遺跡・在自下ノ原遺跡)　D.久原瀧ヶ下遺跡　E.光岡六助遺跡　F.野坂一町間遺跡
G.冨地原遺跡群(冨地原森遺跡・冨地原川原田遺跡)　H.武丸高田遺跡　I.須恵古窯跡群

図6　宗像地域の大型古墳（黒丸）および古墳時代集落遺跡等の分布（白丸）
（重藤輝行「宗像地域における古墳時代首長の対外交渉と沖ノ島祭祀」（「宗像・沖ノ島と関連遺産群」世界遺産推進会議ほか編『「宗像・沖ノ島と関連遺産群」研究報告Ⅰ』）より）

を越えた範囲で考える必要があるともされる[14]。

宗像地域、とくに津屋崎古墳群でさかんに大型古墳が築かれるようになるのが、五世紀後半頃からであるのによれば、氏姓制度が成立する六世紀初めよりも少し前から、やはり実質的には、後に胸肩君と呼ばれる氏族集団は成立していたとみられる。そして、この集団が胸肩君の氏名《うじな》と姓《かばね》を持ったのと時を同じくして、沖ノ島祭祀が岩上祭祀から岩陰祭祀に移り、韓半島からもたらされた豪華な奉献品がみられるようになる。

胸肩君の氏族名は、宗像地域を統括することと、五世紀後半以降、王権の守護神である宗像神を祀ることによって倭王権に奉仕することに由来すると考えられる。津屋崎古墳群を造営した首長は、倭王権とのつながりを強め、王権が主導する沖ノ島祭祀に固定的に関与することになり、名実ともに六世紀初め頃に、宗像地域の統括と宗像神の祭祀を職務とし、胸肩君の名を負う古代氏族として成立したとみてよいだろう[15]。

（4）胸肩君と阿曇連

『万葉集』巻第十六には、「筑前国の志賀の白水郎の歌十首」という短歌が収められており、その詞書から、神亀年間（七二四～九）に、宗像郡の海人と思われる宗形部津麻呂と糟屋郡志賀村の白水郎の荒雄が同じ船に乗って働くことがあり、彼らが肥前国松浦郡値嘉島の美祢良久埼（五島列島の福江島西北部の五島市三井楽町の柏崎）を経由して対馬に至る米の海上輸送を担っていたことがわかる。

『倭名類聚鈔』によると、筑前国糟屋郡には阿曇郷があり、『延喜式』神名下には「志加海神社三座」とあり、現在も福岡市東区志賀島に底津綿津見・仲津綿津見・表津綿津見の三神を祀る志賀海神社が鎮座する。この神々は綿津見（海神）三神であり、阿曇連が祖神として祀る神である。阿曇連が大阪湾沿岸に本拠を置き、海人を統括したことはよく知られており[16]、五世紀に瀬戸内海の海上交通を支配していた吉備氏が倭王権に服属し、六世紀に倭王権が瀬戸内海沿岸から九州にかけての交通の要所にその支配拠点である屯倉を設置した。そして倭王権が地域支配を進めていく過程で、阿曇連や難波吉士といった首長が、勢力を拡大させていった[17]。宗像郡から博多湾を擁する糟屋郡にかけて分布する海人は、海の首長である胸肩君や阿曇連に統括されていたのである。

（5）筑紫君磐井と有明首長連合

九州北部の有力首長・筑紫君磐井は、『日本書紀』継体天皇二十一年（五二七）六月甲午条に、火・豊の二国にも勢力を及ぼして、倭王権と戦ったと伝えられる。その頃、韓半島では加耶地域の東の新羅と西の百済が、それぞれ加耶に侵攻していた。倭王権にとって加耶は鉄資源の供給地として重要だったので、継体天皇を首班とする王権は、新羅に滅ぼされた加耶東部の南加羅・喙己呑を復興させるため、近江毛野に六万の軍勢を率いさせて加耶に送ろうとした。磐井を含む有明海沿岸の首長たちは連合関係を築き、高句麗・百済・新羅・加耶諸国と独自に交流していた。

韓半島諸国それぞれとの交流を背景に勢力を築き上げてきた磐井にとって、百済を優遇し、新羅のみを攻撃する倭王権の外交政策は従いがたいものであり、毛野の軍を妨害した。継体天皇は物部麁鹿火と大伴金村（『古事記』による）に磐井を討つことを命じたが（『日本書紀』継体天皇二十一年八月辛卯条）、磐井は一年半にわたって抗戦を続け、御井郡での決戦で斬られたとも（『同』継体天皇二十二年十一月甲寅条）、豊前に逃げたとも（『筑後国風土記』逸文〔『釈日本紀』巻十三〕）伝えられる。息子の筑紫君葛子は糟屋の外交拠点を屯倉として献上して死罪を免れたといい、ここに倭王権は列島の外交権の一元化に成功した。なお磐井の乱は、本書第Ⅰ部第三章第一・二節でも詳しく触れる。

小田富士雄氏が指摘するように、福岡県八女市と八女郡広川町に広がる総数三〇〇基ともいわれる八女古墳群が、筑紫君一族の墓所であったと考えられている[18]。この古墳群が頭角を現すのは、被葬者と磐井との直接的血縁関係・系譜関係については不明であるが、五世紀前半代の石人山古墳（墳丘長一一〇メートル）からである。磐井の墓として知られるのが、六世紀前半の岩戸山古墳（墳丘長一三五メートル）であり、九州北部最大の前方後円墳である。筑紫・火（肥）地域に広がる石製表飾品（いわゆる石人・石馬）・阿蘇石製石棺・石室構造・装飾古墳などから、九州北・中部の首長層が「有明首長連合」を形成していたとみられる。また熊本県宇土市の馬門《まかど》で産出した石製の石棺が、真の継体天皇陵とされる大阪府高槻市今城塚古墳をはじめ、西日本各地の古墳で発見される。このことから、有明首長連合は、西日本各地の首長たちとも交流し、継体天皇の王権と韓半島との対外交流を支えており、磐井はその九州側の代表者であったことがわかる(19)。

有明首長連合の有力な構成者だったとみられる肥後の火君は、磐井の乱後に、筑紫君の勢力が後退したあとを受けて、筑紫や肥前に進出し、乱において最終的に朝廷側についたともされる(20)。火君が乱後に筑紫や肥前に進出したことは、多くの研究者もこれを認めている(21)。

さらに、胸肩君も磐井に協力しなかったとみられる。前述のように、五世紀後半以降の津屋崎古墳群では大型古墳の築造がみられ、八女古墳群を凌駕する古墳も築かれた。このことから宗像地域は、磐井の乱の基盤となる首長連合体には属さず、磐井と対抗、牽制するように、胸肩君が台頭したとみられる(22)。

沖ノ島祭祀にも関わった水沼君は、後の筑後国三潴郡三潴郷を本拠地とした首長であり、磐井の配下にあって外交に携わった。『日本書紀』雄略天皇十年（四六六）九月戊子条に身狭村主青らが呉からもたらした鵝が水間（水沼）君の犬に喰われて死んだので、水間君は鴻と養鳥人を献上し、天皇から許されたとあり、水沼君が外交に関わったことがわかる。『同』景行天皇十八年七月丁酉条には、景行天皇が八女県の山々に神がおられるかと質問し、水沼県主猿大海が、八女津媛という女神がおられると答えている。八女県は筑紫君の本拠地であるにも関わらず、水沼県主が答えていることは、磐井の乱後に水沼君が勢力を伸長したことを物語っているのではないだろうか。倭王権や胸肩君とともに、水沼君が磐井を滅ぼしたとの見解もある(23)。

水沼君の墳墓は、旧三潴郡の東部低台地に位置する久留米市大善寺町にある五世紀後半の御塚古墳（墳丘長七八メートル）、六世紀前半の権現塚古墳（墳径五一メートル）、これより新しい銚子塚古墳（消滅）である。

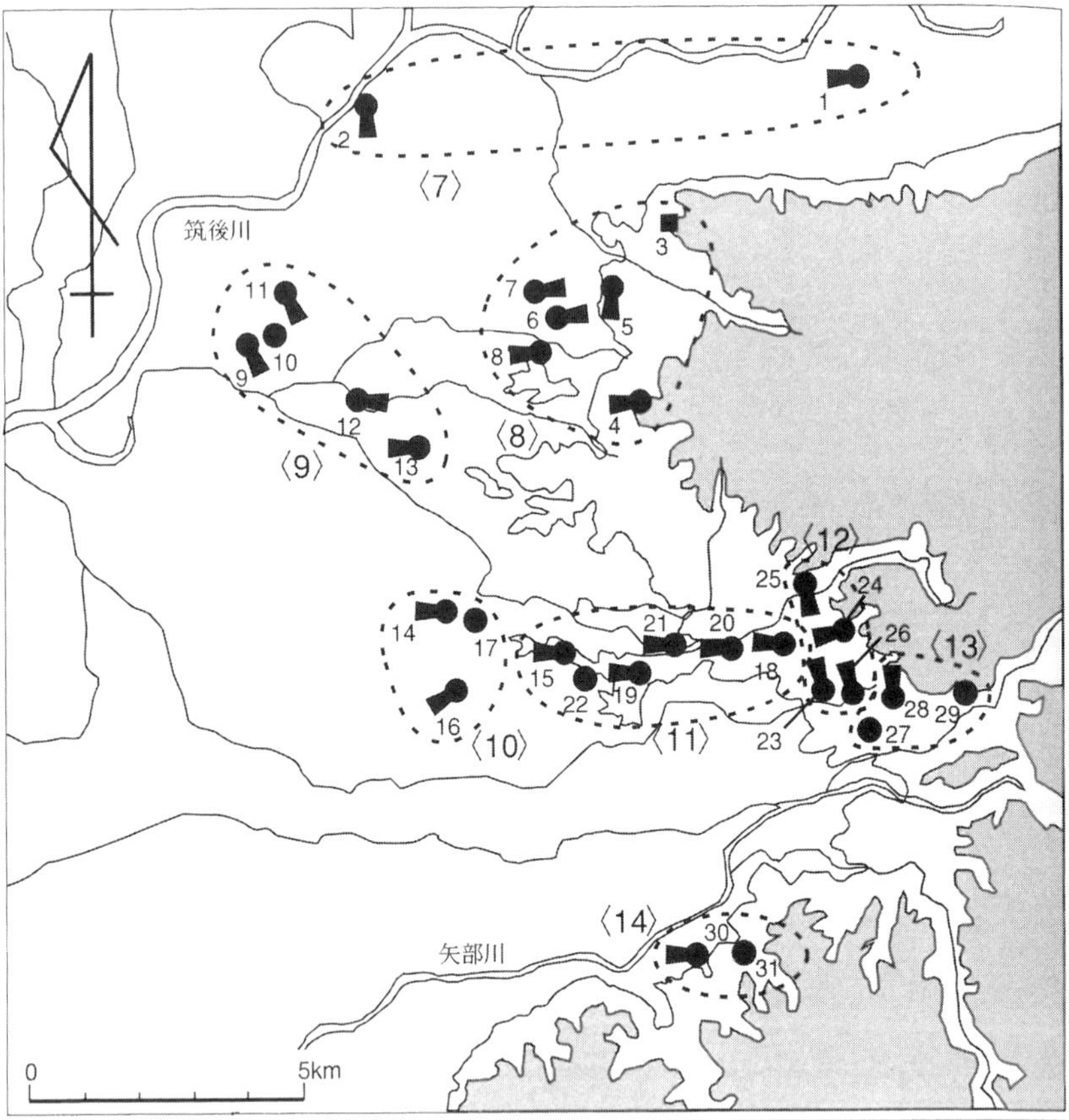

1.木塚　2.日輪寺　3.祇園山　4.藤山甲塚　5.石櫃山　6.浦山　7.浦山4号　8.本山　9.御塚　10.権現塚　11.銚子塚　12.二子塚　13.鷲塚　14.石人山　15.神奈無田　16.欠塚　17.弘化谷　18.鶴見山　19.岩戸山　20.善蔵塚　21.乗場　22.岩戸山4号　23.釘崎2号　24.釘崎4号　25.釘崎3号　26.釘崎1号　27.真浄寺2号　28.立山丸山　29.童男山　30.北山茶臼塚　31.立花大塚

図7　久留米〜八女地域の首長級大型古墳の分布

（重藤輝行「宗像地域における古墳時代首長の対外交渉と沖ノ島祭祀」（「宗像・沖ノ島と関連遺産群」世界遺産推進会議ほか編『「宗像・沖ノ島と関連遺産群」研究報告Ⅰ』）より）

筑後地域の古墳は、いくつかの群を形成し、うきは市内の筑後川左岸の微高地一帯、久留米市西南部の大善寺、八女市の八女丘陵などに著名な古墳群がある。大牟田市の潜塚古墳や高良山麓の祇園山古墳など、四世紀以前に遡る古墳もあるが、筑後地域全体で古墳が造られ始めるのは、五世紀中葉頃からである。的臣の墳墓ともされる、うきは市浮羽町の法正寺古墳（墳丘長一〇二メートル）、同市吉井町の月岡古墳（墳丘長八〇メートル）、八女郡広川町の石人山古墳、久留米市大善寺町の御塚古墳、みやま市瀬高町の車塚古墳、同市高田町の石神山古墳が知られる。前方後円墳の築造からみると、筑後地域全体では、各地の首長層がほとんど時を同じくして表面に現れてくるので、倭王権による筑後の一円支配という形態はとっていなかった(24)。

肥前地域になるが、筑後川右岸の佐賀県三養基郡上峰町から神埼郡吉野ヶ里町に分布する目達原古墳群も、瓢箪塚古墳を最古として、上のびゅう塚古墳、無名塚古墳、大塚古墳、古稲荷塚古墳、稲荷塚古墳、塚山古墳と、五世紀中葉から六世紀後半にかけて続き、筑後地域と同様な連続性を持って存在する。目達原古墳群は、竺志米多国造の墓として調査され、上のびゅう塚古墳は、宮内庁により、米多国造の祖である都紀女加王墓に治定される。また、嶺県主の墳墓ともいわれる(25)。先にみた雄略天皇十年九月条で呉の鵝を食べた犬は、嶺県主のものとも伝え、水沼君と同じく、嶺県主も外交と関わっていた。

筑後地域の古墳文化は、玄界灘沿岸とは異なった独自の文化を持っており、有明文化圏とも呼ばれて、肥後や肥前との結び付きが強い。特徴的な要素としては、①古式横穴式石室、②横口式家形石棺、③同心円文・直弧文の彫刻、④石人・石馬であり、その核となるのは石人山古墳である。帆立貝式の前方後円墳が多いのも特徴で、御塚古墳も帆立貝式である。筑紫君の本拠地である八女古墳群には帆立貝式古墳はみられず、これは筑紫君の独自性を示すが、いっぽう矢野一貞撰『筑後将士軍談』には、現存しないものの、御塚古墳にも石人があったという記録が残されており、水沼君も有明首長連合の一翼を担っていたとみてよいだろう(26)。

四　豊国と火（肥）国

（1）豊国の豪族

豊国の北部、後に豊前国となった地域の沿岸部には、九州で最初の定型化した前方後円墳が出現する。三世紀後半の福岡県京都郡苅田町の石塚山古墳（墳丘長一二〇メートル）や大分県宇佐市の赤塚古墳（墳丘長五八メートル）であり、その被葬者は豊前の北部と南部にそれぞれ勢力を有した首長と考えられる。両地域は九州の中でも瀬戸内海を介して近畿地方と最も近接する地域であり、倭王権成立時にいち早く同盟関係を結んだ勢力だとみられる。

石塚山古墳やこれに続く五世紀前半の御所山古墳（墳丘長一一九メートル）、五世紀末頃の番塚古墳（墳丘長五〇メートル）といった前方後円墳は、京都平野北辺の周防灘を望む沿岸部に築かれている。それらに埋葬された首長層は京都平野の豊かな穀倉地帯を勢力基盤としていた。『日本書紀』景行天皇十二年九月戊辰条に、景行天皇が周芳（周防）の娑麼から南を望み、多臣の祖武諸木、国前臣の祖菟名手、物部君の祖夏花を遣わして、その状を察させたという。『豊後国風土記』総記に、菟名手は豊国直らの祖ともあり、国造本紀に豊国造の祖とみえる宇那足尼も菟名手だろう。景行天皇の目的地であった京都地域には、神夏磯媛という女性の首長がおり、いち早く天皇に服属し、この地域の平定に協力したという。[27]神八井耳命の後裔で、多臣と同族とされる首長は、大分君や茨田連など豊後国に多く、夏花を祖とする物部も、磐井の乱後に物部麁鹿火が豊前地域の首長を地方伴造に編成したからであるが、この地域に分布する。[28]これらの伝承は、豊前地域の首長が倭王権と早く結び付いていたことを示すものと考える。

宇佐地域でも赤塚古墳から免ヶ平古墳、福勝寺（春日山）古墳、角房古墳、車坂古墳、鶴見古墳という前方後円墳の編年が考えられ、四世紀前半から六世紀後半まで安定した地方政権の状況を知ることができる。[29]『日本書紀』神武天皇即位前紀に、菟狭国造の祖である菟狭津彦・菟狭津媛が神武天皇を饗応し、宮を作ったと伝え、天皇に最初から服属する話が語られており、早くに倭王権と結びついていたことと整合的である。

豊後地域では、大分川左岸に四世紀代の蓬莱山古墳、五世紀代の大臣塚古墳、御陵古墳などの前方後円墳がある。一辺約一二メートルの七世紀後半の方墳である古宮古墳は、壬申の乱で、大海人王子（天武天皇）に味方して活躍した大分君恵尺、もしくは稚臣の墓と考えられ、古くから倭王権との関係が深かったことが理解される。海部郡地域にも古墳群があり、四世紀後半の円墳である猫塚古墳（現存しない）、五世紀代の前方後円墳である馬場古墳（墳丘長六〇メートル）、築山古墳（墳丘長九〇メートル）、野間一号墳（墳丘長五〇メートル）・二号墳（後円部のみ。径二五メートル）・三号墳（消滅。墳丘長約五〇メートル）、四世紀末から五世紀初頭の亀塚古墳（墳丘長一一五メートル）、五世紀前半の臼塚古墳（墳丘長八七メートル）、五世紀中頃の下山古墳（墳丘長六八メートル）、神下山古墳などが営まれる。臼塚古墳の被葬者四人の人骨には、すべて潜水士に多い外耳道骨種があり、この首長が海人であったことを示す(30)。

奈良時代から平安時代の九州東岸には、豊前国草野津と豊後国国埼津、坂門津が置かれ、瀬戸内海の海運の拠点であった（『類聚三代格』巻十六、船瀬并浮橋布施屋事、延暦十五年［七九六］十一月二十一日太政官符）。福岡県行橋市の延永ヤヨミ園遺跡は、遺構と木簡や墨書土器から、草野津であると判明した(31)。後世にいたるまで、豊国は近畿地方との交通の要衝であり続けたのである。

（2）豊国と渡来人

豊国直（豊国造）と宇佐国造の両勢力の堺は山国川であり、これが現在の福岡県と大分県の県境で、豊前国を南北に二分する。これらの地域は新羅系渡来人の秦氏の濃密な分布圏でもあった。大宝二年（七〇二）の豊前国戸籍をみると、某勝―秦部の構造をもつこの氏族は、仲津郡丁里、上三毛郡塔里、上三毛郡加自久也里の人口の九三パーセントを占め、在地の渡来系小首長とみられ、山国川両岸の仲津、上毛、下毛の各郡の里（郷）名にわたる氏族名が多い。宇佐郡の秦氏系の渡来系氏族が辛嶋勝で、[32]辛嶋勝は宇佐八幡宮の有力な祭祀氏族でもある。この地域には、新羅を含む渡来系瓦を出土する椿市廃寺や垂水廃寺、天台寺跡など、七世紀末頃建立の寺院が多く存在する。[33]

『豊前国風土記』逸文の田河郡鹿春郷条は、香春神は昔渡来した新羅国神であるとし、『延喜式』神名下でも「辛国息長大姫大目神社」、『日本三代実録』貞観七年（八六五）二月二十七日己卯条では「辛国息長比咩神」とある。田中史生氏は、宇佐八幡宮、宗像大社、香春社などにみえるヒメコソ神（ヒメ神）信仰の広がりが、筑紫・豊・火三国の八つの屯倉設置により、各地の渡来人が編成されていったことを示すとみる。[34]

（3）肥後北部の豪族

肥後北部の菊池川流域（熊本県玉名市、山鹿市など）には、銀象嵌大刀を出土した、玉名郡和水町の江田船山古墳をはじめとして、多くの古墳がある。下流域に玉名市の六世紀前半の大坊古墳（墳丘長四二メートル）、六世紀後半の永安寺東古墳（径一三メートル）、永安寺西古墳（径一三メートル）、中流域左岸に山鹿市の五世紀中頃から六世紀代の岩原古墳群、菊池川と岩野川の合流点に接する平小城台地上に六世紀前半のチブサン古墳（墳丘長四四メートル）、六世紀後半のオブサン古墳（径二二メートル）などがある。

江田船山古墳（墳丘長六二メートル）は、五世紀後半の前方後円墳で、菊池川下流域左岸の清原台地上に所在する清原古墳群の中でも最大の古墳である。清原古墳群は、五世紀中頃の円墳の京塚古墳（径二二メートル）、帆立貝式前方後円墳の虚空蔵塚古墳（墳丘長四五メートル）から江田船山古墳へ、その後は六世紀初頭の前方後円墳の塚坊主古墳（墳丘長四四メートル）へと首長墓の系列が続く。

江田船山古墳出土の大刀の銘文に、獲□□□〔加多支〕鹵（ワカタケル）大王（雄略天皇）の世に、典曹（役所）に仕えた无利弖が作らせたとあり、埼玉県の埼玉古墳群の稲荷山古墳出土鉄剣に金象嵌で刻まれた銘文とともに、この時期の列島の政治構造を知るための貴重な史料である。

阿蘇地域（阿蘇市）には、五世紀前半の前方後円墳である長目塚古墳（墳丘長一一二メートル）を中心とする中通古墳群がある。長目塚古墳は、熊本県下最大の前方後円墳である八代郡氷川町の六世紀中頃の大野窟古墳（墳丘長一二三メートル）につぐ規模である。阿蘇国造（阿蘇君）の墳墓と考えられており、中通古墳群は六世紀後半に、国造神社周辺の上御倉古墳（径三三メートル）、下御倉古墳（径三〇メートル）に墓域を移す。

菊池地域の首長は、六世紀代から倭王権と結び付き、この地域に居住する渡来人を秦人として倭王権が編成して大規模開発に投入し、七世紀後半に鞠智城が築かれる米原台地に支配拠点が構築された可能性が指摘される(35)。また、菊池地域の首長を肥君傍系の火中君とし、肥後の春日部屯倉に奉仕したとみる見解もある(36)。さらに、阿蘇君も大分君や肥君、筑紫三宅連と同じ神八井耳命の後裔とされ（『古事記』神武天皇段など）、那津官家造営や、春日部屯倉の管理に関わったとみられ、これら肥後北部の首長との結び付きをもとに、鞠智城が築かれたとも考えられている(37)。

（4）肥後南部の豪族

宇土半島の基部（熊本県宇土市・宇城市）には、四世紀から六世紀にかけての前方後円墳がみられ、首長墓系列が存続する。八代地方（八代市・八代郡氷川町）にも前方後円墳が分布し、とくに氷川町にある六世紀代の野津古墳群は火（肥）君の墳墓として知られ、天堤古墳（消滅）、物見櫓古墳（墳丘長六二メートル）、姫ノ城古墳（墳丘長八六メートル）、中ノ城古墳（墳丘長一〇二メートル）、端ノ城古墳（墳丘長六七メートル）の五基がある。磐井の乱と併行するかやや遅れて規模を拡大するため、肥後南部の勢力が乱を契機として、倭王権との関係をさらに深め、その結果、九州北部に影響を伸長したとも考えられている(38)。火君は筑紫君を盟主とする有明首長連合の有力な構成員であったが、乱に際しては倭王権に与し、乱後に九州北部に一族が進出したとみられる。

八代市内にも六世紀代の八代大塚古墳など七基の前方後円墳が知られ、火葦北国造との関係も考えられている(39)。『日本書紀』敏達天皇十二年（五八三）十月・是歳条には、宣化朝に大伴金村に仕え、韓半島に使者として赴いた火葦北国造の刑部靫部阿利斯登があり、その子の日羅は百済の高官となっていたことがみえる。磐井の乱後、物部麁火と大伴金村は肥後にも部民を置き、とくに肥後南部には大伴氏の軍事的部民が多く分布する。阿利斯登のように肥後南部の首長は、百済との対外交流を行っていたのである。

五　九州南部、南島と筑紫諸国の成立

(1) 九州南部と倭王権

九州においても本州と同様、大化改新の後、七世紀後半に評が置かれ、律令制の国が成立する。九州南部と南島は、この過程において倭王権・律令制国家の支配に組み込まれて行く。

九州南部は『古事記』に熊曾国と記され、律令制国家と隼人とされた人々の居住地域との中間地帯である日向国(薩摩・大隅分立後)では、古くから古墳が築かれている。日向国には、宮崎県延岡市の四世紀から六世紀の南方古墳群、児湯郡川南町の三世紀末から六世紀代の川南古墳群、高鍋町の四世紀から七世紀代の持田古墳群、新富町の四世紀ないし五世紀から六世紀代の祇園原古墳群、西都市の四世紀から六世紀代の茶臼原古墳群、三世紀末から六世紀の西都原古墳群、東諸県郡国富町の四世紀から五世紀の本庄古墳群、宮崎市の三世紀末から五世紀の生目古墳群、五世紀から六世紀の下北方古墳群、えびの市の五世紀前半から七世紀の島内地下式横穴墓群、鹿児島県曽於郡大崎町の五世紀前半の横瀬古墳・神領古墳群などがある。

西都原古墳群は三〇〇基を超す国内最大級の古墳群で、五世紀前半には九州最大規模の前方後円墳である男狭穂塚(墳丘長一五五メートル)、女狭穂塚(墳丘長一七六メートル)が築かれた。生目古墳群は前方後円墳八基と円墳四二基からなる九州最大の前期古墳群で、一号墳は墳丘長一二〇メートルの三世紀末から四世紀初頭の前方後円墳、三号墳は墳丘長一四三メートルの四世紀前半の前方後円墳である。日向国の盟主墳は、生目古墳群から西都原古墳群、横

瀬古墳、祇園原古墳群と推移し、七世紀後半に西都に日向国府が置かれたことで、ここが日向地域の中心となった(40)。これら古墳群が所在する西都市や新富町、高鍋町には平群部、日置部、久米部、財部、長谷部などの部民が置かれた痕跡がある(41)。さらに、隼人の居住域とされた大隅国と薩摩国では、鹿児島県薩摩郡さつま町の五世紀末頃の永野別府原古墳群、肝属郡東串良町の五世紀の唐仁古墳群、肝付町の四世紀後半から五世紀前半の塚崎古墳群などがある。

このように、九州南部には三世紀末ないし四世紀から大規模な古墳が造営されており、成立したばかりの倭王権と結び付きを持っていた。ただ、大刀や甲冑・鉄鏃・馬具などが副葬された、九州南部独自の墓制である地下式横穴墓群などを除き、大部分は沿岸部に近い地域に分布し、大きな広がりとはならなかった。後に隼人とされた首長の勢力範囲において、倭王権は面的に勢力を広げることはできなかったようである。

(2) 隼人の成立と消滅

日本の律令制国家は、七世紀末に唐の皇帝制度を模倣した天皇制を創出した。列島の君主が「中華世界に君臨するための皇帝」であるためには、列島周辺には「異民族」が存在しなければならない。天皇制の創始にあたり、その政治的要請によって創り出された「異民族」が、蝦夷、南島人、隼人であった。したがって、隼人は古代九州南部の人々の自称ではなく、律令制国家が天武朝に名付けたものであった。そして延暦十九年（八〇〇）十二月に薩摩国・大隅国に班田を実施し、同二十年六月と二十四年正月に隼人の朝貢が停止されると、九州南部の人々を隼人と呼ぶ制度はなくなる。九州南部に隼人が存在したのは天武朝から九世紀にかけての一二〇年間ほどでしかない。

また隼人の居住範囲も島嶼部を除く大隅国・薩摩国に限られる。肥後国から分割編入、もしくは移民が行われた可能性がある薩摩国出水郡・高城郡と、豊前国・豊後国からの移民を中心とする大隅国桑原郡は、隼人郡ではなかった(42)。

なお、律令制国家に「帰化」した九州南部の人々が隼人と呼ばれたのであり、隼人は公民ではないが、王民（化内人）であって、夷狄ではなかったとされる。ただしその立場でも大宝律令制定当初は夷狄であった可能性を否定できず、また和銅三年（七一〇）から養老元年（七一七）以降、隼人が夷狄とみられなくなった後も、蝦夷と同様視する傾向があった。隼人は蝦夷と扱いが異なっていたものの、異民族視されてもいたのである[43]。

（3）九州南部の律令制支配の進展と隼人の反乱

白村江の戦いの敗戦後、倭王権は律令制国家を急速に建設する。この過程で九州南部への支配も進められることとなり、天武天皇十一年（六八二）七月に隼人が来て方物（土地の産物）を奉った。大隅の隼人と阿多（後の薩摩国）の隼人が相撲をとったことがみえ（『日本書紀』天武天皇十一年七月甲午条）、また隼人らを飛鳥寺の西の広場で饗応した（『同』同月戊午条）。隼人の朝貢はここから開始された。持統天皇三年（六八九）正月に筑紫大宰粟田真人らが隼人百七十四人を献上し（『同』持統天皇三年正月壬戌条）、同六年閏五月には筑紫大宰率河内王に詔して、沙門を大隅と阿多に遣わして仏教を伝えさせた（『同』持統天皇六年閏五月乙酉条）。さらに文武天皇三年（六九九）十二月には、三野城（日向国児湯郡三納郷）と稲積城（大隅国桑原郡稲積郷）を大宰府（筑紫大宰）に修理させている（『続日本紀』文武天皇三年十二月甲申条）。隼人および九州南部の支配は直接的には筑紫大宰が管掌していたことがわかる[44]。

九州に国司の前身である国宰が派遣されたのは、七世紀後半の斉明朝末年ないし天智朝初めとみられる[45]。ただし九州南部の律令制支配は天武朝以降に進展したので、この隼人の居住域とされた地域に国宰が派遣されたのは、天武朝であろう。『古事記』の内容が天武天皇の生前に成立していたとすれば、その国宰は熊曾国宰と呼ばれたのではないだろうか。この熊曾国が『続日本紀』文武天皇二年（六九八）九月乙酉条に初見する日向国である。七世紀後半から八世紀初めに日向の高千穂への天孫降臨神話が形成されたので[46]、熊曾国が日向国に改名されたのは天武朝末年から持統朝にかけての時期であろう。

宮崎県西都市の日向国府跡の発掘調査では、八世紀後半に定型化する国庁の下層に前身となる官衙遺構が確認されている。この前身官衙は、七世紀末に遡る可能性があり、天武朝の国境画定の際に設置された国庁とみる説もある(47)。この日向国は後の大隅国と薩摩国を含む広大な領域で、大宝二年（七〇二）に薩麻（摩）国が分かれ（『続日本紀』大宝二年八月丙申朔条）、さらに和銅六年（七一三）四月に大隅国が分かれた（『同』和銅六年四月乙未条）。

このような中で七世紀末から八世紀の初めにかけて隼人の反乱が起こる(48)。文武天皇二年（六九八）四月、文忌寸博士ら八人を南島に遣わして国を覓めさせた（『同』文武天皇二年四月壬寅条）。これは覓国使と呼ばれ、律令制国家が版図・朝貢圏拡大の必要性から持統天皇九年（六九五）三月以降、多褹・南島に派遣していた使節である。覓国使の派遣は隼人や南島社会、さらに両者の地域間交通を阻害する新たな要因となり、隼人の反発を招いた結果、文武天皇四年六月、薩末比売・久売・波豆、衣評督衣君県・助督衣君弖自美、肝衛難波が、肥人(49)らを従えて、武器を持って覓国使の刑部真木らを剽却（脅迫）した（『同』文武天皇四年六月庚辰条）。薩末比売らは薩摩半島や大隅半島の隼人の首長であり、律令制国家の九州南部支配に対する反抗のはじまりであった。そもそも同二年に覓国使が発遣された際に、使節は戎器を賜っていることから、派遣前から武装する必要性が予見されるような情勢であった。中央政府は竺志惣領（筑紫総領）に勅して、犯に准じて決罰させた。

大宝二年（七〇二）は戸籍を作成する年であり、これに対して九州南部の人々が反乱を起こす。同年八月、薩摩と多褹が命に逆らったため、兵を発して征討し、戸を校べ吏を置いた（『続日本紀』大宝二年八月丙申朔条）。乱は鎮圧され、唱更国（薩摩国）と多褹嶋が置かれたが、十月に唱更国司らの要請を受け、政府は国内要害の地に柵を建てて、戍（兵士）を置くことを許可している(50)（『同』同年十月丁酉条）。依然として九州南部は緊張状態にあった。

和銅三年（七一〇）正月、日向隼人の曾君細麻呂が隼人の教化に功績があったとして、外従五位下に叙された（『続日本紀』和銅三年正月庚辰条）。後の大隅国贈於郡の隼人の首長も律令制国家に従う情勢となり、先にみたように、和銅六年（七一三）四月、日向国の肝坏・贈於・大隅・始羅の四郡を割いて大隅国が建国された（『同』和銅六年四月乙未条)。しかし同年七月には「隼賊」を討った将軍と士卒ら戦陣に功績があった者千二百八十余人に勲位が授けられているので、大隅国建国に際しても、隼人の反乱が起こったとみられる(『同』和銅六年七月丙寅条)。

さらに、養老四年(七二〇)二月、最大規模の隼人の反乱が起こる。大宰府より中央政府に、隼人が反乱を起こし、大隅国守陽侯史麻呂を殺害したとの報告がもたらされた(『同』養老四年二月壬子条)。政府は三月に、大伴旅人を征隼人持節大将軍とする大軍を派遣し(『同』同年三月丙辰条)、翌年になってようやく鎮圧した。翌年七月の副将軍の笠御室と巨勢真人の帰還報告では斬首と捕虜になった隼人があわせて一千四百余人とあり(『同』養老五年七月壬子条)、また天平八年度(七三六)「薩摩国正税帳」には出水郡と高城郡に養老四年と注記された合計二千七百斛余りの糒の記載があることから(『大日本古文書　編年文書　巻之二』一二・一七頁)、反乱の規模が大きかったことがわかる。天平神護二年(七六六)にも日向・大隅・薩摩に柵戸が存在するので(『同』天平神護二年六月丁亥条)、その後も九州南部の緊張状態は続くものの、この反乱で隼人の政府に対する武力抵抗は終わることになる。

(4) 九州の諸地域の特質と倭王権の筑紫嶋(九州)への認識

九州の諸地域の特質をみてきた。筑紫国、豊国と呼ばれた九州北部と壱岐、対馬は、倭王権と韓半島諸国との交流の経路にあたり、また玄界灘沿岸には、みずからも韓半島と交流する海の首長が存在し、倭王権が成立した四世紀代から関係を持った。この地域には渡来人も分布し、豊前地域を中心に居住する渡来人は、銅生産や繊維製品の生産技術に優れており、六世紀以降、渡来人を組織することで、倭王権は、地域支配と韓半島との交流の拠点となる屯倉を運営したのである。くわえて九州東岸の豊国は、近畿地方と瀬戸内海の海上交通の要衝であり、四世紀前半から平安時代にいたるまで、倭王権、律令制国家中央政府に対する九州の玄関口として機能した。

また筑後から肥後にかけての九州北部・中部の首長は、肥沃な平野を生産基盤に持ち、有明海や筑後川の水運にも関わり、九州北部の倭王権の対外交流拠点を後背地として支える位置にあった。筑紫野市の三世紀後半の原口古墳

（墳丘長八一メートル）や小郡市の三世紀中頃の津古生掛古墳（消滅。三三メートル）、久留米市の三世紀後半の祇園山古墳など初期の古墳が存在し、倭王権は早くからこの地域の首長とも結び付いていた。五世紀から六世紀にかけて、有明首長連合は、筑紫君を盟主として倭王権の対外交流を支えた。筑紫君磐井の乱を経て、外交権が倭王権に一元化された後は、那津官家をはじめとするミヤケが置かれ、有明首長連合も解体、再編されて、倭王権の韓半島における戦争に協力させられた。肥後北部の首長も、江田船山古墳出土大刀銘が示すように、五世紀から倭王権に奉仕していたが、六世紀以降も、玉名、菊池、阿蘇地域の首長は、春日部屯倉や那津官家の経営に参画し、七世紀後半には鞠智城の築城基盤となるなど、倭王権の地域支配の拠点であった。六世紀以降、筑紫君一族も韓半島での戦争に動員されており、筑後から肥後にかけての地域と首長層は、倭王権の対外戦争を支える軍事動員の拠点でもあった。(51)

『古事記』によれば、倭王権は筑紫嶋が筑紫国、豊国、肥国、熊曾国の四つの地域からなると捉えていた。森公章氏は、倭王権の中央集権化への胎動により、六世紀に九州北部を起点として韓半島を「海北」と捉える視点から、近畿地方を起点として中国・韓半島を「西」と捉える視点に、倭王権の地理的認識の転換が起こったと指摘した。(52)小嶋篤氏は、これをふまえ、律令制に取り込まれる倭王権の地域秩序は、六世紀に難波―瀬戸内海―豊・筑紫―壱岐―対馬―韓半島南岸という大動脈が成立した。これを起点として倭王権は、大動脈に含まれる筑紫国の外縁はすべて火（肥）国とし、同じく大動脈に含まれる豊国の外縁で、隼人とされた人々が居住した九州南部を含む地域はすべて日向国と認識したとする。この指摘は、本章で叙述してきた九州諸地域と倭王権との関わりからみても、首肯できる。

日向国（熊曾国）では三世紀後半から古墳が築かれ始めた。豊国とともに九州東岸にあるので、早くから倭王権と結び付いたのだろう。倭王権と筑紫との関わりは、六世紀以降、韓半島との大動脈を基軸に再編成された結果、日向国は早くから倭王権と結び付いていたにもかかわらず、異民族視された隼人の居住地域をも含んで、大動脈の外縁に置かれることになった。かつて多くの古墳が築かれた、日向国（薩摩国と大隅国分立後）地域は、隼人と倭王権との中間地域として位置付けられ、九州南部や南島支配の拠点となったのである。

本章においては、大宰府成立前史の歴史的環境を把握するため、古墳時代における九州各地の首長と倭王権との関わりを明らかにしてきた。以上の三世紀から七世紀の九州諸地域と倭王権との関係は、最初に確認した八世紀の大宰府と管内諸国嶋との関係と基本的に共通する。すなわち六世紀以降の倭王権は、筑紫・豊・肥を対外進出の拠点とし、対外政策のために、韓半島への経路に位置する壱岐・対馬を支配した。さらに日向国を九州南部や南島支配の拠点として位置づけたのである。したがって、三世紀から七世紀のうち、とくに六世紀以降の倭王権が九州の地域社会に対してとった関係をふまえて、八世紀以降の大宰府と管内諸国嶋との関係が、形成されてきたことを確認できるだろう。

次章以降では、六世紀から七世紀にかけて、磐井の乱から大宝律令制大宰府の完成に至るまでの歴史過程の中で、この多様性を持った九州の地域社会がどのように律令制支配に編成され、大宰府の管内支配、九国三嶋の内政統治の機能が確立していったのかを具体的に解明する。

註

（1）坂上康俊「『九州』の成り立ち」（丸山擁成編『前近代における南西諸島と九州―その関係史的研究』多賀出版、一九九六年）五五・六〇～五頁

（2）九州経済調査協会編『図説九州経済　二〇一九』二〇二〇年、一四頁。https://www.kerc.or.jp/economy/gaikan/（二〇二三年一月三一日閲覧）。試みに日本古代の総人口を推計した鎌田元一氏の研究を参考に、古代九州の人口を推定してみると、鎌田氏が戸籍にもとづいて算出した一郷平均口数一〇六八人に『倭名類聚鈔』掲載の西海道の郷数五一〇をかけると、五四万四六八〇人となる。これを鎌田氏が一郷平均口数から推定した総人口五〇〇～六〇〇万で除すと、約九・〇八～一〇・八九パーセントほどになる（「日本古代の人口」『律令公民制の研究』塙書房、二〇〇一年、六〇七～一〇頁）。ちなみに、先の二〇一九年現在の九州地方の人口から沖縄県の人口を引くと、一二八〇万四〇〇〇人となり、これを同年の総人口一億二六一六万七〇〇〇人から北海道と青森県、沖縄県の人口を引いた一億一八二一万八一二六人で除すと、約一〇・八三

パーセントとなる（都道府県データランキング。https://uub.jp/pdr/を参照。二〇二三年一月三一日閲覧。参照したデータベースの相違による若干の誤差がありうる）。古代九州の人口は総人口の一割前後である。古代から現代までの全時代を通じての変動は不明であり、経済や産業構造の異なる古代と現代との単純な比較に意味はないが、現代の九州の人口の総人口に対する割合とほぼ同じ程度となり、古代の西国が先進的な地域と推測されることもふまえれば（前掲鎌田論文、六一〇頁）、九州地方全体としては、大きく地域が衰退することなく現代に至ったことを予見させる。ただし、現在の九州地方は、その内実において、経済の停滞や人口減少、各地の過疎化、高齢化、福岡都市圏など都市部への一極集中など、将来に対する多くの深刻な課題を抱えている。さらに、台湾有事に対する防衛力強化の名のもとに政府が進める、九州・沖縄の「要塞化」は、九州・沖縄地方を戦争に巻き込む危険性を高めており、十分な外交戦略を欠いた斉明・天智朝の百済救援戦争への出兵と白村江の戦いの敗北、その後の倭国の軍事体制強化と大宰府の成立が、たんなる過去の歴史上の出来事ではないことを痛感させる。

（3）以下の本節の地質学的記述は、町田洋・太田陽子・河名俊男・森脇広・長岡信治編『日本の地形7九州・南西諸島』東京大学出版会、二〇〇一年、二～四二頁による。

（4）以下の本節の気候や人々の気質の叙述は、川添昭二・瀬野精一郎編『風土と歴史11九州の風土と歴史』山川出版社、一九七七年、八～九頁による。

（5）安里進・山里純一「古代史の舞台　琉球」（『列島の古代史　ひと・もの・こと　1』岩波書店、二〇〇六年）三九二～四〇一頁

（6）本書における『古事記』の書き下し文の引用は、本居宣長撰『古事記伝』による。

（7）矢嶋泉『古事記の歴史意識』吉川弘文館、二〇〇八年、一八～二六・六九～七六・八四頁。拙稿「神話と『古事記』『日本書紀』」（東京国立博物館・九州国立博物館編『国宝　大神社展』NHK・NHKプロモーション、二〇一三年）二三八頁

（8）九州の古代豪族や古墳群の研究成果は以下の文献に整理やまとめがある。本章の記述もとくに断らない限り、これらを参考とした。井上辰雄「筑紫・豊・肥の豪族と大和朝廷」（鏡山猛・田村圓澄編『古代の日本3九州』角川書店、一九七〇年）、同「大和政権と九州の大豪族―その統治政策を中心として―」（『九州歴史資料館開館十周年記念　大宰府古文化論叢　上巻』吉川弘文館、一九八三年）、佐田茂「大宰府成立前夜における地方豪族の動向」（前掲『大宰府古文化論叢　上巻』）、平野邦雄「九州における古代豪族と大陸」（松本雅明監修・福岡ユネスコ協会編『九州文化論集1古代アジアと九州』平凡

社、一九七三年）、吉村靖徳『九州の古墳』海鳥社、二〇一五年。古墳の年代については、九州大学大学院人文科学研究院教授の辻田淳一郎氏に多くの御教示をいただいた。
（9）堀川徹「県・県主小考―三嶋竹村屯倉設置説話の事例から―」（加藤謙吉編『日本古代の氏族と政治・宗教　上』雄山閣出版、二〇一八年）一九三～五頁
（10）田中聡一「壱岐島における後・終末期古墳の動向」、竹中哲朗「対馬・壱岐における古墳」（細井浩志編『古代壱岐島の世界』高志書院、二〇一二年）四六～五一・九一～一〇一頁
（11）以下の記述は、高野晋司「壱岐嶋分寺の平城宮式瓦」、木本雅康「古代壱岐島の歴史地理―島府・郡家・交通路―」（前掲註（10）『古代壱岐島の世界』）一二六～八・一六八～一七一頁による。
（12）以下の記述は、永留久恵『対馬国志　第一巻　原始・古代編　ヤマトとカラの狭間で生きた対馬』「対馬国志」刊行委員会、二〇〇九年、二四八～六九・二七二～八〇頁による。
（13）加藤和歳編『X線CTスキャナによる船原古墳出土遺物の研究　日本学術振興会科学研究費補助金　基盤研究（B）平成二八年度～令和元年度（二〇一六年度～二〇一九年度）【課題番号：一六H〇三五一七】研究代表者：加藤和歳』九州歴史資料館、二〇二〇年。西幸子「国宝級の発見⁉タマムシで装飾された馬具」、吉村靖徳「船原古墳とその被葬者像」（『令和二年度　国史跡船原古墳講演会資料集』古賀市教育委員会、二〇二〇年）一～四・一〇～一三・一七～一八頁
（14）重藤輝行「宗像地域における古墳時代首長の対外交渉と沖ノ島祭祀」（「宗像・沖ノ島と関連遺産群」世界遺産推進会議ほか編『「宗像・沖ノ島と関連遺産群」研究報告Ⅰ』二〇一一年）七二～九頁。船原古墳の現段階の調査成果は、九州歴史資料館編『九州歴史資料館開館五十周年記念特別展　船原古墳とかがやく馬具の精華』二〇二三年にまとめられている。
（15）篠川賢「古代宗像氏の氏族的展開」（「宗像・沖ノ島と関連遺産群」世界遺産推進会議ほか編『「宗像・沖ノ島と関連遺産群」研究報告Ⅲ』二〇一三年）七七～九頁
（16）篠川賢「古代阿曇氏小考」（『日本常民文化紀要』三一、二〇一六年）五七～六〇頁
（17）松原弘宣「難波津と瀬戸内支配」（『日本古代水上交通史の研究』吉川弘文館、一九八五年）五一～九・八四～五頁
（18）小田富士雄「磐井の反乱」（鏡山猛・田村圓澄編『古代の日本3九州』角川書店、一九七〇年）一六〇～四頁
（19）柳沢一男『シリーズ「遺跡を学ぶ」〇九四　筑紫君磐井と「磐井の乱」岩戸山古墳』新泉社、二〇一四年、六〇～七二頁
（20）前掲註（8）井上論文、一二七頁。井上辰雄『火の国』学生社、一九七〇年、一一四～八頁

(21)　瓜生秀文「筑紫君磐井の乱後の北部九州」（長洋一監修・柴田博子編『日本古代の思想と筑紫』櫂歌書房、二〇〇九年）、一一一〜九頁。加藤謙吉「『磐井の乱』前後における筑紫君と火君―西海道地域の首長層の動向と対外交渉―」（篠川賢・大川原竜一・鈴木正信編『国造制・部民制の研究』八木書店、二〇一七年）二一四・二二一〜二頁

(22)　前掲註（14）重藤論文、八一頁

(23)　新川登亀男「宗像と宇佐」（坪井清足・平野邦雄監修『新版古代の日本　第三巻　九州・沖縄』角川書店　一九九一年）三六八頁

(24)　久留米市史編さん委員会編『久留米市史　第一巻』久留米市、一九八一年、三七八〜八一頁

(25)　佐田茂「筑後地方における古墳の動向―在地豪族の変遷―」（『鏡山猛先生古稀記念古文化論攷』鏡山猛先生古稀記念論文集刊行会、一九八〇年）五六二頁

(26)　前掲註（25）佐田論文、五六三頁

(27)　小川秀樹・瓜生秀文「第二編第四章第二節　ヤマト王権の成立と前方後円墳」（行橋市史編纂委員会編『行橋市史　上巻』行橋市、二〇〇四年）三八三〜九〇頁

(28)　長洋一「朝倉橘広庭宮をめぐる諸問題」（『神戸女学院大学論集』第二六巻第三号、一九八〇年）二九〜三五頁。本書第Ⅰ部第四章

(29)　以下、前掲註（8）佐田論文、九〇〜一頁

(30)　前掲註（8）吉村著書、一三九頁

(31)　九州歴史資料館編『延永ヤヨミ園遺跡Ⅳ区Ⅱ　一般国道２０１号行橋インター関連関係埋蔵文化財調査報告第四集』二〇一五年、一八八頁

(32)　前掲註（8）平野論文、二五二〜七頁

(33)　小田富士雄「豊前における新羅系古瓦とその意義―九州発見朝鮮系古瓦の研究（一）―」（『史淵』第八五輯、一九六一年）一三六頁

(34)　田中史生「ミヤケの渡来人と地域社会―西日本を中心に―」（『日本歴史』第六四六号、二〇〇二年）一五〜六頁

(35)　越智勇介「国家形成期における倭王権の交通と鞠智城」（『鞠智城と古代社会』第九号、二〇二一年）一六〜七頁

(36)　西村健太郎「鞠智城の築造過程と古代肥後の氏族的特質」（『鞠智城と古代社会』第九号、二〇二一年）一〇八〜九頁

（37）須永忍「古代肥後の氏族と鞠智城―阿蘇君氏とヤマト王権―」（『鞠智城と古代社会』第五号、二〇一七年）四六～五七頁
（38）前掲註（8）吉村著書、一二三頁
（39）前掲註（8）佐田論文、八五～六頁
（40）柴田博子・津曲大祐「律令制の形成と展開」（西都市史編さん委員会、西都市史編修委員会編『西都市史　通史編上巻』西都市、二〇一六年）二二四頁
（41）本書第Ⅰ部第四章
（42）原口耕一郎「隼人論の現在」（『古代文化』第六六巻第二号、二〇一四年）四四～五頁。中村明蔵『隼人の実像』南方新社、二〇一四年、五二～五・六四～八頁。菊池達也「大化前代の隼人と倭王権」（『律令国家の隼人支配』同成社、二〇一七年）二四～五・三一～三頁は、記紀にみえる大化前代の隼人の奉仕は、記紀編纂以前の古い段階の奉仕の様相が残されたものであり、隼人は人制に組み込まれていたとする。九州南部の人々の倭王権への奉仕が律令制以前に遡ることは十分にあり得るが、その呼称や記紀の隼人観の成立、人制に組み込まれていたかどうかは十分に論証されていないと考える。したがって確実なところとして、隼人の成立は、やはり天武朝以降と考えておく。
（43）永山修一「隼人をめぐって―〈夷狄支配の構造〉」（『東北学』四、二〇〇一年）一五一頁
（44）井上辰雄『隼人と大和政権』学生社、一九七四年、一三六頁。永山修一「隼人と律令制」（坪井清足・平野邦雄監修『新版［古代の日本］第三巻　九州・沖縄』角川書店、一九九一年）一六四～五頁
（45）本書第Ⅱ部第五章第三節（1）
（46）前掲註（42）中村著書、二〇～一頁
（47）前掲註（40）柴田・津曲論文、二二三～四頁
（48）以下、前掲註（44）永山論文、一六五～八頁による。
（49）柴田博子氏は、肥人を現行の肥後国球磨郡や肥国に関わらせる説を否定し、その語義を再検討している。肥人は人制の一環であり、倭王権に奉仕する職掌に関わって理解すべきことを指摘する。その職掌は律令制国家の形成に伴い、その中に解消されていったと想定されており、職掌は明らかでない。その他、肥人に朝貢記事はなく、毛人や隼人、阿麻弥人とは異なり、分布は九州南部をはじめ、畿内、遠江、肥前と広く、この点も隼人と異なる。百済系渡来人と深い関係もあり、必ずしも夷人のような性格がみられないが、大隅隼人の地域に居住し、時に行動を共にしたため、天平期の『令集解』古記に毛人

や阿麻弥人と並べて夷人雑類とされたことなどを指摘する（「肥人についての再検討」『国立歴史民俗博物館研究報告』第二三二集、二〇二二年、二三八〜九頁）。その後、瓜生秀文氏は、肥人の風俗や分布の検討から、肥人は五島列島を拠点とした海人集団で、南は薩摩地方、北は対馬、韓半島へ海路を介して活動した。しかしその反政府的行動のために、政府により畿内や遠江、越後にまで移住させられたとして、異なる見解を提出している（「土蜘蛛（反政府分子）伝承（其の二）―「肥人」に関する一考察（律令制施行前後の肥前地域の動向）―」『令和四年度肥前国庁跡資料館企画展　すごいぞ！佐賀市の古代遺跡2肥前国庁成立前夜の佐賀市』佐賀市、二〇二二年）二二〜四頁。

（50）熊谷明希「文武朝における『薩摩隼人』の征討と唱更国の成立」（『歴史』第一二一輯、二〇一三年）六三頁

（51）以下、小嶋篤「火国の領域設定と鞠智城」（『鞠智城と古代社会』第九号、二〇二一年）七三〜九頁

（52）森公章「交流史から見た沖ノ島祭祀」（「宗像・沖ノ島と関連遺産群」世界遺産推進会議ほか編『「宗像・沖ノ島と関連遺産群」研究報告Ⅲ』二〇一三年）九七〜八頁

第二章　那津官家修造記事の再検討

筑紫における大宰府の起源を、『日本書紀』宣化天皇元年（五三六）五月辛丑朔条において宣化天皇の詔によって那津の口に修造したと伝えられる官家、いわゆる那津官家に求めることは、今日においても有力な見解である。この理解は、早く宝暦十二年（一七六二）刊行の谷川士清『日本書紀通証』巻二十三に詔の中の「筑紫国」に注して「此専指二大宰府一」とあり、文化年間（一八〇四～一八）初めに完成した河村秀根・殷根・益根『書紀集解』巻十八に「按二鎮西ノ官家即後ノ太宰府一」とみえる[1]。

このような那津官家を大宰府の起源とする見方は、近代において竹岡勝也氏の「筑紫太宰府、或は太宰帥なる名称はこの官家に発生したものと見る事が妥当であらう」とする学説に引き継がれる[2]。その後今日まで、竹内理三氏をはじめとして大宰府に関する史料集や年表は、那津官家の修造記事を最初におくのが一般的であり[3]、那津官家は大宰府の起源として、波多野晥三氏・田中圓澄氏・倉住靖彦氏などに論じられてきた[4]。またミヤケ制研究においても、大宰府の前身、筑紫大宰が那津官家にあったとする理解が提出されている[5]。

しかし、これらの見解は、那津官家の修造記事に対する十分な史料批判をふまえたものではない。この記事に後世の大宰府が二重写しになっている疑いを指摘した彌永貞三氏や、この詔は後世の造作であり、那津に対外的目的と国政上の目的を持ちうる基地が朝廷の意思のもとに設けられた程度であるとする鈴木靖民氏の見解も示されている[6]。

さらに、八木充氏は那津官家の実態解明のために、この記事に徹底した史料批判を行い、筑紫屯倉の修造伝承を核としつつも、これを金官加羅離反後における朝鮮政策の展開の中に挿入し、白村江の戦いや大宰府の権能、統一新羅に対する後世の貴族の蕃国観などによって粉飾したとした(7)。八木氏の批判は首肯しうるが、那津官家の実態解明はなお十分ではない。

その後、倉住靖彦氏の反論もあり(8)、また史料批判をふまえた上で、改めて那津官家を大宰府の起源とする見解も提示されており(9)、大宰府の起源については意見の一致をみない。九州地方における律令制支配の成立を解明するためには、大宰府の成立過程を検討することを避けて通れない。本章では、大宰府成立過程を明らかにする基礎作業として今一度、那津官家の修造記事に再検討を加え、その歴史的な位置づけについて試案を提示したい。

一　那津官家修造記事の史料批判

まず、那津官家の修造記事に対して史料批判を行った先学に導かれながら、記事そのものに批判を加えることから始めたい。最初に『日本書紀』宣化天皇元年五月辛丑朔条を掲げる。この記事に記載された詔は大きく（A）～（C）の三つの部分からなる。

夏五月辛丑朔、詔曰、（A）食者天下之本也。黄金万貫、不レ可レ療レ飢。白玉千箱、何能救レ冷。夫筑紫国者、遐邇之所二朝届一、去来之所二関門一。是以、海表之国、候二海水一以来賓。望二天雲一而奉レ貢。自二胎中之帝一、洎二于朕身一、収二蔵穀稼一、蓄二積儲粮一。遥設二凶年一、厚饗二良客一。安レ国之方、更無レ過レ此。（B）故、朕遣二阿蘇仍君一〈未レ詳也。〉加運二河内国茨田郡屯倉之穀一。蘇我大臣稲目宿祢、宜下遣二尾張連一、運中尾張国屯倉之穀上。物部大連麁鹿火、宜下遣二新家連一、運中新家屯倉之穀上。阿倍臣、宜下遣二伊賀臣一、運中伊賀国屯倉之穀上。修二造官家、那津之口一。（C）又其筑紫肥豊、三国屯倉、散在二懸隔一。運輸遥阻。儻如須要、難二以備レ率。亦宜下課二諸郡一分移、聚二建那津之口一、以備中非常上、永為中民命上。早下二郡県一、令レ知二朕心一。

まず、（A）のうち「食者天下之本也」から「何能救レ冷」の部分は、後に続く部分で筑紫国に古来食糧を蓄積してきたことを述べるための導入であるが、先学の指摘のとおり、『漢書』景帝紀、後三年春正月条および元帝紀、永光二年夏六月条を下敷きとした作文であり、原史料にない文章と考えられる。(10)「夫筑紫国者」以下の部分は、外国使節が行き来する関門であるので、飢饉と外国使節の饗応のために穀稼を収蔵してきたという筑紫国の位置づけを記述する。これは（B）において、官家を修造する那津における外国使節の饗応機能が、古く応神天皇の時代からのものであることを示すための文章である。

しかし、「海表之国」は「海表諸蕃」などの用例があるので、韓半島諸国を蕃国視する認識によっており、また「胎中之帝」も神功皇后の三韓征討伝説にもとづく韓半島の官家設定という『日本書紀』編者の対外認識によって書かれた語句なので、この部分も編者による造作とみるべきである。(11)もちろん六世紀の那津付近に対外交渉に関わる施設があったことを否定するものではないが、この記事からその実態を推定するのは不可能である。

（B）においては、倭国王である宣化天皇が命じ、群臣等を通じて近畿地方や東海地方各地にある屯倉の穀を地域首長に運ばせ、那津の口に官家を修造したことを記している。蘇我稲目など群臣たちや尾張連など地域首長の名が具体的にみえるので、何らかの原史料にもとづく可能性はある。蘇我氏と尾張連、物部氏と新家連、阿倍氏と伊賀臣はそれぞれ同族系譜、または地縁的なつながりを形成している。(12)また茨田屯倉のみは、この屯倉が倭国王と密接な関係を持つため、宣化天皇から直接に阿蘇仍君が使者として派遣されたが、その他の屯倉は、それぞれの屯倉を預かっていた地域首長と個別人格的なつながりを持つ群臣たちを通じて穀を運ばせている。(13)これは律令にもとづく官僚制に規定された命令系統とは異質のものであり、律令制以前の特徴を表している。(14)

もちろんこのことは、この記事が即座に六世紀前半の史実として認められることを意味しない。やはり、大化改新以前のある時期にこのような屯倉支配にともなう氏族間の結び付きがあったことや、こうした名称の屯倉が実在したことが言えるに過ぎないであろう。(15)さらに倉住氏は、たとえ屯倉の穀輸送に関する何らかの原史料にもとづくとしても、その目的地が那津であったとも限らないとし、（C）に九州北部の屯倉から穀を輸送することすら困難であったと述べていることからすれば、近畿地方や東海地方の屯倉からの穀輸送は難しかったと考えられ、那津官家の修造とは関係のない穀輸送の断片的な記録を、『日本書紀』編者が結合して作文したとした(16)。

　しかし第Ⅰ部第三章第一節で詳しく述べるように、緊急事態ではない穀輸送は必ずしも困難ではなく、また「阿蘇仍君」が阿蘇君であると考えられ、（B）部分を筑紫への穀輸送と考えることができる可能性がある。

　なお「修造」について、新訂増補国史大系『日本書紀』の底本である寛文九年（一六六九）版本は「修造」を「作立」と訓じて「修《つく》り造《た》てよ」と読んでおり(17)、新規に官家が建設されたと捉えている。諸橋轍次『大漢和辞典』（巻一、八〇五頁）によると「修」には、おさめる、ととのえる、つくろう、なおすなどの意味があるので、新たに建造したとも、既存の建物を修理したとも解釈できる。ここは（A）において那津に応神天皇以来、外国使節の饗応機能があったとしたことを受けているから、やはり修理の意味にとるべきだろう。ただし（A）が虚構の文であってみれば、もちろん官家を修理したということは史実ではない。

　（C）においては、筑紫・肥・豊三国の屯倉が散在して輸送に不便であり、必要な時に対応できないことから、三国にある屯倉の建物の一部をその収納する穀とともに分け移し、那津の口に聚め建てることを諸郡に命じたと述べる(18)。この筑紫・肥・豊三国の屯倉とは、『日本書紀』安閑天皇二年（五三五）五月甲寅条で設置されたという二十六の屯倉のうち、筑紫の穂波屯倉（福岡県飯塚市）・鎌屯倉（嘉麻市鴨生）、豊国の腠碕屯倉（北九州門司区、または大分県国東半島）・桑原屯倉（福岡県八女郡黒木町、または築上郡築上町、田川郡大任町）・肝等屯倉（京都郡苅田町）・大抜屯倉（北九州小倉北区貫）・我鹿屯倉（田川郡赤村）、火国の春日部屯倉（熊本県熊本市国府）をさすのであろう(19)。

　この（C）部分について、津田左右吉氏は修造記事に郡や郡県という語が用いてあること、この時代の詔勅は実際の詔勅らしくないことから、安閑天皇二年条の屯倉を承けて作った記事とし、また安閑天皇二年条の屯倉も所在地が大化改新後の国の名によって示されることなどから、事実ではないとされた[20]。しかし、大化改新後の国名がみえることは、原史料を『日本書紀』編者が律令制下の知識によって修飾した可能性もあり、郡や郡県といった語句も同様であって、一概にすべてが編者の作文とはしがたい。また、三国の屯倉を分け移して那津の口に聚め立てるという建設方法は、先学が解釈に苦慮されたように、ほかに類例をみない特異なものであり、何らかの原史料にもとづいている可能性があろう。ただし、これについても律令制以前のある時代に独特の方法で那津の口に官家が建設されたということを示すに過ぎず、六世紀前半の史実として確定するには不十分である。

ここまでの史料批判によれば、（A）・（B）は『日本書紀』編者のまったくの作文か、または那津官家とは関係のない原史料によって記述された可能性があり、那津官家の実態や大宰府の前史を解明するための確実な手がかりになりそうなのは、（C）のみである。とはいえ（C）の年代は、この記事からはおさえられない。次節では、六世紀から七世紀における周辺の状況と照らし合わせながら、このような官家が那津に設置されるのに相応しい時期を探りたい。

二　那津官家設置の時期

まず（C）で記述されている内容の年代を考えよう。那津官家を大宰府の起源として捉える場合、『日本書紀』宣化天皇元年五月辛丑朔条とあわせて、那津官家の機能を考察するために用いられてきたのが、同二年十月壬辰朔条である。以下に掲げる。

天皇、以㆔新羅寇㆓於任那㆒、詔㆓大伴金村大連㆒、遣㆔其子磐与㆓狭手彦㆒、以助㆓任那㆒。是時、磐留㆓筑紫㆒、執㆓其国政㆒、以備㆓三韓㆒。狭手彦往鎮㆓任那㆒。加救㆓百済㆒。

ここでは、任那と百済を救援するために渡海した大伴狭手彦を支援するために、大伴磐が筑紫に留まってその国政を執り、三韓に備えたとある。磐が留まった場所について『日本書紀』は何も記していない。しかし通説は、これを那津官家に駐留したと考え、筑紫に留まって国政を執ることと三韓に備えることを那津官家の機能と結び付けた上で、この那津官家のものとした機能を、国防と外交、西海道の内政を掌った大宰府の職掌と重ね合わせることによって、那津官家が大宰府の起源であることを主張するのである(21)。

八木充氏は、磐が那津官家に留まったことや、磐の職務が那津官家の機能と同じとすることには根拠がなく、宣化天皇元年条と同二年条を結び付けることに対して疑問を提起し、さらに宣化天皇二年条が大伴氏の家記より出た伝承記事とみられることから、その信頼性を否定された。すなわち、大伴狭手彦の韓半島出兵は、宣化天皇二年条のほか、欽明天皇二十三年（五六二）八月条と同条所引一本にみえる。宣化天皇二年条は、継体天皇二十三年（五二九）四月是月条の新羅による金官加羅併合に対する出兵とされ、欽明天皇二十三年条は、同年正月条の新羅による加羅諸国十国の滅亡に対する出兵であり、類似した組み立てになっている。とくに後者の加羅諸国の滅亡と狭手彦の高句麗征討が本来は無関係であると考えられることをふまえれば(22)、『三国史記』などに対応する記述がみられないこととあわせ、宣化天皇二年条と欽明天皇二十三年条の出兵記事は信頼性が乏しいとされる。

倉住氏は八木氏への反論として、宣化天皇二年条が大伴氏の家記にもとづく可能性を承認した上で、『日本書紀』編者や編纂当時の政府に那津官家や大伴狭手彦の出兵を造作する必然性はなく、韓半島側の史料にみえないことについても、狭手彦は渡海せず、政治的なデモンストレーションにとどまったとされた(23)。確かに『日本書紀』編者等が造作する必然性はないかもしれない。しかし、『日本書紀』が素材とした大伴氏の家記の側に、大伴氏が祖先を顕彰するために海外での祖先の軍事的功績を造作する必然性はあろう。その点をふまえれば、韓半島側の史料に対応する記事がないことは、やはり記事の信頼性を損なうであろう。

したがって、狭手彦の出兵は、韓半島の情勢とも整合する欽明天皇二十三年条所引一本が伝える同十一年（五五〇）だったのだろう。大伴氏の家記は、本来、欽明天皇十一年の出兵に関する伝承を、金官加羅併合と加羅諸国滅亡のそれぞれに対応するように二重に造作したのではあるまいか。その場合、磐が筑紫に留まって国政を執ったというのは独特の内容であり、本来そのような伝承があった可能性があろう。

おそらくは、もともと断片的で時期も判然としなかった那津官家修造記事の（C）の原史料があり、大伴氏の家記が宣化天皇二年に磐の筑紫での執政を記していたので、逆にその前提として（C）は宣化天皇元年にかけられたと考える。その結果、（C）の前提となる筑紫・肥・豊三国の屯倉を含む二十六の屯倉設置の記事が、（C）より前でかつ継体天皇二十三年条の金官加羅併合より後の安閑天皇二年五月甲寅条にかけられたのであろう。以上より、筑紫・肥・豊三国の屯倉と那津官家修造記事の年紀は信頼できないことが明らかとなった。

次に別の視点から、これらの記事の年代を探ってみたい。那津官家修造記事は、安閑天皇二年条にみえる筑紫・肥・豊三国の屯倉設置を前提としていることから、まずこれらの屯倉設定の時期が手がかりとなろう。安閑天皇二年条の屯倉は、異なる時期に設置された屯倉を一括して掲げた可能性もあり、そのままでは信頼できない。

この点に関連して、松原弘宣氏が興味深い指摘をされた(24)。すなわち、海人集団を統括した阿曇連は、蘇我氏と密接に結び付いて推古天皇の時代に台頭し、また海犬養氏と同族関係にあり(25)、犬養氏は屯倉の守衛にあたった氏族であることから(26)、阿曇氏と蘇我氏の関係には屯倉経営が介在していたらしい。また、対外交渉を掌った難波吉士集団が、六世紀以降に形成され、阿倍氏と結び付いて台頭してきたことも指摘されている。

いっぽう、安閑天皇二年条の屯倉は九州北部と近江・尾張・上毛野・駿河を除くと、播磨国越部屯倉・牛鹿屯倉、備後国後城屯倉・多禰屯倉・来履屯倉・葉稚屯倉・河音屯倉、婀娜国（後の備後国安那郡の地）膽殖屯倉・膽年部屯倉、阿波国春日部屯倉、紀国経湍屯倉・河辺屯倉とあり、海上交通路である瀬戸内海沿岸に分布し、『日本書紀』欽明天皇十六年（五五五）七月壬午条以下にみえる吉備の白猪屯倉・児島屯倉設置も、瀬戸内海と九州北部の海上交通支配と関わるであろう(27)。『日本書紀』敏達天皇十二年（五八三）是歳条で百済から召された日羅を吉備の児島屯倉で慰労しており、児島屯倉に外交施設があったとみられ、この海上交通の掌握は韓半島情勢に対応するものでもあったと推測される[28]。白猪屯倉・児島屯倉設置は、六世紀後半における吉備氏の倭王権への従属化によって可能となったことが指摘されている[29]。また阿曇連や難波吉士の台頭も、やはり吉備氏の倭王権への服属によるものと考えられており、このような瀬戸内海沿岸から九州北部にかけての屯倉設置と、六世紀から七世紀はじめの阿曇連や難波吉士の台頭は連動するのだろう[30]。

さらに、六世紀以降新設の屯倉の管理方式として蘇我氏が主導して導入した可能性がある犬養部の設置は欽明天皇の時代とされる[31]。また、五四〇年代以降は新羅の加羅侵攻が本格化し、五六二年頃まで倭国は百済を救援して、ともに高句麗や新羅と戦っていた[32]。したがって安閑天皇二年条の瀬戸内海沿岸から九州北部の屯倉が置かれたのは、むしろ六世紀中頃から後半にかけてではないだろうか。

つぎに那津官家と三国の屯倉の関係を修造記事の（C）から探ろう。この詔は、筑紫・肥・豊三国の屯倉が散在して輸送に不便であり、必要な時に対応できないので、屯倉の建物の一部をその収納する穀とともに分け移し、那津の口に聚め建てることを命じている。ここで不思議なのは、建物を新規に建てることなく、なぜ屯倉の穀ばかりか、建物まで分け移して聚め建てる必要があったのかである。これはミヤケとは何かという問題と関わる。

ここでミヤケに関する膨大な研究史を概観する余裕はないので、本章と関わる論点について触れたい。舘野和己氏はミヤケの本質について、倉を中核とする経済的なものとする通説を批判し、土地所有は二次的なものであり、倭王権の政治的拠点としての官衙とされた[33]。これに対してミヤケの本質を土地支配とみる見解も依然として有力である[34]。

ここで重視したいのは、評やミヤケ経営の内実についての仁藤敦史氏の指摘である。すなわち七世紀後半の評制は、伴造―部民制的な旧来の構成原理を大きく転換することなしに人間集団を編成・支配したものであり、人間集団と奉仕先の一対一の対応という限定をつけることが成立期の評の属性であった。したがって評は領域的には斑状な分布や飛び地的なあり方も存在し、郡のような領域的な行政区画ではなかったとされる。

このように、評制段階ですら領域支配は未熟であり、『日本書紀』安閑天皇元年（五三四）十月甲子条にみえる小墾田屯倉と毎国田部、桜井屯倉と毎国田部、難波屯倉と毎郡钁丁のように、ミヤケは後の国郡の領域を越えて耕作民が設定されており、同年閏十二月壬午条にみえる三島竹村屯倉の耕作民も河内県の部曲を田部とする。ミヤケでは専属の耕作民が土地と結び付いていないのであって、ミヤケの土地支配は後次的で徹底しておらず、奉仕先と人間集団の人格的支配にもとづいて、奉仕の拠点としての倉における稲の収取が行われたとされた[35]。

仁藤氏の指摘をふまえると、那津官家を設置する際に、わざわざ筑紫・肥・豊三国にある屯倉の建物の一部を移して那津の口に集めた理由が推測できよう。すなわち、那津官家修造記事の（B）の記述からも理解できるように、倭国王といえども、その直轄の屯倉以外の屯倉に対しては、その屯倉を管理する地域首長と個別的人格的関係を持つ群臣たちを通じて命令を下さざるをえなかった。先にみた安閑天皇元年閏十二月壬午条で、三島竹村屯倉の田部が国造とみられる大河内直味張によって钁丁として献上されたように、屯倉の耕作民も地域首長によって、その支配下にある共同体の人間集団が動員されたのである。

おそらく筑紫・肥・豊三国の屯倉も、屯倉を管理する地域首長が支配下の人間集団を動員して経営し、それぞれの屯倉に対する倭王権からの命令は、これらの地域首長と個別的人格的関係を持つ群臣たちを通じて下されたのであろう。このような体制では、恒常的かつ迅速に必要な物資を調達することはできない[36]。

三国の屯倉とそこに奉仕する人間集団は、屯倉を管理する地域首長との人格的な関係によって結び付けられていたであろう。したがって、それぞれの屯倉から倉の一部が那津に移築されると、奉仕の拠点が二分されるので、那津に移された倉にも地元の屯倉と同様に、地域首長を通じてその支配下の人間集団は穀を納めることになろう。これによって結果的に九州北部各地に散在する屯倉から、恒常的かつ迅速に穀が那津に集積される体制が作り出されたのであり、那津官家による三国の屯倉の統括は、このような方法で実現したと考える[37]。

先述のように、六世紀中頃は韓半島への出兵が続いており、この時期は、九州北部各地から物資を集積する機能を持つ出兵基地としての官家が那津に置かれるには相応しい[38]。狭手彦の出兵が欽明天皇十一年と伝えられていたことも符合する。磐の筑紫での執政も、新設された那津官家の機能を前提として可能だったのではないだろうか。

三　那津官家設置の歴史的意義

最後に、那津官家による三国の屯倉統括の体制を九州北部の地域社会が受け入れ、維持した国内的背景を検討し、その歴史的意義を考えたい。一般に六世紀以降の列島においては、群集墳の増加とこれらからの鉄製の刀剣や農具出土が示すように、地域の小首長や一部の農民の経営が成長して独立の傾向を強め、それまで古墳を造営していた地域首長の伝統的な支配は動揺してくるとされる。倭王権は地域首長を国造として地方官化し、専制的体制を強化しようとし、また地域首長が開いた支配拠点を屯倉として接収していった(39)。

ここで九州の首長の状況を概観してみよう。九州の国造の姓は、もっとも倭王権の影響が及んだ地域である豊国造が豊国直である他はすべて君姓であることから、九州の国造級の地域首長は、倭王権に服属しながらも自立性を残していたとみられる(40)。いっぽう、九州における地名を冠する呼称によって首長を分類すると、郷名を冠する首長は部民制との関わりがきわめて濃厚であり、郡名を冠する首長は部民制との関わりが顕著ではないことがわかる(41)。

ここで、試みに東国の状況と比較してみると、九州の首長の特徴が明確になる。東国では国造が皇室私有民の伴造となっているが(42)、九州では郷程度の小規模な人間集団が一つの部民となり、これを支配した小首長が伴造となって独自に王権や群臣と結び付いている。つまり、九州では伝統的な国造級の地域首長に対し、その下位にある小首長の相対的な自立性が強く、独自に倭王権と結合していったと考えられるので、地域社会の矛盾は伝統的な地域首長と自立性を持つ小首長との問題として発生するのではないだろうか。これに対して東国においては、部民制支配の貫徹による矛盾が表出する場合、地域首長層内部における一族の分裂という形で現れる(43)。小首長が独自に部民制に組み込まれて伴造となっていくいっぽう、九州の地域首長は、倭王権と結んでその支配機構に組み込まれるか、独自の力で地域支配を維持するかを選ぶことになったであろう。

前者の具体例をあげると、律令制下に宗像郡大領となる胸肩君は、五世紀以来、倭王権とともに沖ノ島祭祀に関わっており、[44]『倭名類聚鈔』によって宗像郡に海部郷があることから推定されるように、胸肩君は倭王権との結合によって玄界灘沿岸の海人集団を統括して海外との交流を行っていた。海人集団は海部として倭王権の外交にも奉仕したと考えられる。いっぽう倭王権に組み込まれる道を選ばなかったのが、筑紫君磐井である。[45]磐井の乱については『古事記』継体天皇段の「此之御世、竺紫君石井、不レ従二天皇之命一而、多レ无レ礼。故、遣二物部荒甲之大連・大伴之金村連二人一而、殺二石井一也」程度がもとの事実の伝承とし、もっとも詳しい『日本書紀』継体天皇二十一年（五二七）・同二十二年条の信頼性を否定する見解や、磐井の乱は加羅諸国出兵とは関係がないとする見解がある。[46]

しかし、磐井の本拠地である八女地域では、五世紀初頭から前葉の八女市立山山二四号墳から、韓半島から将来されたと考えられる陶質土器が出土しており、この古墳の被葬者は筑紫君配下で韓半島との交流に携わった人物であった可能性がある。さらに、六世紀中葉に近い前半に築造された同八号墳からは韓半島から舶載された金製の垂飾付耳飾りが出土し、筑紫君磐井の時代にあっても、八女地域と韓半島との交流が続いていたことを示す。[47]これは、継体天皇二十一年六月甲午条にみえる磐井と新羅との交流をうかがわせる記述や、高句麗・百済・新羅・任那等の貢職船を誘致したという記述を裏付ける。磐井は新羅などとの独自の交流を背景に地域支配を維持しようとしたのであり、加羅地域の支配をめぐり、新羅を攻撃する倭王権の政策は容認できなかった。また列島の統一のために外交の一元化は倭王権にとって必須であり、磐井のような地域首長独自の対外交流は認められなかったであろう。

筑紫君磐井は、筑紫・肥・豊によって乱を起こしたとされるが、実際にはこれらすべての地域を支配していたわけではないであろう。決戦場は後の筑後国御井郡であったし、後の筑前国・筑後国の範囲には、倭王権と結び付いた胸肩君や、胸肩君と関係の深い水沼君、[48]畿内型古墳である若宮古墳群を墳墓の地としたであろう的氏[49]など、倭王権側の地域首長も多い。

おそらくは、本拠地である八女地域、および筑紫神社が所在する筑紫野市原田、乱後に息子の葛子が献上したという糟屋屯倉を結ぶルートを中心とし、『筑後国風土記』逸文も磐井が豊前国上膳県に逃げたと伝えるように、ともに大彦命後裔とされる豊前国上三毛郡の膳臣など同族関係を構築していた首長や、交流があった新羅国からの渡来人である豊前地方の秦氏系の氏族と同盟を結んでいたのであろう(50)。

乱後には筑紫君の勢力圏を取り囲むように、物部氏系の物部や弓削部、矢作部などが置かれ、火君の勢力圏の周辺にも大伴氏系の建部、大伴部、山部、靫部が設置された。大抜屯倉・胅碕屯倉・肝等屯倉・穂波屯倉・糟屋屯倉が置かれた玄界灘沿岸地域には物部が置かれ、春日部屯倉の付近には建部があった。相対的な自立性が強かった九州北部の小首長たちは磐井の乱の鎮圧にあたった物部氏や大伴氏と結び付き、その軍事的部民の伴造となっていったのだろう。そして六世紀中頃以降、韓半島情勢への対応の中で、三国の屯倉はこれら軍事的部民と伴造の存在を前提として置かれていったのではないだろうか。『日本書紀』欽明天皇十五年（五五四）十二月条・同十七年正月条のように、六世紀中頃以降に、韓半島での竹斯物部・筑紫国造・筑紫火君ら筑紫の首長の軍事的活躍や筑紫舟師の派遣がみえ始めるのは、派兵の基地としての三国の屯倉と那津官家の設置がこの時期であったことを示唆する。筑紫の軍事的部民は、『日本書紀』持統天皇四年（六九〇）九月丁亥条・十月乙丑条にみえる軍丁の筑紫国上陽咩郡の大伴部博麻のように、七世紀後半の百済救援戦争に至るまで活躍していた。

九州北部における部民制の進展は、小首長が個別に王権や群臣と結び付くことを示しており、地域社会の分裂を促進していたであろう。これは君姓を持つような伝統的な地域首長にとっては、地域への影響力を及ぼす上で望ましいことではない。那津官家のような那津を中心として九州北部の地域社会を統合する支配体制が構築されることは、那津官家に奉仕することで地域支配を維持できるので、地域首長にとっても歓迎しえたのではないだろうか(51)。

ところで、乱後に筑紫君の勢力が著しく減退したとは考えられない。筑後地域の首長墓系列に、乱の前後でとくに変わった状況はみられないという(52)。後の筑前国・筑後国付近には、九州の他地域と異なって国造は筑紫国造のみしか存在が伝わらず、筑紫国造として筑紫君が筑前・筑後地域に支配を及ぼしていたようにみえる。しかし、これは磐井の乱以前からの実態ではないであろう。筑前・筑後地域には筑紫をウジの名に冠する複姓氏族が散見することから、乱以前において筑紫君が九州北部の首長層の上に君臨していたとする見解もあるが、(53)これらは筑紫三宅連、筑紫聞物部、筑紫火君などであり、(54)そのウジ名から考えて乱後に筑紫君と同族関係を構築した氏族が多い。

乱後に筑紫君葛子が外交の拠点であった糟屋の地を屯倉として献上した後、六世紀中頃に糟屋屯倉を含めた三国の屯倉を統括する那津官家が成立し、この官家を預かることによって、筑紫君は筑紫国造となったと考える。(55)『日本書紀』天武天皇十三年（六八四）十二月癸未条の筑紫三宅連は、筑紫国造の下で那津官家を管理した小首長だろう。筑紫の名を冠する首長が筑前・筑後地域に出現するのも、筑紫君が三国の屯倉を統括する那津官家を管理するようになった結果である。(56)しかし、京都妙心寺鐘銘にあるように戊戌年（六九八）には、『新撰姓氏録』左京神別上から物部氏（石上氏）と同族とわかる春米連広国が糟屋評造であり、筑紫君が献上した糟屋屯倉も物部氏の、さらに物部守屋の滅亡後は上宮王家の影響下にあった。(57)筑紫君は那津官家を媒介として三国の屯倉を預かる首長と同族関係など人格的な結び付きを構築し、支配しようとしたであろうが、それぞれの首長は個別に王権や群臣とも結び付いていた。三国の屯倉を預かる首長に対する筑紫君の支配は、那津官家の機能を担う限りで有効性を持つものであったと考える。

本章では、那津官家の修造記事を再検討した結果、六世紀中頃に韓半島情勢に備えるために筑紫・肥・豊三国の屯倉とこれを統括する那津官家が置かれ、それは磐井の乱後に九州北部の地域社会の分裂にも対応しえたと考えた。那津官家が大宰府の起源かどうかについては、その軍事機能は出兵の基地であり、大宰府の国防機能とは異なる。この機能は七世紀に出現する筑紫大宰に直接の起源を求めるべきである。また不十分ながら地域首長独自の対外交渉を否定し、外交の一元化を目指したことは、(58)大宰府の外交機能の端緒とは言えよう。

いっぽう、九州北部の広範な地域社会に、那津官家を中心として相対的な完結性を持つ穀の収取体制を構築した点は、領域的支配ではないものの、大宰府の西海道総管の歴史的前提と評価できよう[59]。その後の展開については、筑紫大宰と筑紫総領の検討とあわせ、章を改めて論じることにしたい。見通しのみを述べれば、糟屋屯倉が糟屋評になったように、七世紀後半に筑紫総領によって、那津官家が統括していた三国の屯倉もそれぞれ評に編成されたであろう。しかし、那津官家が評に編成される際には、評の特質から考えて、それ以前の支配関係も維持された可能性があり、評に編成された三国の旧屯倉に奉仕する人間集団をも重層的に那津官家を継承する評に編成したのではないだろうか。かかる筑紫・肥・豊にわたる広域の人間集団支配の体制を核として九州地方の評編成は進められたのだろう[60]。

註

（1）谷川士清『日本書紀通証　第三巻』国民精神文化研究所、一九四一年、二九七頁。河村秀根・殷根・益根編著『書紀集解巻中』国民精神文化研究所、一九三七年、二六七頁。飯田武郷『日本書紀通釈　第四』内外書籍、一九三〇年（原著は一八九二年刊行）二六七八頁は、百済（新羅の誤り）の安羅侵略や宣化天皇二年十月の大伴磐の筑紫駐留と考えあわせ、那津官家を大宰府の基本とする。なお「那津官家」は史料上の用語ではない。八木充「いわゆる那津官家について」・「筑紫大宰とその官制」（『日本古代政治組織の研究』塙書房、一九八六年、初出はいずれも一九八三年）二八五・二九二頁が述べるように、実際には「筑紫ミヤケ」と呼ばれた可能性があるが、今は慣例に従って那津官家と表記する。またミヤケの表記は、『日本書紀』は屯倉・官家・弥移居、『古事記』は屯家・三宅・屯宅、『播磨国風土記』は御宅・三宅、山ノ上碑・金井沢碑は三家など多様である（舘野和己「屯倉制の成立―その本質と時期―」『日本史研究』一九〇、一九七八年、六頁）。本稿でミヤケを表記する際は、ひとまず史料の表記に従う。

（2）竹岡勝也「上代の太宰府」（『太宰府小史』太宰府天満宮、一九五二年）三頁

（3）竹内理三編『大宰府・太宰府天満宮史料　巻一』太宰府天満宮、一九六四年。太宰府市史編集委員会編『太宰府市史　古代史料編』太宰府市、二〇〇三年。『同　年表編』二〇〇四年。川添昭二監修・重松敏彦編『大宰府古代史年表［付］官人補任表』吉川弘文館、二〇〇七年

（4）波多野晥三「大宰府淵源考―筑紫大宰の性格について―」（『日本歴史』七二、一九五四年）四〇～一頁。田村圓澄「大宰府前史小論」（『九州文化史研究所紀要』二一、一九七六年）三一頁。倉住靖彦「那津官家の修造」（『九州歴史資料館開館十周年記念大宰府古文化論叢　上巻』吉川弘文館、一九八三年）一三五頁。なお、大宰府成立に関する一九七〇年代前半までの研究史は、倉住靖彦「大宰府研究の現状と問題点についての序章」（『日本史研究』一五三、一九七五年）にまとめられている。

（5）前掲註（1）舘野論文、一三頁。笹川進二郎「『糟屋屯倉』献上の政治史的考察―ミヤケ論研究序説―」（『歴史学研究』五四六、一九八五年）一〇頁など。

（6）彌永貞三「『彌移居』と『官家』」（『日本古代社会経済史研究』岩波書店、一九八〇年）六九～七〇頁。鈴木靖民「宣化紀私考」（『國學院雑誌』七一―一一、一九七〇年）八一頁

（7）前掲註（1）八木著書、二八五・二九二・二九五頁。以下、とくにことわらない限り、八木氏の説は本書、二七三～五・二八〇～一・二九四～五頁による。北條秀樹「大宰府前史小論」（『日本古代国家の地方支配』吉川弘文館、二〇〇〇年）一三五～七頁も那津官家を大宰府の起源とすることに否定的である。

（8）倉住靖彦『古代の大宰府』吉川弘文館、一九八五年、一～一四頁

（9）長洋一「大宰府成立前史」（田村圓澄編『古代を考える　大宰府』吉川弘文館、一九八七年）一六～二一・三九頁は、修造記事の前半部分は虚構とするが、後半の筑紫・肥・豊三国のミヤケを聚め建てたとある部分は史実とみ、筑紫大宰を那津官家の発展上に捉えている。また亀井耀一郎「大宰府覚書―筑紫大宰の成立―」（『福岡教育大学紀要』五三、第二分冊、社会科編、二〇〇四年）四九・六〇頁は、那津官家が大宰府の起源であることは否定しつつも、那津官家については修造記事にそった理解を示す。

（10）小島憲之『上代日本文学と中国文学　上―出典論を中心とする比較文学的考察―』塙書房、一九六二年、三三四頁。前掲註（6）鈴木論文、七五頁

（11）前掲註（1）八木著書、二八〇～一頁。前掲註（9）長論文、一九頁

（12）前掲註（6）鈴木論文、七九～八〇頁、黒瀬之恵「『日本書紀』のミヤケについて」（『東洋大学文学部紀要』五一、史学科篇二三、一九九八年）一六二頁によると、新家屯倉は河内もしくは伊勢に所在したと推定され、『先代旧事本紀』天孫本紀に「弟物部竺志連公、新家連等祖」とある。『日本書紀』孝元天皇七年二月丁卯条では阿倍臣と伊賀臣はともに大彦命の

後裔とされ、『新撰姓氏録』左京皇別上に阿倍朝臣は孝元天皇皇子である大彦命の後、右京皇別上に伊賀臣は大彦命男である大稲輿命男の彦屋主田心命の後とある。また黛弘道「大和国家の財政」（『日本経済史大系一』東京大学出版会、一九六五年）二〇八～九頁は、尾張連の旧居とされる葛城（『古事記』孝元天皇段、『先代旧事本紀』天孫本紀には、尾張連の祖である葛木彦命のほか、その子孫と婚姻関係などにある人々に葛城にちなむ人名がみえる）は蘇我氏にも縁の深い土地であり、安閑・宣化天皇の母が尾張連草香の女目子媛であることから、尾張氏が中央豪族に接近するときに旧居の因縁などを頼って蘇我氏と結んだかとされる。

(13)　前掲註（12）黛論文、二〇九頁。前掲註（12）黒瀬論文、一六三頁

(14)　黒瀬之恵「日本古代の王権と交通」（『歴史学研究』七四二、二〇〇〇年）二六頁

(15)　前掲註（6）鈴木論文、八〇頁

(16)　前掲註（4）倉住論文、一四五～七頁。前掲註（1）舘野論文、四～五頁は、逆に六・七世紀において筑紫などから倭《やまと》への稲穀輸送が困難であることを指摘する。

(17)　『日本書紀』の寛文九年版本の底本となった楓山本『日本書紀』第六冊（江戸城紅葉山文庫旧蔵、国立公文書館所蔵）、宣化天皇元年五月辛丑朔条も「修造」に「作立」の訓を付けている。国立公文書館デジタルアーカイブで写真を確認した（https://www.digital.archives.go.jp/img/3967279 の三三コマ目。二〇二三年四月十三日閲覧）。

(18)　「分移、聚二建那津之口一」について、井上辰雄「筑紫の大宰と九国三島の成立」（鏡山猛・田村圓澄編『古代の日本3九州』角川書店、一九七〇年）一九〇頁は、九州北部三国に分散している屯倉をすべて那津に聚建したとし、前掲註（4）田村論文、二九頁は、那津の口に三国の屯倉の穀を聚め、屯倉を建てたとし、坂本太郎ほか校注『日本書紀　下』岩波書店、一九六五年、五九頁、頭注二六は、諸所の屯倉の穀をそれぞれ一部割いて、那津に移し集める意とする。しかし鎌田元一「屯倉制の展開」（『律令公民制の研究』塙書房、二〇〇一年）一三一頁のように、蓄積されていた稲穀とともに、三国にある屯倉の倉そのものの一部を割いて那津に移建させたと読むのが自然であり、妥当な解釈である。

(19)　屯倉の比定地は前掲註（18）『日本書紀　下』五四九頁、補註18―一〇による。また『日本書紀』継体天皇二十二年十二月条で、筑紫君磐井の乱後、息子の葛子が贖罪のために献上したという糟屋屯倉（福岡県糟屋郡）も含まれるか。糟屋屯倉は古賀市鹿部田渕遺跡で発見された六世紀中頃の大型掘立柱建物群（総柱建物二棟、側柱建物四棟）がその比定地となる可能性が指摘されている（古賀市教育委員会編『古賀市文化財調査報告書　第三三集　鹿部田渕遺跡―第2次・6次・7次調

査―』二〇〇三年、五七～八頁）。しかし、第Ⅰ部第三章第三節で述べるように、近年、古賀市域まで古代の宗像郡が広がると考えられるようになっているので、鹿部田渕遺跡も胸肩君に関わる施設の可能性がある。
(20) 津田左右吉『日本古典の研究　下』岩波書店、一九五〇年、八〇～二頁
(21) 前掲註（1）『日本書紀通証』。前掲註（4）波多野論文、四〇頁。前掲註（18）井上論文、一九〇頁。前掲註（4）田村論文、三一～二頁。前掲註（4）倉住「那津官家の修造」一五一頁など。
(22) 池内宏『日本上代史の一研究―日鮮の交渉と日本書紀―』近藤書店、一九四七年、三一九頁。坂本太郎「纂記と日本書紀」（『日本古代史の基礎的研究　上　文献篇』東京大学出版会、一九六四年）一四二～三頁
(23) 前掲註（8）倉住著書、七～九頁
(24) 松原弘宣「難波津と瀬戸内支配」（『日本古代水上交通史の研究』吉川弘文館、一九八五年）五一～九頁
(25)『日本書紀』推古天皇三十一年十一月条・同三十二年十月条に、蘇我馬子と密接なつながりを持って活動する阿曇連の姿がみえる。『新撰姓氏録』右京神別下に阿曇連は海神綿積豊玉彦神の子穂高見命の後とあり、海犬養は海神綿積命の後とある。
(26) 黛弘道「犬養氏および犬養部の研究」（『律令国家成立史の研究』吉川弘文館、一九八二年）二三二頁
(27)『日本書紀』欽明天皇十六年七月壬午条・同十七年七月己卯条・同三十年夏四月条・敏達天皇三年十月丙申条・同四年二月壬辰条。前掲註（24）松原論文、六八～七二頁
(28) 石母田正『日本の古代国家』岩波書店、一九七一年、三七〇～一頁
(29) 笹川進二郎「白猪史と白猪屯倉」（『論究日本古代史』学生社、一九七九年）一六五～六頁
(30) 前掲註（24）松原論文、五九・八四～五頁
(31) 前掲註（26）黛論文、二二四頁
(32) 李成市「新羅の国家形成と加耶」（鈴木靖民編『日本の時代史2倭国と東アジア』吉川弘文館、二〇〇二年）三〇〇頁。『日本書紀』欽明天皇八年（五四七）四月条、同九年四月条・十月条、同十一年二月庚寅条、同十四年正月乙亥条・六月条、同十五年二月条・五月条、同二十三年七月是月条に韓半島への出兵や百済からの派兵要請等がみえる。
(33) 前掲註（1）舘野論文、七・一三頁
(34) 平野邦雄「六世紀の国家組織」（『大化前代政治過程の研究』吉川弘文館、一九八五年）三一一頁。前掲註（18）鎌田論

文、一二九～三〇頁

(35)　仁藤敦史「額田部氏の系譜と職掌」、同「古代王権とミヤケ制」(『古代王権と支配構造』吉川弘文館、二〇一二年)二八～九・一六七～八頁

(36)　森公章「評制と交通制度」(『東洋大学文学部紀要』六〇、史学科篇三二、二〇〇七年)一七～八頁は屯倉が屯倉間の円滑な交通体系を提供できなかったことを指摘する。

(37)　前掲註(24)松原論文、六三～五頁は、三国の屯倉からの穀の輸送が一時的ではなく恒常的であったこと、穀の一部を那津官家へ運送させるという形で諸屯倉を那津官家の支配下に置いたと指摘する。前掲註(9)亀井論文、四九頁も、倉の一部の移築と穀の移動によって、三国の屯倉を統轄する中枢ミヤケの役割を那津の口の官家に与えたとする。

(38)　拙稿「特論　大宰府」(上原真人ほか編『列島の古代史　ひと・もの・こと3社会集団と政治組織』岩波書店、二〇〇五年)二八八頁では、那津官家の設置を六世紀前半としたが、本章のように訂正する。なお、那津官家の所在地は、福岡市南区三宅に比定されてきたが、福岡市博多区博多駅南・比恵・山王・那珂の地域に広がる比恵遺跡群の第七・八・一三・五〇次調査で、六世紀から七世紀の倉庫群や官衙的建物跡が発見され(福岡市教育委員会編『比恵遺跡　第8次調査概要　福岡市埋蔵文化財調査報告書第一一六集』一九八五年。同編『比恵遺跡群(8)福岡市埋蔵文化財調査報告書第一七四集』一九八八年。同編『比恵遺跡群(20)比恵遺跡群第50次調査の概要・第53次調査の報告　福岡市埋蔵文化財調査報告書第四五一集』一九九六年)、那津官家の施設の可能性がある(前掲報告書、第一一六集、二四頁)。この倉庫群の時期が六世紀後半の早い時期とされること(同書、一九頁)は参考になる。さらに、菅波正人「博多湾岸のミヤケ遺跡」(日本考古学協会2012年度福岡大会実行委員会編『一般社団法人日本考古学協会2012年度福岡大会研究発表資料集』二〇一二年)五二七～三一頁は、福岡市早良区小田部一帯に広がる有田遺跡群では、六世紀後半から七世紀代の三本柱の柵列に区画された倉庫群が発見され、那津官家関連遺跡と考えられており、この場所には後に早良郡衙が作られたことを指摘する。辻田淳一郎「講演　博多湾沿岸地域の古墳時代後期社会―那津官家の時代―」(『市史研究ふくおか』第一八号、二〇二三年)八一～四頁、同「前方後円墳の築造停止とその背景―北部九州を中心に―」(『史淵』第一六〇輯、二〇二三年)六〇～一頁は、有田遺跡群では弥生時代から集落が営まれてきたが、五世紀には人口が減り、利用されなくなった。五世紀後半には韓半島系土器を含む渡来系遺物がみつかるようになり、人はあまり住んでいなかったが、渡来人などをはじめとする人々が集まって祭祀を行っていた。ところが六世紀になると急速に開発が進み、倉庫群などが作られ、周辺に竪穴住居が多数出てくるようになる。これ

はそれまであまり使われていなかった土地を再開発し、そこに倉庫群を建て周囲に人がたくさん住むようになり、さまざまな生産活動を行うようになっていったことが確認できるとする。辻田氏は、このような状況は那津官家関連施設が作られた福岡平野周辺でみられ、部民制に関わる生産の拡大と集団の編成が体系的に推進される状況が考古学的に観察できる事例とする。その一方で九州北部の宗像・八女・筑後川流域などの地域では、前方後円墳が大型化し、前段階以来の氏族的秩序の中での生産組織の編成と支配がより顕著に展開しており、この両者の併存がこの時期における国造制・部民制の地域的展開の実態であると捉える。第Ⅰ部第四章で指摘するように、後の筑前国早良郡には、物部氏系の鳥養部、上宮王家関連の平群部、推古天皇関連の額田部、蘇我馬子関連の蘇我部の分布が推測されるところであり、有田遺跡群も那津官家関連遺跡として十分に考えられる。桃崎祐輔「九州の屯倉研究序説」（前掲『一般社団法人日本考古学協会２０１２年度福岡大会研究発表資料集』）五一三～四頁は、九州の屯倉比定地・候補地と関連遺跡を整理し、渡来人との関わりから渡来系文物集中地域の検討が必要であること、しばしば三～四世紀の前期古墳が比定地に存在すること、大型倉庫群が散見されること、屯倉が評に移行したものがあること、古代山城と比定地が重複するものが多いこと、近畿地方の先進集団が部民として入植し、屯倉設置先の地域集団と擬制的同祖同族関係を結び、系列化し、傘下に収めながら定着したことなどを指摘し、屯倉の実態を追及している。

(39)　井上光貞『日本の歴史　第3巻　飛鳥の朝廷』小学館、一九七四年、一四一頁

(40)　井上辰雄「筑・豊・肥の豪族と大和朝廷」（前掲註（18）『古代の日本3九州』）一四九頁。京都平野は前方後円墳が多く、九州でもっとも早い三世紀代から畿内型古墳（石塚山古墳）が築かれた地域である（佐田茂「大宰府成立前夜における地方豪族の動向」前掲註（4）『大宰府古文化論叢　上巻』八〇頁）。なお、君姓について、中村友一「地方豪族のカバネ論―君と首を中心に―」（『明治古代史論叢』第一号、二〇二〇年）四〇～一頁は、「キミ」が本来は王や称号として使用される倭語・朝鮮語共通の称号であったと言え、意味は上級の首長、王と推定できるとし、この称号をカバネ化したものとする。そしてカバネ「君」の賜与基準は、出自や氏名の名負によるもの、地方豪族といった地域差ではないことを指摘し、仕奉形態、つまり大王・宮という王権中枢に時限的な仕奉を行い、以外は在地において長として王権に仕える氏族に賜るカバネだと結論づけた。さらに君姓を賜った氏族が独立的であるという性格づけも妥当性を欠くとする。しかし君姓氏族の本質がそうであるとしても、本書が対象とする九州地方の地域首長が、第Ⅰ部第一章で概観したように、独自の古墳文化を築き、倭王権から相対的に独立性を持ちながら、王権に奉仕していたことも事実であり、九州地方の地域首長の勢力を過小に評価す

ることはないと考えている。

(41)　井上辰雄「大和政権と九州の大豪族―その統治政策を中心として―」(前掲註(4)『大宰府古文化論叢　上巻』)一一三〜四頁

(42)　大津透「大化改新と東国国司」(坪井清足・平野邦雄監修『新版［古代の日本］第八巻　関東』角川書店、一九九二年)二〇四〜五頁

(43)　鎌田元一「評の成立と国造」(前掲註(18)著書)一五二〜三頁

(44)　井上光貞「古代沖の島の祭祀」(同著・吉村武彦編『天皇と古代王権』岩波書店、二〇〇〇年)二八一〜五頁。佐田茂「北部九州の海上交通と沖ノ島」(坪井清足・平野邦雄監修『新版［古代の日本］第三巻　九州・沖縄』角川書店、一九九一年)一三〇頁

(45)　『日本書紀』は「筑紫国造磐井」とするが、『古事記』継体天皇段や『筑後国風土記』逸文により、筑紫君磐井とすべきである(鬼頭清明「日本民族の形成と国際的契機」『大系・日本国家史1古代』東京大学出版会、一九七五年、九七頁)。磐井の乱については、鬼頭氏前掲論文、山尾幸久『日本国家の形成』岩波書店、一九七七年、小田富士雄編『古代を考える　磐井の乱』吉川弘文館、一九九一年などを参照。

(46)　前掲註(22)池内著書、二四五頁。坂本太郎「継体紀の史料批判」(前掲註(22)著書、二四六〜二四七頁。三品彰英「『継体紀』の諸問題―特に近江毛野臣の所伝を中心として―」(『日本書紀研究　第二冊』塙書房、一九六九年)二九頁

(47)　八女市教育委員会編『立山山古墳群　八女市文化財調査報告書　第一〇集』一九八三年、五三・六二・九一・一七五・一七八頁

(48)　亀井輝一郎「磐井の乱の前後」・新川登亀男「宗像と宇佐」(前掲註(44)『新版［古代の日本］第三巻』)一四二・三六八頁。

(49)　佐田茂「筑後地方における古墳の動向―在地豪族の変遷―」(『鏡山猛先生古稀記念　古文化論攷』鏡山猛先生古稀記念論文集刊行会、一九八〇年)五七一〜二頁。なお、田中正日子「筑後に見る磐井の乱前後」(門脇貞二編『日本古代国家の展開　上巻』思文閣出版、一九九五年)九八頁は、的臣が栄えたのは六世紀中葉から末であり(直木孝次郎「的氏の地位と系譜」『日本古代の氏族と天皇』塙書房、一九六四年、四七頁)、五世紀中頃の月岡古墳の被葬者は有明海側で倭王済を通じて宋から将軍号を与えられた在地首長とする。

(50) 以下、前掲註(41)井上論文、一二二～五・一二六～七・一三一～二頁

(51) ただし一方で、筑紫君をはじめとする九州北部の首長層は、勢力の温存や地位の後見と引き換えに、相対的な独立性を失い、六世紀後半以降、倭王権の対外戦争に協力させられることになった。森公章『「白村江」以後　国家危機と東アジア外交』講談社、一九九八年、一二九～三一・一三七頁、同『戦争の日本史1東アジアの動乱と倭国』吉川弘文館、二〇〇六年、二五三～四頁が指摘するように、倭国では韓半島への派兵に際し、まず筑紫の軍を派遣するという伝統が形成された。それは、最終的には斉明・天智朝の百済救援戦争への動員と白村江の戦いの敗北により、筑紫国造の可能性が高い筑紫君薩野馬(夜麻)や筑紫国上陽咩郡(評)の軍丁大伴部博麻も百済救援戦争に出征して唐の捕虜になっており(『日本書紀』天智天皇十年[六七一]十一月癸卯条・持統天皇四年[六九〇]九月丁酉条・十月乙丑条)、首長層自身に大きな被害をもたらすことに結果したのである。

(52) 前掲註(49)佐田論文、五七二～三頁

(53) 小田富士雄「磐井の反乱」(前掲註(18)『古代の日本3九州』)一六四～五頁

(54) 火君は磐井の乱後に筑前に勢力を扶植している(前掲註(41)井上論文、一二七～三〇頁)。ただし、筑紫君と火君の婚姻関係の成立は乱前に遡る可能性もある(本書第Ⅰ部第三章第二節)。

(55) 国造が支配する国は律令制下の国のような領域的な国ではなく、国造に人格的に隷属する人間集団とみるべきであり(吉村武彦「律令制的班田制の歴史的前提」『日本古代の政事と社会』塙書房、二〇二一年[初出一九七八年]、二九〇頁。大川原竜一「大化以前の国造制の構造とその本質―記紀の『国造』表記と『隋書』『軍尼』の考察を通して―」『歴史学研究』八二九、二〇〇七年、四五～六頁)、筑紫国造が支配する筑紫国は、後の筑前・筑後を越えて分布する三国の屯倉に奉仕した人間集団を中心に構成されたであろう。ミヤケを預かることと国造任命とが関連することは、『日本書紀』大化元年(六四五)八月庚子条を参照(前掲大川原論文、四五頁)。

(56) 前掲註(5)笹川論文、九～一一頁

(57) 黛弘道「春米部と丸子部―聖徳太子子女名義雑考―」(前掲註(26)著書)二五八・二六一頁

(58) 前掲註(9)長論文、二六頁

(59) 吉川真司「大宰府財政機構論(報告要旨)」(『日本史研究』三五六、一九九二年)一三三頁は那津官家に部民一般の労働力や生産物を運用する財政は存在しなかったとされるが、本章は那津への恒常的な穀の集積と筑紫君による管理・運用を認

める。

(60)　那津官家は筑紫大郡・筑紫小郡に継承されたと考えられる（田中卓「郡司制の成立(上)・(中)・(下)」『社会問題研究』二―四・三―一・四―二、一九五二～三年、(中)六一頁）。難波大郡・難波小郡がもとは難波郡（当時の表記では難波評）であったことから（同(下)五三頁）、筑紫大郡・筑紫小郡も本来は筑紫評として編成されたのではないか。

第二章　筑紫国造の地域支配——筑紫君と胸肩君、水沼君の動向を中心に——

国造は、倭王権が日本列島各地の地域首長を任命した地方官である。皇極天皇四年（六四五）六月の蘇我本宗家討滅にはじまる大化改新において、それ以前の倭王権の地方支配制度である国造・伴造制、屯倉制は、大きく改革され、評や五十戸という新たな制度が作られた。一般に国造の国は、評へと編成されたと考えられており、その過程を解明することは、古代国家（律令制国家）の成立を明らかにするための重要な課題である。国造は、近世以来の長い研究史をもつが、右の理由により、近代の歴史学においても、倭王権の地方支配のあり方を明らかにするために、数多くの研究が積み重ねられてきたのであり、国造の成立時期や性格、機能、評の成立との関わりなどについて、多くの学説があって、決着をみない(1)。

国造制の膨大な研究史をふまえて、その全体について論ずることはできないが、本書第Ⅰ部第二章第三節では、大宰府の成立について研究する過程で、筑紫国造が那津官家を現地で管理したことについて論じている。筑紫君が任じられた筑紫国造は、筑紫君磐井の乱に関する史料を中心として、文献に記録が残されている。いっぽう、筑紫国造が統治した後の筑前国には、神郡の宗像郡があり、宗像神を奉祭した首長である胸肩君が本拠地としていた(2)。その墳墓の地である五世紀後半以降の福津市の津屋崎古墳群では、八女古墳群を凌駕する古墳も築かれたことから、宗像地域は、磐井の乱の基盤となった首長連合体には属さず、磐井と対抗、牽制するように、胸肩君が台頭したとされる(3)。

胸肩君は、筑紫国造と同じ君の姓を持ち、国造になっても不思議ではない勢力を有したが、国造となることはなかった。本章では、磐井の乱後に筑紫国造となった筑紫君と胸肩君および、胸肩君とともに宗像神の祭祀を行った水沼君との関係を検討することによって、筑紫国造の地域支配の実態や筑紫国造による那津官家の管理の様相を明らかにし、さらには大宰府の管内支配の成立過程の検討にも寄与するものとしたい。

一　筑紫国造の任命と那津官家の修造

はじめに、筑紫国造の任命から検討する。筑紫国造は、まず筑紫君磐井の乱について記す『日本書紀』継体天皇二十一年（五二七）六月甲午条に「筑紫国造磐井」とみえる。『古事記』継体天皇段に「竺紫君石井」、『筑後国風土記』逸文（『釈日本紀』巻十三）に「筑紫君磐井」とあるので、筑紫国造の氏姓は、筑紫君であった。

ここで近年の国造制の研究をふまえれば、磐井の乱後にその息子である筑紫君葛子が倭王権に糟屋屯倉を献上したことを起点として、全国的に屯倉が設置され、この屯倉制を基礎として、六世紀前半に国造制が成立したとされる(4)。したがって、磐井の時代には国造制はまだなかったので、磐井を筑紫国造とするのは、『日本書紀』編者による潤色である。このように国造制の成立についての先学の研究成果においても、屯倉を管掌することと国造任命が連動していることは指摘されている。このことをふまえて、まず筑紫国造の任命の前提となった屯倉の設置について検討したい。

筑紫国造と関わりのある屯倉として、まず想起されるのは、磐井の乱後に筑紫君葛子が倭王権に献上したと伝える糟屋屯倉である。

〔史料1〕『日本書紀』継体天皇二十二年（五二八）十一月〜十二月条

十一月甲寅朔甲子、大将軍物部大連麁鹿火、親与二賊帥磐井一、交二戦於筑紫御井郡一。旗鼓相望、埃塵相接。決二機両陣之間一、不レ避二万死之地一。遂斬二磐井一、果定二彊場一。十二月、筑紫君葛子恐二坐レ父誅一、献二糟屋屯倉一、求レ贖二死罪一。

糟屋屯倉の献上は、磐井が糟屋に保有した港湾施設の支配を、葛子が倭王権に献上し、王権が屯倉としたというのが事実であろう。ただし、糟屋屯倉の献上によって、王権が葛子を許したことから、倭王権の戦争の目的が糟屋の地をおさえることであったことがわかる。なお、糟屋屯倉は福岡県古賀市鹿部田渕遺跡で発見された六世紀中頃の大型掘立柱建物群がその比定地となる可能性が指摘される(5)。

『日本書紀』継体天皇二十一年六月甲午条は、磐井の乱の原因として、新羅に滅ぼされた加耶東部の南加羅・喙己呑を復興するために、継体天皇が派遣した近江毛野の軍が渡海するのを、磐井が妨害したためとする。しかし、亀井輝一郎氏は、継体天皇紀の年紀に作為があることをふまえて、磐井の乱の原因を新羅の加耶侵攻ではなく、磐井が糟屋に進出し、高句麗等韓半島諸国の職貢船をみずからのもとへ招いたことにあったとする。そして磐井の乱の鎮圧によって、倭王権は外交の一元化を実現したとみるのである(6)。

ただし、『先代旧事本紀』国造本紀、伊吉嶋造条に、磐井に従った新羅海辺の人があったことを伝えているので、磐井が倭王権の意志と異なって、新羅と深い交流を持っていたことを否定する必要はない。いずれにしても、磐井の乱の背景には外交問題があり、磐井独自の外交拠点である糟屋の地を接収し、倭王権のもとに外交の権限を一元化することに、磐井を討つ大きな意義があったのは確かであろう。

さきに触れたように、屯倉を管掌することと、国造に任命されることは連動する。そのことを端的に述べるのは、『日本書紀』大化元年（六四五）八月庚子条、いわゆる東国国司への第一詔である。

〔史料2〕『日本書紀』大化元年（六四五）八月庚子条

拝二東国等国司一。仍詔二国司等一曰、（中略）若有二求レ名之人一、元非二国造・伴造・県稲置一、而輙詐訴言、自二我祖時一、領二此官家一。治二是郡県一。（後略）

ここでは、国造、伴造、県稲置であることと、祖先の時代から官家（屯倉）を預かり、郡県を治めてきたことが相即的に語られる。地域首長は、国造、伴造、県稲置に任じられ、屯倉（屯家・三宅・三家・官家・弥移居など表記はさまざま）[7]を管理することで、屯倉が置かれた地域の支配を王権から認められ、また王権に仕えるのである。[8]

磐井の乱後に糟屋屯倉を最初として屯倉が全国的に設置され、屯倉制を基礎として国造制が創始されたのであれば、初代の筑紫国造は、糟屋屯倉を献上したと伝えられる葛子であろう。とすれば、筑紫国造が当初に管掌した屯倉は、糟屋屯倉であったと考えられる。

ところで、京都の妙心寺の梵鐘銘に「戊戌年四月十三日壬寅収糟屋評造舂米連広国鋳鍾」とあり、戊戌年（六九八）に糟屋評造であった舂米連広国が鐘を鋳造させたと記される。舂米連は、『新撰姓氏録』左京神別上によると、石上氏（物部氏）と同祖とされる。このことから、葛子によって献上された糟屋屯倉の現地の首長は、磐井を討った物部麁鹿火の支配下に入ったと推定される。なお、厩戸王子（聖徳太子）と膳菩岐々美郎女との娘に舂米王女がおり、王子・王女の名前は、乳母を出して養育した氏族の名前に由来するので、厩戸王子が、舂米氏に王女の養育を担当させたことがわかる。このことから、用明天皇二年（五八七）の蘇我物部戦争において、蘇我馬子らによって物部守屋が滅ぼされた後、糟屋の地域首長である舂米連は、厩戸王子の支配下に置かれたと考えられる。[9]

糟屋屯倉が、大化改新の後に糟屋評に編成され、屯倉を預かっていた舂米連が糟屋評造に任じられたのだとすれば、糟屋屯倉が置かれた当初は筑紫国造となった葛子が管掌したと考えてよいが、その後、いつかの時点で、筑紫君は、舂米連に糟屋屯倉の管理を委任した可能性が想定される。筑紫君の本拠地が本来、磐井の墓とされる八女市岩戸山古墳を含む八女古墳群の周辺であることも考慮すれば、糟屋屯倉が置かれた時に、物部麁鹿火の支配下にありつつ、葛子の下で実際に糟屋屯倉の管理にあたった糟屋地域の中小首長が舂米連だったのではないだろうか。

こう考えると、葛子が筑紫国造として主に管掌した屯倉がどこなのかが問題となる。『先代旧事本紀』国造本紀によって九州の国造名をみると、後の筑前国・筑後国に相当する範囲には筑紫国造しかみえない。この範囲には、胸肩君や水沼君など君の姓を持つ有力な地域首長が存在したが、これらの首長が国造となったことは国造本紀以外の史料にもみえない。[10] したがって、筑紫国造が支配した人間集団は、少なくとも筑前国・筑後国におよぶ広範な地域に存在した可能性がある。本書第Ⅰ部第二章では、筑紫国造が預かった屯倉として、那津官家が相応しいと考えた[11]。現在、那津官家修造記事についても新たな見解も提出されているので、それにも触れながら、あらためて詳しく考察したい。

『日本書紀』には、安閑天皇二年（五三五）に東海地方から中国地方、九州北部に二十六の屯倉を置いたとある。

〔史料3〕『日本書紀』安閑天皇二年（五三五）五月甲寅条

置二筑紫穂波屯倉・鎌屯倉、豊国腠碕屯倉・桑原屯倉・肝等〈取レ音読。〉屯倉・大抜屯倉・我鹿屯倉、〈我鹿、此云二阿柯一。〉、火国春日部屯倉、播磨国越部屯倉・牛鹿屯倉、備後国後城屯倉・多禰屯倉・来履屯倉・葉稚屯倉・河音屯倉、婀娜国膽殖屯倉・膽年部屯倉、阿波国春日部屯倉、紀国経湍屯倉、〈経湍、此云二俯世一。〉・河辺屯倉、丹波国蘇斯岐屯倉、〈皆取レ音。〉近江国葦浦屯倉、尾張国間敷屯倉・入鹿屯倉、上毛野国緑野屯倉、駿河国稚贄屯倉一。

このように糟屋屯倉以外にも、筑紫・豊・火三国には、八カ所の屯倉が置かれたと伝えられる。比定地は、筑紫の穂波屯倉（福岡県飯塚市）・鎌屯倉（嘉麻市鴨生）、豊国の腠崎屯倉（北九州市門司区、または大分県国東半島）・桑原屯倉（福岡県八女市黒木町、または築上郡築上町、田川郡大任町）・肝等屯倉（京都郡苅田町）・大抜屯倉（北九州市小倉北区貫）・我鹿屯倉（田川郡赤村）、肥（火）国の春日部屯倉（熊本市国府）となる[12]。筑紫君の勢力圏を取り囲むように設置され、磐井の乱後に葛子が献上した糟屋屯倉とあわせ、豊前・豊後方面から博多湾に至るルートを倭王権が掌握し、筑紫君を牽制しつつ、韓半島における戦争遂行のための兵糧や兵力を動員する拠点を構築したのである[13]。

これら三国の八カ所の屯倉は、磐井を討った物部麁鹿火と大伴金村によって、九州北部の中小の地域首長が支配下に置かれたことを前提に設置され、地域首長が統率する人間集団は、物部氏や大伴氏の系列の部民に編成され、地域首長に率いられて、その居住地の近傍に置かれた屯倉に奉仕させられた[14]。それをふまえると、三国の八カ所のそれぞれの屯倉は、筑紫国造が管掌した屯倉としては、支配する人間集団の分布する範囲が狭いと考える。

このように考えると、先行研究においても指摘されるように、『日本書紀』宣化天皇元年（五三六）五月辛丑朔条（本書第Ⅰ部第二章第一節に前掲）で那津の口に修造されたと伝える官家、いわゆる那津官家が筑紫国造の管掌した屯倉として想起される。那津官家は、糟屋屯倉と三国の八カ所の屯倉から那津に倉の一部ごと穀を移転させることによって建設され(15)、このことによって三国の屯倉をも統括したのであり、その支配拠点は九州北部の広域に及ぶ(16)。

本書第Ⅰ部第二章では、那津官家修造記事の（A）は『日本書紀』編者の造作とした。（B）は宣化天皇の詔を受けて、大臣蘇我稲目、大連物部麁鹿火、阿倍臣ら群臣が、個別人格的な支配下にある地域首長を通じて、その地域首長が預かる屯倉の穀を運ばせたことが記されており、これが律令官僚制的な命令系統とは異質のものであることから、律令制以前の特徴を表したものと考えた。倉住靖彦氏は、目的地が那津であるとは断定できないし、（C）で九州北部の三国の屯倉からの穀の輸送すら難しいのだから、近畿地方や東海地方からの穀輸送は困難であったとし、那津官家の修造とは関係のない穀輸送の断片的な記録を結合したとした(17)。（C）については、とくに三国の屯倉を分け移して那津の口に聚め建てるという建設方法が特異なものであることから、那津官家の修造に関わる記事であると判断した。

（B）を那津官家の修造と関係のない記録とする点について、吉村武彦氏は、近畿周辺から那津まで、当時の技術で重い穀を運ぶのは難しいとする説を批判して、五世紀末から六世紀に、阿蘇ピンク石が奈良・大阪・滋賀に運ばれ、舟形石棺や家形石棺に加工されており、四・五世紀には、有明海沿岸で製作された舟形石棺が、岡山・香川・兵庫・大阪・京都に運ばれていたことから、稲穀が重くても、水上交通で運搬するのは問題なかったとする(18)。さらに須永忍氏は、「阿蘇仍君」の「仍」を衍字とみて、宣化天皇が直接に阿蘇君を遣わして、茨田屯倉の穀を運ばせたのであり、阿蘇君は、那津官家修造の現地における中核的存在であったとした(19)。

以上の先行研究をふまえて、（B）について再考する。吉村氏の批判をふまえて、穀の輸送について考えると、確かに技術的には水上輸送で巨大な石棺の石材を九州から近畿まで運べるのであるから、穀の輸送じたいは困難ではないかもしれない。（C）をあらためて読み直してみると、九州北部の屯倉からの輸送について、須要に際してにわかに備えがたいことを問題にしているのであって、確かに緊急事態以外での日常的な穀の輸送は問題としていない。したがって、緊急事態でないであろう近畿地方や東海地方の屯倉からの穀輸送は困難ではなかったことになる。

つぎに、須永説によれば、（B）は那津官家の修造に関する記事と考えてよいことになる。また、この記事の年代を考えてみると、ここに登場する物部麁鹿火は、『日本書紀』によると、継体朝に続いて、安閑・宣化朝にも大連に再任されているが、宣化天皇元年七月に薨じている。いっぽう蘇我稲目は、同元年二月に大臣に任じられたのが初見である。もちろん大連や大臣の任命の年紀が正しいかどうか確証はないのだが、物部麁鹿火が薨去した後、欽明天皇即位前紀の宣化天皇四年十二月には、大伴金村とともに物部尾輿が大連に再任されたとある。記事に登場する群臣たちの構成まで編者の作文とは考えにくいことからも、（B）の年代は宣化朝以前なのは確かである。

加えて、屯倉の成立が継体朝であることや、蘇我稲目は即位前の欽明天皇に娘の堅塩媛と小姉君の二人を妃に入れ、欽明天皇は堅塩媛との間に七男六女、小姉君との間に四男一女をもうけて（『古事記』欽明天皇段、『日本書紀』欽明天皇二年三月条）、稲目は欽明天皇との間に強い絆を結んでいったのであり、それをふまえると、稲目の台頭の契機は、安閑・宣化朝にあったであろう。したがって、（B）の年代も那津官家の修造記事の年紀と隔たるものではない。

しかし、先に述べたように、私見は那津官家の修造の実年代を、中国地方から九州北部の屯倉設置の実年代や韓半島情勢をふまえて、六世紀中頃と考えており[20]、（B）の年代とは若干、隔たりが生ずるのである。依然として確証は持てないが、「阿蘇仍君」が阿蘇君であるならば、（B）が那津官家の修造に関する記事であることもあながちに否定すべきではない。もし、（B）が筑紫の穀輸送に関係するとするならば、ここでの穀輸送は、糟屋屯倉に続いて、六世紀前半のうちに成立した東海地方や近畿地方の屯倉から、倭王権が接収した糟屋屯倉の整備・充実などのために、穀を輸送したものと考えておきたい。

那津官家の修造についての再考はここまでとして、筑紫国造と那津官家との関わりを述べていきたい。那津官家は、糟屋屯倉および、先行して置かれた筑紫・豊・火（肥）三国の八カ所の屯倉から倉の一部ごと穀を那津に移転することによって建設され、これによって糟屋屯倉を含めて三国の屯倉をも統括した。那津官家の修造によって、九州北部から恒常的に穀を那津に輸送する体制が成立し、那津官家は、韓半島における戦争遂行のための基地となったのである。

なお、いうまでもなく、史料には、那津の口に官家を修造せよとあるだけで、那津官家という名称の屯倉はみえない。『日本書紀』天武天皇十二年（六八四）十二月癸未条に百済救援戦争で唐の捕虜になり、新羅を経て送還された人物の中に「筑紫三宅連得許」がみえ、また『古事記』神武天皇段に、神八井耳命（神武天皇の皇子、綏靖天皇の兄）の後裔氏族をあげた中に、筑紫三家連がある。この氏族は、筑紫ミヤケの管理にあたったことから、その職務を氏族の名としたのだろう。筑紫という筑前国・筑後国をも包括する広域の地名を冠したミヤケとして相応しいのは、三国の屯倉を統括下に置く那津官家である。したがって、那津官家は当時、筑紫官家と呼ばれたのではないだろうか。(21)

先に、筑前国・筑後国の範囲には、筑紫国造以外の国造がみられないことも触れた。以上をふまえると、初代の筑紫国造に任命され、筑紫官家（那津官家）を管掌したのが、筑紫君葛子であったと考えられる。筑紫三宅連は、筑紫国造の下で那津官家の管理にあたった官家周辺の中小首長だったと推測する。

那津官家の統括下には、一部、豊国や肥国の屯倉も含まれるが、それぞれの近隣の伴造や県稲置となった地域首長が配下の人間集団を率いて、屯倉の管理にあたっていたと考えれば、三国の屯倉は、筑前・筑後地域を中心に、飛び地的に存在していたといえる。この那津官家を頂点とする広域の重層的な屯倉に奉仕させられた人間集団の全体が、筑紫国造の支配する国造国としての筑紫国だったといえよう。(22)

二　筑紫君・筑紫国造と筑紫の地域首長

まず磐井の乱前の筑紫君と筑紫の地域首長との関係、乱後の筑紫国造と同じく地域首長との関係に触れておきたい。

磐井の乱前の筑紫君磐井の勢力について、小田富士雄氏は、磐井の父の代から筑前・筑後を領有し、磐井の代に豊・火にも勢威をおよぼし、九州北部全域に威令をとどろかすにいたったとする。さらに、筑前・筑後が九州でも最大の穀倉地帯であり、豊・火の国々にまでおよんだことが筑紫君の経済基盤を大きく支えたともする(23)。小田氏が指摘するように、福岡県八女市・八女郡広川町に広がる総数三〇〇基ともいわれる八女古墳群が、筑紫君一族の墓所であったと考えられている。この古墳群が頭角を現すのは、被葬者と磐井との直接的血縁関係・系譜関係については不明であるが、五世紀前半代の石人山古墳からである。

磐井が乱以前、倭王権に従っていたことは、『日本書紀』継体天皇二十一年（五二七）六月甲午条に、近江毛野の軍を妨害した磐井が、「今為二使者一、昔為二吾伴一、摩レ肩触レ肘、共器同食。安得四率尓為レ使、俾三余自二伏尓前一」と述べており、かつて倭王権に出仕し、毛野とも同じ器で物を食べた同輩であったと主張していることからも確かである。さらに小野里了一氏は、五世紀後半、雄略天皇没後の王位継承の混乱期に、倭王権の求心力が低下し、諸豪族からの利害を調整して対外交渉に臨むことができる力量を備えた倭国王が不在であった。この時期に、磐井は、前代以来王権に仕え奉ってきた外交の職務を遂行する中で、津を整備拡大し、倭王権の外交を担うようになったともされる(24)。そして、磐井の乱の原因は、柳沢一男氏や小野里氏が指摘するように、六世紀になって新たに求心力を強めた継体天皇の王権が、磐井や九州北部の首長連合による外交の役割を奪取しようとしたことにあるとみてよいであろう(25)。

さて、五世紀代に八女古墳群を墳墓とした勢力（後の筑紫君一族）が台頭したこと、岩戸山古墳の規模や、その一〇〇を超える石製表飾品（いわゆる石人・石馬）の存在から、磐井が、有明首長連合（小田氏は筑紫・火に加えて、豊の首長も磐井に従っていたとの理解から「筑紫連合」と呼ぶ）の盟主となっていたことは事実とみられる。また、小田氏が、筑紫君一族が九州北部・中部の首長連合の盟主となりえた理由が、火（肥）君との連携にあったとしたことも、石製表飾品の広がりや、『日本書紀』欽明天皇十七年（五五六）正月条に「別遣二筑紫火君一〈百済本記云、筑紫君児、火中君弟〉」とあることにより、筑紫君と火君との間に婚姻関係があったとみられ、説得力がある。(26) 筑紫君は八女地域を本拠地としながら、糟屋の港湾までの交通路を支配して倭王権の外交の職務を担い、さらに火君と婚姻関係を結ぶことによって、博多湾岸から肥後地域に至る人と物の動きを統括していたのである。

加えて、高良山麓には三世紀後半に築かれた祇園山古墳があり、この古墳に始まる高良山西麓に広がる首長墓系列は、藤山甲塚古墳、石櫃山古墳、浦山古墳、本山古墳、浦山4号墳、日輪寺古墳として、五世紀前半から六世紀前半まで続くものの、磐井の乱の段階で消滅する。このことと乱の最終決戦が高良山麓の御井郡であったことから、乱以前は高良山周辺の首長は磐井の支配下にあり、乱後は勢力が移動したとも、倭王権による地方支配が強く及んだともされる。(27) 高良山は水上交通と関わる伝承を持ち、水沼君や嶺県主など筑後や肥前の有明海沿岸、筑後川上流の首長が本来、高良神を信仰していたとみられる。(28) このこともあわせ考えると、筑紫君は有明海沿岸や筑後川上流の首長とも関係を持っていたとみられる。筑後川を遡れば、豊前や豊後にもいくことができる。筑紫君が、博多湾岸から肥後地域に及ぶ交通路に加え、有明海や筑後川の水上交通をも抑えていたことによって、磐井は本拠地の八女地域を超えて、有明海周辺を中心として九州北部にまたがる広域の首長連合の盟主となり得たのだろう。

ところで、倭国王（大王）は歴代遷宮を行った。これは、倭王権の首長（倭国王）が特定地域を代表するのではなく、王権を構成する氏族集団を統合する代表者として存在しており、特定地域に固執することはなく、王権にとって必要と思われる場所に王宮を立地させることができたからである。(29) その意味で本拠地を遠く離れた糟屋に外交拠点を持ち、直接の支配地を超える広域の首長連合の盟主となっていた磐井は、その政治拠点が本拠地である八女地域から完全に離れることはできておらず、そこが未成熟ではあるが、地域的な王権へと成長する可能性を持っていたとも言える。

ただ、磐井の乱の際に、磐井に味方した勢力について考えると、乱前の磐井の九州北部・中部への支配は、それほど専制的なものにはなりえていなかったのではないだろうか。第Ⅰ部第一章第三節（5）で述べたように、沖ノ島祭祀を掌り、有明首長連合に属さなかった胸肩君はもちろん、火君や水沼君など有明首長連合、あるいは筑紫連合を構成した首長たちも、乱に際して、すべてが磐井に協力したわけではないからである。筑前・筑後地域には、磐井に協力しなかった首長が存在し、乱後に勢力を伸ばしている。九州北部・中部で連合して、倭王権の外交を担っていた首長たちも、倭王権と戦うことになった際、磐井に味方するか、倭王権に協力するか、首長によって選択は異なったのである。

乱に際して磐井に味方したのは、本拠地である八女地域から、火君とともに筑紫君が奉斎したことが『筑後国風土記』逸文（『釈日本紀』巻五）にみえる筑紫神社[30]を経て、糟屋屯倉を結ぶ交通路を中心とする地域の首長、『筑後国風土記』逸文（『釈日本紀』巻十三）が、磐井が豊前国上膳県に逃げたと伝えることから、ともに大彦命後裔とされる豊前国上毛郡の膳臣など同族関係を築いていた首長や、交流があった新羅国からの渡来人である豊前地域の秦氏系氏族であった[31]。この他、先述のように、『先代旧事本紀』国造本紀に、石井（磐井）に従った新羅の海辺人を伐った、天津水凝の後・上毛布直を伊吉嶋造としたとあるので、新羅からも磐井の軍勢に参加した勢力があったことがわかる。

さて、磐井の乱後、八女古墳群の首長墓系列に乱の前後で変化がなく、筑紫君の勢力は減退していない[32]。筑紫君が筑紫国造に任じられたこと、その支配する筑紫国が、那津官家によって統括された三国の屯倉が分布する筑前・筑後と一部の豊前・肥後等の地域に広がるとみられることも考えあわせると、倭王権は、筑紫君を滅ぼすことなく、王権主導の筑紫支配に協力させたのである。

しかし、磐井の乱を経て、九州北部・中部の首長たちは、倭王権に協力した者、磐井に味方した者とで分裂してしまったとみられる。磐井の息子の筑紫君葛子は、磐井が九州北部に広がる首長連合の盟主であった実績をふまえて筑紫国造に任じられたと考えられるが、筑紫国造の支配は、乱前の首長連合の盟主としての地位のみに依拠することはできなかったであろう。九州北部・中部の首長は、磐井を討った大伴金村や物部麁鹿火の支配下に地方伴造として組み込まれた者も多かった。それを前提として、倭王権によって設置された三国の屯倉に、九州北部の首長は管掌者として奉仕させられ、これらの屯倉を統括する那津官家を、筑紫国造となった葛子が預かることによって、九州北部の地域社会は、筑紫国造を頂点として再統合されたのではないだろうか(33)。筑紫三宅連(34)、筑紫聞物部、竹斯物部、筑紫火君など、九州北部に筑紫を氏族名に冠する複姓氏族が分布するが、これらは乱前の磐井の勢力を示すのではなく、乱後に九州北部に進出した氏族名を含むことから、筑紫君の筑紫国造就任後に、同族関係を構築した氏族と考える。

倭王権が設置した屯倉を媒介として、王権の主導のもとに九州北部の地域社会は再統合された。しかし筑紫国造の国は、磐井の乱前の首長連合そのままの王権からの相対的な独立性を持った勢力ではない。筑紫君は勢力の温存と引き換えに、倭王権が韓半島で行う新羅との戦争に協力させられることになった。筑紫国造が那津官家を預かるといっても、それはあくまで現地の管理者に過ぎず、宣化天皇二年に派遣されたという大伴磐・狭手彦など中央の豪族将軍や、推古天皇十年（六〇二）二月に任命され、同年四月に筑前国嶋郡に駐屯した撃新羅将軍の久米王子など王族将軍、これら将軍の系譜を引き、同十七年四月に初見する筑紫大宰といった中央派遣の王族・豪族の命令を受けて、那津官家に集積された物資や、屯倉に奉仕する地域首長を通じてその支配下の人民を動員する存在だったのである。

三　胸肩君と筑紫国造

つぎに、筑前・筑後地域に存在した地域首長と筑紫国造との関わりをみたい。大川原竜一氏が指摘するように、多米宿禰本系帳および多米氏系図の逸文に成務天皇が自らの供御飯の進上を氏人等に詔したところ、小長田命の御飯を気に入り、彼に多米連の氏と姓を賜与して、大歃の御田之職に任じ、多米部を定めさせたとあり、成務天皇は多米部へと編成される労働力である「贖乃人」を四方の国造に献じさせたと伝える（『政事要略』巻第二十六、年中行事、十一月二、同日［十一月中丑日］宮内省奏御宅田稲数事）。これは国造が、伴造である小長田命のもとで多米部へと編成される労働力を貢進したとみられる。また官者（トネリ）として雄略天皇に仕えていた吉備弓削部虚空が急遽、家に帰ったが、吉備下道臣前津屋（国造吉備臣山ともいう）から京都に上ることを許されなかったと伝え（『日本書紀』雄略天皇七年八月条）、国造は上番の許諾権を持っていた。さらに国造とみられる大河内直味張に隷属していた毎郡の钁丁（河内県部曲）が、大河内直によって三嶋竹村屯倉の田部として編成された（『日本書紀』安閑天皇元年七月辛巳朔条・閏十二月壬午条）。このように、一般に部へと編成される労働力は国造が貢進しており、倭王権は国造を通じて共同体成員を徴発した[35]。

ここではまず胸肩君の出自とその勢力範囲を確認しよう[36]。胸肩君の始祖は、近畿地方に本貫を移した枝族の宗形朝臣・宗形君氏の始祖伝承が、『新撰姓氏録』左京神別には、「宗形朝臣　大神朝臣同祖、吾田片隅命之後也」とあり、河内国神別にも「宗形君　大国主命六世孫、吾田片隅命之後也」とある。このように胸肩君は大国主神の後裔とされている。大国主命から吾田片隅命までの簡単な系譜は、『先代旧事本紀』地祇本紀にあり、それによると、阿田賀田須命は、大国主神が宗像の辺都宮の高津姫神（湍津姫神）と結婚して生まれた事代主神から数えて六世の孫となる。『新撰姓氏録』と『先代旧事本紀』で一代の相違があるが、ここでは胸肩君が系譜の上で、出雲とのつながりを持っていること、また宗像三女神の一柱である湍津姫神の子孫とされていたことが大事である。

この他、宗像大社が所蔵する『宗像大菩薩御縁起』（文安元年［一四四四］写）の裏書に引用された『西海道風土記』逸文にも、先にみた伝承と異なる胸肩君の祖先伝承が記されている（『筑前国風土記』逸文、宗像郡総説）。この逸文をみると、宗像神は崎門山に降り、奥津宮・中津宮・辺津宮に玉や鏡を置いて神体の形としたという。そして、三柱の神の弟に大海命があり、三柱の神は、その身の像として大海命に、この地にいるように命じている。身の像が後に宗像となったことも記しており、宗像の地名起源説話でもある。

しかしここでは、大海命の子孫が宗像朝臣であると書かれていることが大事である。『宗像神社史　下巻』は、これこそが地元に伝えられていた伝承であるとする。『先代旧事本紀』地祇本紀では、大国主神と宗像の湍津姫神との間に生まれた事代主神の子孫とされていたが、現地では、胸肩君は三女神の弟の子孫とすると伝えられていたのである。

つぎに宗像郡には怡土郷があり、博多湾をはさんで西にある怡土郡やその郡内の海部郷と関係があると考えられる。それぞれの地域に住む海人どうしには日常的な交流があったのだろう。宗像郡の辛家郷は、怡土郡の北にある志麻郡の韓良郷や韓停（泊）とともに、韓半島とのつながりをうかがわせる地名である。

さらに、『万葉集』巻十六に、筑前国の志賀の白水郎の歌十首が収められており（三八六〇～九番歌）、その詞書に、神亀年間（七二四～九）の宗像郡の宗形部津麿が大宰府によって対馬に糧を送る船の柂師（船頭）に充てられたとみえる。この他の宗像郡の人には、荒城郷の戸主の宗形朝臣人君の戸口である宗形部岡足が僧法栄により、優婆塞として貢進（得度を申請すること）されたことも知られる（『大日本古文書　編年文書』巻之三、五九〇頁）。

宗像郡以外では、大宝二年度（七〇二）の筑前国嶋郡川辺里戸籍に、宗形部宿奈売、宗形部阿比太売（『大日本古文書　編年文書』巻之一、一二四～五頁）、同年度の豊前国仲津郡丁里戸籍に、宗形部赤売、宗形部犬麻呂（『同』巻之一、一九八・二〇六頁）があり、大宰府政庁周辺官衙跡不丁地区出土二号木簡に、兵士の「宗形マ刀良」もみえ、(37)九州北部に分布している。宗形部は農民もいたであろうが、津麿のように海人とみられる者もいて、胸肩君に率いられ、農作物のみならず、船での物資輸送や海産物の貢納で、倭王権に奉仕したのだろう。

怡土郡の海人や嶋郡の宗形部の分布と関連して、『日本三代実録』貞観十二年（八七〇）五月二十九日庚辰条に、怡土郡や嶋郡の南側に東西に連なる脊振山地の神である筑前国正六位上背布利神に従五位下を授けたことがみえる。

この背布利神は宗像三女神と同一神とされ、とくに市杵嶋姫命が弁財天として祀られている[38]。このことも怡土郡や嶋郡と宗像郡の交流を示唆するであろう。

胸肩君は国造となっていない一方、宗像地域の統治と宗像神の祭祀をもって王権に仕えたことを氏族の名に負うことから、伴造として宗形部を率いて、筑紫国造を通じて倭王権に奉仕したと考える。また、『宗像大菩薩御縁起』が伝える胸肩君の祖が大海命であり、宗像郡には海部郷があるので、胸肩君の一族には、海部を統括した凡海連や阿曇連の地方伴造として[39]、海部を率い、同様に筑紫国造を通じて倭王権に奉仕した者もあったであろう。これらによって宗像地域の海人が、博多湾沿岸から糸島半島、五島列島、対馬に至るまでの海域で活動していたことがわかる。

西から東に目を転じれば、『古事記』上巻には、宗像の奥津宮の多紀理毘売命が、大国主神と結婚したという系譜が掲載され、さらに『日本書紀』崇神天皇六十年七月己酉条に、出雲臣の遠祖である出雲振根が筑紫に出かけていたという話がみえており、これらは宗像と出雲とのつながりを示している。さらに、大国主神は越の沼河比売と結婚しようとし、天平六年度（七三四）の出雲国計会帳には、筑紫府（大宰府）の梅師である生部勝麻呂ら四人が、出雲国を経由して越前国に向かったことがみえる（『大日本古文書　編年文書』巻之一、五九六頁）。宗像地域を含む九州北部の海人は北陸地域までの日本海沿岸の海域でも活動しており、それは胸肩君の始祖伝承にも反映していたのである。

その他の胸肩君に従っていた小首長とその支配下の部民として、御使君と御使部、車持君と車持部がある。『日本書紀』応神天皇四十一年二月是月条によると、阿知使主が呉国に遣わされ、呉王から兄媛・弟媛・呉織・穴織という四人の工女を与えられた。阿知使主は胸形大神のお告げによって、兄媛を大神に奉献した。兄媛は機織で大神に奉仕し、筑紫の御使君の祖先となったという。胸肩君が御使君を支配下に置いて、神服や調度の製作にあたったのだろう。渡来人の衣料製作技術者を掌握していたことが知られる。

また『同』履中天皇五年三月戊午朔条に、宗像三神が宮中にあらわれ、「どうしてわが民を奪うのか」と天皇に告げた。天皇は祈祷だけして、祭りを行わなかったため、神の祟りを招き、妃の黒媛が亡くなってしまう。天皇は悔いて、その原因を調べたところ、車持君が筑紫に赴いて車持部を管下におさめ、宗形大神に付属する車持部まで横領してしまったことがわかった。天皇は車持君を呼んで確認し、これが事実であることを知った。天皇は車持君に神に対する贖いとして祓えをすることを命令し、また以後、車持君が筑紫の車持部を支配することを停めて没収し、あらためて宗像三神に分け与えたということである。車持君は天皇が乗る輿をつくり、管理していた首長である。宗形大神のための神輿を造るために車持部が置かれていたとも考えられるが、むしろ車持君が支配する筑紫の農民からの貢物を宗像神に納めるために置かれていたと考えられる。

さて小嶋篤氏は、博多湾岸と宗像の海人との交流について、古墳の遺体をおさめる石室の形を分類し、その中の羨道が発達していない横穴式の石室、すなわち「両袖単室短羨道石室」とよばれるタイプを中心とする石室を宗像型として、この形の石室を持つ古墳の分布を調査した(40)。宗像型の石室構築技術が主体となる領域である第Ⅰ領域は、宗像郡・遠賀郡西部・鞍手郡西端・糟屋郡北部に広がる。ついで、福岡平野から遠賀川の流域の古墳で集中して供えられている土師器の「高坏Ｅａ」というタイプの分布も調べ、宗像地域を核に、隣接する若宮盆地や遠賀川下流域に濃密に分布することと、飛び地的に東西の洞海湾沿岸と今津湾沿岸にもみられることを指摘する。これらをもとに、第Ⅰ領域には同一墓制の集団が居住し、その中心的集団が「胸肩君」一族であったとする。そして胸肩君一族と共通する墓の制度を持つ集団が、玄界灘沿岸の入海の地形がある場所に広がっていることをも明らかにした。胸肩君は玄界灘沿岸の港湾として利用できる入海を基点に、玄界灘沿岸の海上交通をおさえていたのである。

いっぽう大高広和氏は、西海道の経路の検討から、『万葉集』巻六の大伴坂上郎女が詠んだ歌（九六三番歌）にみえる筑前国宗形郡の名児山は近世以来の比定地である宗像大社辺津宮の西、福津市勝浦との間にある名児山ではなく、現在の糟屋郡新宮町に属する三本木山であることを指摘し、古代の宗像郡の領域は現在の宗像・福津両市域のみならず、福津市の南隣にある古賀市や新宮町域までを含むことを明らかにした。これは小嶋氏が指摘する胸肩君の影響の濃い領域と重なり、古代の宗像郡の範囲は古墳時代の胸肩君の勢力範囲を反映しているとした(41)。

大高氏の検証をふまえ、小嶋氏は古代の宗像郡の範囲は、胸肩君と同一墓制の集団が居住した領域（第Ⅰ領域）とほぼ重なると述べる(42)。玄界灘沿岸域では六世紀後半から七世紀前半には前方後円墳が存在しなくなる地域が多く、存在しても小規模化する場合が多いとされるが、宗像地域は例外的にこの時期の大型前方後円墳がある。宗像地域で最も前方後円墳が集中する津屋崎古墳群では、前方後円墳の墳丘の下層に盾形のテラス状施設「基壇」をもつ古墳が複数確認され、いっぽう宗像型石室を採用した古墳は周溝が明確でなく、自然地形から漸移的に墳丘に接続することで、盛土範囲以上に墳丘を大きくみせる視覚的効果を生み出している。これらは宗像地域で共通する「山寄せ」と呼ばれる墳丘構築技術が通時的に培われているとするのであり、倭王権が築いた大造墓秩序圏の内部に、胸肩君が築いた小造墓秩序圏（小前方後円墳体制）が存在したとされるのである。さらに古賀市船原古墳も低丘陵の段差が組み合って、墳丘を盛土以上に大きくみせる構造をもつことを指摘する。

以上によれば、船原古墳や糟屋屯倉に比定されていた古賀市鹿部田渕遺跡も古代の宗像郡に含まれ、胸肩君の影響下にあったことになる。これは胸肩君とその統率下にある首長が、磐井の乱後も、宗像地域で独自の造墓秩序を構築し、さらに韓半島との対外交流に関与して、港湾などの拠点も保有していた可能性を示すものである。

つぎに胸肩君の支配した人民が編成された宗形部には、郡領氏族もあった。『続日本紀』和銅二年（七〇九）六月乙巳条に、大宰府が所在する筑前国御笠郡大領の正七位下宗形部堅牛に益城連の姓が与えられたことがみえる。胸肩君の支配下にあった首長出身の人物が宗像郡から離れた御笠郡の大領を務めており、本拠地以外にも、筑前地域に胸肩君が勢力を広げていたことがうかがい知れる。堅牛は益城連の姓を賜っていることから、肥後国益城郡との関わりが推測される。磐井の乱後に肥後出身の首長の一族で、肥後から糟屋や宗像地域への途中の御笠郡地域に移住し、七世紀前半に胸肩君の支配下に入った人物が、堅牛の祖先だったとみられる(43)。宗像地域には、肥後中南部と関係の深い石室や装飾を持つ桜京古墳があり、磐井の乱後に、中央主導の政策に連動して宗像地域に進出した肥後の首長がもたらしたものとされる[44]。

胸肩君は近畿地方にも移住し、胸肩君やその支配下の人民で、下級官人や技術者として朝廷に仕えている人びとが散見される。京都御所のある京都御苑内や渡来人の有力首長である秦氏が祀る京都の松尾大社の摂社に宗形神社がある。『本朝月令』同日（四月上申）松尾祭事所引『秦氏本系帳』逸文には、松尾社の祭神は「筑紫胸肩坐中部大神」であるとみえ（塙保己一編『群書類従　第六輯、公事部』続群書類従完成会、一九七八年訂正版第三刷、一二六三頁）、一般的には宗像三女神のうちの市杵嶋姫命と考えられている。北條勝貴氏は、市杵嶋姫命が松尾に鎮座したのは五世紀後半から六世紀頃と推定し、それは後に「秦」として把握される渡来集団の幾つかが、渡来経路上の宗像において半島の文化を摂取し、勢力を拡大していた胸肩君と接触し、血縁的にも文化的にも交配・融合が進む中で、近畿地方へのさらなる移動が行われた結果とみる[45]。九州北部において、とくに筑豊地域や豊前地域に秦氏支配下の渡来人や人民がたくさん居住していたので、もともと九州において秦氏と胸肩君は密接な交流があったのだろう。また正倉院文書の天平五年（七三三）頃の山背国愛宕郡計帳に、宗方君族入鹿とその息子の弟桑・小桑、孫娘の愛売らの名が載っている（『大日本古文書　編年文書』巻之一、五〇九頁）。山城国愛宕郡にも朝臣の姓を賜っていない胸肩君の一族が住んでいた。さらに、胸肩君の始祖についての伝承を紹介した時にみたように、『新撰姓氏録』に河内国に住んでいた胸肩君の祖先伝承もみえていた。

考古学的にも、オンドル住居や陶質土器、鉄器など、弥生時代から七世紀にかけて、宗像地域への渡来人の移住や定着の波は継続しており、系譜としても加耶・新羅系の資料は当然みられるが、全羅道地域を含む広義の百済地域の資料が多くみられるという[46]。

このほか、『宗像神社史』は、諸国にみられる宗像神社について、『延喜式』や国史、諸国の神名帳と呼ばれる文書をみると、大和・尾張・近江・上野・下野・陸奥・伯耆・備前・安芸・丹後・長門・筑後・肥前に三十四社が分布しており、これら以外に現在、宗像の名を称する神社は全国に九十社あるとする[47]。中世以降に勧請された神社も含まれるが、胸肩君が広く全国に移住していったことを物語っている。

以上のように、胸肩君は、もともと磐井の乱以前から古墳群の築造にあたって、筑紫君と対抗的であったと言われていたが、筑前・筑後地域が、筑紫国造と那津官家の管轄下に置かれても、筑紫国造や那津官家から行動に掣肘を受けた様子はない。筑紫国造は胸肩君とその統括下の人間集団に対して、直接的な介入はできなかった。胸肩君は玄界灘沿岸を中心に対馬や出雲にまで活動を広げ、さらに宗像地域では独自の造墓秩序を構築し、筑紫の内陸部においても、御笠郡の郡領氏族を宗形部として統率下に置くなど、独自の勢力拡大を行っていたことが推測される。

四　水沼君と筑紫国造

水沼君は有明海の海上交通を掌握して、外交にもかかわった首長である。『古事記』や『日本書紀』の神話でも、宗像三女神は胸肩君らが祀ると記される一方、『日本書紀』巻第一、神代上、第六段、第三の一書では、筑紫水沼君が宗像三女神を祀ったとされる。宗像三女神と水沼君との関わりについて、田中史生氏が、九州北部におけるヒメコソ神（ヒメ神）信仰の広がりと、倭王権による渡来人の組織化を関係づけた研究を行っており(48)、その成果は、水沼君が宗像三女神の祭祀に関与した背景を明らかにする視点を提供している。

『豊前国風土記』逸文、田河郡鹿春郷条に、昔、新羅の国の神が、自ら渡来して、郷内の河原に住んだので、名づけて鹿春の神といったという（『八幡宇佐宮御託宣集』大巻十一）。この神は『延喜式』神名下に「辛国息長大姫大目神社」、『続日本後紀』承和四年（八三七）十二月庚子条には「辛国息長大姫命」、『日本三代実録』貞観七年（八六五）二月二十七日己卯条には「辛国息長比咩神」とあり、豊前国田河郡の香春岑に祀られていた香春神社の神である。この新羅から渡来したヒメコソ神は、宇佐八幡宮との関係も深い六郷満山の寺院群がある、国東半島沖の姫島の比売語曽神社に祀られ、宇佐八幡宮にも八幡神（応神天皇）や神功皇后とならんで比咩神が祀られる。

宗像三女神が宇佐嶋に降りたという伝承や、水沼君が奉斎したという伝え（『日本書紀』巻第一、神代上、第六段、第三の一書）も含めると、ヒメ神の信仰は、九州北部に拡がり、それは秦氏系渡来人が分布する地域や、『日本書紀』安閑天皇二年（五三五）五月甲寅条にみえる、倭王権の拠点である筑紫・豊・火三国の八つの屯倉が置かれた地域とも重なる。田中氏は、六世紀以降、筑紫君磐井の乱後の筑紫・豊・火三国の屯倉設置により、倭王権主導の下、各地の渡来人が屯倉に編成された結果、宇佐八幡宮、宗像大社、香春社などにヒメ神信仰が広がったとみる。

水沼君の本拠地は、後の筑後国三潴郡（現在の福岡県三潴郡大木町・大川市・柳川市・久留米市・筑後市）である。水沼君の表記から理解されるように、この地域は筑後川が有明海にそそぐ下流域の左岸で、有明海沿岸の沖積地帯である。現在も柳川市が水郷として知られるように、海抜が低い平野で、水田が広がり、縦横に灌漑と排水のための堀川（クリーク）がめぐる。水沼君は有明海に面した低湿地を支配し、有明海の海上交通を掌握した首長であった。

さて、水沼君の祖先は、どのように伝えられているだろうか。『日本書紀』景行天皇四年二月甲子条に、景行天皇の妃と子女が挙げられ、その中に、襲武媛は、国乳別皇子と国背別皇子（宮道別皇子とも）と豊戸別皇子とを生み、兄の国乳別皇子は、水沼別の始祖であり、弟の豊戸別皇子は、火国別の始祖であると記されている。

さらに『先代旧事本紀』巻七、天皇本紀には、やはり景行天皇の子女を挙げた中に、武国凝別命は筑紫水間君の祖とあり、また国背別命は水間君の祖、豊門別命は三島水間君・奄智首・壮子首・粟首・筑紫火別君の祖とある。太田亮氏は、武国凝別命を水間（沼）君の祖とするのは、『先代旧事本紀』の誤りだが、国背別命と豊門別命は、『日本書紀』にも国乳別皇子の同母弟として書かれているので、あるいは信じるべきだろうとする[49]。このように水沼君は景行天皇の子孫とする伝承を持っていた。

この他、『先代旧事本紀』巻五、天孫本紀には、物部氏の系譜があり、そこに宇摩志麻治命の十四世の孫として物部阿遅古連公が挙げられ、そこに水間君らの祖であると記されている。実際、三潴郡からその東隣の御井郡にかけては、物部が分布している（本書第Ⅰ部第四章表1）。また福岡県久留米市に鎮座する高良大社が所蔵する天慶七年（九四四）四月二十二日付の『筑後国神名帳』によると、御井郡・三潴郡・山門郡には、物部の名前を冠した神社が鎮座している(50)。

筑紫君磐井の乱を、倭王権の将軍である物部麁鹿火と大伴金村が鎮圧し、磐井の本拠地である八女地域を取り囲むように、周辺地域の中小の首長たちを支配下に置いたことをふまえると、水沼君が物部氏を祖とする伝承は、水沼君の本拠地が、物部氏の支配下に置かれたことによるものであろう。

水沼君と物部氏、そして宗像地域とのかかわりを想像させる伝承が、『肥前国風土記』に収められている。肥前国基肄郡姫社郷（現在の佐賀県鳥栖市姫方町）の地名の起源を説明した話で、次のようなものである。

姫社郷の中を流れる山道川の西に荒ぶる神がおられて、路行く人がたくさん殺された。その祟る理由を占ったところ、神は「筑前国宗像郡の人、珂是古にわが神社を祀らせよ。もし願いにかなっていたら、荒ぶる心を起こさないだろう」といわれたので、珂是古を呼び寄せて、神社を祀らせることにした。

珂是古は、幡を捧げて祈祷し、「本当に私が祀ることを望んでおられるならば、この幡よ、風にしたがって飛んで行って、私をお求めになっている神のそばに落ちよ」といって、幡を挙げて、風に飛ばした。すると幡は飛んで行って筑後国御原郡の姫社の社（現在の福岡県小郡市大崎）に落ち、さらに帰って飛んできて、この山道川のほとりに落ちた。これによって、珂是古は神のおられるところを知った。

その夜、珂是古は、臥機《くつびき》（韓国風の織機）と絡垜《たたり》（四角形の枠の糸繰り道具）とが、舞い遊んでやってきて、珂是古の体を押して目を覚まさせようとする夢をみた。女性が使う機織りの道具が夢に現れたことから、珂是古は、この荒ぶる神が女神であることを知り、やがて神社を立てて祀った。それ以来、路行く人が殺害されなくなった。そこで神社を姫社と呼び、今（奈良時代）は郷の名となっている。

ここで姫社神を祀るように求められた珂是古こそ、水沼君の祖とされる物部阿遅古連公ではないかといわれている。[51]珂是古は宗像郡の人であり、ここに物部氏の系譜を間にはさんで、宗像郡と水沼君をつなぐもう一つの伝承が浮かび上がるのである。おそらくは、継体天皇二十二年（五二八）に終結したという磐井の乱後、この地域を支配した物部麁鹿火が水沼君、そして胸肩君と関係を持ったことを反映しているのではないだろうか。『筑後国神名帳』をみると、山本郡・御井郡・三潴郡・上妻郡に宗形神が鎮座していることがわかり、水沼君の本拠地周辺の人々が、宗像神や胸肩君とつながりを持った痕跡を示している。[52]この関係を前提に、水沼君の支配地域に、ヒメコソ神の信仰が導入されたとみられる。

水沼君の墳墓は、三潴郡の東部低台地に位置する久留米市大善寺にある御塚古墳、権現塚古墳、銚子塚古墳である。御塚古墳は五世紀後半、権現塚古墳は六世紀前半の築造とみられ、銚子塚古墳（消滅）がもっとも新しいと考えられている。[53]この地には御船山大善寺玉垂宮が鎮座し、高良大社とともに高良玉垂命を祀る。『延喜式』神名下の筑後国三井郡に、高良玉垂命神社とともに、豊比咩神社がみえ、高良大社には、豊比咩神が祀られていた。豊比咩神は、豊前国香春社にも祀られる神である（『続日本後紀』承和四年十二月庚子条）。『筑後国神名帳』には、水沼君の本拠地である三潴郡に玉垂媛神がみえ、これが後の御船山大善寺玉垂宮とみられることから、[54]磐井の乱後、水沼君によって、高良山にヒメ神祭祀が導入されたことが理解される。[55]

以上より、『日本書紀』巻第一、神代上、第六段、第三の一書には、宗像三女神が宇佐嶋に降り、また水沼君が奉斎していたと伝えるが、この伝承は、新羅系渡来人が信仰したヒメ神信仰の広がりによって形成されたとみることができる。倭王権が九州北部の新羅系渡来人を秦氏の下に組織化し、これをもとに屯倉を設置していったことによって、ヒメ神信仰が九州北部に広がったとすれば、その時期は、九州北部の屯倉の設置が六世紀半ば以降であるとみられることから、[56]やはりそれと同じ頃だと考えるべきだろう。水沼君が磐井の乱後に、筑紫君にかわって勢力を伸ばしたことや、[57]八幡神が宇佐の御許山において欽明朝に出現したと伝えることなど、[58]関連する事象が六世紀半ばを画期として起こっていることも傍証となる。

水沼君については、以下の話も伝えられる。『日本書紀』雄略天皇十年（四六六）九月戊子条によると、身狭村主青らが呉の国の献上した鵝を持って、筑紫に至った。ところがこの鵝を水間君の犬が食い殺してしまったのである（別の本では、鵝は筑紫嶺県主泥麻呂の犬に食い殺されたともいう）。このため、水間君は恐れ心配して、鴻十羽と養鳥人とを献じて、罪を贖うことを申し出て、雄略天皇はこれを許したという。『同』同年十月辛酉条には、水間君が献じた養鳥人等を軽村・磐余村二所に安置したとある。

まず、水沼君の犬が、呉への使節が持ち帰った鵝を食い殺したとあるので、水沼君が中国南部との対外交渉に関与しており、それゆえに起こった事件であったことは推測できる。犬は嶺県主泥麻呂のものだったという別の伝えもあるが、これは後の肥前国三根郡を本拠地とする首長であり、水沼君とは筑後川をはさんで対岸に位置する。したがって、いずれにしても有明海を取り巻く地域の首長が、有明海を発着する対外交流に関与していたことは確かだろう。なお水沼君は、水沼部は知られないが、氏族名を冠した部民や、対外交流との関わりから存在が推測される海部を率いて、胸肩君と同様に伴造として倭王権に奉仕した可能性もある。また、養鳥人を雄略天皇に献上した伝承と、水沼君の本拠地である筑後国三潴郡に鳥養郷があったことから（『倭名類聚鈔』）、統率下の首長で鳥養部の地方伴造として、倭王権に奉仕した者もいたであろう。

胸肩君や水沼君が倭王権に仕える際には、那津官家を管理する筑紫国造を通じて、物資や人員が動員されたであろう。その他、第Ⅰ部第二章第三節と第四章第一節でもふれているように、磐井の乱後には、大伴金村や物部麁鹿火の支配下に置かれ、地方伴造として大伴氏・物部氏系部民を率いた地域の中小首長も、筑紫国造を通じて倭王権に仕えたと考えられる。しかし倭王権中枢と直接的な関係を持つ胸肩君や、物部氏と同祖の系譜を構築し、宗像神の祭祀とも結び付き、屯倉の設置によって広まったヒメコソ神の信仰を受け入れた水沼君、大伴氏や物部氏の地方伴造の首長が支配する地域社会に対しては、これらが王権や大伴氏、物部氏と直接的に結合していたので、筑紫国造がこれらの首長の地域支配に介入や掣肘を加えられるものではなかっただろう。磐井の乱以前、筑紫君を盟主として九州北部の首長層が有明首長連合として結び付き、倭王権から相対的に独立して、王権の対外政策に協力していた時とは、乱後の九州北部の地域社会の様相は大きく異なっていたのである。

筑紫国造が管理する那津官家には九州北部の人や物資が集積された。しかし第Ⅰ部第二章第二節で述べたように、それらの人と物資は、九州北部に散在する屯倉から、その建物の一部を収蔵する穀とともに分け移して、那津の口に聚め建てたことを契機として、人と物資を那津に集積するようになったものである。したがって、九州北部の屯倉に集められた人と物資は、それぞれの屯倉を管理する地元の首長が那津に分け移した屯倉の建物（倉庫）に輸送してくるものであって、筑紫国造は、時には倭王権の対外政策の意向をふまえて、人と物資の輸送を催促することはできたかもしれないが、地元の首長の地域支配には介入していないのである。筑紫国造は、あくまでも倭王権の指示にもとづいて那津官家に集積された人と物資の管理を行ったのに過ぎない。すなわち筑紫国造は、倭王権が主導する下で、九州北部の地域社会の統合と管理にあたったとみるべきであろう。

註

（1）新野直吉『研究史　国造』吉川弘文館、一九七四年。篠川賢・大川原竜一・鈴木正信編『国造制の研究―史料編・論考編―』八木書店、二〇一三年。篠川賢・大川原竜一・鈴木正信編『国造制・部民制の研究』八木書店、二〇一七年

（2）胸肩は、胸形、胸方、宗形、宗像とも表記するが、いずれも「むなかた」と読む。現在の福岡県宗像市・福津市を中心とする地域に本拠地を置いた首長である。

（3）重藤輝行「宗像地域における古墳時代首長の対外交渉と沖ノ島祭祀」（「宗像・沖ノ島と関連遺産群」世界遺産推進会議ほか編『「宗像・沖ノ島と関連遺産群」研究報告Ⅰ』二〇一一年）八一頁

（4）篠川賢『日本古代国造制の研究』吉川弘文館、一九九六年、一九・一一七～八・一二四～七頁。篠川賢『国造―大和政権と地方豪族』中央公論新社、二〇二一年、四八～五〇頁。舘野和己「ミヤケと国造」（吉村武彦編『古代を考える　継体・

欽明朝と仏教伝来』吉川弘文館、一九九九年）九三頁。大川原竜一「国造制の成立とその歴史的背景」（『駿台史学』一三七、二〇〇九年）一二・一五～六頁

（5）古賀市教育委員会編『古賀市文化財調査報告書　第三三集　鹿部田渕遺跡―第2次・6次・7次調査―』二〇〇三年、五七～八頁

（6）亀井輝一郎「磐井の乱の前後」（坪井清足・平野邦雄監修『新版古代の日本　第三巻　九州・沖縄』角川書店）一九九一年、一四九～五一頁

（7）舘野和己「屯倉制の成立―その本質と時期―」（『日本史研究』一九〇、一九七八年）六～七頁

（8）大川原竜一「大化以前の国造制の構造とその本質―記紀の『国造』表記と『隋書』『軍尼』の考察を通して―」（『歴史学研究』八二九、二〇〇七年）四五頁

（9）黛弘道「春米部と丸子部―聖徳太子子女名義雑考―」（『律令国家成立史の研究』吉川弘文館、一九八二年）二五七～六一頁

（10）前掲註（8）大川原論文、五四頁によると、国造本紀に掲載する全国の国造の総数は一三五であるが、和泉・摂津・出羽・丹後は「国司」とあり、奈良時代の設置とする美作国造、書式の異なる津島県直・多褹嶋国造をあわせた七例を除くと、一二八となる。その他の史料にみえる長狭国造（『古事記』神武天皇段）、対馬下県直（『日本書紀』顕宗天皇三年四月庚申条）、闘鶏国造（『同』允恭天皇二年二月己酉条）、大分国造（『先代旧事本紀』天孫本紀・国造本紀火国造条）、牟義都国造（『釈日本紀』所引「上宮記」一云）を足すと、一三三となる。同音の山城・山背、无邪志・胸刺、加我・加宜を捨象すると、一三〇である。このように、確認できる国造の数は、『宋書倭国伝』の東の毛人五十五国と西の衆夷六十六国の合計一二一国に近い。

（11）本書第Ⅰ部第二章第三節

（12）坂本太郎・家永三郎・井上光貞・大野晋校注『日本古典文学大系　日本書紀　下』岩波書店、一九六五年、五四九頁、補註18―一〇

（13）前掲註（6）亀井論文、一五七～八頁

（14）本書第Ⅰ部第四章第一節

（15）鎌田元一「屯倉制の展開」（『律令公民制の研究』塙書房、二〇〇一年）一三一頁

(16) 松原弘宣「難波津と瀬戸内支配」(『日本古代水上交通史の研究』吉川弘文館、一九八五年)六三～五頁。亀井輝一郎「大宰府覚書―筑紫大宰の成立―」(『福岡教育大学紀要　五三　第二分冊社会科編』二〇〇四年)四九頁。本書第Ⅰ部第二章
(17) 倉住靖彦「那津官家の修造」(『九州歴史資料館開館十周年記念　大宰府古文化論叢　上巻』吉川弘文館、一九八三年)一四四～七頁。本書第Ⅰ部第二章の初出論文では、倉住氏の説に従ったが、本書では(B)部分の記事は筑紫への穀輸送に関係する可能性があるというように見解を改めた。
(18) 吉村武彦『蘇我氏の古代』岩波書店、二〇一五年、七四～六頁
(19) 須永忍「古代肥後の氏族と鞠智城―阿蘇君氏とヤマト王権」(『鞠智城と古代社会』第五号、二〇一七年)四六頁
(20) 本書第Ⅰ部第二章第二節
(21) 八木充「筑紫大宰とその官制」(『日本古代政治組織の研究』塙書房、一九八六年)二九二頁
(22) 笹川進二郎「『糟屋屯倉』献上の政治史的考察―ミヤケ論研究序説―」(『歴史学研究』五四六、一九八五年)九～一一頁
(23) 小田富士雄「磐井の反乱」(鏡山猛・田村圓澄編『古代の日本3九州』角川書店、一九七〇年)一六〇～五頁
(24) 小野里了一「六世紀前半における倭王権の変質と磐井の乱」(篠川賢・大川原竜一・鈴木正信編『国造制の研究―史料編・論考編―』八木書店、二〇一三年)四九一～六頁
(25) 柳沢一男『シリーズ「遺跡を学ぶ」〇九四　筑紫君磐井と「磐井の乱」岩戸山古墳』新泉社、二〇一四年、七二・八四頁。前掲註(24)小野里論文、四九六～七頁
(26) 小田富士雄「筑紫君磐井の乱と火(肥)君」(『古代九州と東アジアⅠ』同成社、二〇一二年)三六五・三六七～八頁
(27) 久留米市史編さん委員会編『久留米市史　第一巻』久留米市、一九八一年、三八五～七頁。神保公久「筑後国成立への道程」(大宰府史跡発掘五〇周年記念論文集刊行会編『大宰府の研究』高志書院、二〇一八年)二六〇・二六四～七頁
(28) 拙稿「古代の高良山」(九州山岳霊場遺跡研究会・九州歴史資料館編『第9回九州山岳霊場遺跡研究会「高良山と筑後の山岳霊場遺跡」資料集』九州山岳霊場遺跡研究会、二〇一九年)二五頁
(29) 吉村武彦『シリーズ日本古代史②ヤマト王権』岩波書店、二〇一〇年、五九～六〇頁。なお、佐田茂「筑後地方における古墳の動向―在地豪族の変遷―」(『鏡山猛先生古稀記念　古文化論攷』鏡山猛先生古稀記念論文集刊行会、一九八〇年)五七二頁は、筑後地域の古墳のあり方から、各首長の直接支配地は現在の郡単位ぐらいの大きさが考えられ、国名国造や郷名国造(律令制下の国名や郷名と共通する名称の国造)よりも、郡名国造(律令制下の郡名と共通する名称の国造)がいちば

ん多く、とすれば、筑・肥にまたがる筑紫君磐井の勢力は、そうした首長を基盤とした連合政権の上に成り立っていたことになると述べる。また伊藤循「筑紫と武蔵の反乱」（吉村武彦編『古代を考える　継体・欽明朝と仏教伝来』吉川弘文館、一九九九年）五六～七頁は、筑紫君磐井と『日本書紀』安閑天皇元年閏十二月是月条に伝える武蔵国造の乱における上毛野君小熊について、倭国王と同じく外交権、首長連合の首長位継承の裁定権を持ち、五世紀とは質の異なる首長に変わっていたとし、それまでの首長連合の首長が地域の統一王権へと成長しつつあったとする。伊藤氏は統一王権とは、国際的に認められる政治勢力のことであり、倭王権と同じ性格を持つ王権が分立しつつあったと評価する。私見は権力の成長の方向性はそういった性格を持っていたと考えるが、まだ伊藤氏が述べるほど強力な権力へは成長しえていなかったとみている。

(30)　青柳種信編『筑前国続風土記拾遺』巻之十八、御笠郡四によると、筑紫神社の神は、かつては、基肄城が築かれた基山の山頂に祀られていたが、祟りにより山上から麓に移し、筑前国御笠郡原田の筑紫神社と肥前国基肄郡宮浦の荒穂神社に祀られたと伝える（貝原益軒・貝原好古撰『筑前国続風土記』巻之九、御笠郡下、荒穂明神社にも、天拝山上に勧請された元の肥前国基肄郡宮の浦村の荒穂明神社について、昔は基山の山頂にあったとの記載がある）。ただし、片岡宏二「第三編第一章第三節　筑紫君磐井の乱とその後」（小郡市史編集委員会編『小郡市史　第一巻　通史編　地理・原始・古代』小郡市、一九九六年）七〇二～五頁、木本雅康「肥前国基肄・養父両郡の古代官道」（『日本古代の駅路と伝路』同成社、二〇一八年）一八四～五頁が指摘するように、『筑後国風土記』逸文の筑紫神を鎮祭する伝承にみえる「鞍韉尽しの坂」は、基山の中腹を越える両国峠沿いの推定駅路（城山道）ではなく、基山東麓の基山町から筑紫野市へ抜ける近世の長崎街道沿いの峠に比定した方がよい。長崎街道は現在の筑紫神社そばから南南西へと通過し、原田宿を経て三国坂や三国境石へと至る（筑紫野市教育委員会編『筑紫野市原田所在「従是北筑前国」銘国境石確認調査報告書　筑紫野市文化財調査報告書　第四五集』一九九〇年、三頁、第1図　国境石関連文化財位置図、一〇～一頁）。片岡氏が指摘されたように、筑紫神社は「鞍韉尽しの坂」の北側の入口に位置することからすれば、難所の峠を越える前に無事を祈る場所として相応しい。したがって筑紫神社も古代から大きく動いていない可能性が高く、青柳種信が記録した伝承も検討が必要である。基山の山頂の南端には「タマタマ石」と呼ばれる巨岩があり、基山南麓に鎮座する現在の荒穂神社の旧鎮座地と伝える。伊藤常足撰『太宰管内志』肥前之一、基肄郡、荒穂神社にも、「三橋氏云」として、基山に荒穂神社の跡があり、大石であることを記す。常足は貝原益軒の筑紫神社の祭神が五十猛命とする説と、松下見林の荒穂神社の祭神が五十猛命とする説を引用する。さらに青柳種信の『筑後国風土記』逸文の坂は荒穂の神が鎮座する城山（基山）をいうとの説を引き、筑紫君が祀ったのが筑紫神社で、肥君が祀ったのが荒穂神社であると推測する。なお『太宰管内志』筑前之二十一、御笠郡一、筑紫神社でも「師説」を引用して、木山（基山）の東麓の筑紫神社と西麓の荒穂神社に五十猛命を祀ったと記す。基山の山頂と筑紫神社を直接に結び付ける他の伝承としては、『太宰府旧跡全図　南』の筑紫宮と荒穂宮のところに、ともに天智天皇四年に椽（基肄）城を築いた時に鎮座したと記されている（太宰府市史編集委員会編『太宰府市史　環境資料編』太宰府市、一九九二年、付図の書き起こしによる）。小嶋篤「筑紫君と『鞍韀尽しの坂』」（『九州歴史資料館研究論集』四九、二〇二四年）一八～二二頁も、古墳時代後期前半（六世紀前半）に筑紫君と肥君が開削した「鞍韀尽しの坂」（『筑後国風土記』逸文、筑後国号条）は近世の長崎街道と重なる部分が多いことを明らかにする。そして「鞍韀尽しの坂」は磐井の乱後、倭王権による那津への軍事動員と物資集積を担ったが、白村江の敗戦後、天智天皇四年（六六五）に基肄城が築城され、その後、基山の中腹を越える両国峠沿いの城山道が整備されたことを指摘する。城山道は駅路と推定され（前掲木本論文、一八一～三頁）、この新たな幹線道路の設定は、筑紫国造が管理してきた人的・物的動員の道の否定であり、第Ⅱ部第五章第三節（1）で述べる持統天皇三年（六八九）前後の筑紫国の前後分割とともに、筑前国地域への筑紫国造の影響力を排除する意味があったのではないかと考える。

（31）　井上辰雄「大和政権と九州の大豪族―その統治政策を中心として―」（『九州歴史資料館開館十周年記念　大宰府古文化論叢　上巻』吉川弘文館、一九八三年）一一六～二五頁

（32）　前掲註（29）佐田論文、五七二～三頁。重藤輝行「宗像地域における古墳時代首長の対外交渉と沖ノ島祭祀」（『宗像・沖ノ島と関連遺産群』世界遺産推進会議ほか編『「宗像・沖ノ島と関連遺産群」研究報告Ⅰ』二〇一一年）八一頁

（33）　前掲註（22）笹川論文、一一頁。なお石母田正氏は、国造には、律令制下の大体「郡」に対応する小規模な国造（小国造）と律令制下の大体「国」に対応する大規模な国造（大国造）があり、小国造は在地首長層の支配の体制と領域をそのまま国造として編成したと考えてよいとし、大国造は第一に、一国という広い領域内部の首長層の結合体を代表するものであり、したがってその支配領域内部には多くの自立的な首長層をかかえていること、第二に国造自体も一個の首長層であるのを特徴とするとした（『日本の古代国家』岩波書店、一九七一年、三六五～六頁）。そして国造制の成立過程において、主導的役割を果たし、画期をなすのは、大国造制の成立と考える（同上、三六八頁）。さらに国造制の成立として、人民を直接把握している在地首長層を一二〇の国として領域的に編成することを前提に、大化改新から飛鳥浄御原令の段階で確立される人民の地域的編成が確立したとする（同上、三七二頁）。そして大国造の「国」は首長層の地域的結合体であり、その内部に

県を治める小国造や県主（後に県稲置となる）とその管理下の公戸、ミヤケを預かる在地の伴造とその管理下の部民が編成されているとする（同上、三七六～七頁）。篠川賢氏が指摘されるように、大国造と小国造を区別することは難しく、国造の多くは石母田氏のいう大国造の性格を持っていると考えてよい（前掲註（4）篠川『国造―大和政権と地方豪族』七二頁）。私見も、国造の規模の大小を問わず、国造の統括下には、中小首長が地方伴造や県稲置として管理する屯倉があり、そこから国造が管理する屯倉（笹川進二郎「白猪史と白猪屯倉」日本史論叢会編『論究日本古代史』学生社、一九七九年、一六四～五・一七四～五・一八〇・一八二頁が提唱する「統監ミヤケ」に当たる）に人や物資が輸送されるという構造が存在したと推測する。筑紫・肥・豊三国の屯倉を統括する那津官家も規模は大きいが、国造が管理する屯倉（統監ミヤケ）の一つであり、筑紫国造が現地管理者であったのだろう。

(34)『古事記』神武天皇段に、筑紫三家連は、火君・大分君・阿蘇君等とともに、神八井耳命（神武天皇の皇子、綏靖天皇の兄）の後裔とされる。これらの首長は、磐井の乱後に九州北部に進出したとみられるので、その同族の中小首長が、筑紫国造の統括下で那津官家を管理し、筑紫三家連を氏姓とすることになったのだろう。

(35) 前掲註（4）大川原論文、一一頁。前掲註（8）同論文、五一～二頁

(36) 以下、胸肩君の出自や広がりについては、宗像神社復興期成会編『宗像神社史　下巻』一九六六年、三九一～五・四〇八～一〇頁を参考にした。

(37) 九州歴史資料館編『大宰府政庁周辺官衙跡Ⅴ―不丁地区遺物編2―』二〇一四年、二頁

(38) 川頭芳雄「天台密教の背振山―肥前側を中心として―」、波佐場義隆「背振山修験の歴史と宗教活動」（中野幡能編『山岳宗教史研究叢書13英彦山と九州の修験道』名著出版、一九七七年）二六六・二八六頁。貝原益軒・貝原好古撰『筑前国続風土記』巻之二十一、早良郡下は、背布利神は弁財天と称されるが、その神号は秘して書伝に記さずとする。青柳種信編『筑前国続風土記拾遺』巻之四十四、早良郡中、背振山神社は、背振山上宮は宗像三姫大神を祀るのであり、弁財天というのは誤りとする。中比から背振山は僧坊が多くあり、大伽藍の仏地となった後、本地垂迹説によって、神号を秘して専ら本地の仏号を称した。後世に背振弁財天とのみ称して、その神号を知らざるに至ったと述べている。

(39) 篠川賢「古代阿曇氏小考」（『日本常民文化紀要』三一、二〇一六年）五七～八頁。なお、大海人王子（天武天皇）の妃となって、高市皇子を生んだ胸形君徳善の娘の尼子娘（『日本書紀』天武天皇二年［六七三］二月癸未条）の名が乳母の出身氏族に由来するとすれば、尼子娘を養育したのも宗像の海部氏だったと考えられる。天武天皇の葬儀で大海宿祢蒭蒲が壬生

の事を誅しているので、大海宿祢（凡海連）氏が大海人王子を養育したとみられる（『同』朱鳥元年［六八六］九月甲子条）。胸肩君が海部氏とつながりがあるとすれば、凡海連氏を通じて、大海人王子と尼子娘の婚姻も成立したのではあるまいか。

（40）以下、小嶋篤「墓制と領域―胸肩君一族の足跡―」（『九州歴史資料館研究論集』三七、二〇一二年）一四～五・二〇～六頁

（41）大高広和「古代宗像郡郷名駅名考証（三）」（『沖ノ島研究』第三号、二〇一七年）三～七頁

（42）小嶋篤「『前方後円墳の終焉』から見た胸肩君」（『沖ノ島研究』第四号、二〇一八年）一九～二一・二七～九・三三～四頁

（43）瓜生秀文「筑紫君磐井の乱後の北部九州」（長洋一監修・柴田博子編『日本古代の思想と筑紫』櫂歌書房、二〇〇九年）一一九～二〇・一二二・一二八頁

（44）吉村靖徳「装飾古墳の方形区画―筑前・桜京古墳の再検討―」（『九州歴史資料館研究論集』四一、二〇一六年）二九～三〇頁

（45）北條勝貴「松尾大社における市杵嶋姫命の鎮座について　主に秦氏の渡来と葛野坐月読神社・木嶋坐天照御魂神社の創祀に関連して」（『国立歴史民俗博物館研究報告』第七二集、一九九七年）四二～三・六五～六頁。なお、田中史生「秦氏と宗像の神―『秦氏本系帳』を手がかりとして―」（『神宿る島』宗像・沖ノ島と関連遺産群保存活用協議会編『「神宿る島」宗像・沖ノ島と関連遺産群　特別研究事業　成果報告書』二〇二三年）は、『秦氏本系帳』の新たな校訂成果にもとづき、胸肩中部大神が松埼日尾に降臨した戊辰年は、推古天皇十六年（六〇八）が妥当とし（一二四頁）、中部（中都）大神は大島の姫神で、その山背への招請・奉安の背景には、ミヤケの経営にかかわった豊前の秦氏と那津官家との社会・交通関係や、ミヤケ制を基盤に筑紫で展開した七世紀初頭前後の王権の対外的な軍事活動の影響があったことを指摘した（一二九～一三四頁）。

（46）亀田修一「古代宗像の渡来人」（『「宗像・沖ノ島と関連遺産群」研究報告Ⅲ』二〇一三年）五八～九頁

（47）前掲註（36）『宗像神社史　下巻』七七九～八八頁

（48）田中史生「ミヤケの渡来人と地域社会―西日本を中心に―」（『日本歴史』第六四六号、二〇〇二年）一一～六頁

（49）太田亮『高良山史』一九六二年、一六八～九頁

（50）『筑後国神名帳』は、上島亨「『中世国内神名帳』の成立―中世神祇秩序の形成―」（『神道史研究』第六四巻第一号、二〇一六年）二五～三五頁、拙稿「特論2『筑後国神名帳』と高良大社」「展示資料釈文」（九州歴史資料館編『特別展　久留米―その歴史と文化―』二〇一九年）九四～九・一一六～七頁、久留米市市民文化部文化財保護課編『久留米市文化財調査報告書第四二三集　高良大社所蔵歴史資料』久留米市教育委員会、二〇二〇年、一五～八・一九一～七頁に原本調査にもとづく翻刻と解説がある。この他、塙保己一編『続群書類従　第三輯上　神祇部』続群書類従完成会、一九七四年訂正三版、二一三～九頁、『大日本史料　第一編之八』三三九～四九頁、竹内理三編『大宰府・太宰府天満宮史料　巻四』太宰府天満宮、一九六八年、八六～九六頁などにも翻刻されるが、錯簡がある。『筑後国神名帳』の錯簡と高良大社大祝家による偽作の経過は、津田勉「筑後国惣社及び国内神名帳の諸問題」（『神道宗教』第一六〇号、一九九五年）六三頁を参照。

（51）秋本吉郎校注『日本古典文学大系　風土記』岩波書店、一九五八年、三八三頁、頭注二五

（52）前掲註（36）『宗像神社史　下巻』三九七・七七七～八頁

（53）御塚古墳と権現塚古墳の時期は、吉村靖徳『九州の古墳』海鳥社、二〇一五年、六七頁、銚子塚古墳との前後関係は、前掲註（29）佐田論文、五六一頁によった。

（54）前掲註（27）『久留米市史　第一巻』五二八～九頁

（55）六世紀後半頃に、宗像神の祭祀に宇佐から新羅のヒメコソ神の祭祀が導入され、このヒメコソ神の祭祀の九州北部での広がりとともに宇佐嶋への降臨や水沼君による奉斎も、宗像三女神の神話に取り込まれていったのであろう。ただし、六世紀後半にヒメコソ神の祭祀が宗像神の祭祀に導入されたとしても、その神格は宗像三女神と融合したわけではないだろう。宗像大島の中津宮には末社として、織女神社と牽牛神社が鳥居外に祀られている。この二社は中津宮の七夕虫振神事と関わり、鎌倉時代まで遡る（前掲註（36）『宗像神社史　下巻』二八二頁）。それ以上は遡れないようであるが、この織女神社の存在形態からみて、湍津姫神とされる宗像大島の女神と織女神（ヒメコソ神）の神格はそれぞれ独立していたと考える。『筑後国神名帳』に山本郡・御井郡・三潴郡・上妻郡に宗形神がみえるが、この宗形神は、筑前国御笠郡大領の宗形部氏と同様、胸肩君の勢力拡大にともなって筑後地域に広まったものだろう。ヒメコソ神の信仰は肥前国と筑後国の姫社神、三潴郡の玉垂媛神（大善寺玉垂宮）、高良大社の豊比咩神としてみえるが、これらの女神には宗像三女神の痕跡はうかがえない。したがって、姫社神や玉垂媛神、豊比咩神などのヒメコソ神の神格は、おそらく水沼君側が主体的に導入して広がっていっ

たものとみられる。
(56) 本書第Ⅰ部第二章第二節
(57) 新川登亀男「宗像と宇佐」(坪井清足・平野邦雄監修『新版古代の日本　第三巻　九州・沖縄』角川書店、一九九一年)三六八頁
(58) 中野幡能『八幡信仰史の研究　増補版　上巻・下巻』吉川弘文館、一九七五年、上巻七〜八・一五頁。同『宇佐宮』吉川弘文館、一九九六年新装版、九〜一二頁

第四章　倭王権の九州支配と筑紫大宰の派遣

大宰府は、日本古代において西海道と呼ばれた九州地方の九国三嶋を統治し、国防および中国・韓半島諸国との外交の拠点となった最大の地方官衙である。その制度は、大宝元年（七〇一）に完成した大宝律令によって完備した。[1]しかし、大宰府の前身はそれ以前から存在し、大宰府は長い過程をたどって完成したのである。[2]

大宰府の直接の前身は、『日本書紀』推古天皇十七年（六〇九）四月庚子条に初見する筑紫大宰である。[3]大宰府の起源は、『日本書紀』宣化天皇元年（五三六）五月辛丑朔条で、那津の口に修造が命じられたという官家、いわゆる那津官家に求めるのが通説である。近代の歴史学において、はじめて筑紫大宰に論究した竹岡勝也氏は、外国使節の到来や新羅との戦争という情勢の中で那津官家が発展し、その長官として筑紫大宰が置かれたと捉えた。[4]

その後の研究でも、筑紫大宰が那津官家の発展の上に置かれたという考え方は継承されたが、大伴磐と狭手彦や久米王子・当麻王子など、新羅を討つために派遣された将軍に筑紫大宰が淵源を持つとし、その軍事的な側面を重視したのが波多野晥三氏である。[5]

これに対し、筑紫大宰設置の契機として、初見記事前年の推古天皇十六年（六〇八）四月に遣隋使小野妹子が隋使裴世清をともなって帰国しているように、隋との外交が開始されたことを重視するのが、田村圓澄氏・倉住靖彦氏である。[6]田村氏は軍事基地的性格を強くした那津官家が解体され、外交の職務を主とする筑紫大宰が創置されたと捉え、倉住氏は筑紫大宰の出現が隋使来着を契機とすることは田村説に従いつつも、那津官家が廃止されて筑紫大宰が創置されたのではなく、既存の体制を整備充実し、那津官家の管掌者に筑紫大宰の官職名を与えたとする。田村氏・倉住氏の説は、筑紫大宰出現の契機が対隋外交にあることを明確にした点で画期的であり、長洋一氏・森公章氏・狩野久氏もこの立場を継承する。(7)

さて、七世紀後半、とくに天智天皇二年（六六三）八月の白村江の戦いにおける大敗後、筑紫における国防戦略の策定にともない、筑紫大宰は軍事機能が重視されるようになる。この質的変化をふまえ、七世紀前半は前期筑紫大宰、七世紀後半は後期筑紫大宰として区別されている。(8)後期筑紫大宰については史料も多く、その存在を疑う説はないが、前期筑紫大宰の具体的活動に関する史料は推古天皇十七年の初見記事以外には、『日本書紀』皇極天皇二年（六四三）四月庚子条・同年六月己卯条のみしかなく、隋使裴世清の受け入れが難波でのように特筆されていないことなどから、隋使来着と筑紫大宰派遣との関係を疑問視する八木充氏の説も提出された。(9)

亀井輝一郎氏は、筑紫大宰は七世紀後半の百済救援戦争にともない、朝倉宮に付随する臨時の軍政府として設置されたとし、前期筑紫大宰の記事は『日本書紀』の修飾とする。(10)さらに、北條秀樹氏は、外国使節の応接機能を付与された前期筑紫大宰が関連事項を中央に取り継ぐことは承認しつつも、恒常的な九州の統括や軍事機能については認めがたいとする。(11)また、中西正和氏は、推古朝の筑紫大宰の設置を『日本書紀』編者の修飾とし、筑紫大宰の成立を国司統括官司としての性格を持つようになった時と考え、推古朝の筑紫大宰を大宰府の前身とは無縁とする。(12)このようにその後の研究では、前期筑紫大宰の機能に関する再検討が行われ、前期筑紫大宰については存在のいかんも含めて意見の一致をみない。

このような研究動向のいっぽうで、筑紫君磐井の乱後、六世紀から七世紀にかけて倭王権が九州支配をどのように進めたのかを、とくに九州の部民設置の状況から考察した研究がある。井上辰雄氏は、磐井を討滅した物部麁鹿火と関わる物部氏系部民が、筑紫君の本拠地である八女地域を取り囲むように置かれ、またやはり磐井を討った大伴金村と関わる大伴氏系部民が肥君を抑えるように設置されたことを述べ、これらの部民が、磐井の乱後に九州北部に設置された屯倉の近辺に分布することも指摘した[13]。板楠和子氏も物部氏・大伴氏系部民について同様の見解を示し、また舎人部や靫負についても検討し、屯倉の設置にも論究している[14]。

さらに篠弘道氏は、京都妙心寺鐘銘に「糟屋評造舂米連広国」がみえることから、磐井の乱後、磐井の息子の葛子が贖罪のために献上した糟屋屯倉の現地管掌者である舂米連が物部麁鹿火の支配下に置かれ、用明天皇二年（五八七）七月に大連物部守屋が大臣蘇我馬子等によって滅ぼされた後は、守屋討滅に功績があった厩戸王子（聖徳太子）に舂米連とその支配下の舂米部が与えられ、これに厩戸王子はその娘である舂米王女の養育の義務を負わせたとした[15]。

近年、田中正日子氏も九州北部における部民や神社の分布の検討を進め、磐井の乱後の物部氏の九州進出、物部守屋討滅に加わった紀・巨勢・大伴・葛城氏の大将軍が崇峻天皇四年（五九一）十一月に新羅を問責するために筑紫に派遣され、この四氏族の大将軍が物部氏支配下にある地域勢力の再編を行ったこと、推古天皇十年（六〇二）に新羅を撃つ将軍として筑紫に派遣された久米王子（厩戸王子の同母弟）が筑紫の軍事力の掌握をはかったことを指摘する[16]。

このように部民分布を手掛かりに、倭王権の九州支配の展開を考察する手法は伝統的な方法である。ただし史料が八世紀以降のものが多く、その部民分布が六・七世紀の実態をどれほど反映しているかは十分に注意する必要があろう。それでも先学が検討しているように、九州は内乱や外征など中央の勢力が入り込む契機となった事件が多く記録に残るので、そこに現れる氏族や王族とその関連部民の分布を検討することは、倭王権の支配がどのように展開してきたかの大枠を知るために、なお有効な方法と考える。

筑紫大宰の派遣が対隋外交を契機とすることは田村圓澄氏の指摘のとおりであろう。対隋外交にせよ、韓半島情勢にせよ、対外政策が倭王権の九州支配をふまえて行われたことはいうまでもない。したがって、筑紫大宰の性格やその存否も、対外政策からの検討だけではなく、倭王権の九州支配の展開や生産基盤整備の進展の過程に位置づけなければ明らかにすることはできない[17]。

本章は、九州における律令制支配の成立や大宰府の前史を明らかにする基礎作業として、九州の内乱制圧や対外関係に足跡を残した氏族や王族に関わる部民分布を九州全域に広げて再度調査し、磐井の乱後から筑紫大宰の派遣までの倭王権の九州支配の展開を跡付け、それをふまえて筑紫大宰の性格や存否について考えたい。

なお、七世紀以前には筑紫大宰のように広域を管轄する官職が、吉備大宰や東国・播磨・吉備・周芳・伊予・筑紫の総領としてみえており、大宰・総領制を研究する一環として筑紫大宰にふれたものも多い[18]。もちろん大宰・総領制の中に筑紫大宰を位置づけることは重要な視点であるが、本章で詳論するゆとりはないので、筑紫大宰と筑紫総領についいて検討する第Ⅱ部第五章第二節と第六章にゆずる。

一　物部・大伴氏系部民と那津官家

『日本書紀』継体天皇二十一年（五二七）六月・八月辛卯条、同二十二年十一月甲子・十二月条によると、物部麁鹿火が筑紫君磐井を討ったとされる。しかし、八月辛卯条の物部麁鹿火の奏に大伴氏の祖である道君や大伴室屋のことがみえ、『古事記』継体天皇段は物部荒甲大連とともに大伴金村連を遣わして竺志君石井を殺したとするので、本来は大伴氏も磐井討滅に参加したと考える[19]。

最初にみたように、磐井の乱後には九州各地に物部氏と大伴氏に関わる部民が置かれたことを、井上氏や板楠氏、田中氏が指摘している。重複する部分が多いが、先学に導かれつつ、本章でも九州における物部氏・大伴氏系部民の分布を確認したい。表1には史料にみえる物部氏・大伴氏系部民を掲げた。氏族名や神名のみでなく、関連する地名も採録した。平安時代以前に遡ることができない地名も多いが、周辺に関連のある部民の分布がみられる場合は、古代以来その部民がその土地に居住していた可能性があるので、採用した。これを地図に落としたのが図8である。

物部氏系部民には、物部のほか、春米部、二田物部、筑紫贄田物部、十市部、鳥飼部、弓削部、矢作部などがみえる。春米宿祢は『新撰姓氏録』左京神別上に石上（物部）同祖とあり、春米部は物部氏支配下にあった部民である。二田物部は、鞍手郡二田郷付近、また筑紫贄田物部は同郡新分郷付近に居住した部民であろう。十市部首もその祖冨富侶が饒速日命とともに降った五部人の一人として『先代旧事本紀』天神本紀にみえ、『古事記』神武天皇段に迩藝速日命の子、宇麻志麻遅命は物部連等の祖とあり、十市部首は物部氏支配下の十市部を統率した伴造だろう。鞍手郡や筑後国三毛郡に十市郷があり、十市部が居住した痕跡であろう。

『日本書紀』雄略天皇十年九月戊子条は、呉が献上した二羽の鵝を水間君（筑紫嶺県主泥麻呂とも）の犬が食べてしまったことに対する贖罪として、水間君が鴻十羽と養鳥人を献上したと伝える。筑後国三潴郡鳥養郷は養鳥人を貢上した郷であろう。(20) 水間君の祖は物部阿遅古連公とされ、鳥養郷には物部社・物部神がみえており、養鳥人は物部氏の支配下に置かれていたとみられる。鳥飼の地名は養鳥人（鳥養部）とされた人々がいた痕跡であろう。

矢作連は『新撰姓氏録』未定雑姓、河内国に布都奴志乃命之後とあり、『肥前国風土記』三根郡物部郷条に物部経津主神がみえるので、矢作部は物部氏支配下の部民であろう。弓削氏は『新撰姓氏録』左京神別上に弓削宿祢が石上（物部）同祖とあり、物部守屋が物部弓削守屋大連と称したように、(21) 弓削氏は物部氏の同族とされており、弓削部も物部氏の支配下にあった。また勇山連は筑紫国の胆狭山部（『日本書紀』安閑天皇元年閏十二月是月条）を統率した物部氏系の氏族であった。(22)

以上をふまえて物部氏系部民の分布をみると、筑前国嶋郡川辺里・早良郡・糟屋評（郡）・鞍手郡・遠賀郡・夜津評（夜須郡）・御笠郡、筑後国生葉郡・竹野郡・山本郡・御井郡・三潴郡鳥養郷・山門郡・三毛郡、豊前国田河郡・企救郡・京都郡・仲津郡丁里・築城郡・上毛郡塔里・下毛郡、豊後国直入郡、肥前国基肄郡・養父郡鳥樔郷・三根郡・松浦郡、肥後国合志郡鳥取郷・山本郡・飽田郡、大隅国始羅郡、薩摩国出水郡・日置郡、壱岐嶋に関連する氏族名や神名、地名がみえる。

表1　物部氏・大伴氏関係部民

国	郡	郷里	部民	出典	比定地	備考
筑前国	嶋郡	川辺里	物部夜波良売等	大宝二年戸籍（大一－一〇〇）	福岡県糸島市志摩馬場	
			建部与曽甫売等	大宝二年戸籍（大一－一〇六）		
			建ア根足	元岡・桑原遺跡群出土一〇号木簡（福岡市報七四三）	福岡市西区桑原	
	早良郡		＊とりかひ（鎌倉）	『蒙古襲来絵詞』上巻	福岡市城南区・中央区	
	那珂郡	伊知郷	蓑島人建部牛麿	『万葉集』巻五、八一四番歌詞書	福岡市博多区美野島	那津官家（福岡市博多区比恵遺跡）
			豊評／山ア評	井尻B遺跡出土文字瓦（福岡市報七八七）	福岡市南区井尻	那津官家（福岡市博多区比恵遺跡）
			＊犬飼（戦国）	文明十年十月付筥崎宮神事注文（『大日本古文書 石清水文書之二』三五一頁）	福岡市博多区	那津官家（福岡市南区三宅）
	糟屋評		評造舂米連広国	京都妙心寺鐘銘（戊戌年）	福岡県糟屋郡	糟屋屯倉
	遠賀郡		伊福マ	『大宰府史跡出土木簡概報』二－一五四		遠賀郡子弟
			＊矢矧川		福岡県遠賀郡岡垣町	
	鞍手郡	二田郷	二田物部	『先代旧事本紀』天神本紀		穂波屯倉（福岡県飯塚市）
			二田物マ広	『藤原宮跡出土木簡概報』（奈良県教委）一一九号		
		十市郷	十市部首	『先代旧事本紀』天神本紀	福岡県宮若市山口	
		新分郷	筑紫贄田物部	『先代旧事本紀』天神本紀	福岡県鞍手郡鞍手町新北	
			＊山部村（江戸）		福岡県直方市山部	
	嘉麻郡	草壁郷		『倭名類聚鈔』元和古活字本	福岡県飯塚市	鎌屯倉（福岡県嘉麻市鴨生）
	夜津評	丙ア里	搗米宅津・大津	井上薬師堂遺跡出土一号木簡（小郡市報一四二）		
	御笠郡		里長日下部君牛閇等	『大宰府史跡出土木簡概報』一－一号	福岡県太宰府市観世音寺	
			大伴ア尸手	『大宰府史跡出土木簡概報』一－三号	福岡県太宰府市観世音寺	
			物×	『大宰府史跡出土木簡概報』一－四号	福岡県太宰府市観世音寺	物部か？
			物部長宝	『大宰府政庁跡』三八号木簡	福岡県太宰府市観世音寺	
			日下マ赤猪	『大宰府史跡出土木簡概報』二－一四九号	福岡県太宰府市観世音寺	
			＊山家村（江戸）		福岡県筑紫野市山家	山家は山部の遺称地
	不明		大宰少典伴如武	『天満宮託宣記』正暦四年八月二十八日（『群書類従 第二輯 神祇部』）		
	不明		預矢作	永祚元年十月二十五日付大宰府牒案・大宰府庁下文案（『平安遺文』三三五・三三六号）		
	不明		大宰大典日下部	長保六年十一月十九日付大宰府蝶案（『平安遺文』四三五号）		

	不明		大宰大典山	長暦元年筑前国観世音寺修理米用途帳（『平安遺文』五七三号）		
	不明		大宰大監建部宿祢国経	延久元年（『除目大成抄』第二）		
	不明		筑前掾建部君豊足	天平十年周防国正税帳（大二-一三二）		
	不明		筑前権大目佐伯春継	延喜五年筑前国観世音寺資財帳（『平安遺文』一九四号）		
	不明		筑前少掾物部宿祢友末	元永二年正月二十一日（『除目大成抄』第一）		
筑後国	生葉郡	物部郷		『倭名類聚鈔』	福岡県うきは市	
			的臣	『日本書紀』欽明天皇五年三月条・同十四年八月丁酉条	福岡県うきは市	
	竹野郡	二田郷	二田物部	『先代旧事本紀』天神本紀	福岡県久留米市田主丸町益生田	
			＊鳥飼村（江戸）		福岡県三井郡大刀洗町	
	山本郡		＊矢作（戦国）	『太宰管内志』筑後之四、御井郡ノ下、喜多院、天文二十年四月高良山神領検地帳	福岡県久留米市	
	御井郡	弓削郷	弓削物部公、高良社五姓氏人物部（阿曇・草部含む）	『太宰管内志』筑後之三、御井郡ノ上、高隆寺、高隆寺縁起	福岡県久留米市東合川町下弓削・北野町上弓削	高良大社の大祝・鏡山家の祖は物部氏
		弓削郷	物部名神	天慶七年「筑後国神名帳」（太四-九〇）		
			弓削戸部岩人麻呂娘	『筑後将士軍談』巻之第四十、高良山座主系図		高良山の初代座主・隆慶上人の母
			大領草部公吉継・少領草部公名在	『太宰管内志』筑後之三、御井郡ノ上、高隆寺、高隆寺縁起		
		山家郷		『倭名類聚鈔』		山家は山部の遺称地
	三潴郡	鳥養郷	物部阿遅古連公水間君等祖	『先代旧事本紀』天孫本紀	福岡県久留米市	
			物部社、物部神	天慶七年「筑後国神名帳」（太四-九一）		
	上陽咩郡		大伴部博麻	『日本書紀』持統天皇四年九月丁酉・十月乙丑条		桑原屯倉（福岡県八女市黒木町？）
	山門郡	草壁郷		『倭名類聚鈔』		
			磯上物部神、物部阿志賀野神、物部田中神、物部山国神	天慶七年「筑後国神名帳」（太四-九三～九四）		
	三毛郡	十市郷	十市部首	『先代旧事本紀』天神本紀	福岡県大牟田市歴木・倉永・甘木	
	不明		筑後権史生佐伯宿祢真継	『日本三代実録』貞観十二年十一月十三日辛酉条		
	不明		筑後少目建部公貞雄	『日本三代実録』仁和元年十二月二十三日癸酉条		
	不明		筑後前医師日下部広君	『日本三代実録』仁和元年十二月二十三日癸酉条		

	不明		山ア田母	井上薬師堂遺跡出土二号木簡（小郡市報一四二）		
豊前国	田河郡		＊弓削田（鎌倉）	建久八年六月豊後国図田帳写（『鎌倉遺文』九二六号）	福岡県田川市	我鹿屯倉（福岡県田川郡赤村） 桑原屯倉（福岡県田川郡大任町？）
	企救郡		筑紫聞物部大斧手	『日本書紀』雄略天皇十八年八月戊申条	北九州市門司区・小倉北区・小倉南区	腠碕屯倉（北九州市門司区？）・肝等屯倉（福岡県京都郡苅田町）・大抜屯倉（北九州市小倉北区貫）
			大領物部臣今継	長野角屋敷遺跡出土木簡（北九州市報二三五）	北九州市小倉南区長野	
			＊山部	小字	北九州市小倉南区長行	
	京都郡	不知山里（諫山郷）	胆狭山部	『日本書紀』安閑天皇元年閏十二月是月条・延永ヤヨミ園遺跡出土木簡（一般国道201号行橋インター関係5）	福岡県行橋市下津熊	勇山連
			京郡物太	延永ヤヨミ園遺跡出土墨書土器（一般国道201号行橋インター関係1）		京都郡物部大領を意味する。
			早部信理法名寂性	『本朝世紀』長保元年三月七日庚申条		早部は日下部か？
			豊前国掾不知山長松			勇山連
	仲津郡	丁里	物部宿奈売等	大宝二年戸籍（大一－一八四）		
		丁里	建部赤売	大宝二年戸籍（大一－一九五）		
		丁里	矢作部虫売	大宝二年戸籍（大一－二〇六）		
			＊二田	小字	福岡県京都郡みやこ町	
		仲東郷	豊前国追捕使早部安恒私領	仲東郷城井浦田畠（『八幡宇佐宮御神領大鏡』所引宇佐大宮司公順処分状案、『大分県史料』二四、一三三頁）	福岡県京都郡みやこ町犀川木井馬場・犀川横瀬	早部は日下部か？
			不知山永正			勇山連
	築城郡		擬少領佐伯豊石	『続日本紀』天平十二年九月己酉条		桑原屯倉（福岡県築上郡築上町？）
	上毛郡	塔里	物部首古志売	大宝二年戸籍（大一－一五〇）	福岡県築上郡上毛町	桑原屯倉（福岡県築上郡築上町？）
			膳大伴部沙与知	大宝二年戸籍（大一－一五三）	福岡県築上郡上毛町	桑原屯倉（福岡県築上郡築上町？）
		加自久也里	膳大伴部犬麻呂等	大宝二年戸籍（大一－一五七）	福岡県豊前市梶屋	
	下毛郡		下毛郡擬少領勇山伎美麻呂	『続日本紀』天平十二年九月己酉条		勇山連
	宇佐郡	野麻郷		『倭名類聚鈔』		大分県宇佐市山？『続日本紀』延暦四年五月丁酉条で山部を山とする
	不明		豊前大目物部利忠	永観二年（『魚魯愚鈔』前田家本巻第一）		
豊後国	日田郡		大領日下部連吉嶋・少領日下部君大国・主帳日下部君	天平九年正税帳（大二－四〇）		
		靭編郷	日下部君祖邑阿自	『豊後国風土記』		
	久須評		大伴マ太母	『大宰府史跡出土木簡概報』一－一二号		
	直入郡		直入物部神	『日本書紀』景行天皇十二年十月条		
	大野郡		＊犬飼村（江戸）		大分県豊後大野市犬飼町	
	海部郡		＊山部村（江戸）		大分県佐伯市本匠山部	佐伯荘内

			＊佐伯庄（鎌倉）	弘安八年九月豊後国大田文案（『鎌倉遺文』一五七〇〇号）	大分県佐伯市	
	大分郡		擬少領膳伴公家吉	『続日本後紀』承和十五年六月庚寅条		
	国埼郡		＊山部田	小字	大分県豊後高田市佐野	膝碕屯倉（大分県国東半島？）
	不明		山部牛等	豊後国戸籍（大一－二一五）		
肥前国	基肄郡	姫社郷	宗像郡人珂是古、物部阿遅古連公水間君等祖	『肥前国風土記』、『先代旧事本紀』天孫本紀	佐賀県鳥栖市姫方町	珂是古は物部阿遅古連公か。
			物部金弓連	『先代旧事本紀』国造本紀		
			擬大領山春永	『日本三代実録』貞観八年七月十五日丁巳条		
	養父郡	鳥樔郷	造鳥屋於此郷取聚雑鳥養訓貢上朝庭	『先代旧事本紀』天孫本紀	佐賀県鳥栖市本鳥栖町・京町・元町・轟木町	鳥樔郷は鳥飼部がいた痕跡か。
	三根郡	物部郷	物部若宮部、物部経津主神	『肥前国風土記』	佐賀県三養基郡みやき町	
	神埼郡		＊的里（鎌倉）	嘉暦二年二月三日付藤原季秀田地寄進状（『鎌倉遺文』二九七三六号）	佐賀県神埼市神埼町的	
	小城郡	伴部郷		『倭名類聚鈔』	佐賀県佐賀市・小城市	
	松浦郡		日下部君祖也	『肥前国風土記』松浦郡鏡渡条	佐賀県唐津市厳木町中島	大伴狭手彦が篠原村の弟日姫子と成婚。
		賀周里	日下部君祖也	『肥前国風土記』松浦郡賀周里条	佐賀県唐津市見借	景行天皇の陪従大屋田子
			＊矢作村（江戸）		佐賀県唐津市半田	
	藤津郡		＊伊福村（江戸）		佐賀県藤津郡太良町	
	高来郡		伊福山	『宇佐大鏡』所引応和三年二月十二日付肥前国符（『大分県史料』24、一四四頁）	長崎県雲仙市	
	彼杵郡		＊武部丘	『大村郷村記』七大村池田之部神社、八幡宮	長崎県大村市	
肥後国	玉名郡		＊山部田村（江戸）		熊本県玉名市山部田	
	菊池郡	子養郷	大伴部鳥上・稲依	東大寺出土木簡（『日本古代木簡選』二八四号）	熊本県菊池市七条町付近	
	合志郡	鳥取郷	物部阿遅古連公水間君等祖	『先代旧事本紀』天孫本紀	熊本県合志市野々島	
			擬大領日下部辰吉	『日本三代実録』貞観十八年九月九日癸未条		
	山本郡		＊二田荘（南北朝）	観応元年八月十三日付久我長通譲状（『久我家文書』第一巻八〇号）	熊本県鹿本郡植木町	
	飽田郡		主政建部君馬都	『平城宮木簡』一－三〇〇		春日部屯倉（熊本市国府）
			建部公弟益	『続日本後紀』承和十四年三月丙申朔条		
			大領建部公貞雄	『日本三代実録』貞観三年八月二十一日壬戌条		
			＊武部桑薗	建永元年八月日付行西譲状（『鎌倉遺文』一六三四号）	熊本市鹿子木町	

	益城郡		＊上弓削神社、弓削神社	後白河天皇代に勧請との伝承	熊本市龍田町弓削・弓削町	
			大伴君熊凝	『万葉集』巻五、八八六番歌詞書		
			＊いぬかい（南北朝）	正平九年八月十三日付肥後国矢部郷村注文（『南北朝遺文 九州編』一七一三号）	熊本県上益城郡矢部町犬飼	
	葦北郡	伴郷		『倭名類聚鈔』	熊本県水俣市久木野	
			火葦北国造刑部靫部阿利斯登	『日本書紀』敏達天皇十二年是歳条		
	不明		山部阿弭古祖小左	『日本書紀』景行天皇十八年四月壬申条		
	不明		肥後権大目日下部遠藤	『日本三代実録』貞観十年閏十二月二十八日丁巳条		
	不明		肥後権少掾物部	『任国例』寛弘七年（『国司補任』第四）		
日向国	那珂郡	物部郷		『倭名類聚鈔』高山寺本	宮崎県児湯郡高鍋町	元和古活字本は於部郷
	宮崎郡		大伴人益・村上	『続日本紀』神護景雲二年九月辛巳条		
	諸県郡		大隅権大掾建部親助・前掾頼清	保安二年正月十日付大隅権大掾建部親助（『平安遺文』一九一六号）	宮崎県東諸県郡綾町南俣？	寝弥院南俣は相伝の所領
	不明		建部史生	日向国図田帳断簡（大二四-一七）		
	不明		日下部清直	『日本三代実録』貞観八年正月八日乙酉条		
	不明		権介日下部盛直等	建久八年六月日向国図田帳写（『鎌倉遺文』九二二号）		
大隅国	桑原郡		＊犬飼滝		鹿児島県霧島市	
	始羅郡		＊弓削	小字	鹿児島県始良郡加治木町日木山	
薩摩国	出水郡		＊弓削	小字	鹿児島県出水郡長島町城川内	
	日置郡		＊弓削迫	小字	鹿児島県日置市日吉町日置	日置は建久八年まで遡る地名
	不明		大領大伴部足床・少領大伴部福足	天平八年正税帳（大二-一〇）		
	不明		少領五百木部・主帳建部神嶋	天平八年正税帳（大二-一〇）		
壱岐嶋	石田郡	物部郷	物部布都神社	『延喜式』神名帳	長崎県壱岐市	
			壱岐史生物部於伎	天平十年周防国正税帳（大二-一三二）		

【凡例】
①この表は、板楠和子「乱後の九州と大和政権」（小田富士雄編『古代を考える 磐井の乱』吉川弘文館、一九九一年）第六・七表をもとに増補した。
②地名の検索と比定地については、竹内理三編『角川日本地名大辞典40～46』一九六七～一九九一年を参照し、福岡県の小字についてのみ同辞典に未収録のため、「明治十五年字小名調」（伊東尾四郎編『福岡県史史料 第七・八・九・十輯』一九三七～一九三九年）を利用した。
③九州出身の可能性がある国司の検索は、宮崎康充編『国司補任第一～五』続群書類従完成会、一九八九～一九九一年により、当該国司で同一氏族がみえる場合は概ね初見の一人で代表させた。

④屯倉の比定地は、坂本太郎他校注『日本古典文学大系 日本書紀 下』岩波書店、一九六五年、補注18-10によった。
⑤*を付けた地名は古代に遡ることが確認できなかったものである。
⑥出典のうち、大一 - 一〇〇とあるのは、『大日本古文書編年文書 一』一〇〇頁を意味する。
⑦出典のうち、太四 - 九〇とあるのは、『大宰府・太宰府天満宮史料 巻四』九〇頁を意味する。
⑧出典のうち、各教育委員会等刊行の発掘調査報告書は、自治体名＋報に第〇集等の巻次を表わす数字を付して表記する。
⑨『倭名類聚鈔』は元和古活字本については、版本名称を省略した。

これらの部民は筑紫君の本拠地である八女地域を取り囲むように分布し、物部麁鹿火が磐井を討ったことにより、乱後に設置されたものだろう。(23) 物部氏は玄界灘、響灘、周防灘の沿岸地域を支配し、またこれらを結ぶ交通路上の田河郡地域、豊前・豊後地域から八女地域に至る交通路上の筑後川流域、筑前から筑後・肥前に至る交通路上の佐賀県鳥栖市や三養基郡周辺を支配していた。肥後国にも若干物部氏系部民の分布はみられるが、南九州における分布は希薄である。

このほか、壱岐嶋に物部氏系部民の分布がみられ、六世紀半ば頃に韓半島における戦争で筑紫物部姓の人物が活躍していることをあわせて考えるならば、(24) 韓半島に出兵するために、物部氏が海路上の壱岐嶋に物部を置いて支配していた可能性を指摘できよう。

つぎに大伴氏支配下にある部民には、大伴部のほか、日下部(25)や久米部、(26) 宮城門号氏族としてみえる建部、犬養部、伊福部、山部、佐伯、的部、壬生部などがある。(27) なお久米部と壬生部の分布は、後述のように厩戸王子一族との関係が深いので、表3にまとめた。

大伴氏系部民は、筑前国嶋郡川辺里・同郡久米郷・那珂郡・遠賀郡・鞍手郡・嘉麻郡・御笠郡、筑後国生葉郡・御井郡・上陽咩郡（上妻郡）・下妻郡・山門郡、豊前国企救郡・京都郡・仲津郡丁里・同郡仲東郷・築城郡・上毛郡塔里・同郡加自久也里・宇佐郡、豊後国日田郡・久須評（球珠郡）・大野郡・海部郡・大分郡・国埼郡、肥前国基肄郡・神埼郡・小城郡・松浦郡・藤津郡・高来郡・彼杵郡、肥後国玉名郡・菊池郡・皮石郡（合志郡）・飽田郡・益城

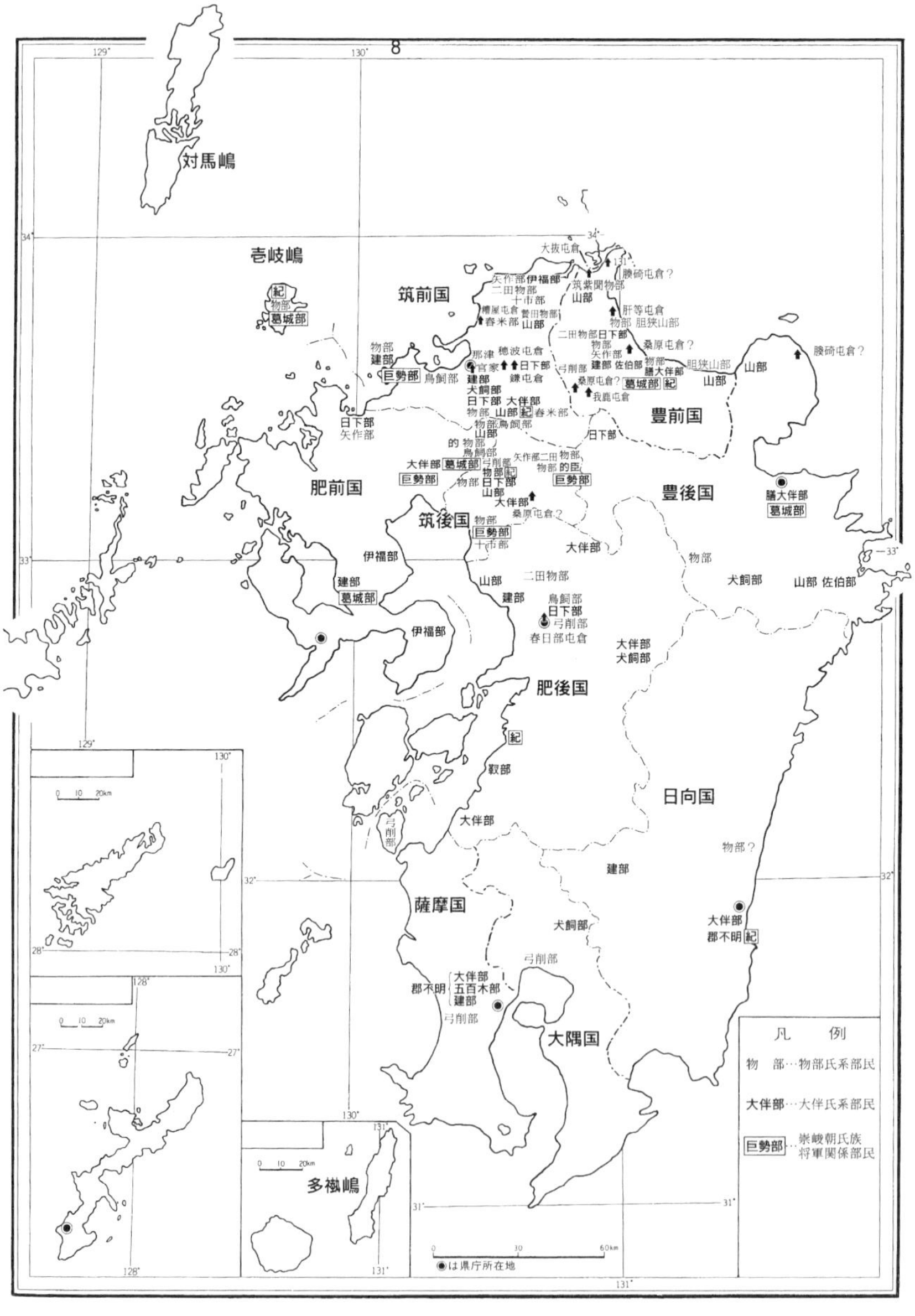

図８　物部氏・大伴氏・崇峻朝氏族将軍関係部民の分布

郡・葦北郡、日向国宮崎郡・諸県郡、大隅国桑原郡、薩摩国に分布する。

筑後川流域や豊前国内陸部がやや希薄だが、そのほかは物部氏系部民とほぼ重なって分布しており、肥前国でも現在の佐賀県唐津市周辺や長崎県域、豊後国や肥後国、日向国には、物部氏系部民よりも多く存在する。大伴氏の方が九州の中部から南部にかけてより多くの部民を支配下としていたことが理解される。このことは、崇峻天皇四年（五九一）十一月四日に大伴囓が大将軍として筑紫に派遣されており、また後述のように大伴氏支配下の壬生部が七世紀前半に置かれたことが示すように、大伴氏が物部守屋の滅亡後も九州に支配を広げることができたことにもよるのだろう。したがって、すべてが六世紀に大伴氏の支配下にあったとは言えないが、物部氏と重なりつつ、その支配の及んでいない豊後国や肥後国を勢力下に置いていったことがわかる。

さらに、物部氏と大伴氏両者に関する点を指摘したい。両者とも九州南部にも希薄ながら、部民が分布した痕跡があるが、九州北部と異なって内陸部には分布が少なく、多くは海岸部にみられる。このことは、宮崎県から鹿児島県にかけて、志布志湾沿岸や西都原古墳群において、三～五世紀代から古墳が築かれているが、これらが沿岸部を中心とする限られた地域に存在することと関係する[28]のではないか。九州南部に早くから倭王権の勢力が及んでも、倭王権から熊襲や隼人と呼ばれた人々が居住する地域で、その支配を広げるのは難しかったのだろう。

また、井上氏が指摘しているが[29]、『日本書紀』安閑天皇二年（五三五）五月甲寅条で設置されたと伝える二十六の屯倉のうち、筑紫・肥・豊三国に置かれた八つの屯倉周辺には、物部氏や大伴氏支配下の部民が分布する。表1の備考欄にその部民が分布する地域に近い三国の屯倉を記入し、図8にも屯倉の比定地を示しておいたが、井上氏の指摘が正しいことを確認することができよう。九州における部民を統率する伴造氏族は、郡司となった地域首長もみえるが、関連地名から考えると、多くは郷程度の小規模な集団を統率する小首長とみられる[30]。継体天皇二十二年（五二八）十一月に筑紫君磐井を討った後、物部麁鹿火と大伴金村は、九州の首長とその支配下にある民衆を、それぞれが支配する伴造・部民として編成し、倭王権に奉仕させたのである。その職務の多くは軍事的なものであった[31]。

筑紫君葛子が献上した糟屋屯倉は、物部氏の支配下となった地域首長である春米連が現地管掌者となった。[32]『日本書紀』安閑天皇元年（五三四）閏十二月壬午条は、国造とみられる大河内直味張が、偽って良田を倭国王に献上するのを拒んだ贖罪のために、大伴金村を介して自らの支配する河内県の部曲を三島竹村屯倉に钁丁として献上したと伝える。群臣との人格的関係を媒介として倭国王との人格的関係を結んだ地域首長は、その支配する人間集団を率いて、名に負う職務によって、あるいは耕作民として、屯倉に奉仕させていた。[33]糟屋屯倉においても、物部氏と人格的関係を結んだ春米連が伴造として、春米部となった支配下の民衆を動員し、屯倉に奉仕したのであろう。[34]

第Ⅰ部第二章第二節で述べたように、六世紀中頃、韓半島で新羅による加耶攻撃が本格化すると、出兵の基地として九州北部に屯倉が設置された。[35]物部氏や大伴氏支配下の部民は、糟屋屯倉のように、伴造となった首長に率いられて、近隣の屯倉に奉仕させられたのだろう。しかし、それらは、物部氏や大伴氏との人格的な縦割りの命令系統によっていたので、九州北部に散在する屯倉から、恒常的かつ迅速に穀を調達し、軍事的部民を韓半島への出兵に動員することは困難であった。ゆえに、屯倉の倉の一部を貯蔵する穀ごと那津に移築した。これによって、奉仕の拠点が地元の屯倉と那津官家に二分されることとなり、首長支配下の部民は、那津に移築された倉にも地元の屯倉と同様に恒常的に穀を納め、奉仕させられることになった。こうして三国の屯倉を統括し、穀と兵力を九州北部各地から那津に集積する施設としての那津官家は成立したのである。

なお、那津官家の機能を考察する際に、『日本書紀』宣化天皇二年十月壬辰条で、新羅が任那を侵略したため、大伴金村の子の磐と狭手彦を遣わし、磐は筑紫に留まってその国政を執って三韓に備え、狭手彦は任那を鎮めて百済を救ったという記事が、那津官家との関連性があるかどうかをめぐって常に論及される。この記事の実年代は欽明天皇十一年（五五〇）の出来事であり、那津官家の設置を前提とする事実として承認しうる。[36]磐井の乱後、九州北部の首長とその下にある民衆は、伴造・部民として大伴氏の支配下に編成されたものも多く、これを裏付けとして、大伴磐は那津官家を十分に機能させ、筑紫の国政を執ったのではないだろうか。

表2　崇俊天皇四年（五九一）派遣の氏族将軍関係部民

国	郡	郷里	部民	出典	比定地	備考
筑前国	嶋郡	川辺里	許西部直龍売等	大宝二年戸籍（大一－一一一）	福岡県糸島市志摩馬場	
		川辺里	己西部直酒手等	大宝二年戸籍（大一－一三七）		
		不明	己西ア田麻呂	元岡・桑原遺跡群出土三二号木簡（福岡市報七四三）	福岡市西区桑原	
	不明		大宰権少監紀	長暦二年二月十六日付大宰府政所下文案（『平安遺文』五七五・五七七号）		
	不明		筑前掾紀	貞観十年二月二十三日付筑前国牒案（『平安遺文』一五七号）		
筑後国	生葉郡	高西郷	＊巨勢川		福岡県うきは市浮羽町妹川	
	御井郡		紀護良	『筑後将士軍談』巻之第四十、高良山座主系図	福岡県うきは市～久留米市	高良山の初代座主・隆慶上人の父
	山門郡		許勢部形見	『続日本紀』慶雲四年五月癸亥条		百済救援戦争で唐の捕虜となる。
	不明		筑後権大目葛城朝臣	斉衡三年六月十九日付筑後国符（『平安遺文』四四六九号）偽文書か		
豊前国	築城郡		葛城神社	奈古庄（『八幡宇佐宮御神領大鏡』所引宇佐大宮司公順処分状案、『大分県史料』二四、一三一頁）の鎮守（『福岡県史史料 第三輯』七七六頁）	築城郡築上町	
	上毛郡		擬大領紀宇麻呂	『続日本紀』天平十二年九月己酉条		
	不明		豊前大目紀	寛平七年十一月十七日付宇佐八幡宮行事例定文（『平安遺文』四五四九号）		
豊後国	大分郡		＊葛木村（江戸）		大分市葛木	
肥前国	三根郡	葛木郷	葛城神社	『倭名類聚鈔』	佐賀県三養基郡みやき町	
	佐嘉郡	巨瀬郷		『倭名類聚鈔』	佐賀市巨勢町	
	彼杵郡		＊葛城	小字	長崎県大村市	

肥後国	宇土郡		郡司八代北郷宇土権介紀朝臣	建久六年三月日付肥後甲佐社領立券文案（『鎌倉遺文』七七七号）		
日向国	不明		日向掾紀公頼	天暦八年（『大間成文抄』第二上）		
壱岐嶋	石田郡		＊葛城（くずしろ）	小字	長崎県壱岐市郷ノ浦町長峰東触	
	不明		壱岐嶋掾紀	天暦三年四月（『大日本史』国郡司表）		

【凡例】
①地名の検索と比定地については、表1と同じ文献によった。
②九州出身の可能性がある国司の検索は、宮崎康充編『国司補任第一～五』続群書類従完成会、一九八九～一九九一年により、当該国司で同一氏族がみえる場合は概ね初見の一人で代表させた。
③＊を付けた地名は古代に遡ることが確認できなかったものである。
④紀氏・巨勢氏・大伴氏・葛城氏のうち、大伴氏関係の部民は表1と重複するので省略した。
⑤出典のうち、大一－一〇〇とあるのは、『大日本古文書編年文書　一』一〇〇頁を意味する。
⑥出典のうち、各教育委員会等刊行の発掘調査報告書は、自治体名＋報に第〇集等の巻次を表わす数字を付して表記する。

このように、磐井の乱後、物部氏と大伴氏が九州に軍事的部民を置き、六世紀中頃における三国の屯倉と那津官家の設置と相補って、韓半島への出兵を円滑にすることが図られた。しかし欽明天皇二十三年（五六二）正月、任那（加耶諸国十国）は新羅に滅ぼされ、韓半島への出兵は失敗に終わる。倭国はその後も加耶の復興を企図して新羅に軍事的圧力をかけようとした(37)。このような経緯において、崇峻天皇四年（五九一）十一月四日に、紀男麻呂・巨勢猿・大伴嚙・葛城烏奈良を大将軍とし、氏々の臣連を裨将や部隊として率いさせ、二万余の軍を領して筑紫に出兵させた。そして吉士金を新羅に、吉士木蓮子を任那に遣わし、任那の事を問責したのである。

田中正日子氏が指摘するように、この時派遣された大将軍のうち、紀男麻呂・大伴嚙・葛城烏奈良は、用明天皇二年（五八七）七月に蘇我馬子の呼びかけに応じて、厩戸王子らと共に物部守屋討滅に加わっており、また巨勢猿も同族の巨勢比良夫が守屋討滅に参加している。[38] 表2・図8に掲げるように、物部守屋を滅ぼした四人の大将軍が支配した部民に関する氏族名や神名、地名を探すと、九州各地に分布していることがわかる。これによると、紀氏は筑前国、筑後国御井郡、豊前国上毛郡、肥後国宇土郡、日向国、壱岐嶋に、巨勢氏は筑前国嶋郡川辺里、筑後国生葉郡・山門郡、肥前国佐嘉郡に、葛城氏は筑後国、豊前国築城郡、豊後国大分郡、肥前国三根郡・彼杵郡、壱岐嶋石田郡に支配を及ぼした可能性がある。大伴氏の分布は先に述べたとおりであり、物部守屋滅亡後にも前代に加えて勢力を伸ばしたことであろう。

田中氏も検証されたように、葛城烏奈良や巨勢猿は物部氏系の首長の間に支配の楔を打ち込み、地域支配の再編を行ったとみられる。[39] 筑前国嶋郡には物部と許〔己〕西部（巨勢部）がみえる。また、豊前国上毛郡塔里に物部がある一方、上毛郡擬大領には紀氏がみえる。筑後国御井郡には物部・弓削氏と紀氏がみえる。壱岐嶋も物部氏の支配が及んでいたが、石田郡に葛城の小字名があり、壱岐嶋掾に紀氏があった。物部氏と大伴氏の部民に重なる部分が多いことは先にみたとおりであり、紀男麻呂と大伴囓も同様に地域支配を再編したのだろう。物部守屋討滅に際し、蘇我馬子に協力した氏族が物部氏から九州の地域支配を奪っていったのである。

二　部民からみた上宮王家の九州支配

この節では、その後の倭王権による九州支配と、[40] 筑紫大宰派遣を含むこの時期の対外政策との関わりをみていこう。その際、黛氏や田中氏も論じられたように、厩戸王子一族（上宮王家）の動向が注目される。先に糟屋屯倉の管掌氏族であり、物部氏の支配下にあった春米連が、物部守屋滅亡後に上宮王家の支配下に置かれ、[41] 厩戸王子の娘である春米王女を養育したことをみた。ここで、厩戸王子の子女や孫の名にみえる部民関連の氏族名や神名、地名の分布を九州において探索すると、表3・図9のようになる。

ところで、推古天皇八年（六〇〇）是歳に、境部臣を大将軍とし、穂積臣を副将軍として新羅を攻撃させたが、この征討はうまくいかず、推古天皇十年二月朔日、厩戸王子の同母弟、久米王子を撃新羅将軍とし、諸の神部および国造・伴造等、ならびに軍衆二万五千人を授けることになった。同年四月朔日に久米王子は筑紫に到り、進んで嶋郡に駐屯して船舶を集め、軍粮を運んだ。ところが、六月三日に久米王子は病にかかり征討を果たせなくなってしまい、翌年二月四日に筑紫で薨去してしまう。代わりに四月朔日に久米王子の異母兄の当麻王子を征新羅将軍とするが、四月六日に妻の舎人姫王が播磨の赤石で薨去したため、征討は取り止めとなってしまった。

表3・図9をみると、久米王子が駐屯した筑前国嶋郡には生部（壬生部）・財部・搗米部（舂米部）・久米部・多米部・難波部・白髪部など厩戸王子一族の王子・王女の養育を担当した部民が集中する。また『肥前国風土記』三根郡条によると、久米王子は物部若宮部をして物部経津主神を物部郷に鎮祭させ、また忍海漢人を漢部郷にすえて兵器を造らせたという。久米王子は駐屯した嶋郡にとどまらず、九州の他の地域においても、地域支配に関与していた(42)。

さらに表3・図9をみると、九州のほぼ全域にわたって上宮王家の支配する部民が分布する。これは確認しうる九州の部民の過半を占め、三国の屯倉が置かれた玄界灘沿岸や周防灘沿岸、筑前国嘉麻郡地域、国東半島、肥後国北部はもとより、筑紫君の本拠地である八女地域や肥前国・肥後国南部など有明海沿岸をも抑え、さらに日向国・大隅国・薩摩国にも分布する。

久米王子は新羅征討を遂行するために、筑前国嶋郡を中心としつつ、九州の首長と支配下の民衆を上宮王家が領有する伴造・部民として編成したのだろう(43)。その際、嶋郡に駐屯したのは、まだ空白地帯であった博多湾沿岸の西部を抑え、磐井の乱後にこの地に進出していた肥君を支配下に収めて肥国方面への支配を伸張しようと図ったのではないか。それは、大伴氏・物部氏系部民を前提として設定された三国の屯倉や那津官家にとどまらず、これらを包摂してさらに広範な地域を、上宮王家の支配下に置こうとするものであった。

もちろん、久米王子が筑紫に駐屯した十一カ月ほどの間にすべての部民が設定されたわけではあるまい。しかし、

表3　上宮王家（厩戸王子一族）関係部民

国	郡	郷里	部民	出典	比定地	備考
筑前国	嶋郡	川辺里	額田部平太売等	大宝二年戸籍（大一－一〇〇）	福岡県糸島市志摩馬場	額田部王女（推古天皇）、額田部連比羅夫
			秦部丹売	大宝二年戸籍（大一－一〇一）		秦造河勝
			生部比呂麻呂等	大宝二年戸籍（大一－一〇一）		壬生部
			平群部赤麻呂	大宝二年戸籍（大一－一一〇）		平群臣神手
			財部阿麻売	大宝二年戸籍（大一－一一〇）		財王（男）
			生君鏡等	大宝二年戸籍（大一－一一一）		壬生部
			搗米部蘇代売等	大宝二年戸籍（大一－一一一）		春米女王（女）
			宗我部牛売	大宝二年戸籍（大一－一一四）		蘇我馬子
			久米部奈良売	大宝二年戸籍（大一－一一八）		久米王（同母弟）
			多米部多々弥売等	大宝二年戸籍（大一－一二八）		多米王（異母兄弟）
			難波部伊母売	大宝二年戸籍（大一－一三四）		難波麻呂古王（孫）
	嶋評		白髪ア伊止布	太宰府市国分松本遺跡出土木簡（『木簡研究』三五）	福岡県糸島市志摩馬場	白髪部王（男）
		久米郷	久米王、嶋郡に駐屯して船舶を集め、軍粮を運ぶ	『日本書紀』推古天皇十年四月条・『倭名類聚鈔』	福岡県糸島郡志摩野北字久米	久米王（同母弟）
		赤敷里	難波部十人、難波ア首	元岡・桑原遺跡群出土三・四号木簡（福岡市報七四三）	福岡県糸島郡志摩野北・桜井	難波麻呂古王（孫）
		不明	額田部	元岡・桑原遺跡群出土三号木簡（福岡市報七四三）	福岡市西区桑原	額田部王女（推古天皇）、額田部連比羅夫
		不明	久米マ□手・久米ア	元岡・桑原遺跡群出土七・一六号木簡（福岡市報七四三）	福岡市西区桑原	久米王（同母弟）
	早良郡	額田郷	史生額田部連君万呂	天平宝字三年八月五日付筑前国政所牒（大十四－二七〇）	福岡市西区野方	額田部王女（推古天皇）、額田部連比羅夫
		平群郷		『倭名類聚鈔』	福岡市西区戸切・野方	平群臣神手
			主帳平群部	天平宝字二年十二月二十二日付早良郡司判（大十四－二七一・二七三）		平群臣神手
		曽我郷		『倭名類聚鈔』高山寺本	福岡市早良区	訓は「曽加へ」。蘇我馬子
	那珂郡		*福部	小字	福岡市博多区住吉	福草部。三枝王（男）
	糟屋評		評造春米連広国	戊戌年京都妙心寺鐘銘（『九州歴史資料館研究論集』二〇、六二頁）		春米女王（女）
	宗像郡		難波部安良売	『類聚国史』五十四、節婦、天長五年三月甲申条		難波麻呂古王（孫）、宗像郡大領宗形朝臣秋足に嫁す
	嘉麻郡		財部宇代	『続日本紀』宝亀元年七月戊寅条		財王（男）
	夜津評	丙ア里	搗米宅津・大津	井上薬師堂遺跡出土一号木簡（小郡市報一四二）		春米女王（女）
	上座郡	壬生郷		『倭名類聚鈔』		壬生部
			*恵栗	小字	福岡県朝倉市杷木志波	殖栗王（同母弟）
	御笠郡		財ア人	『大宰府史跡出土木簡概報』一－四	福岡県太宰府市観世音寺	財王（男）
			御笠団生ア羊×	『大宰府政庁跡』四五号木簡	福岡県太宰府市観世音寺	壬生部

			秦人部山孔・遠雲	『大宰府史跡出土木簡概報』二－一五一	福岡県太宰府市観世音寺	秦造河勝
			額田ア	『大宰府史跡出土木簡概報』二－一五六	福岡県太宰府市観世音寺	額田部王女（推古天皇）、額田部連比羅夫
			日置部力良	『大宰府史跡出土木簡概報』二－一三七	福岡県太宰府市観世音寺	日置王（男）
			真髪	墨書土器（『大宰府史跡 昭和五十六年度発掘調査概報』図版九一）	福岡県太宰府市観世音寺	白髪部王（男）、『続日本紀』延暦四年五月丁酉条で白髪部を真髪部とする
	不明		大宰大典秦忌寸光方・少典秦宿祢	延喜五年筑前国観世音寺資財帳（『平安遺文』一九四号）		秦造河勝
	不明		大宰大典日置宿祢	永祚元年十月二十五日付大宰府牒案・大宰府庁下文案（『平安遺文』三三五・三三六号）		日置王（男）
	不明		大宰少監・大典財部宿祢	万寿三年三月二十三日付大宰府解（『類聚符宣抄』第三）		財王（男）
	不明		筑前大目大秦公宿祢	承和八年正月十六日付筑前国牒案（『平安遺文』六七号）		秦造河勝
筑後国	三潴郡		＊木佐木（鎌倉）	承久三年九月二十八日付筑後高良社定額衆注文（『鎌倉遺文』二八四二号）	福岡県三潴郡大木町上木佐木・大川市下木佐木	私部、額田部王女（叔母、推古天皇）
	上妻郡		＊久米北田（鎌倉）	建久四年六月十九日付将軍家政所下文案・同四年八月十七日付藤原某下文案（『鎌倉遺文』六七三・六八一号）	福岡県八女市豊福	久米王（同母弟）
	下妻郡		王壬部玉照神	天慶七年「筑後国神名帳」（太四－九五）		壬生部
	山門郡		＊木崎町（江戸）	小字	福岡県柳川市三橋町棚町	私部、額田部王女（叔母、推古天皇）
			＊長谷（江戸）	小字	福岡県みやま市山川町立山	長谷王（男）
	三池郡		＊長谷（江戸）	小字	福岡県大牟田市倉永	長谷王（男）
			筑後掾秦	天慶七年「筑後国神名帳」（太四－九六）		
豊前国	企救郡		税長膳臣澄信	長野角屋敷遺跡出土木簡（北九州市報二三五）	北九州市小倉南区長野	膳臣傾子（妃の父）
			秦部竹村	朽網南塚遺跡出土木簡（『木簡研究』二五、一八四頁）	北九州市小倉南区朽網東	秦造河勝
			豊前門司・秦マ酒手	長登銅山跡出土木簡（『木簡研究』一九、一九七頁）	北九州市門司区	秦造河勝
	京都郡		少領膳臣広国	『日本霊異記』上三十		膳臣傾子（妃の父）
	仲津郡	丁里	難波部馬手	大宝二年戸籍（大一－二〇五）		難波麻呂古王（孫）
		丁里	秦部椋売等	大宝二年戸籍（大一－一六六）		秦造河勝
		丁里	生部根麻呂	大宝二年戸籍（大一－一八二）		壬生部
	築城郡		擬少領膳東人	『続日本紀』天平十二年九月己酉条		膳臣傾子（妃の父）
			葛城神社	奈古庄（『八幡宇佐宮御神領大鏡』所引宇佐大宮司公順処分状案、『大分県史料』二四、一三一頁）の鎮守（『福岡県史料 第三輯』七七六頁）	築上郡築上町	葛城王（孫）
	上毛郡	塔里	秦部多祁留等	大宝二年戸籍（大一－一四二）	福岡県築上郡上毛町	秦造河勝
			難波部牛麻呂・根売	大宝二年戸籍（大一－一五四）		難波麻呂古王（孫）

	下毛郡	加自久也里	膳臣広売	大宝二年戸籍（大一－一五六）		膳臣傾子（妃の父）
			秦部黒売等	大宝二年戸籍（大一－一五六）		秦造河勝
			難波部首子刀自売	『類聚国史』五十四、節婦、天長四年正月丁亥条		難波麻呂古王（孫）、下毛郡擬大領蕨野勝宮守に適す
			豊前目秦子虫	天平十年周防国正税帳（大二－一三二）		秦造河勝
豊後国	球珠郡		主帳生部宮立	天平九年正税帳（大一－四六）		壬生部
	大分郡		＊葛木村（江戸）		大分市葛木	葛城王（孫）
	国埼郡		＊三婦谷	小字	大分県杵築市守江	壬生部
			＊美婦	小字	大分県国東市武蔵町吉広	壬生部
	不明		額田部直多流美売等	豊後国戸籍（大一－二一七）		額田部王女（推古天皇）、額田部連比羅夫
	不明		手嶋部羊・加都自	豊後国戸籍（大一－二一八）		手嶋女王（女）
	不明		豊後権掾秦修名	承暦三年春（『魚魯愚鈔』巻第六）		元日向掾。秦造河勝
肥前国	基肄郡	長谷郷			佐賀県三養基郡基山町園部長谷川	長谷王（男）
	三根郡	財部郷		『倭名類聚鈔』	佐賀県三養基郡みやき町東尾	財王（男）
			＊白壁村（江戸）		佐賀県三養基郡みやき町白壁	白髪部王（男）
	神埼郡		＊戊久米里（鎌倉）	弘安十年六月二日付聞恵田地売券写（『鎌倉遺文』一六二七一号）	佐賀県神埼市神埼町志波屋	久米王（同母弟）
	小城郡		＊久米ヶ里村（江戸）		佐賀県小城市三日月町久米	小城郡伴部郷の北2里。久米王（同母弟）
			＊白紙ヶ里村（江戸）		佐賀県小城市小城町	白髪部王（男）
	不明		肥前目膳臣	元応三年（『魚魯愚鈔』巻第六）		膳臣傾子（妃の父）
肥後国	玉名郡	日置郷		『倭名類聚鈔』	熊本県玉名市	日置王（男）
		宗部郷		『倭名類聚鈔』	熊本県玉名市	蘇我馬子
	山鹿郡		＊日置村（江戸）		熊本県山鹿市	日置王（男）
	菊池郡		秦人忍	鞠智城跡出土木簡（『木簡研究』一九、二一二頁）	熊本県山鹿市菊鹿町米原	秦造河勝
	皮石郡		壬生部諸石	『日本書紀』持統天皇十年四月戊戌条		壬生部。百済救援戦争で唐の捕虜となったか？
	飽田郡	私部郷		『倭名類聚鈔』	熊本市春日	額田部王女（叔母、推古天皇）
	八代郡		＊日置村（江戸）		熊本県八代市日置町	日置王（男）
	葦北郡		白丁真髪部福益	『続日本後紀』天長十年三月丙申条		白髪部王（男）、『続日本紀』延暦四年五月丁酉条で白髪部を真髪部とする
	球麻郡	久米郷		『倭名類聚鈔』	熊本県球磨郡多良木町久米	久米王（同母弟）
	不明		肥後大掾秦宿祢干勝	治安三年二月十日（『除目大成抄』第二）		秦造河勝
日向国	児湯郡	平群郷		『倭名類聚鈔』	宮崎県西都市平群	平群臣神手
			＊倍木（鎌倉）	建久八年六月日向国図田帳写（『鎌倉遺文』九二三号）	宮崎県児湯郡新富町日置	日置王（男）

	諸県郡	財部郷	＊久目田（鎌倉）	『倭名類聚鈔』	宮崎県西都市藤田字久米田	久米王（同母弟）
					宮崎県都城市・鹿児島県曽於市財部町	財王（男）
			＊財部（戦国）		宮崎県児湯郡高鍋町	財部を近世に高鍋に改称。財王（男）
			＊長谷	小字	鹿児島県南諸県郡有明町	長谷王（男）
	不明		日向目長谷部安道	昌泰元年正月（『魚魯愚鈔』巻第五）		長谷王（男）
大隅国	大隅郡		＊長谷（ながたん）	小字	鹿児島県肝属郡錦江町馬場	長谷王（男）
	始羅郡		＊本長谷	小字	鹿児島県始良郡蒲生町漆	長谷王（男）
	囎唹郡		＊上財部・下財部（南北朝）	暦応二年八月三十日付禰寝清種軍忠状、同四年十二月二十日付畠山直顕軍忠注進状（『南北朝遺文 九州編』一三九四・一七四三号）	鹿児島県曽於市財部町	日向国諸県郡財部郷の一部
	不明		大隅史生日置造三立	天平十年周防国正税帳（大二－一三三）		日置王（男）
薩摩国	薩摩郡	日置郷		『倭名類聚鈔』	鹿児島県薩摩川内市樋脇町	日置王（男）
	日置郡			『倭名類聚鈔』		日置王（男）
			＊長谷	小字	鹿児島県日置市東市来町長里	長谷王（男）
			＊日置庄（鎌倉）	建久八年六月薩摩国図田帳写（『鎌倉遺文』九二三号）	鹿児島県日置市日吉町日置	日置王（男）
			＊日置	小字	鹿児島県南さつま市金峰町尾下	日置王（男）

【凡例】

①地名の検索と比定地については、表1と同じ文献によった。

②九州出身の可能性がある国司の検索は、宮崎康充編『国司補任第一～五』続群書類従完成会、一九八九～一九九一年により、当該国司で同一氏族がみえる場合は概ね初見の一人で代表させた。

③＊を付けた地名は古代に遡ることが確認できなかったものである。

④山部は上宮王家と関わりの深い部民であるが、大伴氏関係の部民として表1に掲載したので省略した。

⑤出典のうち、大一－一〇〇とあるのは、『大日本古文書編年文書 一』一〇〇頁を意味する。

⑥出典のうち、各教育委員会等刊行の発掘調査報告書は、自治体名＋報に第〇集等の巻次を表わす数字を付して表記する。

⑦備考欄の王族・氏族名は部民と関係の深いものを掲げた。上宮王家の王族名は『上宮聖徳法王帝説』の表記により、（　）は厩戸王子との続柄を表す。

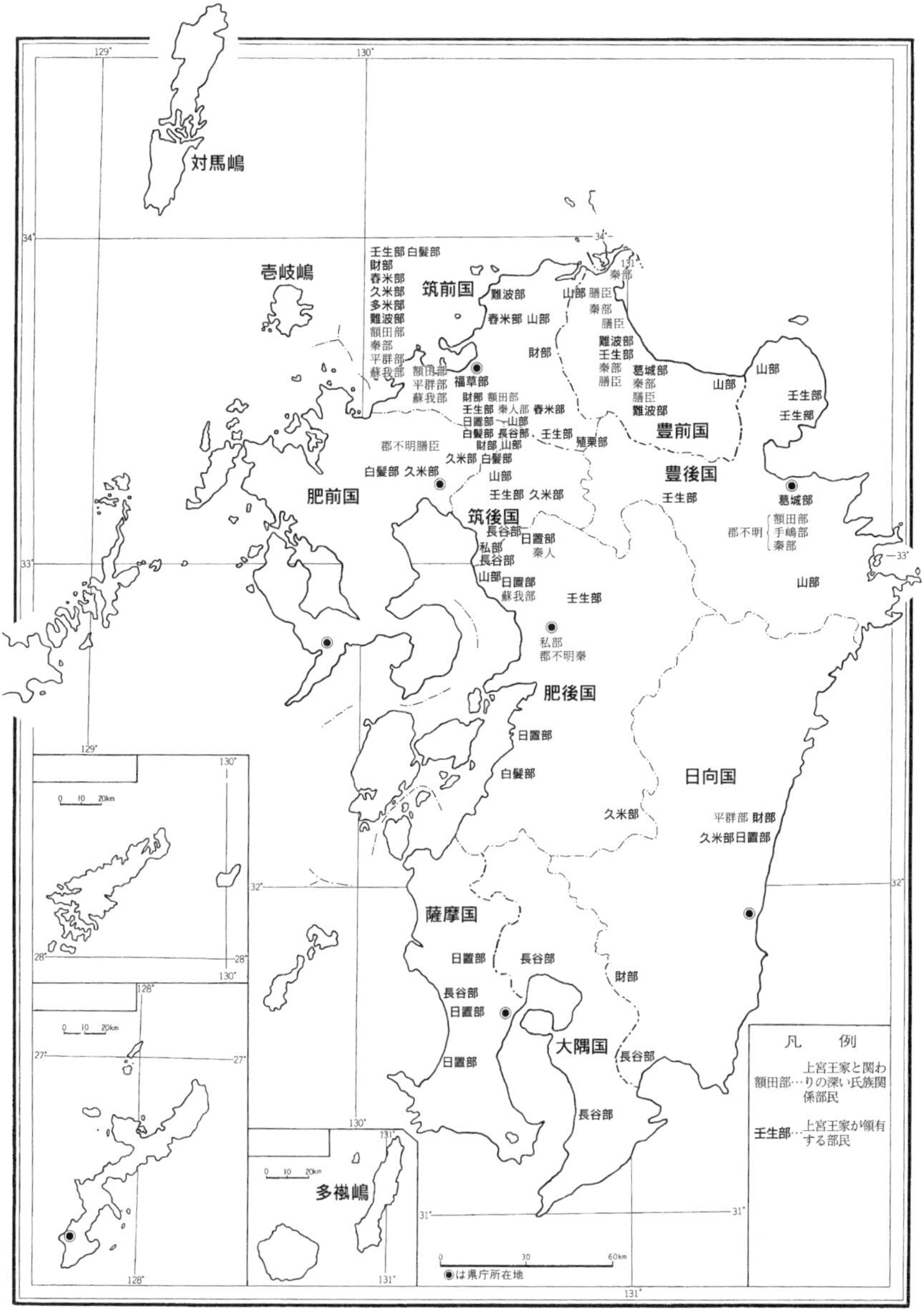

図9　上宮王家（厩戸王子一族）関係部民の分布

推古天皇十五年（六〇七）二月朔日に設置され、厩戸王子一族に領有された壬生部[44]が、筑前国だけではなく、筑後国・豊前国・豊後国・肥後国に広く分布していることから、久米王子薨去後も、皇極天皇二年（六四三）十一月朔日に上宮王家が滅亡するまでの間、厩戸王子とその一族は、九州の支配を進めていったのであろう。厩戸王子の子女や孫に関連する部民は、筑前国嶋郡・糟屋評・御笠郡、豊前国企救郡・仲津郡・上毛郡塔里、肥前国基肄郡・養父郡と隣接する三根郡、肥後国皮石郡（合志郡）、大隅国始羅郡、薩摩国日置郡など、物部氏系部民の分布と重なるところも多く、物部守屋滅亡後にその遺領の一部が上宮王家に管理されたことと軌を一にする[45]。

このほか、上宮王家関連の部民以外に、上宮王家に奉仕していた氏族[46]の部民も分布する。葛城臣烏那羅は厩戸王子らとともに物部守屋を討ち、『上宮聖徳法王帝説』には太子建立七寺に葛木寺があり、これを葛木臣に賜ったことがみえ、また厩戸王子の孫で長谷王の子に葛城王がみえる。また斑鳩宮のある大和国平群郡南方は大和川を境に葛城氏の領域である葛城の県（葛下郡）であった。平群臣神手も物部守屋討滅に参加し、また厩戸王子の近臣でもあり、斑鳩宮も平群郡に所在する。秦造河勝は養蚕・機織に従事し、それを統括して倭国王に仕えるとともに、上宮王家の東国の壬生部の管理も担当した。『上宮聖徳法王帝説』には太子建立七寺として秦造河勝が建立した蜂丘寺（広隆寺）がみえる。膳臣傾子は厩戸王子の妃である膳菩岐々美郎女の父であり、物部守屋討滅にも参加している。

斑鳩宮が所在する平群郡夜摩郷に隣接し、宮の東南には富雄川を隔てて飽波郷と額田郷がある。ここは七世紀後半には飽波評に属し、額田部連の墳墓の地であり、額田郷にはその氏寺である額田寺（額安寺）があった[47]。『大安寺伽藍縁起并流記資財帳』や『聖徳太子伝私記』によると、厩戸王子は晩年に飽波葦墻宮で病に臥し、この宮で薨去した[48]。額田部連比羅夫は、額田部王女（推古天皇）に仕える額田部の統括者として、額田部王女の地位上昇にともなって国政に進出し、隋使や新羅・任那使の接客など外交儀礼において活躍し、また蘇我氏とも深い関係を有していたとみられる[49]。

筑前国嶋郡には額田部・秦部・平群部・宗我部（蘇我部）がみえ、隣接する早良郡にも額田郷・平群郷があり、また大宰府史生の額田部連君万呂も額田郷の出身であろう。御笠郡には秦人部や額田部もみえる。また筑後国には秦氏、豊前国には膳臣・秦部・葛城氏、豊後国には額田部・秦氏、肥後国には秦人・秦氏のほか、玉名郡宗部（蘇我部）郷があり、日向国には児湯郡平群郷がある。

ところで従来、厩戸王子は摂政となり、推古朝の政治を主導したとされてきたが、近年、厩戸王子の政治といわれるものに反蘇我的要素はなく、倭王権の意思決定は推古天皇が行っていることから、『上宮聖徳法王帝説』が伝えるように、大臣蘇我馬子と共同で推古天皇を補佐したというのが実態と考えられている[50]。推古朝の外交も、推古天皇・蘇我馬子・厩戸王子が協力して推進した。額田部は推古天皇が領有する部民であり、宗我部は蘇我氏の部民である。額田部氏と平群氏は斑鳩宮と関わりが深い。これらは隋や新羅との外交を遂行するために、推古朝の倭王権中枢を担った三者によって博多湾沿岸の小首長と支配下の民衆が掌握された痕跡だろう。

この他に注目される氏族は山部連である。その本拠地は斑鳩宮が所在する大和国平群郡夜摩郷であり、法隆寺伝来の在銘幡に「山部殿奴在形見」、「山ア五十戸婦」、「山ア名嶋弖古連公」、正倉院宝物中の法隆寺系在銘幡に「山部連公奴加致児恵仙」がみえる。これにより、夜摩郷の名は山部連が居住したことにもとづき、また七世紀後半に山部連やその隷属下にある人々が法隆寺を支えていたことがわかる[51]。山部は山の幸の調進や材木の調達を職務とし、また山部連が伊与来目部を率いていたことから、軍事的性格を持つ氏族ともされ、大伴氏支配下の門号氏族ともなっている[52]。

山部は表1・図8・9に載せたが、筑前国鞍手郡・御笠郡、筑後国御井郡、豊前国企救郡・宇佐郡、豊後国海部郡・国埼郡、肥前国基肄郡、肥後国玉名郡に関連する氏族名や地名がみられる。玄界灘沿岸や周防灘沿岸、国東半島、肥後国北部や肥前国など有明海沿岸に分布しており、これは壬生部の分布とも重なる。先にみたように山部連は久米部を率いていることから、久米部を領有する久米王子の統率下にもあったであろう。

上宮王家は、壬生部[53]と山部という軍事的部民を九州の主要な沿岸部に配置した。また後に大宰府が置かれた筑前国御笠郡にも大宰府政庁跡出土木簡に「御笠団生ア羊」とあり、山部の遺称地として近世に山家村[54]（筑紫野市山家）がみえ、筑後国御井郡にも山家郷があるので、沿岸部を結ぶ交通の十字路にあたる地域にも、壬生部と山部を置いている[55]。上宮王家は九州を軍事的にも抑えたのである。推古朝の倭王権中枢は、推古天皇・蘇我馬子・厩戸王子が構成し、敏達天皇系王族は上宮王家と対立し、冷遇されていた[56]。上宮王家は王権を代表してその九州支配を担ったともいえる。久米王子や当麻王子など上宮王家の王子が任命された王族将軍は、新羅を攻撃するために、倭王権を代表して九州の部民の多くを統率したのである。

三　九州の部民支配と筑紫大宰の派遣

ここまでの検討をふまえて、最後に九州における部民支配の展開の中に筑紫大宰の派遣を位置づけて考察したい。先に触れたように、前期筑紫大宰については、亀井輝一郎氏が『日本書紀』編者の修飾とみるいっぽう、八木充氏・北條秀樹氏・中西正和氏は、存在自体を否定してはいないが、後期筑紫大宰との発展段階や機能において相違があるとし、律令制大宰府の起源としては、天智朝以降の後期筑紫大宰の画期性を重視する。

前期筑紫大宰の存否が疑問視されるのは、やはり具体的な史料が少なく、その実態が不明なことによるのだろう。まず筑紫大宰の初見史料を掲げよう。

『日本書紀』推古天皇十七年（六〇九）四月庚子条

筑紫大宰奏上言、百済僧道欣・恵弥為レ首、一十人、俗七十五人、泊二于肥後国葦北津一。是時、遣二難波吉士徳摩呂・船史龍一、以問之曰、何来也。対曰、百済王命以遣二於呉国一。其国有レ乱不レ得レ入。更返二於本郷一。忽逢二暴風一、漂二蕩海中一。然有二大幸一而泊二于聖帝之辺境一。以歓喜。

筑紫大宰は百済僧道欣ら僧俗あわせて八十五人が、後の肥後国葦北津に来泊したことを倭国王に奏上したという。

前期筑紫大宰に関するこの他の史料は、『日本書紀』皇極天皇二年（六四三）四月庚子条・同年六月辛卯条に、百済王子と高句麗使が来朝したことを馳駅して奏上したという記事があり、『日本書紀』大化五年（六四九）三月是月条や『上宮聖徳法王帝説』裏書から、蘇我倉山田石川麻呂を讒言した罪で、蘇我日向を筑紫大宰帥に隠流にしたことが知られ、『続日本紀』養老四年（七二〇）正月庚辰条に阿倍朝臣宿奈麻呂が後岡本朝筑紫大宰帥大錦上比羅夫の子としてみえるのみである。

蘇我日向以前の筑紫大宰は具体的な人名が伝わらず、他の外国使節が来朝した記事にはみえないことが問題であろう。しかし、一口に外交といってもさまざまな形態がある。養老職員令69大宰府条には大宰府の外交に関わる職掌として「蕃客、帰化、饗讌」を規定する。(57)「蕃客、帰化」は『令集解』同条の伴記によると、外国使節や帰化を願う外国人が来着した場合の受付業務を意味し、その結果を中央政府に報告する。筑紫大宰がこのような受付業務の類を職掌としたのであれば、記録に表れないのも不思議ではない。実際、七世紀前半の外国人への対応は、筑紫大宰ではなく、中央から派遣された使者が行っており、饗讌など外国使節を応接する職掌は、天智朝ないし天武朝以降に整備されていった。(58)

先にみたように、博多湾沿岸や有明海沿岸などに、広範に上宮王家の部民が分布し、律令制下の筑前国嶋郡・早良郡には、推古朝の倭王権中枢を構成した推古天皇や蘇我馬子、厩戸王子と関わる部民が集まっていた痕跡がある。この時期の倭王権が外国使節来着の可能性がある九州沿岸部を掌握していたことは確かである。これは、外国使節が来着した際に確実に外交窓口を倭王権に一元化することを目的としたのではないだろうか。

『日本書紀』敏達天皇十二年（五八三）七月丁酉条・同年是歳条によると、百済から召された達率日羅は、宣化天皇の時代に我が君大伴金村が天皇のために韓半島に遣わした火葦北国造刑部靫部阿利斯登の子であると述べた。このことから、葦北地域が六世紀以来、百済と交流を持っていたことがわかり、(59)また日羅が大伴金村を「我君」と呼んでいるように、葦北国造刑部靫部は、倭国王に奉仕すると同時に、大伴氏にも仕えていたことが知られる。

筑紫大宰が派遣される以前は、外国使節が来着すると到着地の地域首長が対応しており、地域首長が独自に外交関係を結ぼうとすることがあった。実際、筑紫君磐井の乱も磐井が新羅と独自に交流を行っていたことが乱の発端になっており[60]、六世紀以降、倭王権は外交権を地域首長から接収していった[61]。那津官家の設置も磐井のような地域首長による独自の外交を否定する意味があったが、筑紫大宰の派遣は、隋使来着の可能性をふまえ、那津官家段階よりも広域に律令制下の肥後国南部までをも掌握し、地域首長が直接に外国と交流することを否定しようとするものであった[62]。

ここで推古朝段階の筑紫大宰が、『日本書紀』推古天皇十七年四月庚子条にあるように、後世の肥後国南部まで統括していたとする場合、その統括の内実が明らかにされなければならない。倉住靖彦氏は、葦北国造が靫負として倭王権に編成されており、筑紫大宰は葦北国造を通じて、百済人の来着を正式に報告されたと捉えた[63]。これに対し、北條秀樹氏は前世紀より倭王権との関係の深い葦北での事件であったからこそ、たまたま筑紫大宰への報告がなされたのであり、筑紫大宰が恒常的に葦北地域やさらに進んで九州を統括していたと一般化できないとして批判した[64]。

北條氏の批判は的確であり、個別の事例を筑紫大宰の職掌として一般化できないのは確かである。しかし、七世紀前半には、上宮王家が確認しうる九州の部民の過半を領有しており、また六世紀以来、九州に勢力を扶植してきた大伴氏出身の嚙は、蘇我馬子とともに物部守屋討滅に参加しており、蘇我氏や蘇我系の上宮王家とは協力していたであろう。大伴氏系部民についても、壬生部や山部、久米部は、大伴氏と同時に上宮王家の支配下にもあった。すなわち、推古朝の倭王権は、部民支配による前世紀以来の人格的関係の独占的な集積によって九州を支配する上宮王家を媒介として、九州の広範な地域を支配していたのである。

前期筑紫大宰は、隠流とされた蘇我日向と阿倍比羅夫以外に任官者名が伝わらないものの、後期筑紫大宰は丹比嶋と粟田真人を除けば、栗隈王や屋垣王、河内王、三野王というように王族であった[65]。屋垣王と河内王は系譜不明だが、栗隈王は『新撰姓氏録』左京皇別上、橘朝臣条に敏達天皇の子、難波王子の子とあり、三野王は『日本書紀』天武天皇元年（六七二）六月丙戌条に栗隈王の子とみえる。

敏達天皇系王族が多く、かつて久米王子が倭王権を代表して撃新羅将軍となり、九州の部民支配を進めたように、七世紀後半の筑紫大宰も、上宮王家滅亡後にその部民を継承した敏達天皇系王族[66]が構成する倭王権を代表して、九州の部民支配を総括し、これを基礎として、従来の外交と天智朝以降新たに付与された国防の機能[67]を遂行したのではないだろうか。天武天皇四年（六七五）二月十五日に部曲が廃止されて以降の同十一年四月二十一日に初めて丹比嶋という臣下の筑紫大宰がみえることも傍証となろう[68]。

倭王権を構成する王族が任命されたという点で、後期筑紫大宰と推古朝における王族将軍に共通性を認めることができるならば、遡って前期筑紫大宰とその九州支配のあり方についても、両者の性格を敷衍して考えることができよう[69]。蘇我日向以前の前期筑紫大宰の任官者名は伝わらないが、おそらく上宮王家の滅亡以前は、蘇我系の王族が任命され[70]、九州の伴造・部民と上宮王家の人格的関係を媒介として九州を支配しつつ、外国使節の来着を掌握し、倭王権に報告するという機能をはたしたのではないかと考える。

なお蘇我日向の筑紫大宰帥任命は隠流でもあり、何らかの間違いともされ[71]、例外としてよいだろう。阿倍比羅夫は『日本書紀』天智天皇即位前紀斉明天皇七年（六六一）八月条に、後将軍大華下阿倍引田比邏夫臣とみえる。その後、比羅夫は天智天皇二年（六六三）三月条で渡海するまで筑紫に留まり、九州の治安を確立し、出兵の後方の不安を抑えたとされ、このような役割が後世に筑紫大宰帥と認識されたとみられる[72]。斉明天皇や中大兄王子といった倭王権中枢が筑紫に滞在していたので、この時期には王族の筑紫大宰は置かれず、直接に倭国王が九州を支配したものと考える。

最後に那津官家と筑紫大宰の関係について述べたい。筑紫大宰は六世紀以来の氏族将軍や王族将軍と同じく、九州の伴造・部民との人格的関係を媒介として九州を支配した。いっぽう屯倉は、倭国王や群臣と、屯倉が置かれる地域首長との人格的関係の構築と連動して設置され[73]、初期的形態としては、このような人格的関係にもとづいて、拠点としての倉における稲の収取が行われた(74)。

物部氏や大伴氏、崇峻朝の氏族将軍、久米王子、筑紫大宰は、伴造・部民として九州の首長と支配下の民衆を編成し、筑紫国造や伴造となった首長を屯倉の現地管掌者として支配下の民衆を動員させ、那津官家と筑紫・肥・豊三国の屯倉を経営したのだろう。将軍や筑紫大宰は屯倉の管掌者であったわけではなく、首長や民衆に対する部民制の人格的支配を前提として、那津官家や三国の屯倉を運用したと考える。那津官家と三国の屯倉は博多湾岸に九州北部の穀を集積する機能を持っており、将軍や筑紫大宰は、その軍事や外交などの職務遂行に、那津官家の機能を利用したのである。

したがって、那津官家という施設が持っていた、博多湾岸に九州北部の穀を集積する機能は、筑紫大宰や大宰府の西海道総管の歴史的前提ではあるが(75)、従来議論されてきたように、那津官家の管掌者が発展して筑紫大宰となった(76)わけではないのである。

物部守屋の滅亡後、崇峻朝の氏族将軍や上宮王家の進出により、九州の地域支配は再編成されていった。那津官家の前提となった物部氏や大伴氏による部民支配の秩序にも変動が生じたであろう。対隋外交の開始にあたっては、支配関係の複雑さを増した地域社会をさらに広範に総括する必要が生じたものと思われる。これは九州の過半の伴造・部民を支配した上宮王家に連なる王族が、九州の部民制的な人格的支配を現地において総括することで解決される。したがって、九州全域を一元的に掌握するために、倭王権は王族を筑紫大宰として派遣したのだろう。王族将軍の軍事的機能は、対外政策という点で共通する外交へと変化して筑紫大宰に継承されたのである。

なお、筑紫大宰と筑紫総領については、近年有力な亀井輝一郎氏の説と同じく、別のものと考える(77)。筑紫大宰は推古朝以来、部民支配を総括して外交を掌握し、筑紫総領は孝徳朝以来、拠点を通じた支配という点で屯倉と共通性を持つ、評の編成を行った(78)。両者の間には時代的な差による支配方式の相違があり、天武天皇四年の部曲廃止以降の筑紫大宰は、筑紫総領を通じて、外交と国防のために評制下の民衆を動員したのだろう。筑紫大宰と筑紫総領は、大宝律令制大宰府が完成した時に統合されたのである(79)。

ここまで、倭王権の九州支配の展開をふまえながら、前期筑紫大宰について論じてきた。その結果、推古朝の倭王権は、九州の伴造・部民の過半を掌握する上宮王家を通じて九州を支配しており、これをふまえて、王族を筑紫大宰として派遣し、外交の一元的把握を図り、対隋外交の開始に備えたと考えた。

なお上宮王家の東国の乳部（壬生部）は、その軍事的な基盤であったことが知られる（『日本書紀』皇極天皇二年十一月丙子朔条）。上宮王家の九州の部民支配が、九州に特徴的なことなのか、他の地域でも一般的にみられたことなのかは検討することができていないので、今後の課題としたい。

註

（1）天長元年（八二四）に多褹嶋が大隅国に併合された後は、九国二嶋となる（『類聚三代格』巻五、分置諸国事、天長元年九月三日太政官奏）。
（2）井上光貞「日本律令の成立とその注釈書」（日本思想大系『律令』岩波書店、一九七六年）七五三～六頁
（3）以下、日付のみの記述の出典は『日本書紀』である。
（4）竹岡勝也「上代の太宰府」（太宰府天満宮編『太宰府小史』一九五二年）三頁。那津官家を大宰府の起源と捉えることには、学説の対立があり、これについては、本書第Ⅰ部第二章において論究した。大宰府の成立に関する一九七〇年代前半までの研究史は、倉住靖彦「大宰府研究の現状と問題点についての序章」（『日本史研究』一五三、一九七五年）にまとめられている。
（5）波多野晥三「大宰府淵源考―筑紫大宰の性格について―」（『日本歴史』第七二号、一九五四年）四〇頁
（6）田村圓澄「大宰府前史小論」（『九州文化史研究所紀要』二一、一九七六年）四一頁。倉住靖彦『古代の大宰府』吉川弘文館、一九八五年、二五～六・二八頁
（7）長洋一「大宰府成立前史」（田村圓澄編『古代を考える　大宰府』吉川弘文館、一九八七年）三七～九頁。森公章「大宰

府および到着地の外交機能」（『古代日本の対外認識と通交』吉川弘文館、一九九八年）三三〇～一頁。狩野久「筑紫大宰府の成立」（『九州史学』一四〇、二〇〇五年）四四頁。なお森氏は那津官家を大宰府の淵源とすることには疑問を呈する。
（8）前掲註（6）倉住著書、一一一頁
（9）八木充「筑紫大宰とその官制」（『日本古代政治組織の研究』塙書房、一九八六年）二九八～九・三〇四～七頁
（10）亀井輝一郎「大宰府覚書─筑紫大宰の成立─」（『福岡教育大学紀要　第五三号　第二分冊社会科編』二〇〇四年）六〇頁
（11）北條秀樹「大宰府成立前史小論」（『日本古代国家の地方支配』吉川弘文館、二〇〇〇年）一三九～四〇頁
（12）中西正和「筑紫大宰の成立に関する一考察」（『古代史の研究』九、一九九三年）四～七頁
（13）井上辰雄「大和政権と九州の大豪族─その統治政策を中心として─」（『九州歴史資料館開館十周年記念　大宰府古文化論叢　上巻』吉川弘文館、一九八三年）一二三～七・一三一～二頁。なお、筑紫・豊・火に置かれた部民全体については、吉田晶「古代国家の形成」（『岩波講座日本歴史2古代2』岩波書店、一九七五年）四二～六頁に集成と分析がある。
（14）板楠和子「乱後の九州と大和政権」（小田富士雄編『古代を考える　磐井の乱』吉川弘文館、一九九一年）二二〇～九頁
（15）黛弘道「舂米部と丸子部─聖徳太子子女名義雑考─」（『律令国家成立史の研究』吉川弘文館、一九八二年）二五七～六一頁
（16）田中正日子「筑紫大宰とその支配（その1）」（『ふるさとの自然と歴史』三二一、二〇〇八年）六～七頁。同「同（その2）」（『同』三二二、同年）六～八頁
（17）前掲註（16）田中論文（その2）、七頁。前掲註（7）狩野論文、五五頁。早く前掲註（5）波多野論文、四一頁も、筑紫大宰の名に拘泥しても問題は解決せず、そうした名の示す筑紫の統治の実体が明らかにされればよいと述べている。なお田中氏は、推古天皇十七年の筑紫大宰初見記事についても、王権による筑紫の軍事的掌握を前提にその意義を指摘する（同氏「成立期の筑後国と大宰府」『筑後国府・国分寺跡　久留米市文化財調査報告書　第五九集』久留米市教育委員会、一九八九年、六頁）。
（18）津田左右吉「大化改新の研究」（『日本上代史の研究』岩波書店、一九四七年初版、一九七二年改版）九七～二〇〇頁。八木充「国郡制成立過程における総領制」（『律令国家成立過程の研究』塙書房、一九六八年）。直木孝次郎「大宰と総領」（前掲註（13）『大宰府古文化論叢　上巻』）など。
（19）前掲註（14）板楠論文、二二三頁

(20)　前掲註(13)井上論文、一二〇頁
(21)　『日本書紀』敏達天皇元年四月是月条など。
(22)　篠川賢『物部氏　古代氏族の起源と盛衰』吉川弘文館、二〇二二年、一七四～五頁
(23)　前掲註(13)井上論文、一二四頁
(24)　『日本書紀』欽明天皇十五年十二月条に竹斯物部莫奇委沙奇がみえる。
(25)　日下部君が遅くとも六世紀中頃に、大伴氏支配下の軍事組織である靫負として仕えたことは、直木孝次郎「靫負」(『日本古代兵制史の研究』吉川弘文館、一九六八年)三五～四二頁を参照。
(26)　久米部とこれを率いる久米直が大伴氏支配下にあったことは、直木孝次郎「来目直・来目部」(前掲註(25)著書)二六頁を参照。
(27)　宮城門号氏族の研究史は、佐伯有清「宮城十二門号についての研究」(『日本古代の政治と社会』吉川弘文館、一九七〇年)を参照。宮城門号氏族が律令制以前から宮城の門を守ることを職務としたことは、井上薫「宮城十二の門号と乙巳の変─大化改新と軍制─」(『日本古代の政治と宗教』吉川弘文館、一九六一年)二〇頁、山田英雄「宮城十二門号について」(『続日本紀研究』一─一〇、一九五四年)二四九～五〇頁などに指摘があり、これらが大伴氏や佐伯氏の指揮下にあったことは、前掲山田論文や直木孝次郎「大伴連と軍事的伴」(前掲註(25)著書)一七～二一頁、前掲佐伯論文、三二八頁が明らかにしている。
(28)　佐田茂「大宰府成立前夜における地方豪族の動向」(前掲註(13)『大宰府古文化論叢　上巻』)八六～九頁
(29)　前掲註(13)井上論文、一二二～四・一二六～七・一三一～二頁
(30)　前掲註(13)井上論文、一一四頁
(31)　物部氏や大伴氏、久米氏、日下部氏などの職掌が軍事であり、宮城門号氏族の職掌も倭国王の近侍や屯倉の警護から軍事に発展したことは前掲註(25)直木著書が詳細に論じている。舂米部は軍事的な要請を含めて一時に大量の米を舂く必要がある時に屯倉に上番する部民であり(前掲註(15)黛論文、二六四頁)、矢作部は箭を作り(『日本書紀』綏靖天皇即位前紀)、弓削部は弓を製作する部民であろう。註(34)に記すように、もちろんこれらの職務に従事する人々のみでなく、それを支える一般農民もいたであろう。
(32)　前掲註(15)黛論文、二五八～九頁

(33) 黒瀬之恵「日本古代の王権と交通」(『歴史学研究』七四二、二〇〇〇年)二六〜七頁。仁藤敦史「古代王権とミヤケ制」(『古代王権と支配構造』吉川弘文館、二〇一二年)一六七〜八頁

(34) 国造・伴造・県稲置への任命とミヤケを管掌することは関連を持っていた。『日本書紀』大化元年八月庚子条、大川原竜一「大化以前の国造制の構造とその本質―記紀の『国造』表記と『隋書』『軍尼』の考察を通して―」(『歴史学研究』八二九、二〇〇七年)四五〜六頁を参照。なお本章の初出論文で、舂米部となった民衆が米の精白を行ったとしたが、岩永省三「第8章　ミヤケの考古学的研究のための予備的検討」(『古代国家形成過程論―理論・針路・考古学―』すいれん舎、二〇二二年)三八三頁で、部民の名称と職掌が一致するとは限らないから、米の精白と断じる必要はないとの批判を受けた。御批判の通りと考えるので、本書では岩永氏の指摘に従う。

(35) 本書第Ⅰ部第二章第二・三節。第Ⅰ部第二章第二節では、三国の屯倉と那津官家の設置年代が、『日本書紀』の伝える安閑天皇二年(五三五)や宣化天皇元年(五三六)ではなく、六世紀中頃以降であることを指摘した。

(36) 本書第Ⅰ部第二章第二節

(37)『日本書紀』欽明天皇二十三年七月是月条・同三十二年四月壬辰条・敏達天皇十二年七月丁酉条・崇峻天皇四年八月庚戌条。森公章『戦争の日本史1東アジアの動乱と倭国』吉川弘文館、二〇〇六年、二一一頁が指摘するように、この当時の倭国が目的とする「任那復興」は、筑紫に駐留する軍事力を誇示して、新羅から「任那調」を獲得することであった。崇峻天皇四年(五九一)の外征軍は結局成果のないままに終了した。その後、真平王十六年(五九四)に新羅が隋に遣使し、隋の冊封下に編入されたので(『三国史記』新羅本紀、同年条)、その後の動静を見極めた上で、推古天皇三年(五九五)七月に崇峻朝の外征軍は召喚された(二一二頁)。さらに推古天皇十年(六〇二)の撃新羅将軍久米王子の派遣も、六〇二年八月に百済が新羅の阿莫山城を攻撃し(『三国史記』新羅本紀、真平王二十四年条・百済本紀、武王三年八月条)、六〇三年八月に高句麗が新羅の北漢山城を攻撃しており(『三国史記』新羅本紀、真平王二十五年八月条・高句麗本紀、嬰陽王十四年条)、この韓半島の軍事との連携を図ったものとみられる(二一二〜三頁)。この外征軍が中止となった国際的な背景については、六〇〇年に倭国が遣隋使を派遣しており、東アジア情勢は隋の出現という新しい事態を迎え、百済も六一一年まで新羅侵攻を控えており、従来の方式に依存した倭国の「任那復興」も頓挫し、隋との通行を視野に入れた方策が模索されたことが指摘される(二一四〜五頁)。

(38) 前掲註(16)田中論文(その1)、七頁。『日本書紀』崇峻天皇即位前紀

(39) 前掲註(16)田中論文(その2)、六頁
(40) 前掲註(15)黛論文、二六〇～一頁。前掲註(16)田中論文(その2)、七～八頁
(41) 厩戸王子の子女・孫は、家永三郎『上宮聖徳法王帝説の研究　増訂重版』名著刊行会、二〇〇一年、四六六～七三頁の系図を参照した。王子・王女の名がその乳母の氏姓に由来することは、同書、二一九頁に論じられている。
(42) 前掲註(16)田中論文(その2)、八頁
(43) 前掲註(13)井上論文、一二七～三〇頁。久米王子が嶋郡に駐屯した理由については、嶋郡周辺は対外交渉と鉄生産の拠点であったことから、久米王子は戦争準備のために武器生産に適したこの地に駐屯した可能性も考えられる。嶋郡や早良平野を含む博多湾西側は、新羅・加耶・百済からの土器が搬入されており、七世紀第2四半期まで対外交渉の拠点として機能し続けていた(寺井誠「白村江前後の難波と筑紫―朝鮮半島から搬入された土器の検討を中心に―」日本考古学協会2012年度福岡大会実行委員会編『一般社団法人日本考古学協会2012年度福岡大会　研究発表資料集』二〇一二年、五五二・五五五頁)。さらに元岡・桑原遺跡群では鍛冶道具を副葬した古墳があり、六世紀から七世紀にかけて製鉄工人の存在が想定され(加藤隆也「元岡・桑原遺跡と金武青木遺跡―怡土城をめぐる新資料とその意義―」同上研究発表資料集、六〇六頁)、七世紀後半には中央政権主導による鉄生産方法が導入され、八世紀まで存続した(村上恭通「北部九州における古代の鉄器生産」同上研究発表資料集、五七八～九頁。小島篤『大宰府の軍備に関する考古学的研究』九州国立博物館　福岡県立アジア文化交流センター、二〇一六年、一八～二五・五三～四頁)。
(44) 岸俊男「光明立后の史的意義―古代における皇后の地位―」(『日本古代政治史研究』塙書房、一九六六年)二三〇～二頁は、それまで個別に設置されてきた后妃や王子の部民が、六世紀末から七世紀初めにかけて、宮廷組織の整備にともない、私部・壬生部として、后妃・王子に固定化して従属させられるようになったとし、関晃「大化前代における皇室私有民―子代・名代考―」(『日本経済史大系1古代』東京大学出版会、一九六五年)一六二～四頁は、私部・壬生部が皇后(大后―筆者注)・大兄の地位に専属するものだったとする。直木孝次郎「門号氏族」(前掲註(25)著書)八一頁も、壬生氏は六世紀末ないし七世紀初めに成立した比較的新しい氏族であり、壬生部が推古朝に制定されたという『日本書紀』の伝えは認められるとする。鎌田元一「七世紀の日本列島―古代国家の形成―」(『律令公民制の研究』塙書房、二〇〇一年)一七～八頁は、厩戸王子の立太子を認め、壬生部が太子の地位にともなうものとして設定されたとし、仁藤敦史「『斑鳩宮』の経営について」(『古代王権と都城』吉川弘文館、一九九八年)一五一頁は、現実には蘇我馬子の意志が強く働き、厩戸王子と山代

大兄王が属する蘇我系の「上宮王家」以外に壬生部の領有が確認できないことを指摘する。壬生部が、その設置時期に有力な王位継承候補者であった厩戸王子に領有された可能性は高い。『日本書紀』皇極天皇元年是歳条に厩戸王子の娘である上宮大娘姫王（舂米王女）が上宮乳部を管理していたことがみえ、同二年十一月丙子条から山代大兄王が乳部を領有したことがわかる。

(45)　今井啓一「物部戦争と太子四天王寺―物部氏を中心として―」（『日本歴史』二九九、一九七三年）三〇～七頁。加藤謙吉「聖徳太子と平群氏―親上宮王家勢力の形成（その一）―」（『古代研究』五、一九七四年）一三～五頁。仁藤敦史「『斑鳩宮』の経済的基盤―『法隆寺資財帳』からみた―」（前掲註（44）著書）一二六～八頁

(46)　以下、仁藤敦史「『斑鳩宮』の経営について」（前掲註（44）著書）一四四～五・一五五～六頁を参照した。

(47)　狩野久「額田部連と飽波評―七世紀史研究の一視覚―」（『日本古代の国家と都城』東京大学出版会、一九九〇年）一四六・一五五頁。仁藤敦史「額田部氏の系譜と職掌」（『古代王権と支配構造』吉川弘文館、二〇一二年）三一～四頁

(48)　仁藤敦史「上宮王家と斑鳩宮」（前掲註（44）著書）九二頁

(49)　『日本書紀』推古天皇十六年八月癸卯条・同十八年十月丙申条、『隋書』巻八十一、東夷伝倭国条、森公章「額田部氏の研究　畿内中小豪族の歴史」（『国立歴史民俗博物館研究報告』八八、二〇〇一年）一三七～四〇頁

(50)　前掲註（45）仁藤論文、一〇八頁。吉村武彦『聖徳太子』岩波書店、二〇〇二年、三七～四二頁

(51)　浅井和春「東京国立博物館保管上代裂の銘文について」（『ＭＵＳＥＵＭ』三九〇、一九八三年）二一～二・二九頁。前掲註（47）狩野論文、一六一～四頁。『続日本紀』延暦四年（七八五）五月丁酉条によると、山部は桓武天皇（山部親王）の諱を避けるため山と改められた。

(52)　前掲註（44）直木論文、八二～七頁。前掲註（45）仁藤論文、一一九頁。仁藤氏は山部氏が上宮王家滅亡後、法隆寺の壇越として材木等を各地から調達し、建築材や瓦を焼く燃料材に使用する便宜を図ったと推測する。大分県宇佐市の法鏡寺は法隆寺式伽藍配置をとり、また法隆寺系忍冬唐草文軒平瓦が法鏡寺・虚空蔵寺・弥勒寺など宇佐地域の古代寺院跡で集中して見つかっている（大分県教育委員会編『大分県文化財調査報告書第七集　弥勒寺遺跡』一九六一年、五四～五頁。宇佐市教育委員会編『法鏡寺跡・虚空蔵寺跡―大分県宇佐市における古代寺院跡の調査―』一九七三年、五三・五七・一〇八頁）。これが宇佐氏の活動と関わることは、小田富士雄「宇佐弥勒神宮寺成立の背景―古代宇佐氏の動向と初期仏教―」（前掲『弥勒寺遺跡』）一二〇頁の指摘のとおりであろう。いっぽう『倭名類聚鈔』には宇佐郡に野麻郷がみえる。宇佐市山がその遺

称地かと思われ、宇佐地方の古代寺院の造営に法隆寺の壇越であった山部氏も関与した可能性があろう。福岡市南区井尻B遺跡出土文字瓦に「豊評／山ア評」という刻書があるのは（表1参照）、山部氏と瓦生産との関係を示唆するのかも知れない。

(53)　前掲註（44）直木論文、七五頁

(54)　太田亮『姓氏家系大辞典』角川書店、一九六三年、六三七二頁

(55)　筑前国御笠郡は、那津からかつて筑紫君と肥君が祀っていた筑紫神社（『釈日本紀』巻五所引『筑後国風土記』逸文）が所在する同郡原田村（筑紫野市原田）を経て筑後国や肥後国に向かう道と、豊前国から筑前国穂波郡を経て、冷水峠を越え、御笠郡山家村から原田村を通って肥前国に向かう道が交わる。また御笠郡からは、長岡駅（筑紫野市永岡）付近から山家村を通り、朝倉橘広庭宮を経て豊後国に向かうこともでき（長洋一「朝倉橘広庭宮をめぐる諸問題」『神戸女学院大学論集』二六－三、一九八〇年、一六頁）、岡田地区遺跡群では八世紀中頃から九世紀初めの豊後国に向かう官道も発見された（筑紫野市教育委員会編『岡田地区遺跡群Ⅱ―Ⅰ区の調査―筑紫野市文化財調査報告書第五六集』一九九八年、七七・一六一・一八二頁）。また御笠郡ないし前身の評などが行った貸稲（出挙）関連木簡には大伴部戸手や厩戸王子の息子の財王が領有した財部もみえる（拙稿「大宰府史跡蔵司西地区出土木簡の再検討」『九州歴史資料館研究論集』三〇、二〇〇五年、三七～四〇頁）。白村江敗戦後における新たな国防拠点の構築にあたり、後の御笠郡に筑紫大宰（大宰府）が置かれたのも（前掲註（6）倉住著書、九一頁）、前代以来、この地が那津と九州各地を結ぶ交通の要衝であったことによるのであろう。

(56)　前掲註（45）仁藤論文、一〇八・一三三頁。武光誠「聖徳太子とその内政」（『歴史公論』五－一一、一九七九年）六七～八頁

(57)　養老令の条文番号は、前掲註（2）日本思想大系『律令』による。

(58)　酒寄雅志「七・八世紀の大宰府―対外関係を中心として―」（『国学院雑誌』八〇―一一、一九七九年）三七頁。前掲註（7）森論文、三三一～四頁。前掲註（37）森著書が指摘したように、六〇〇年と六〇七年、六〇八年（隋使裴世清の送使として小野妹子を派遣。八人の留学生も遣わす。『日本書紀』推古天皇十六年九月乙亥条）の遣隋使派遣の後、推古天皇二十二年（六一四）に倭国は遣隋使犬上御田鍬と矢田部造を派遣し、御田鍬らは翌年に百済使とともに帰国したが（『同』推古天皇二十二年六月己卯条・同二十三年九月条）、六一八年に滅亡する隋は混乱・衰亡期であり、隋使は到来しなかった。六一八年の唐の建国後、倭国は厩戸王子・蘇我馬子・推古天皇の死去と、舒明天皇即位に伴う紛擾など政治的に不安定な状

況が続いたこともあり、舒明天皇二年（六三〇）になって遣唐使犬上三田耜と薬師恵日を派遣した。三田耜らは同四年に唐使高表仁とともに帰国し、高表仁は同五年に唐に帰ったが（『同』舒明天皇二年八月丁酉条・同四年八月条・十月条・同五年正月甲辰条）、高表仁は王子（『新唐書』は王とする）と礼を争い、朝命を宣べずして還ったと伝え（『旧唐書』倭国日本伝、『新唐書』日本伝など）、倭国は冊封を拒否したと考えられている。また倭国の遣隋使派遣により、新羅・百済・高句麗との関係も均衡を保っていた（二一六～二一七頁）。推古朝後半から舒明朝にかけては、隋・唐との外交は活発であったとは言えず、韓半島三国との外交は盛んであったが、軍事的な緊張をともなわずに文化的な交流で推移していた。なお森氏は、『日本書紀』推古天皇三十一年是歳条の新羅出兵記事は虚構とみる（二二三～四頁）。その後、六四二年に百済の義慈王による反対派の追放、高句麗の泉蓋蘇文による国王弑殺と反対派の貴族の粛正、六四三年に百済・高句麗の侵攻に対する新羅の唐への救援要請と、六四七年の毗曇の乱を鎮圧した後の新羅の王権強化と金春秋の入唐などがあり、東アジアは動乱期に入る（二二七～二三〇・二三九～四一頁）。それまでは、中国・韓半島との外交が深刻な情勢になかったとみられ、このため、韓半島三国の使者の到来を筑紫大宰が馳駅して伝えるという緊急事態も発生しなかったのだろう。仁藤敦史『東アジアからみた「大化改新」』吉川弘文館、二〇二二年、八八～九二頁が指摘するように、『日本書紀』の皇極天皇元年の外交記事には年紀と情報の混乱があり、推古天皇十七年の初見記事の後、次に筑紫大宰が百済や高句麗の使者到来を馳駅して報告した『日本書紀』皇極天皇二年（六四三）四月庚子条・六月辛卯条は、皇極天皇元年正月乙酉条・二月戊子条の百済の義慈王の権力集中、同年二月壬辰条・丁未条の高句麗の泉蓋蘇文の国王弑殺と同じ事件を記しており、まさに東アジアの動乱期の始まりとなる、百済と高句麗の政変を伝えるものであった。

(59) 前掲註（7）長論文、二二六頁
(60) 『日本書紀』継体天皇二十一年六月甲午条
(61) 前掲註（7）森論文、二三七～八頁
(62) 前掲註（7）長論文、三七頁
(63) 前掲註（6）倉住著書、三〇～一頁
(64) 前掲註（11）北條論文、一三九頁
(65) 『日本書紀』天智天皇七年七月条・天武天皇五年九月丁丑条・同十一年四月癸未条・持統天皇三年正月壬戌条・同三年閏八月丁丑条・同八年九月癸卯条（いずれも初見記事のみ挙げた）。

(66) 前掲註(56)武光論文、六八～九頁。同『聖徳太子　変革の理念に生きた生涯』社会思想社、一九九四年、九三頁

(67) 前掲註(9)八木論文、三〇五頁

(68) 『万葉集』巻四、四九二番歌詞書に田部忌寸櫟子が大宰に任じられたとある。田部櫟子は、日本古典文学大系『万葉集一』岩波書店、一九五七年、二四五頁頭注四・五によると、天智・天武朝の人物と推定され、反証となる可能性があるが、在任時期と官名を特定できないものの、氏姓からみても高位の人物とは考えがたい。

(69) 拙稿「九州地方の軍事と交通」(舘野和己・出田和久編『日本古代の交通・交流・情報1制度と実態』吉川弘文館、二〇一六年)二三八～九頁で述べたように、『善隣国宝記』所引「海外国記」には、白村江の敗戦の翌年に来朝した唐使郭務悰に応対した筑紫駐在の官職の文書として、唐使に宛てた「筑紫太宰辞」と、熊津都督府の唐の鎮将劉仁願に宛てた「日本鎮西筑紫大将軍牒」がみえる。後者を後世の造作とみる見解もあるが(前掲註(6)倉住著書、一一一～三頁)、表記の修飾はあるにしても、同一の史料のなかでの書き分けであり、筑紫大宰が対外的に将軍を称した可能性は否定できない。少なくとも天智朝の筑紫大宰は将軍としての機能を持っていたのであり、筑紫大宰が王族将軍の系譜を引くことを傍証する(前掲註(5)波多野論文、四〇頁)。なお、王族でない筑紫大宰の就任者には、隠流とされた蘇我日向、筑紫大宰であった可能性が低い阿倍比羅夫、短期的な就任の蘇我赤兄、氏名からみて高位の官人ではない田部櫟子、丹比嶋と粟田真人がある。天智朝後半の筑紫大宰は、短期間に栗前王(栗隈王)から蘇我赤兄、さらに栗隈王と変遷する。大友王子と大海人王子が王位を争った壬申の乱では、栗隈王は大海人王子に、蘇我赤兄は大友王子に従った。九州の掌握のために、天智天皇・大友王子と、大海人王子それぞれの陣営が、筑紫大宰の地位を得ようと争っていたのであろう。

(70) 舒明朝以降、遅くとも上宮王家滅亡直前までには、敏達天皇系王族が筑紫大宰に就任するようになった可能性はある。皇極天皇二年(六四三)十一月の上宮王家滅亡時には、山背大兄王子とその子弟・妃妾全員が死去しているから、直前の『日本書紀』同年四月・六月条(実は前年)にみえる筑紫大宰は上宮王家の王族ではなかった可能性も想定すべきであろう。中大兄王子は葛城王子と呼ばれ、葛城部の一部を領有し、その同母妹の間人王女が間人部(長谷部)の一部を領有していた。このことからすれば、舒明天皇即位以前から、敏達天皇系王族による、部民領有が行われつつあり、推古朝後半期には、上宮王家の部民独占は崩れていたとみられる。このような背景の下、敏達天皇系王族による筑紫大宰就任も起こり得たと考える。なお宝王女(皇極・斉明天皇)も財部の一部を領有したが、これは宝王女の母の吉備嶋皇祖母命が、欽明天皇と堅塩媛の子で、用明天皇と推古天皇の同母弟である桜井王子の王女であり、蘇我系王族であったことによるのだろう。この血縁に

より、吉備嶋皇祖母命を経て、宝王女の子である葛城王子は蘇我馬子の嶋家の一部を嶋宮として継承しており（仁藤敦史「嶋宮の伝領過程」『古代王権と都城』吉川弘文館、一九九八年、五五～六頁）、このことも傍証となるだろう。

(71) 前掲註（5）波多野論文、三三頁

(72) 前掲註（55）長論文、三九～四〇頁

(73) 前掲註（33）黒瀬論文、二六～七頁

(74) 前掲註（33）仁藤論文、二一～二頁

(75) 本書第Ⅰ部第二章第三節（結語）

(76) 前掲註（6）倉住著書、二三頁

(77) 前掲註（10）亀井論文、五一～三頁。これは前掲註（18）直木論文をふまえた説である。

(78) 井内誠司「国評制・国郡制支配の特質と倭王権・古代国家」（『歴史学研究』七一六、一九九八年）三四～五頁。早川庄八「律令制の形成」（『天皇と古代国家』講談社学術文庫、二〇〇〇年）八四～七頁

(79) 亀井輝一郎「大宰府覚書（二）―吉備の総領と大宰―」（『福岡教育大学紀要　第五四号　第二分冊社会科編』二〇〇五年）一三頁

第Ⅱ部　筑紫における大宰府の成立

第五章　筑紫における総領について

七世紀後半の倭国においては、国司の前身である国宰よりも広域に地方を統括した官職として、大宰と総領が存在したことが『日本書紀』や『風土記』などの文献史料にみえる。(1)大宰は筑紫、吉備、総領は東国（坂東）、吉備、周芳（周防）、伊予、筑紫が知られる。(2)これら大宰と総領は、大宝元年から二年（七〇一〜〇二）にかけて施行された大宝律令によって制度的に完成する大宰府の前身とみられるので、その性格を研究することは、大宰府の成立過程を考える上で、また律令制の地方支配制度の成立を解明する上で、重要な課題である。

筆者は別に筑紫大宰の派遣を中心として論じ、大宰と総領が異なることを指摘した上で、大宰府が成立するまでの七世紀後半の筑紫の地方支配制度の歴史について見通しを述べた。(3)本章では、総領の性格や成立と展開について検討し、その見通しについて詳しく論ずることにしたい。

一　大宰と総領の研究史

大宰と総領については先学による多くの研究がある。(4)ここでは本章の叙述にかかわる論点にそって主な研究を取り上げ、これまでの成果を概観したい。

すでに文化年間（一八〇四〜一八）初めに完成した河村秀根・河村殷根・河村益根編著『書紀集解』は、『日本書紀』天武天皇十四年（六八五）十一月甲辰条の「周芳総令所」に注して「当時の制、遠畿に宰を置き、総領所を建つ。けだしなほ太宰府の九州を管するがごときなり」（原漢文。句読点は筆者。以下、同じ）と述べ、総領は大宰府と類似し、国を越えた広域を管轄するものと捉えている。また同書の同八年三月己丑条の「吉備大宰」の注では、『続日本紀』文武天皇四年（七〇〇）十月己未条の吉備総領任命記事を引用しており、大宰と総領は同様のものと理解しているとみられる。さらに持統天皇三年（六八九）八月辛丑条の「伊予総領」の注では、伊予総領が讃吉（讃岐）国の政務に関与していることを説明して、「けだし伊予の総領、四国を管令するなり。ゆえに讃岐の国の事を知るなり」（原漢文）とし、伊予総領が複数の国を管轄しているという認識も示している。この理解は、嘉永五年（一八五二）起稿、明治三十二年（一八九九）脱稿の飯田武郷著『日本書紀通釈』にも踏襲されている[5]。ついで文政五年（一八二二）に草稿本が調進された塙保己一編『武家名目抄』職名部三十は、総領は数カ国の政務を総括して、国司や郡司を管領したもので、後に筑紫総領は大宰帥に改められたが、その他は廃止され、国司がその庶務をとるようになったとする[6]。このように近世の国学者たちの研究において、すでに今日の大宰と総領の通説的理解が示されている。

近代の歴史学においても、基本的に国学の理解を継承しつつ、その設置理由を国防上の必要に求めた家令俊雄氏の他、大宰と総領は同じものであり、律令制下の数カ国におよぶ広域を統括する地方官と捉える見解が坂本太郎氏や菊地康明氏、黛弘道氏、坂元義種氏、林陸朗氏、薗田香融氏、佐藤和彦氏によって示された[7]。

坂本氏は国司（国宰）に広狭の地域を管轄したものがあり、広い範囲に置かれた国司は、その地が区分されておのおのに国司が置かれるようになっても、なおその上に立って昔の地位を保持し、一般国司と区分されるべく、総領・大宰などの名で呼ばれたとする。さらに伊予総領と伊予国司に田中朝臣法麻呂が任じられていることから、総領は国司と職掌が同じで、国司よりも管轄範囲が広く、地位が高いものと捉えている。

菊地氏は後述する津田左右吉氏の説に反論しつつ、総領は大宰とも称され、後の数カ国を包括する地域を統治する地方長官であり、その所管地域に国宰が任じられるようになると、天武朝以降の総領には、国司の長官である国守の別称のように考えられるものもあったとする。黛弘道氏も坂本氏・菊地氏の説に賛意を示し、林陸朗氏、薗田香融氏、佐藤和彦氏も総領が国司を統括していたと捉える。

坂元氏は菊地氏の説を支持し、総領は大宰であり、筑紫大宰に類した官の設置を筑紫君磐井の乱後に求める。なお坂元説は、各地の総領の設置時期に段階を設け、またその軍政官としての性格を指摘した点が特筆され、東国総領は筑紫大宰にならって、孝徳朝の大化改新後に東国国司の違令・不正に対処するために、それ以外は壬申の乱後にその善後策のために置かれたとした。

大町健氏は、律令制の国（令制国）による領域支配が成立する以前、孝徳朝には、総領が管轄する東国などの広域の国のみがあり、その支配下に、人間集団を編成した評があったのであり、国宰の管轄する国は天智朝以降に総領の国の下に置かれていったと考えた。それを受けて笹川進二郎氏は、那津官家や児島屯倉などを統監ミヤケと位置づけ、それが大化改新以後の総領制に発展し、大化以降は総領と国宰とが併存していたとする。そして総領は人間集団である評を指揮し、令制国としての機能が未確立であって、国宰に対して評の長は相対的な自立性を持っており、領域支配は総領の持つ高権と権威によって保障されていたとした。総領と大宰については同じものと捉えているとみられる(8)。これらは、大化改新以前からの地方支配制度の発展や領域支配の成立過程をふまえた学説で示唆に富んでいる。

その後より厳密に、総領を官司としての大宰に対する官職名と捉える説が提出される。八木充氏は筑紫大宰の官名の変遷を検討した上で、総領は大宰の官職名とし、さらに倉住靖彦氏は、総領は飛鳥浄御原令において大宰の長官職として創設されたとした(9)。森田悌氏も倉住説を支持する。なお八木氏はそれ以前の論文では、筑紫大宰と筑紫総領を同じものとし、また上級の地方官として、総領もしくは東国国司のような「国司」が存在し、また崩壊期の総領が律令制国司の前身としての国司と呼ばれることもあると指摘している。

このように大宰と総領は同じ、さらに大宰が官司名、総領はその官職名とする学説が提起されるいっぽうで、大宰と総領は異なるものと捉える説も存在する(10)。

津田左右吉氏は、大宰は数国を統轄するもので、総領は国の長官の別称とする。中西正和氏は、天智朝以前の総領は統轄官司ではなく、東国国司と総領の性格は同じもので、東国国司から始まる国郡支配の発展段階にあるものであり、天武・持統朝以後、所部の国が分割された場合に統轄する官となったものが大宰であるとする。このように総領と国司との共通性を示す史料にもとづいて、八木氏と異なり、むしろ総領を大宰ではなく、国司に引き付けて考える説が存在している。

直木孝次郎氏は、総領はミヤケを支配した田領が国造領をも支配するようになったことから発生したとした。いっぽう大宰は天武朝以降に律令制的な国が成立した後に国宰を統括するものとして成立したとするのが妥当であり、飛鳥浄御原令制下の大宰の史料は総領の潤色（修飾）であるとする(11)。なお、第Ⅰ部第四章第三節でも述べたように、大宰と総領は別である点は私見も同じであるが、総領が田領から発生し、大宰が国宰を統括するものとして成立したとする背景については、見解を異にしている。この点は次節でも再度ふれる。

直木説を支持する立場をとったのが渡部育子氏である。さらに渡部氏は、家令氏や坂元氏が総領を軍政官とすることを批判し、総領が行政官であることを確認した上で、大化改新期の東国総領は総領ではないとし、主に外交を扱うために置かれた筑紫率にならって、壬申の乱後に天武天皇が、国司を確実に掌握するために総領を設置したとする。総領の設置時期を天武朝まで下げた説として特筆される。なお、関晃氏も東国国司と東国総領との関係については、国司と総領が分化する以前の段階のものとし、天武朝以降の総領と区分している(12)。なお、総領の軍政官的性格については、森田氏が肯定する見解を述べており、また九州北部から瀬戸内海沿岸に築かれた古代山城の管轄の視点から、白石成二氏が総領は天武朝の後半に置かれた軍政官であったとしている(13)。

さらに春名宏昭氏は、筑紫大宰と筑紫総領の併存を認め、筑紫大宰が外交・軍事担当官であり、筑紫総領が他の地域の総領と同じく九州島全体の統括官であったとし、他の総領が廃止された時、筑紫総領も廃止されたが、その性格は筑紫大宰に併合された結果、令制の大宰府が成立したとする。国宰との関係も、我姫（東国）総領の例をもとに、総領―郡司（国造、評司など）に国宰が後から割り込んで来たとし、総領と国宰との間に重層的な統括関係は明確には認められないこと、天武朝における国境画定後には何らかの重層的な分掌関係が成立していた、あるいは想定されていたことも指摘する。(14) 大宰と総領の役割の相違と時期差を明確に論じた学説である。

近年、亀井輝一郎氏も総領について直木説を支持する学説を提起している。筑紫大宰については直木説と異なり、朝倉宮に附随する軍政府であるとし、大化改新期の孝徳朝以前の筑紫大宰の記事は潤色とする。吉備大宰も筑紫大宰とあわせて置かれたが、白村江の敗戦後の倭王権中枢の筑紫からの撤退にともなって存在意義が低下し、壬申の乱後の対応のために一時的に復活した後、就任者の石川王の死とともに廃止された。その後、筑紫大宰が筑紫総領を吸収し、大宝律令によって筑紫における唯一の大宰府が成立したと捉える。(15) 狩野久氏も一度、『日本書紀』の記述どおりに、筑紫・吉備・周防・伊予に総領が置かれ、筑紫と吉備のみに大宰が置かれたと考えてみることを提唱する。(16)

総領については、大宰や国司との関係とともに、大化改新以前から地域首長が任じられていた国造や、同じく大化改新後に任命された評司との関連も論じられている。井上光貞氏は大化期の東国国司は、総領が本来の名称で、数国の国造の上に置かれた地方官であったと考えた。(17) 篠川賢氏はこれを継承し、孝徳朝の国司は総領であり、班田（律令制の班田とは異なる）や男身の調や仕丁の貢進を任務とし、評制の施行を実施するために派遣されたとする。(18) また早川庄八氏は総領が評造（評司）の銓擬権を持っており、それが律令制大宰府の郡司銓擬権に引き継がれたとする注目すべき見解を示したが、森田氏は筑紫総領だけの権限であったともする。(19) 総領と評の関係に関連して、松原弘宣氏は、東国国司が大化改新期に国造から評制への転換を行い、その東国国司が発展したのが総領であり、総領は評司の権限を縮小し、郡制に移行させるために、天武朝に設置されたとする。大宰と総領については、直木氏とやや異なる視点ながら、別のものと捉え、総領の評司銓擬権も認めている。(20)

仁藤敦史氏は、大宰の長官が総領であるとする説を継承する。そして大宰総領制は、広域行政組織として、複数の国造国を管理し、天武天皇四年（六七五）の部曲（民部・家部）廃止以降、国造国が評―五十戸に一元化されたことにより、大宰総領制の内部に評―里を基礎単位とする令制国を分割したとする。さらに大宝律令によって、筑紫を除いて全国的に大宰―国宰という基本構造がなくなり、令制国を基本単位とする国司制が成立することで、地方行政組織が完成すると論じた。また西国の山城との関連を論じて、本来は行政官であったが、白村江の敗戦後に軍事動員を前提とした大宰総領制が成立したとする。(21) 仁藤氏の律令制の地方行政組織の成立に関する研究をふまえて包括的に論じたもので、示唆に富む。

この他、総領が設置された地域が、史料にみえる東国・吉備・周防・伊予・筑紫などの一部の地域のみなのか、全国なのかについても議論が分かれる。黛氏、坂元氏、八木氏（b論文）、直木氏は一部の地域とし、坂本氏、菊地氏、八木氏（a論文）、早川氏、仁藤氏は全国とみる。(22)

以上の研究史をふまえ、大宰と総領についての論点は次の六点に整理できる。①大宰と総領は同じものか、異なるものか、②七世紀前半の筑紫大宰は潤色かどうか、③総領と国宰（国司）は同じものか、異なるものか、④総領の設置時期は大化改新期か、天武朝か（東国総領を総領に含めるかどうか）、⑤総領は軍政官か、行政官か、⑥総領が置かれたのは、史料にみえる一部の地域か、または全国か、である。

次に節をあらためて、順に私見を述べ、大化改新期から筑紫における大宰府の成立までの歴史的展開を跡付けていきたい。なお、①と②、⑤と⑥は相互に関係が深いので、それぞれをあわせて同じ項にて考察する。

二　大宰と総領の機能

（１）七世紀前半の筑紫大宰、大宰と総領の機能について

論点①・②については、とくに筑紫大宰の設置を中心として、別に詳しく論じた。[23] 七世紀前半の筑紫大宰が、『日本書紀』編者の潤色とされ、存在を否定する学説があるので、その系譜や倭王権の九州支配の進展をふまえて、当該期の筑紫大宰の派遣を立証しようと試みたのである。筑紫大宰は、六世紀以来、韓半島への出兵のために筑紫に派遣された中央豪族や王族将軍の系譜を引く官職である。七世紀後半には、栗隈王や屋垣王、河内王、三野王のように王族が多く筑紫大宰に就任した。したがって、②については、潤色ではないとの立場をとる。

①について、総領は大化改新以降、七世紀後半にみられ、論点③でふれる東国総領にみられるように孝徳朝における評の編成と支配を担当した官職で、主に中央豪族が就任したことから、大宰と総領は異なると考える。[24]

（２）総領と国宰（国司）の関係について

論点③は、総領との関わりが深いので、以後の論述のために、総領について記した史料を掲げておこう。

〔史料１〕『常陸国風土記』総記

（前略）其後、至二難波長柄豊前大宮臨軒天皇之世一、遣二高向臣中臣幡織田連等一、惣二領自レ坂已東之国一。于レ時、我姫之道、分為二八国一、常陸国居二其一一矣。

〔史料２〕『常陸国風土記』行方郡条

古老曰、難波長柄豊前大宮馭宇天皇之世、癸丑年、茨城国造小乙下壬生連麿、那珂国造大建壬生直夫子等、請二惣領高向大夫中臣幡織田大夫等一、割二茨城地八里、那珂地七里、合七百余戸一、別置二郡家一。

〔史料3〕『常陸国風土記』香島郡条

古老曰、難波長柄豊前大朝馭宇天皇之世、己酉年、大乙上中臣□子、大乙下中臣部兎子等、請二惣領高向大夫一、割二下総国海上国造部内軽野以南一里、那賀国造部内寒田以北五里一、別置二神郡一。

〔史料4〕『常陸国風土記』多珂郡条

其後、至二難波長柄豊前大宮臨軒天皇之世一、癸丑年、多珂国造石城直美夜部、石城評造部志許赤等、請二申惣領高向大夫一、以二所部遠隔、往来不便一、分置二多珂石城二郡一。石城郡、今存二陸奥国堺内一。

〔史料5〕『常陸国風土記』逸文、信太郡条

公望私記曰、案、常陸国風土記云、信太郡云々、古老曰、難波長柄豊前宮御宇天皇之御世、癸丑年、小山上物部河内、大乙上物部会津等、請二惣領高向大夫等一、分二筑波茨城郡七百戸一、置二信太郡一。此地本日高見国云々。（『釈日本紀』巻十）

〔史料6〕『播磨国風土記』揖保郡広山里条

（前略）故号二都可村一。以後、石川王為二総領一之時、改為二広山里一。

〔史料7〕『日本書紀』天武天皇十四年（六八五）十一月甲辰条

儲用鉄一万斤送二於周芳総令所一。是日、筑紫大宰、請二儲用物、絁一百疋、糸一百斤、布三百端、庸布四百常、鉄一万斤、箭竹二千連一。送二下於筑紫一。

〔史料8〕『日本書紀』持統天皇三年（六八九）八月辛丑条

詔二伊予総領田中朝臣法麻呂等一曰、讃吉国御城郡所レ獲白燕、宜二放養一焉。

〔史料9〕『続日本紀』文武天皇四年（七〇〇）六月庚辰条

薩末比売・久売・波豆、衣評督衣君県、助督衣君弖自美、又肝衝難波、従二肥人等一持レ兵、剽二劫覓国使刑部真木等一。於レ是勅二竺志惣領一、准レ犯決罰。

〔史料10〕『続日本紀』文武天皇四年（七〇〇）十月己未条

以二直大壱石上朝臣麻呂一、為二筑紫総領一。直広参小野朝臣毛野為二大弐一。直広参波多朝臣牟後閇為二周防総領一。直広参上毛野朝臣小足為二吉備総領一。直広参百済王遠宝為二常陸守一。

すでに第一節で紹介したように、大宰と総領が同じか、異なるかの立場を越えて、坂本太郎氏、津田左右吉氏は、史料8の伊予総領田中朝臣法麻呂が二年後の『日本書紀』持統天皇五年七月壬申条に「伊予国司田中朝臣法麻呂」とみえることから、総領と国司（国宰）の共通性を指摘している。したがって、少なくとも天武・持統朝にみえる総領と国宰が同じもの、あるいは律令制大宰府が筑前国を兼帯したのと同様に、総領が国宰を兼ねていた可能性は十分に考えられよう[25]。

また大化元年（六四五）から二年にかけて、戸籍作成や校田（班田）、武器の収公、評制施行に向けた準備などのために、東国に派遣されたことが『日本書紀』にみえる東国国司について、井上光貞氏は、少なくとも大化五年から白雉四年（六五三）に任地に駐在した東国総領（史料1～5）の存在から、実際には東国総領であったとする。さらに篠川賢氏は、『常陸国風土記』行方郡条に高向大夫の時に枡池を築いたことがみえ、これと『日本書紀』大化二年八月癸酉条の国司（東国のみに限らない）にあたえた詔に国々に堤や溝、墾田を造るように命じていることとが共通するとした。くわえて篠川氏は同じ詔で、国県の名を将来に定めるために、国々の境界を視察させ、これを文書や地図にして孝徳天皇のもとに持参することを命じているところが、『常陸国風土記』の東国総領の高向臣（大夫）と中臣幡織田連（大夫）が行った、現地の国造ら地域首長の申請をふまえて評を建てることを命じた部分であるとする。これによれば、大化二年八月癸酉条の国司と東国総領は同じものと考えることができるであろう。次に『日本書紀』の該当部分を掲げておく。

〔史料11〕『日本書紀』大化二年（六四六）八月癸酉条

詔曰、（中略）今発遣国司并彼国造可二以奉聞一。去年付二於朝集一之政者、随二前処分一、以二収数田一、均給二於民一、

勿レ生二彼我一。凡給レ田者、其百姓家近接二於田一、必先二於近一。如レ此奉レ宣。凡調賦者、可レ収二男身之調一。凡仕丁者、毎二五十戸一一人。宜下観二国々壃堺一、或図、持来奉上レ示。国県之名来時将定。国々可レ築レ堤地、可レ穿レ溝所、可レ墾レ田間、均給使レ造。当レ聞二解此所一レ宣。

このように、孝徳朝の東国総領の下には国造の国はあっても、まだ令制国につながる国宰の国はなかったとみられ、この点で、国宰の国が併存する天武・持統朝の総領と孝徳朝の東国総領とは異なる部分があることは考慮せねばならない[26]。ただ、ここでは史料と時期は異なるとはいえ、ともに「総領」と記される以上、まずは東国総領の歴史的な発展の先に、天武・持統朝の総領があると想定して検討していくのがよいだろう。むしろ管轄地域の広狭はあっても、総領という名の同じ機能を持った地方官が孝徳朝において、各地の国造国の上に派遣され、建評を担当したのが事実であったのではないか。しかし国宰の国を管轄下に含まないものであったために、『日本書紀』編者が国宰の国を管轄下に含む天武・持統朝の総領とは異なるものと考えて、国司と表記したのだろう。

三　総領の設置と展開

（1）総領の設置時期について

論点④について、渡部育子氏のように、東国総領が国の分割にともなって置かれたとすると、律令制につながる国宰の国の分割は孝徳朝には早過ぎること、建評を高向臣と中臣幡織田連という二人の総領が行っているのはありえないこと、東国総領が建評の記事にしかみえないことから、『常陸国風土記』の総領を潤色とみる見解もある[27]。

しかし、東国総領のもとに、まだ国宰の国がなかったとすれば、分割された国宰の国を前提にその統括官としての総領の成立を考える必要はない。また総領という官司が職階が未分化で、単一の総領という官職によって構成されていると考えることもできるし[28]、建評の記事にしか総領がみえないことが決定的な潤色の証拠になるとも考えられない。したがって、東国総領と天武・持統朝の総領をまったく関連しないものと捉える必要はないだろう。

なお、評制施行の時期について、孝徳朝に全面的に施行されたとする説と、孝徳朝の評制施行は一部にとどまり、全面的な施行は天智朝、あるいは飛鳥浄御原令頒布時とする説があり、今日においては、孝徳朝の全面的な建評（立評）を主張する鎌田元一氏の説が有力である[29]。これに対して、仁藤敦史氏は『常陸国風土記』の建評記事には、地域首長の冠位に「大建」という天智天皇三年（六六四）制定のものがみえ、また国造・評造・五十戸造という地域首長への姓の統一的な賜与も庚午年籍段階（天智天皇九年〔六七〇〕）であった可能性があることから、孝徳朝の史実だけではなく、その事績も天智朝までの変遷を一括して孝徳朝の史実としてまとめている可能性が想定されるとする[30]。

しかし、冠位や姓は、後世の表記を遡って追記している可能性もあるので、『常陸国風土記』にあるように、孝徳朝に東国総領に地域首長たちが申請し、評が建てられたことを否定するには十分ではない。したがって今のところ、本書第Ⅱ部第十一章第一節で述べるように、大化改新以前のすべての屯倉とこれに奉仕する部民（倭王権が把握していたすべての人民）を評に編成したという意味において、鎌田氏の孝徳朝の全面的立評の説を支持しておきたい。

つぎに天武・持統朝の総領について考えていこう。この時期は、総領の管轄下に律令制につながる国宰の国が設置されていく。まずは、孝徳朝に建てられた評と国宰の国および令制国との性質の違いを確認しておきたい。

仁藤氏が端的に指摘しているように、評制の本質は、領域的・均質的な郡制への移行の前段階として、緩やかに人間集団を編成・支配するものであった。すなわち、伴造―部民制的な旧来の編成原理を大きく転換することなしに、人間集団と奉仕先の一対一の対応という限定をつけることが成立期の評の属性であり、行政区画としての均質な領域性の保持は孝徳朝段階には深く考慮されていなかった。したがって領域的には斑状な分布や飛び地的な在り方も存在したのである。貢納奉仕先については、官家・屯倉という拠点への奉仕という点で、ミヤケ制と評制は共通性を持つ。評制においては、評家・郡家（コホリノミヤケ）という拠点に一元化した貢納奉仕が行われる[31]。評は人間集団であり、その貢納の拠点としての評家が建てられることに特徴があった。

評の特徴は、伴造―部民制と同じく評に編成された国造の国についてもいえる。国造の国は律令制下の国のような領域的な国ではなく、国造に人格的に隷属する人間集団とされる。そして倭王権の支配拠点としてのミヤケを預かることが、国造や伴造、県稲置などに任命される根拠ともなっていた(32)。

第一節で大町健氏の指摘にふれたように、旧来の人間集団を評に編成し、統治していたのが総領であった。そのいっぽうで、令制国はこれと異なる。鐘江宏之氏が明らかにされたように、令制国は区画の境界としての国境を持つことに一つの特徴があり、それは天武天皇十二年から十四年（六八三～五）にかけて行われた国境画定事業を経て完成した。実地において国境線を引くことで、国造を把握することによって地方を支配する体制から、確定した令制国を単位として地方を支配していく体制へという制度的変革を達成したのである(33)。

ただ、七世紀の木簡に、天武朝以前にも律令制につながる国の存在を示す可能性がある史料が発見されている。その最も古いものとしては、飛鳥の石神遺跡出土木簡があり、それらにもとづいて遅くとも天智天皇四年（六六五）には一般的に令制国は成立していたとする見解もある(34)。次に掲げておこう。

〔史料12〕石神遺跡出土木簡（『評制下荷札木簡集成』一〇二号）

・「＜乙丑年十二月三野国ム下評

・「＜大山五十戸造ム下ア知ツ

　　従人田ア児安　　　　　　　」　　　　一五二×二九×四　〇三二　檜・板目

乙丑年が天智天皇四年にあたり、三野国ム下評大山五十戸は『倭名類聚鈔』の美濃国武芸郡大山郷に該当する。「国―評―五十戸」制を示す最古の木簡である。

こうして、孝徳朝以来の総領が評を支配する体制の中に、これら令制国につながる国宰の国が成立していくことで、人間集団としての評の上に総領と国という重層的な地方官が併存することになった。律令制下の地方支配制度は、領域を持つ令制国を基本とするものなので、それがない時期に倭王権の地方支配を担っていた総領はやがては国にとって替わられるものであったと予想される。ただし、総領による評の支配は、なお遺制として律令制下における大宰府と管内の郡司との関係に引き継がれている。

〔史料13〕『続日本紀』大宝二年（七〇二）三月丁酉条

聴三大宰府専銓二擬所部国掾已下及郡司等一。

ここで、中央政府は、大宰府が支配する西海道諸国の掾と目および郡司らを大宰府が銓擬することを聴した。中央官人を任ずるべき国司の三・四等官と、国擬（国司の推薦）にもとづいて中央の式部省が地域首長に試練を課して任命すべき郡司の人事権を大宰府に認めたのである。これは施行されたばかりの大宝律令の規定の大幅な修正であり、第一節で早川庄八氏の説にふれたように、総領が持っていた評司銓擬権を、その唯一の後身である大宰府において復活させたものであった。

この郡司の銓擬権を掌握したことにより、次の史料のように、律令制下においても、大宰府は国司よりも郡司を強く支配下に置くことが可能であった。

〔史料14〕『類聚三代格』巻第七、郡司事、天長二年（八二五）八月十四日太政官符

太政官符

応三直レ府書生権任二郡司一事

右得二大宰府解一偁、府所二総管一九国二島、政迹之体内外相兼、雑務出納、触レ色紛繁。監典等、早朝就レ衙、午後分行。多レ事少レ人、僅検二大略一。唯就レ事書生得レ弁二細砕一。因レ茲承前選二択書生一、毎レ所配充永置不レ替。求二得経按一、繋名郡司、尽二其勤卓一。而依二太政官去弘仁三年八月四日符一、郡司之選一依二国定一。書生等競就二本国一、無レ心レ留レ府。雖レ加二捉搦一、免而無レ恥。弘仁七年以来雑公文、至レ今未レ進職斯之由。望請、直レ府書生、随二其才一、権任二主帳以上一、惣数莫レ過二十人一、名繋二郡司一身留二府衙一、以二継譜之慶一粛二奔躁心一者。右大臣宣、奉レ勅、依レ請。

天長二年八月十四日

この太政官符によれば、九州地方の郡司の候補者達は、下級の書記官である書生となって大宰府に勤務し、膨大な実務を担っていた。監や典などの中央から派遣された大宰府官人は大略を検ずるのみで、実務の詳細は書生でないとわからない状況であった。ところが弘仁三年（八一二）の太政官符で郡司の人事権が国司に移されてしまうと、書生達は競って本国に帰ってしまい、大宰府の実務が遂行できなくなってしまったのである。大宰府は書生を十人を限度にかりに郡司の主帳以上に任命し、書生を大宰府に留めたいと申請し、中央政府はそのとおりに許可している。

大宰府が郡司の人事権を掌握していたことで、郡司候補者の地域首長の子弟達は大宰府に書生として勤務し、律令制の文書行政を習得して、やがては故郷の郡司に任命されて父祖の跡を継ぐという仕組みが出来上がっていたことがわかる。これは平安時代初めの史料だが、大宰府史跡不丁地区の八世紀前半の溝ＳＤ二三四〇から出土した横材の帳簿様木簡に「遠賀郡子弟名」とあり、このような実態は奈良時代前半まで遡るものとみてよい(35)。筑紫総領以来引き継がれてきた評（郡）司の銓擬権の掌握が、大宰府の管内郡司支配に重要であったことが理解されよう。

ここで筑紫における総領と国宰（国司）の出現について検討しておきたい。筑紫総領の初見は、史料9『続日本紀』文武天皇四年（七〇〇）六月庚辰条であり、いつから筑紫総領が設置されたか明確ではない。間接的に総領の存在を示す評の史料としては、戊戌年（六九八）京都妙心寺鐘銘の「糟屋評造舂米連広国」、大宰府史跡第四次調査蔵司西地区出土三号木簡「久須評」、不丁地区出土六七号木簡「合志□〔評カ〕」、小郡市井上薬師堂遺跡出土一号木簡「夜津評」、福岡市南区井尻Ｂ遺跡出土文字瓦「豊評／山ア評」、太宰府市国分松本遺跡出土一号木簡「嶋評」・二号木簡「竺志前国嶋評」などであるが、おおむね天武・持統朝頃であって、確実に孝徳朝まで遡れる史料はない(36)。

そこで注意されるのが、博多湾岸にあった天武・持統朝の外交施設・筑紫大郡（『日本書紀』天武天皇二年［六七三］十一月壬申条）と筑紫小郡（『同』持統天皇三年［六八九］六月乙巳条）である。これについては、田中卓氏が指摘されたように、難波屯倉が難波大郡・小郡（難波郡―本来は難波評か）へと継承されたとみられることから、筑紫大郡（評）・小郡（評）は、那津官家を継承する施設であったと考えられる。[37] 那津官家は筑紫三宅連得許の存在から（『日本書紀』天武天皇十三年［六八四］十二月癸未条）、本来は筑紫官家と呼ばれた可能性が高い。

第Ｉ部第二章第二節で述べたように、安閑天皇二年（五三五）に設置されたと伝えられる筑紫・豊・肥三国の屯倉が、各地に散在していて緊急事態に対応できないとして、宣化天皇元年（五三六）五月に、宣化天皇は収納された屯倉の穀ごと倉の一部を那津に移築することによって、那津官家を設置するように命じたという。その実年代は六世紀半ばであったと推定したが、これによって那津官家が三国の屯倉を統括し、那津に九州北部各地の穀と人を恒常的に動員する体制が成立した。大化改新以後、評が建てられた際には、さきに仁藤敦史氏の指摘にふれたように、旧来の伴造―部民制やミヤケの編成原理を転換することなく、それら人間集団を評に編成した。したがって、後の豊国や肥国の一部をも含む、広大な国造国としての筑紫国の貢納の拠点であった、那津官家とその統括下の三国の屯倉は、そのまま重層的に筑紫評とその支配下の評に編成された。たとえば筑紫の穂波屯倉は穂波評となり、那津（筑紫）官家―穂波屯倉の統括関係はそのままに、筑紫評―穂波評となったのだろう。白村江敗戦後に、筑紫評の軍事機能は筑紫大宰とともに、現在の太宰府市付近に移転し、那津官家に由来する建物は、大小に分割されて筑紫大評・小評となり、集積された税物とともに筑紫総領が管理し、天武朝には外交施設として活用されたとみられる。[38] そうであれば、筑紫評の編成は、筑紫大郡（評）がみえる天武天皇二年以前となり、その前年が壬申の乱であったこともふまえると、天智朝までは筑紫評の編成、さらには筑紫総領の設置を遡らせることができよう。

国宰の設置はどうだろうか。『古事記』上巻の国生み神話に筑紫嶋は身一つで面が四あるとあり、筑紫国・豊国・肥国・熊曾国の名がそれぞれ記される。ここから筑紫総領の管轄下には当初、これらの国が置かれたであろう（熊曾国は九州南部の支配が進展した天武朝に国宰が置かれた。[39] 南九州では日向国が初見する『続日本紀』文武天皇二年［六九八］九月乙酉条までには日向国が成立した）。ただし、筑紫評の統括下にあった糟屋評や穂波評など九州北部の九つの評のうち、後の豊前国や肥後国の範囲にあった評は、豊国宰や肥国宰の統括下に入らず、引き続き筑紫総領に帰属したとみられる[40]。

筑紫国の成立時期については、斉明天皇七年（六六一）に百済救援戦争に出征し、唐軍の捕虜となり、持統天皇四年（六九〇）に帰国した大伴部博麻の史料が参考になる。博麻が筑紫に帰還したことを記す『日本書紀』持統天皇四年九月丁酉条には「筑紫国上陽咩郡大伴部博麻」とあり、翌月乙丑条に「筑後国上陽咩郡人大伴部博麻」とある。田中正日子氏は、前者は博麻の証言にもとづく記事で、三十年前に出征した際には、上陽咩郡が筑紫国に属していたので、博麻は筑紫国出身だと述べたとする[41]。これをふまえると、斉明天皇七年には、国境線が画定した国であったかどうかはともかく、編成された評が帰属する単位として、筑紫国が成立していた可能性がある。豊国と肥国が置かれたのも同時期であったと推測する。総領の設置と評の編成はこれに先行するので、遅くとも斉明朝、おそらくは孝徳朝の全面的立評時には筑紫総領が設置されていたであろう。

つぎに筑紫における令制国の成立と、これと総領—評の関係がどう関わるかをみておきたい。福岡県小郡市上岩田遺跡Gａ区は七世紀第3四半期まで遡る前期評衙（評家）跡であり、三原（御原）評衙と考えられている[42]。これに隣接する井上薬師堂遺跡出土一号木簡には「（表）丙家搗米宅津十丙ア里人大津夜津評人／（裏）丙里人家（後略）」とある。夜津評は、後の筑後国御原郡に隣接する筑前国夜須郡と想定される。このことから夜津（須）評は、律令制下の夜須郡と御原郡を含む範囲で編成されていた可能性がある[43]。

すなわちかつて筑紫国夜津評であったこの地域は、筑紫国が筑前国と筑後国に分割された際、所属する国を異にする二つの評に分割されたとみられる。したがって上岩田遺跡は当初は筑紫国夜津評衙であったが、筑前・筑後分割後は筑後国御原評衙となり、おそらくは筑前国側の夜津評の範囲内に新たに筑前国夜津評衙が建設されたのではないだろうか。この一号木簡は出挙を記録した帳簿木簡とみられるが、国境画定事業とは、このような稲の強制貸付が行われる地域の共同体的結合を無視して分断するものであったといえよう。夜須郡と御原郡の間に引かれている筑前国と筑後国の国境は筑紫神社から東南の城山に向かう直線国境であることが指摘されていることも参考になる[44]。領域をともなわず、人と人との支配を原理としていた総領―評の支配に対し、令制国がいかに画一的な支配方式であるかが理解される。それとともに、総領の評への支配よりも、国宰や令制国の評への支配は後次的であったこともわかるだろう。

なお一号木簡には、丙ア里という地名がみえる。サトの表記は評制下の木簡の検討により、はじめ五十戸であったが、天武天皇十二年（六八三）以降に里と五十戸が混在し、持統天皇二年（六八八）以降に里に統一される(45)。また、先にみた『日本書紀』持統天皇四年十月乙丑条の「筑後国上陽咩郡」などから、筑前国と筑後国の分割は、持統天皇三年の飛鳥浄御原令の施行前後に豊前と豊後および肥前と肥後の分割とともに行われたと考えられており(46)、一号木簡の時期は、天武天皇十二年から持統天皇三年頃に位置づけられる。

そして豊国と肥国には国宰が派遣されていたが、筑紫国は筑紫総領の直轄支配が行われており、この筑紫国の前後分割によって筑後国が成立すると、筑後国宰が置かれたとみられる。筑前国は引き続き筑紫総領が支配し、大宝律令における総領の廃止と大宰との統合によって、大宰府による筑前国帯国へと引き継がれた(47)。他の地域においては、数カ国におよぶ広域を管轄していた総領は、大宝律令の施行で廃止されるが、最後まで国宰が派遣されず総領の直轄下にあった国は、総領が廃止されると国司が派遣されたのだろう。いっぽう令制国に近い範囲の領域を管轄していた総領は、その領域をほぼ踏襲しながら、総領の廃止により、帯国していた同名を冠する国司単独の支配へと変わっていったのではないかと考える。

たとえば、史料10『続日本紀』文武天皇四年（七〇〇）十月己未条の常陸守百済王遠宝は、冠位が直広参で、筑紫大弐の小野毛野、周防総領の波多牟後閇、吉備総領の上毛野小足と同じ冠位を持つ。直大壱の冠位を持つ石上麻呂が長官であった筑紫総領（後に石上麻呂は大宝律令制下の初代大宰帥となる）が他より格が高いことも注目されるが、常陸守がその他の総領と同格であることも重要である。この常陸守はかつての東国総領であり、常陸国宰を帯していたであろう(48)。そして東国における令制国の成立と総領の廃止にともない、常陸国司へと変わっていったと考える。

いっぽう史料6『播磨国風土記』揖保郡広山里条の石川王が就任した総領も、これが吉備総領ではなく、播磨総領であったとするならば[49]、多少の管轄地域の変動はあれ、播磨国司へと変わっていったと想定できよう。

（2）総領の性格と設置された範囲について

論点⑤・⑥は相互に関連し、総領を軍政官などの特別な職掌を持つ官職と捉えた場合、その設置された地域が全国的ではなく、一部のとくに意味のある地域に総領が置かれたという解釈と結び付く。いっぽう総領と国宰（国司）との共通性を認めたり、評の編成の機能を重視したりする学説は、全国的に置かれたものと捉える傾向がある。筆者は、総領が孝徳朝における評の編成と支配のために、国宰の派遣以前から各地に設置されていったと考えるので、総領は行政官であり、また全国的に置かれたとみる。したがって史料上「国司」であっても、史料8の伊予総領田中法麻呂が同時に伊予国司であった例や史料10の常陸守のように、総領がその帯国している国司名で呼ばれている可能性があるとみる[50]。

それでも史料上にみえる総領の管轄地域には、朝鮮式山城や神籠石式山城が存在することが多く、総領が軍政官とする学説も説得力がある。なお、神籠石式山城は、その造営時期や性格について議論のあるところである[51]。本章では詳論する準備がないので、ここでは史料にみえる朝鮮式山城と総領との関係を考察することとし、神籠石式山城と総領との関係については、今後の課題としたい。

まず大宰や総領と朝鮮式山城との関係を確認してみると、次の史料がある。

〔史料15〕『続日本紀』文武天皇二年（六九八）五月甲申条

令三大宰府繕二治大野、基肄、鞠智三城一。

ここから七世紀後半には、大宰府（筑紫大宰）が筑紫の山城を管理していたことがわかる。いっぽう大宝律令施行以降は、城はその所在の国司が管理するものとされたので、水城や大野城は筑前国を帯する大宰府が管理するが、基肄城は肥前国司、鞠智城は肥後国司が管理していた。[52]ところが、大宰府史跡不丁地区出土八四号木簡に「為班給筑前筑後肥等国遣基肄城稲穀随大監正六上田中朝×」とあり[53]、基肄城に貯蓄されていた稲穀が大宰府の命令によって、筑前・筑後・肥等の国に班給されている。この木簡から基肄城内に肥前国司の管轄下にない大宰府管理の稲穀があったことが理解される。この稲穀は大宰府公廨稲や、管内諸国から送られた公田地子稲など大宰府独自財源[54]だったのではないだろうか。もしそう理解してよければ、遡って律令制以前にも、山城には数カ国にまたがる総領管轄下の稲穀などの税物が蓄積されていた可能性があろう。

近年、大宰府には管内の筑前・筑後・肥前・肥後・豊前・豊後の六国から軍団兵士が上番し、大宰府官人の指揮下において大宰府常備軍を構成していたことが明らかにされている。[55]『日本書紀』天武天皇十四年（六八五）十一月丙午条に「詔二四方国一曰、大角小角、鼓吹幡旗、及弩抛之類、不レ応レ存二私家一。咸収二于郡家一」とあり、武器を郡家（評家）に収公しているように、大宝律令制で軍団が成立する以前は、軍団機構は評から分離しておらず[56]、筑紫大宰・筑紫総領が評造軍を指揮下に置いて、筑紫の山城を守衛していたであろう。すなわち山城を維持する人員や物資は、必要に応じて総領が管轄下の数カ国から動員していたと考えられる。白村江敗戦後に整備された西日本各地の朝鮮式山城を維持するためには、数カ国を管轄する総領が管理する必要があり、山城が築かれた軍事的に重要な地域の総領は広域を管轄するものが置かれたので、史料にも記録されやすかったのだろう。

総領が軍事的に重要な役割を持ったからといっても、本質は行政官であり、その職務の一環として、軍事機能を担当したと理解すべきである。[57]

ここまで総領の研究史上の論点について述べてきた私見をふまえ、大化改新期から大宝律令制大宰府の成立までの歴史をまとめて叙述し、むすびとしたい。

九州においては、七世紀前半の推古朝に王族将軍の系譜に連なる筑紫大宰が派遣された。筑紫大宰には厩戸王子一族（上宮王家）の王族が就任し、部民制の人格的支配の集積にもとづいて、九州の首長層とその首長が統率する人間集団を支配しつつ、軍事と外交を掌った。山背大兄王子が蘇我入鹿に殺され、上宮王家が滅亡した後は、敏達天皇系王族が筑紫大宰に就任するようになる。

大化元年（六四五）に始まる大化改新により、孝徳朝には新たに筑紫総領が、九州の国造の国の上に置かれ、国造や伴造、県稲置などの首長層を評司（評造）に任命し、その統率下の人間集団を評に編成して、支配下に置いていった。評には旧来のミヤケ制とも共通する貢納奉仕の拠点として評家が設けられ、評司となった首長層は民衆を指揮して、評家に労働力や税を奉仕させた。

このように筑紫総領と評による地域支配は、筑紫大宰による旧来の支配と異なる機構的な支配方式であった。筑紫大宰は首長層と民衆に対する人格的支配により、総領による地域支配を基部から支えたと考えられる。

斉明天皇七年（六六一）、斉明天皇が百済救援戦争のために筑紫に行幸する前後には筑紫総領の下に国宰（国司）の国としての筑紫国が成立していた。百済救援戦争を契機として、おそらくはその円滑な軍事動員を目指して、九州には国宰の国である筑紫国・豊国・肥国が置かれた可能性が高い。これらの国宰の国に各地の評は帰属し、国―評の統括関係が成立したが、いっぽうで、評司銓擬権を持つ総領による評への支配も併存していた。豊国と肥国には国宰が派遣されたが、筑紫国のみは筑紫総領が帯国して直轄統治下に置いた。なお総領は、数カ国を管轄するものもあれば、国宰の国と変わらない程度の範囲を管轄するものもあり、直轄統治下にある国宰も兼ねていたため、史料には「国司」とみえることがあった。

そして倭王権は、国造などの地域首長を把握することで地域を支配する体制から、国家が設定した領域に区画された律令制の国（令制国）による地方支配制度に転換するべく、天武天皇十二年から十四年（六八三〜五）にかけて、全国に使者を派遣して国境画定を行い、令制国を成立させる。その後、持統天皇三年（六八九）の飛鳥浄御原令の施行頃に、筑紫国・豊国・肥国はそれぞれ前後に分割された。筑紫国から分かれた筑後国には国宰が派遣されたが、筑前国は引き続き筑紫総領の直轄下とされ、これは律令制大宰府の筑前国帯国に引き継がれる。

領域的支配を前提としない総領は、令制国の成立によって、その役割を終え、大宝元年から二年（七〇一〜二）の大宝律令施行によって廃止される。最後まで国宰が置かれず、広域を管轄する総領が直轄支配していた国は、その国名を冠する国司へと変わり、また国宰の国と同程度の領域を総領が管轄していた国は、その範囲を統治する国司の単独支配へと移ったとみられる。

ただし九州のみは、筑紫総領の九州支配の機能が筑紫大宰に統合され、大宝律令によって、筑紫における唯一の大宰府が成立した。評司銓擬権を、郡司銓擬権として筑紫総領から受け継いだ大宰府は、国司を間に介しつつも、郡司候補者である九州の地域首長層を平安時代初めまで強く支配し続けたのである。

なお、九州においてのみ、広域の地域支配を行う大宰府が成立した理由は、国防と外交の重要な拠点であり続けたことにひとつの原因を求めることができようが、それのみでは、律令制以前に起源を持つ最大の地方官衙が存続し続けた理由としては十分ではないと思われる。しかしそれを明らかにすることは、本章の範囲を大きく越えるので、今後の課題としたい(58)。

註

（1）総領は、「総領」「惣領」「総令」「捴領」と表記され、筑紫総領も、「竺志惣領」「筑紫捴領」と表記されるが、煩雑になるので、便宜上、本章では「総領」「筑紫総領」で統一する。

（2）筑紫大宰は、『日本書紀』推古天皇十七年四月庚子条に初見し、以後、同書に散見するほか、『善隣国宝記』所引「海外国記」（『続群書類従　第三十輯上　雑部』続群書類聚完成会、一九七四年、三二六〜七頁）にも「筑紫太宰《ママ》」がみえる。吉備大宰は『日本書紀』天武天皇八年三月己丑条にみえる。また東国総領は『常陸国風土記』、吉備（または播磨）総領は『播磨国風土記』、周芳惣令（周防総領）は『日本書紀』天武天皇十四年十一月甲辰条、『続日本紀』文武天皇四年十月己未条、伊予総領は『日本書紀』持統天皇三年八月辛丑条、竺志惣領（筑紫総領）は『続日本紀』文武天皇四年六月庚辰条・同年十月己未条、吉備総領は『同』文武天皇四年十月己未条にみえる。

(3) 拙稿a「倭王権の九州支配と筑紫大宰の派遣」(本書第Ⅰ部第四章)。同b「大宰府・水城」(森公章編『史跡で読む日本の歴史3古代国家の形成』吉川弘文館、二〇一〇年)一〇二頁。同c「九州地方の軍事と交通」(舘野和己・出田和久編『日本古代の交通・交流・情報1制度と実態』吉川弘文館、二〇一六年)二三九～四一頁

(4) 近年までの主な先行研究は、仁藤敦史「広域行政区画としての大宰総領制」(『国史学』二一四、二〇一四年)三一～二頁が紹介している。

(5) 河村秀根・殷根・益根『書紀集解　巻下』国民精神文化研究所、一九三七年、三四一・三八七・四一五～六頁。飯田武郷『日本書紀通釈　第五』内外書籍、一九三〇年、三六七六・三七七八・三八五一頁

(6) 『改訂増補故実叢書　武家名目抄　第二』明治図書出版、一九九三年、七三頁

(7) 坂本太郎『坂本太郎著作集　第六巻　大化改新』吉川弘文館、一九八八年、初出一九三八年、三〇〇頁。家令俊雄「上代に於ける総領の研究」(『藝林』四-二、一九五三年、三一・四六～七頁。菊地康明「上代国司制度の一考察」(『書陵部紀要』六、一九五六年)一三～四頁。林陸朗「大化改新と東国の総領」(『西郊文化』一三、一九五八年)一一頁。坂元義種「古代総領制について」(『ヒストリア』三六、一九六四年)二四・二五・三六～七頁。薗田香融「律令国郡政治の成立過程—国衙と土豪との政治関係—」(『日本古代財政史の研究』塙書房、一九八一年、初出一九七一年)三一七～八頁。佐藤和彦「大化の国司派遣について」(『國學院雑誌』七九-一、一九七八年)六五頁。黛弘道「国司制の成立」(『律令国家成立史の研究』吉川弘文館、一九八二年)四一四～六頁

(8) 大町健「律令制的国郡制の特質とその成立」(『日本古代の国家と在地首長制』校倉書房、一九八六年、初出一九七九年)七〇～六・七八～九頁。笹川進二郎「律令国司制成立の史的前提」(『日本史研究』二二〇、一九八〇年)二〇～一・二四頁

(9) 八木充a『律令国家成立過程の研究』塙書房、一九六八年、一〇二・一一一・一一六～九頁。同b「筑紫大宰とその官制」(『日本古代政治組織の研究』塙書房、一九八六年)三一〇頁。倉住靖彦『古代の大宰府』吉川弘文館、一九八五年、一三七頁。森田悌「総領制について」(『金沢大学教育学部紀要　人文科学社会科学編』四〇、一九九一年)一九〇頁。鐘江宏之「国司制の成立」(『律令制諸国支配の成立と展開』吉川弘文館、二〇〇三年)三五～九頁も、主に天武・持統朝にみえる総領は長官職の官職名、大宰は官司名とする。さらに平城京二条大路出土の大宰府が紫草の種子を進上した荷札木簡にみえる「筑紫大宰進上」の字句と、『観世音寺大宝四年縁起』所載の大宝四年二月十一日大宰□移(『大宰府・太宰府天満宮史料

巻一』四二頁）を「大宰移」とみることから、筑紫大宰は大宝令制下の官司名とした。また同論文、三二一～三頁では、『常陸国風土記』の惣領は、『日本書紀』において孝徳朝にみえる国司であるとする。まず前者の筑紫大宰は大宝令制下の官司名とする点については、大宝令制下において、筑紫大宰が官司名として史料上で使用されていることは確かである。ただし正式の官司名としては、大宰府（橋本裕「大宰府覚書—大宝令における称呼を中心に—」『律令軍団制の研究』橋本裕氏遺稿集刊行会、一九八二年、一九六頁が指摘したように、筑紫大宰府の可能性もある）であったと考える。まず天平十年度（七三八）の周防国正税帳に「大宰府進上銅竈部領使」や「大宰府進上法華経部領使」、「従大宰府向京伝使」の僧法義、「従大宰府捉進上旧防人」の部領使、防人の「部領使大宰府少判事」の錦部連定麻呂などがみえる（『大日本古文書　編年文書巻之二』一三二・一三四・一三九頁）。さらに『令集解』公式令89遠方殊俗条の古記に「竹志大宰府」もみえる（新訂増補国史大系本、九一二頁三行目左）。天平六年度出雲国計会帳に同年七月二日付の「筑紫大宰符」（『同　巻之一』五九六頁。なおこの文書を持参して越前に向かった生部勝麻呂の肩書は「筑紫府梅師」であった）、周防国正税帳には「大宰進上御鷹部領使」もみえるが（『同　巻之二』一三三頁）、やはり「大宰府」が正式の官司名で、「大宰」は省略とみるべきだろう。後世の史料だが、『八幡宇佐宮御託宣集』験巻六、小倉山社部上に天平勝宝元年（七四九）七月二十三日の大宰府宛の太政官符が収録され、『類聚三代格』巻第三、諸国講読師事、斉衡二年（八五五）十一月九日太政官符に「大宰府去天平勝宝七年十二月二十日符」とみえることも傍証となろう。後者の『常陸国風土記』にみえる孝徳朝の惣領は、本章でも述べるように、私見は天武朝以降の総領と同じものとみている。

（10）　津田左右吉『日本上代史の研究』岩波書店、一九四七年、一九七～二〇〇頁。中西正和「古代総領制の再検討」（横田健一編『日本書紀研究　第十三冊』塙書房、一九八五年）二一四・二一九・二二一～三頁

（11）　直木孝次郎「大宰と総領」（『九州歴史資料館開館十周年記念大宰府古文化論叢　上巻』吉川弘文館、一九八三年）三六六・三七〇頁

（12）　渡部育子ａ「古代総領制についての一試論」（『国史談話会雑誌』二三、一九八二年）六〇～一・六五頁。同ｂ「古代総領関係史料の解釈についての二、三の疑問」（『古代史研究』五、一九八六年）四九・五四頁。関晃「大化の東国国司について」（『大化改新の研究　下　関晃著作集第二巻』吉川弘文館、一九九六年、初出一九六二年）一一七～九頁

（13）　白石成二「伊予総領と古代山城」（『地方史研究』三一八、二〇〇七年）一四～五頁

（14）　春名宏昭「鎮西府について」（『律令国家官制の研究』吉川弘文館、一九九七年）二二〇～四頁。なお、本章の初出論文で

は、春名論文について「本稿の理解とも基本的に一致する学説である」としていたが、本書第Ⅱ部第六章第一節で釈明したように、筑紫大宰と筑紫総領の役割の相違について、本書第Ⅰ部第四章第三節で述べていた当初の私見と揺れが生じていた。このため、春名論文に対する上記の見解は削除した。

(15) 亀井輝一郎a「大宰府覚書―筑紫大宰の成立―」(『福岡教育大学紀要　五三　第二分冊社会科編』二〇〇四年)五一・五九頁。同b「大宰府覚書（二）―吉備の総領と大宰―」(『福岡教育大学紀要　五四　第二分冊社会科編』二〇〇五年)一三・一五～六頁。なお亀井氏はこれらの論文にもとづいて、太宰府市史編集委員会編『太宰府市史　通史編Ⅰ』太宰府市、二〇〇五年)第三編第一章「大宰府の成立前史」第一～四節・第六・七節、第二章「大宰府の成立」第一・二節を執筆している。

(16) 狩野久「筑紫大宰府の成立」(『九州史学』一四〇、二〇〇五年)四七頁

(17) 井上光貞「大化改新とその国制」(『日本古代国家の研究』岩波書店、一九六五年)三六七～八頁

(18) 篠川賢『国造制の成立と展開』吉川弘文館、一九八五年、一三四～七頁

(19) 早川庄八「律令制の形成」(『天皇と古代国家』講談社、二〇〇〇年、初出一九七五年)八三～七頁。前掲註(9)森田論文、三一頁。西海道の郡司候補者は他道と異なり、大宰府の推薦のみで式部省の試練を経ずに奏任された。永山修一「大宝二年の隼人の反乱と薩摩国の成立について」(『九州史学』九四、一九八九年)五～七頁を参照。

(20) 松原弘宣「総領と評領」(『日本歴史』四九二、一九八九年)四・七～八頁

(21) 前掲註(4)仁藤論文、三・二二・二八～九頁

(22) 前掲註(7)黛論文、四一五～六頁。前掲註(7)坂元論文、三二頁。前掲註(9)八木b論文、三一六～七頁。前掲註(12)渡部a論文、六六頁(全国ではないが、史料上にみえるもの以外にもあった可能性は保留する)。前掲註(11)直木論文、三七二～四頁。前掲註(7)坂本論文、三〇〇頁。前掲註(7)菊地論文、二二～三頁。前掲註(9)八木a論文、一二〇頁。前掲註(19)早川論文、八四頁。前掲註(4)仁藤論文、二八～九頁

(23) 前掲註(3)拙稿a(本書第Ⅰ部第四章)、同c、一三四～四一頁

(24) 大宰と総領の任官者についての分析は、前掲註(15)亀井a論文、五三～七頁。同b論文、一二～五頁を参照。

(25) 前掲註(4)仁藤論文、三頁。前掲註(12)渡部a論文、六六頁。同b論文、五〇頁。なお総領と国司(国宰)の関係について、中西康裕「古代総領制の一考察」(亀田隆之先生還暦記念会編『律令制社会の成立と展開』吉川弘文館、一九八九

年）は孝徳朝の総領は宰に先行する地方官で、立評・開発・五十戸制の編成を職務内容として、国造・評司を指揮監督し、また総領と宰の二重構造もないとする（九七〜八頁）。そして総領が国宰を統括することはなく、総領は国宰と同じ地方官とみるべきで、飛鳥浄御原令による官職名の変更により、総領が国宰に変更されたとし、総領は一般の国宰以上の権限を有したが、飛鳥浄御原令の施行により国宰の権限が増大したため、総領から国宰に移行したとする（九九〜一〇一頁）。また『日本書紀』の筑紫大宰は、竺志惣領を潤色したもので、筑紫以外の総領は飛鳥浄御原令に存在しない。文武天皇四年十月の総領任命は大宝令の原案に依拠したものだが、大宝令施行直前に廃止されたとする（一一〇〜一頁）。

(26) 前掲註（4）仁藤論文、二八〜九頁

(27) 前掲註（12）渡部a論文、六三〜四頁。同b論文、四八〜九頁

(28) 前掲註（9）八木b論文、三一〇〜一頁

(29) 鎌田元一「評の成立と国造」（『律令公民制の研究』塙書房、二〇〇一年、初出一九七七年）一五五〜六・一六四〜五頁

(30) 前掲註（4）仁藤論文、七〜八頁

(31) 仁藤敦史「額田部氏の系譜と職掌」「古代王権と『後期ミヤケ』」（『古代王権と支配構造』吉川弘文館、二〇一二年）二八〜九頁、一七二〜三頁

(32) 吉村武彦「律令制的班田制の歴史的前提」（『日本古代の政事と社会』塙書房、二〇二一年、初出一九七八年）二九〇頁。大川原竜一「大化以前の国造制の構造とその本質―記紀の『国造』表記と『隋書』『軍尼』の考察を通して―」（『歴史学研究』八二九、二〇〇七年）四五〜六頁

(33) 鐘江宏之「『国』制の成立―令制国・七道の形成過程―」（笹山晴生先生還暦記念会編『日本律令制論集　上巻』吉川弘文館、一九九三年）八三〜五・九一頁

(34) 市大樹「総説」、市大樹・竹本晃「釈文」（奈良文化財研究所編『評制下荷札木簡集成　奈良文化財研究所史料　第七六冊』二〇〇六年）一八・五一頁

(35) 九州歴史資料館編『大宰府政庁周辺官衙跡Ⅴ―不丁地区　遺物編2―』二〇一四年、四〜五頁（松川博一氏執筆）。なお、菊池達也「律令国家の南九州支配と郡司」（『古代文化』第七五巻第一号、二〇二三年）二四〜五頁により、西海道の郡司任用について、郡司と大宰府との関係のみ強調し過ぎるのは妥当ではないとの批判を受けた。確かに国司、式部省、太政官、天皇との関係も考慮すべきであるが、書生としての長期の勤務は、郡司子弟と大宰府官人との結び付きを強めたと考えら

れ、その関係の強さは式部省と郡司候補者との比ではないと推測される。したがって大宰府がそもそも国擬に影響を及ぼす可能性があり、大宰府の影響力は過少に評価できないと考える。

(36) 横田賢次郎・石丸洋「国宝・観世音寺鐘と妙心寺鐘」(『九州歴史資料館研究論集』二〇、一九九五年)六二頁。拙稿「大宰府史跡蔵司西地区出土木簡の再検討」(『九州歴史資料館研究論集』三〇、二〇〇五年)三七頁。九州歴史資料館前掲註(35)報告書、一六頁。平川南・清武雄二・三上喜孝・田中史生「井上薬師堂遺跡出土木簡の再検討」(小郡市教育委員会編『小郡市文化財調査報告書第一四二集　上岩田遺跡調査概報』二〇〇〇年)七六頁。福岡市教育委員会編『井尻B遺跡12福岡市埋蔵文化財調査報告書第七八七集』二〇〇四年、八六頁。髙橋学「福岡・国分松本遺跡」(『木簡研究』三五、二〇一三年)一三一頁

(37) 田中卓「郡司制の成立㊤・㊥・㊦」(『社会問題研究』二―四・三―一・四―二、一九五二〜三年)㊥六一頁・㊦五三頁。難波屯倉から難波大郡・小郡への継承については、鷺森浩幸氏がまとめているように(「難波と大和王権―難波屯倉・難波長柄豊碕宮―」『続日本紀研究』四一二、二〇一四年、二〜六・一六〜七頁)、難波屯倉(子代離宮)と難波小郡(小郡宮)が同一実体ではないとする立場からの批判がある。ここでは、屯倉とそれを編成した評が同じ場所にあるとは限らないこと、難波屯倉の外交機能が難波大郡・小郡へと継承されたことを重視するので、難波に準じて那津官家から筑紫大郡・小郡への機能の継承を想定してよいと考える。

(38) 本書第Ⅰ部第二章第三節(結語)。本章の初出論文では、那津官家にあった筑紫総領は、白村江の敗戦後に筑紫大宰とあわせて、集積した税物とともに現在の太宰府市付近に移転したとした。唐や新羅の攻撃が想定される中、そのまま筑紫総領が那津にいるのは危険だと考えたからである。しかし、本書第Ⅱ部第十一章の初出論文の執筆過程で、筑紫総領の太宰府市移転時期は、天武朝後半から持統朝にかけてであるという異なる見解を得るに至り(第二節)、理解を改めた。

(39) 本章の初出論文では熊曾国宰の派遣時期は不明としていたが、本論文第Ⅱ部第十一章の初出論文の執筆過程で、隼人支配が天武朝に進展することと、私見が『古事記』のもとになった帝紀・旧辞の虚実を定める作業が天武天皇の生前に完了したとみることから、熊曾国宰は天武朝に派遣されたと考えるに至った(第二節)。

(40) 本章の初出論文では筑紫評の統括下にあった糟屋評や穂波評など九州北部の九つの評も、国宰国の筑紫国・豊国・肥国に帰属させられたとしたが、本書第Ⅱ部第十一章の初出論文第二節の執筆過程で、後の豊前国と肥後国の範囲の筑紫評統括下の評は、斉明・天智朝には筑紫総領の支配下にあったが、天武朝の国境画定後にそれぞれ豊国と肥国に属したと見解を改め

た。

（41）田中正日子「成立期の筑後国と大宰府」（近澤康治編『筑後国府・国分寺跡　久留米市文化財調査報告書第五九集』久留米市教育委員会、一九八九年）一五頁。田中氏は筑紫国は朝廷の西遷を期に斉明天皇七年に成立したとする（同、六頁）。

（42）小田富士雄「筑後・上岩田遺跡の再検討―とくに初期官衙と仏堂の形成をめぐって―」（小郡市教育委員会編『上岩田遺跡Ⅴ〈分析・考察／論考編〉』二〇一四年）三〇頁

（43）前掲註（36）平川他論文、七三・七六頁。この指摘について田中正日子氏は、夜須郡と御原郡を中心とした地域の終末期古墳をめぐる在地豪族の状況や、高良山文書にみえる御井郡大領草壁（日下部）公と御原郡域内の宮原遺跡（朝倉市）出土の「日益私印」との関連もあって、残念ながら今後の評制の実態を解明する重大な課題とせざるを得ないとする（「評制下の上岩田遺跡と筑紫大宰の支配をめぐって」前掲註（36）小郡市教育委員会報告書、五六頁）。日下部は夜須郡には確認できないものの、大宰府史跡蔵司西地区出土一号木簡に「里長日下部君牛閇」等がみえ（前掲註（36）拙稿、三五～六頁）、夜須郡の西に隣接し、御原郡の北とも境を接する筑前国御笠郡には日下部が分布しているので、夜須郡に日下部が居住した可能性も皆無ではあるまいと考える。

（44）前掲註（43）田中論文、五四頁

（45）前掲註（34）市「総説」一一頁

（46）長洋一「筑紫・火・豊国の成立」（下條信行他編『新版古代の日本3九州・沖縄』角川書店、一九九一年）二〇一頁

（47）前掲註（41）田中論文、四頁

（48）前掲註（15）亀井b論文、一一頁。この常陸守は『続日本紀』宝亀八年（七七七）八月丁酉条の「飛鳥朝常道頭贈大錦中（大伴）小吹負」から、当時は常道頭と称したかと考えられる。

（49）前掲註（15）亀井b論文、一五頁。なお前掲註（9）八木b論文、三〇九頁は吉備総領としている。

（50）前掲註（25）仁藤氏・渡部氏論文に同じ。

（51）『日本書紀』斉明天皇四年（六五八）是歳条分注の「或本云、至二庚申年七月一、百済遣レ使奏言、大唐・新羅并レ力伐レ我。既以二義慈王・々后・太子一、為レ虜而去。由レ是、国家、以二兵士甲卒一、陣二西北畔一。繕二修城柵一、断二塞山川一之兆也」について、八木充「百済滅亡前後の戦乱と古代山城」（『日本歴史』第七二二号、二〇〇八年）四～五・一一～四頁は、斉明天皇四年是歳条分注の或本云の全体を百済系人物による一異伝の文言と捉え、この記事を百済遺臣らによる唐・新羅軍に対する抗

戦・防衛行動の記録とし、神籠石は大野城や金田城とともに天智朝以降に造営されたとみる。いっぽう堀江潔「百済滅亡後における倭国の防衛体制─斉明紀『繕修城柵』再考─」（『日本歴史』第八一八号、二〇一六年）五・九～一〇頁は、或本云の「由〻是」以下は分注の地の文で、庚申年（斉明天皇六年・六六〇年）七月に唐・新羅の攻撃により百済が滅亡した後、九州および北陸地方で対外危機への警戒のため兵士を置き、「城・柵」の修築を行ったことを記しているとして異なる見解を示し、神籠石も含めて斉明天皇の磐瀬行宮滞在・朝倉橘広庭宮遷居とともに九州の防御施設強化が次々と行われたとする。私見もこの記事は倭国内の防衛体制に関わるものと考えるが、庚申年七月の百済滅亡と「由〻是」までの時間差が必ずしも明確ではなく、天智天皇二年（六六三）八月の白村江の戦いの敗戦後のことと解釈することも可能であるとみている。なお八木氏前掲論文、九～一四頁、磯村幸男「西日本の古代山城」（森公章編『史跡で読む日本の歴史3古代国家の形成』吉川弘文館、二〇一〇年）一五二～六一頁、堀江氏前掲論文、一～二頁などに神籠石の築造年代に関する諸見解が整理されている。

(52)　本書第Ⅱ部第八章第二節

(53)　九州歴史資料館前掲註（35）報告書、一八頁

(54)　佐々木恵介「大宰府の管内支配に対する試論」（土田直鎮先生還暦記念会編『奈良平安時代史論集　下巻』吉川弘文館、一九八四年）二五二～三頁。赤司善彦「古代山城の倉庫群の形成について─大野城を中心に─」（高倉洋彰編『東アジア古文化論攷2』中国書店、二〇一四年）四〇〇～二頁

(55)　松川博一「大宰府軍制の特質と展開─大宰府常備軍を中心に─」（『九州歴史資料館研究論集』三七、二〇一二年）三九～四二頁（同著『古代大宰府の政治と軍事』に収録）。なお七～八世紀の大宰府の軍事権をめぐる問題は、前掲註（3）拙稿cにおいて論じた。

(56)　吉村武彦「浄御原朝庭の制」（『日本古代国家形成史の研究─制度・文化・社会』岩波書店、二〇二三年）一六二～四頁

(57)　中田興吉「『常陸国風土記』にみえる惣領について」（『古代文化』第七四巻第一号、二〇二二年）は、『常陸国風土記』総記にみえる「我姫之道」＝相模国足柄岳坂以東の我姫国を八国に分けた年代を孝徳朝とし（五～六頁）、皇極朝までに国造の地方統治の体制が否定され、国宰が行政官として地方を支配していたが、我姫国は国造の権限が持続し、孝徳朝まで国宰による統治が実現できていなかったとする。その上で我姫国の惣領（東国総領）は行政官ではなく、蝦夷対策を主とする軍事に関わる地方派遣官であったとする（一〇～二頁）。しかし孝徳朝に我姫国を八国に分けたとする記事は、『日本書紀』大

化二年三月甲子条の東方八道にひかれて書いたか、あるいは『風土記』編纂時の足柄・碓氷両坂以東（坂東）八国の現状にわざわいされたか、いずれかの誤りであり（前掲註（9）八木a著書、一〇一〜二頁。篠川賢『日本古代国造制の研究』吉川弘文館、一九九六年、二六一頁）、孝徳朝に坂東（東国）が八国に分けられたことを意味しない。孝徳朝の時点では国宰の国は一般にまだ存在しておらず、立評や国造への対応について、東国の国造が筑紫など他地域の国造ほど強力であったとは考えられない。したがって東国惣領が軍事に関わる地方官であったとまで想定する必要はないと考える。

（58）　本書第Ⅰ部第二章第三節で、六世紀以降の列島社会の様相と那津官家の設置との関わりを述べたが、大宰府の管内支配成立について明らかにするためには、かかる社会的背景の七世紀以降の展開を詳しく跡付ける必要があり、すべては他日を期したい。

本章は、平成二七年度科学研究費（基盤研究（C）「木簡による大宰府の西海道統治の実態に関する研究」課題番号一五K〇二八五五　研究代表者：酒井芳司）の成果の一部である。

第六章　筑紫大宰と筑紫総領——職掌と冠位の再検討——

大宝律令が制定される以前の七世紀には、国司の前身である国宰よりも広域に地方を統括した官職として、大宰と総領が文献史料にみえる。大宰は筑紫と吉備、総領は東国（坂東）、吉備（または播磨）、周芳（周防）、伊予、筑紫にあったことが知られる。これらの官職がいかなるものであったかは、とくに七世紀後半における、律令制地方支配の成立過程を考える上で重要である。その性格をめぐっては、多くの論点があり、学説もさまざまに分かれている。

筆者は以前、研究史を概観して、大宰と総領についての論点を次の六点に整理した。①大宰と総領は同じものか、異なるものか、②七世紀前半の筑紫大宰は潤色かどうか、③総領と国宰（国司）は同じものか、異なるものか、④総領の設置時期は大化改新期か、天武朝か（東国総領を総領に含めるかどうか）、⑤総領は軍政官か、行政官か、⑥総領が置かれたのは、史料にみえる一部の地域か、または全国か、である。(1)

これまで筆者は、それぞれの論点について、①筑紫大宰は遣隋使派遣にともなう隋使の来着に備えるため、従来、新羅を討つために筑紫に派遣していた中央豪族や王族の将軍に、外交機能を加えて推古朝に置いたものであり、総領は大化改新によって孝徳朝に全国に派遣されて広域を支配し、旧来の屯倉と部民を評に編成したものとみて、大宰と総領は異なるものとした。したがって、②七世紀前半の筑紫大宰は潤色ではないと考え、③総領の管轄地域内を分割して国宰（国司）が派遣されたので、両者は別のものだが、総領が駐留する国の国宰は、総領が兼務して直轄支配したとし、④総領は孝徳朝に置かれ、⑤総領は行政官であり、広域を管轄したために、必要に応じて広域の地域から人員や物資を動員する古代山城の管理にもあたったのであり、⑥総領は全国に置かれたものと考えたのである。[2]

大宰と総領を別のものとみる私見は、いくつかの論点では相違があるが、直木孝次郎氏や春名宏昭氏、亀井輝一郎氏の学説を受けたものである。[3] これらの説に対して、坂上康俊氏は詳細な検討を加えた上で批判を展開し、大化改新より後、大宝律令より前の史料にみえる「筑紫大宰」は、基本的にすべて「筑紫総領」を書き換えたものであり、総領の職掌は、民政・外交（筑紫に限る）、そして軍事といった多方面に及ぶものであって、「大宰」との分掌は考えがたいとした。[4]

本章では坂上氏の批判を受けて、その指摘に答えるとともに、あらためて、七世紀後半の筑紫大宰と筑紫総領との関係や大宝律令制大宰府への移行のあり方を明らかにすることとする。

一　筑紫大宰・筑紫総領と『続日本紀』『風土記』

亀井輝一郎氏は、大宰と総領が別のもので併存していたとし、私見も大宰と総領が別であるとする説を支持する。この説に対して、坂上康俊氏は、総領と大宰とを『日本書紀』『続日本紀』『風土記』といったさまざまな史料から集め、「総領」「大宰」という呼称で二分し、それぞれの出発する状況や職務などを考えるという方法には問題がないとは言えず、『続日本紀』には筑紫総領はみえるけれども、筑紫大宰はみえず、逆に『日本書紀』には筑紫大宰はみえるけれども、筑紫総領はみえないという事実が見落とされてしまうとする。そして、『日本書紀』『続日本紀』『風土記』それぞれで総領や大宰がどのようにみえるかを検討し、大化改新より後、大宝律令より前の史料にみえる筑紫大宰は、筑紫総領を書き換えたという結論を示している。[5]

史料によって大宰と総領のみえ方が異なることは重要な指摘であり、その理由を考える必要がある。なお、総領について記した史料は、本書第Ⅱ部第五章第二節（2）に史料1～10として掲げたので、ここでは省略する。前掲の史料1～10を適宜参照されたい。

まず『続日本紀』にみえる筑紫総領から再検討する。坂上氏は『続日本紀』の大宝律令以前の官名・官司名・コホリの表記を史料批判し、「評」字を用いている史料9の「竺志惣領」は当時の表記であり、史料10の「筑紫総領」や「（筑紫）大弐」などの官名も当時の表記とみる。坂上氏は史料9で、朝廷から隼人の決罰を命じられていること、すなわち九州島の中での事実上の軍事行動の指揮を任されているのは総領であって大宰ではないことに注意を促す。

大宰と総領の役割の相違について、確かに筆者は、筑紫大宰が外交・軍事担当官であり、筑紫総領が九州島全体の統括官で、さらに軍政官ではなく、行政官であると述べた[6]。そうすると、史料9で隼人に対して、筑紫大宰ではなく、筑紫総領が軍事行動を起こしていることからすれば、大宰と総領は同じもので、『日本書紀』は、もとの史料の総領を大宰に書き換えたとする坂上氏の批判はもっともである。これについて、筆者自身の書き方に問題があり、それ以前、最初に大宰と総領が別のものであるとし、その役割の違いを指摘した時と異なった主張をしてしまっていたことを釈明しておかなければならない。

最初に大宰と総領が別のものであると考えた時は以下のように述べていた[7]。まず、推古朝の王族将軍の軍事的機能は、対外政策という点で共通する外交へと変化して筑紫大宰に継承された。さらに、筑紫大宰は推古朝以来、部民支配を総括して外交を掌握し、筑紫総領は孝徳朝以来、拠点を通じた支配という点で屯倉と共通性を持つ、評の編成を行った。両者の間には時代的な差による支配方式の相違があり、天武天皇四年（六七五）の部曲（初出論文では部民としていたが、修正する）廃止以降の筑紫大宰は、筑紫総領を通じて、外交と国防のために評制下の民衆を動員したと述べたのである。

このように大宰と総領の違いは、大宰が部民制の人格的支配にもとづいて、地域首長とその統括下の人民を統率するのに対して、総領は評という拠点に地域首長と人民を編成して奉仕させ、その拠点の支配によって、相対的に機構的に地域を統括するということになる。私見は、孝徳朝から天武朝にかけての評を軸とした地方支配制度の整備によって、総領の評を拠点とした地域支配が充実していき、筑紫大宰は従来のように、国造や伴造、県稲置に任命された地域首長とその統括下の人民との人格的支配関係ではなく、筑紫総領の上位にあって、総領と評（両者の間には斉明朝末年ないし天智朝初めに、国宰が置かれる）による地方支配制度を通じて、地域首長と人民を外交と国防に動員したと理解している。なお天武天皇四年の部曲廃止以前、国造など首長を服属させ、評―五十戸に編成されていない首長私有民を動員することは、外征軍の将軍の系譜に連なる筑紫大宰が行ったものと考える。総領よりも大宰が上位に位置するのは、大宰の就任者に王族が多く、総領の就任者に臣下が多いことによる。ただし、このこと自体も坂上氏から批判されているので、後述する。

これをふまえれば、筑紫大宰が国防の機能をはたすために、人民や物資の動員は、筑紫総領―（国宰）―評の系列の支配制度に頼る部分が次第に大きくなっていったのであり、総領には軍事動員を行う機能が備わっているのである。七世紀後半には律令制の軍団は行政から独立しておらず、軍隊は評家を拠点とする評造軍であった(8)。平時から評を支配している総領は、有事には評造軍を指揮することが可能だったのである。総領は広域を統括する行政官であり、その機能の一環として軍事的な動員を行っていた。

史料9の文武天皇四年（七〇〇）の隼人に対する軍事行動は、九州島内のものであったので、外征軍の将軍に系譜を持つ筑紫大宰が指揮する形をとらず、筑紫大宰の下で、九州全体の行政を統括する筑紫総領が評造軍を指揮することで十分に対処できたのではないだろうか。大宝二年（七〇二）八月、薩摩と多褹が命に逆らったため、兵を発して征討し、戸を校べ吏を置いた。これは隼人の反乱とみられるが、その際の征隼人軍に大宰大弐の小野毛野と少弐の佐伯大麻呂の参加を推測し、この征隼人軍は大宰府の組織そのままで、中央からの将軍の派遣なしに大宰府官人によって指揮されたとする説がある(9)。成立したばかりの軍団を中央派遣の将軍が率いる征隼人軍よりも、筑紫総領が指揮した評家を拠点とする伝統的な指揮系統を利用できる大宰府の組織によった方が、軍事的に有利だったのであろう。小野毛野は文武天皇四年十月に筑紫総領の次官（大弐）に任命され（史料10）、大宝律令制の大宰府が成立した後も大宰大弐として在任していたので[10]、筑紫総領段階の遺制としての指揮系統を十分に機能させせられたとみられる。このように、史料9の隼人に対する軍事行動において、筑紫大宰がみえない理由は、その案件の内容から説明が可能であると考える。

次に史料1～5の『常陸国風土記』と史料6の『播磨国風土記』に総領のみで、大宰がみえない理由は、評の設置や地名の改名に関する内容であり、外交や国防と関わりがないためとみることが可能である。『風土記』についての坂上氏の見解の中で、私見への批判ではないが、史料6に石川王が播磨総領（ないし吉備総領）であった時、握村を広山里と改めたとある時期が、庚午年籍作成の際、すなわち天智天皇九年（六七〇）であるとされたのは重要である[11]。ただし坂上氏は造籍と編里が同時であるという前提から、握村（都可村）から広山里への改称を庚午年籍作成時と考えられたが、浅野啓介氏は、この『播磨国風土記』の広山里などを事例に、庚午年籍から庚寅年籍の間に編戸が行われており、造籍と編戸は完全に一緒に行われたわけではなかったことを指摘している[12]。これをふまえると、石川王の総領在任は、壬申の乱以前の天智朝後半とし、広山里への改称も天智朝末年前後というように、少し幅を持たせるべきかもしれない。

『日本書紀』天武天皇元年（六七二）六月丙戌条に、壬申の乱に際して、近江朝廷を率いる大友王子は、大海人王子に従う筑紫大宰の栗隈王と吉備国守の当摩公広嶋を殺害し、筑紫と吉備の軍事力を掌握することをはかったことがみえる。この時、筑紫は大宰だが、吉備は国守である。国守（国司、国宰）と総領については、次の史料を検討する必要がある（なお本章では、前章の史料についても言及する関係で、史料は前章からの通し番号とする）。

〔史料16〕『日本書紀』持統天皇五年（六九一）七月壬申条

（前略）是日、伊予国司田中朝臣法麻呂等献二宇和郡御馬山白銀三斤八両・鉱一籠一。

ここで、史料8『日本書紀』持統天皇三年（六八九）八月辛丑条に伊予総領とみえる田中朝臣法麻呂が伊予国司とある。この二つの史料から国司と総領が同じものかどうかという論点が生ずる。筆者は、律令制大宰府が筑前国を兼帯したのと同様に、総領が国宰を兼ねている場合、史料上、総領がその帯国している国司名で呼ばれていた可能性があると考える[13]。したがって、吉備国守とある当摩公広嶋は、吉備国宰を兼帯する吉備総領だったと推測する。大友王子が、吉備の軍事力を掌握するためには、当摩公広嶋を殺害するのみで十分だと考えたことは、壬申の乱当時、吉備国司（総領）が吉備の最高位の官職であったことを示すであろう。この他に吉備の地方官は、『日本書紀』天武天皇八年（六七九）三月己丑条に、吉備大宰石川王が病となり、吉備で薨じたとみえる。これは吉備大宰に関する唯一の史料である。

〔史料17〕『日本書紀』天武天皇八年（六七九）三月己丑条

吉備大宰石川王、病之薨二於吉備一。天皇聞之大哀。則降二大恩一云々。贈二諸王二位一。

石川王は結果的に誤報であったものの、壬申の乱に際して、天武天皇元年（六七二）六月二十六日に、山部王とともに大海人王子に帰服したことが報告されており（『日本書紀』天武天皇元年六月丙戌条）、大海人王子の味方についた可能性が高い。

以上のことから吉備大宰が置かれたのは、天武朝前半のごく短い期間であったとみられる。このことにかんがみて、大海人王子は即位後に、国宰（総領）よりも軍事的に強力に吉備を掌握できるように、外征軍の将軍を前身とする筑紫大宰にならって、石川王を吉備大宰に任じたのであろう[14]。その後、中央集権国家の建設が進み、国内支配が安定すると、国防と外交の要地である筑紫に対して、吉備は大宰の存在意義が低下し、ほどなく廃止されたと考える[15]。

このように石川王は、天智朝末年に播磨ないし吉備の総領であった。壬申の乱の時は吉備国守（吉備総領）の当摩公広嶋が当該地域の統括者であり、石川王は、いったん播磨や吉備からは離れており、天武天皇即位後に吉備大宰となって再び赴任したのであろう。石川王の官歴について、このように時系列を整理できるのではないだろうか。

二　筑紫大宰・筑紫総領と『日本書紀』

『日本書紀』には筑紫大宰はみえるが、筑紫総領はみえない。坂上氏は「屯倉と国造・評制を担当（酒井説）する」という重要な役割を果たしていたのだとすれば、なぜ祥瑞の献上や仏教の宣布といった案件を、総領ではなく大宰が担当するのか、しかも伊予では総領が祥瑞を扱っているのに筑紫ではなぜ大宰が担当するのか、周防や伊予の総領は『日本書紀』に出てくるのに、なぜ筑紫総領は全く現れないのかという疑問を提示する。[16] そうであれば確かに、『日本書紀』の筑紫大宰は筑紫総領を潤色したとする考えが提起されるのも当然である。

右の疑問については、さきに述べたように、筑紫大宰と筑紫総領は別の官職だが、大宰が総領の上位に位置し、大宰は総領が統括する国—評—五十戸の地方支配機構を通じて、人民や物資を動員していたと理解することで説明が可能である。つまり、大宰が置かれた筑紫と、おそらくは吉備においては、倭王権の中央政府に対して、大宰が当該地域を統括する官職の最高位にあって、その地域の地方統治機構を代表していたと考えるのである。そうなると、大宰が置かれず、総領が当該地域を統括する官職の最高位にある地域では、総領がその地域の地方統治機構を代表することになる。以下に関連史料を掲げる。

〔史料18〕『日本書紀』天武天皇六年（六七七）十一月癸未朔条

雨不二告朔一。筑紫大宰献二赤烏一。則大宰府諸司人、賜レ禄各有レ差。且専捕二赤烏一者、賜二爵五級一。乃当郡々司等、加二増爵位一。因給二復郡内百姓一、以二一年一之。是日、大二赦天下一。

〔史料19〕『日本書紀』天武天皇十一年（六八二）四月癸未条

筑紫大宰丹比真人嶋等貢二大鐘一。

〔史料20〕『日本書紀』天武天皇十一年（六八二）八月甲戌条

筑紫大宰言、有二三足雀一。

〔史料21〕『日本書紀』天武天皇十二年（六八三）正月庚寅条

百寮拝二朝庭一。筑紫大宰丹比真人嶋等、貢二三足雀一。

〔史料22〕『日本書紀』持統天皇称制前紀朱鳥元年（六八六）閏十二月条

筑紫大宰献二三国高麗・百済・新羅百姓男女、并僧尼六十二人一。

〔史料23〕『日本書紀』持統天皇元年（六八七）四月癸卯条

筑紫大宰献二投化新羅僧尼及百姓男女廿二人一。居二于武蔵国一、賦レ田受レ稟、使レ安二生業一。

〔史料24〕『日本書紀』持統天皇元年（六八七）九月甲申条

新羅遣二王子金霜林・級飡金薩慕及級飡金仁述・大舎蘇陽信等一、奏二請国政一、且献二調賦一。学問僧智隆附而至焉。筑紫大宰便告二天皇崩於霜林等一。即日、霜林等皆着二喪服一、東向三拝三発哭焉。

〔史料25〕『日本書紀』持統天皇三年（六八九）正月壬戌条

（前略）筑紫大宰粟田真人朝臣等、献二隼人一百七十四人、并布五十常、牛皮六枚、鹿皮五十枚一。

〔史料26〕『日本書紀』持統天皇三年（六八九）六月壬午朔条

賜二衣裳筑紫大宰等一。

〔史料27〕『日本書紀』持統天皇三年（六八九）六月辛丑条

詔二筑紫大宰粟田真人朝臣等一、賜下学問僧明聡・観智等、為レ送二新羅師友一綿各一百四十斤上。

〔史料28〕『日本書紀』持統天皇四年（六九〇）十月戊午条

遣二使者一、詔二筑紫大宰河内王等一曰、饗二新羅送使大奈末金高訓等一、准下上二送学生土師宿禰甥等一送使之例上。其慰労賜レ物、一依二詔書一。

〔史料29〕『日本書紀』持統天皇五年（六九一）正月丙戌条

詔曰、直広肆筑紫史益、拝二筑紫大宰府典一以来、於今廿九年矣。以二清白忠誠一、不二敢怠惰一。是故賜二食封五十戸・絁十五匹・綿廿五屯・布五十端・稲五千束一。

〔史料30〕『日本書紀』持統天皇六年（六九二）閏五月己酉条

詔二筑紫大宰率河内王等一曰、宜下遣三沙門於大隅与二阿多一、可上レ伝二仏教一。復上下送大唐大使郭務悰為二御近江大津宮天皇一所レ造阿弥陀像上。

『日本書紀』において、筑紫（九州地方）を統治する官職が現れる記事は、祥瑞の献上にせよ（史料18・20・21）、仏教の隼人への宣布にしても（史料30）、中央政府への報告や献上、あるいは中央政府からの命令であり、中央政府と筑紫の地方統治機構の代表者とのやり取りである。筑紫大宰が筑紫総領の上位にあって、筑紫の統治機構を代表しているのであれば、筑紫大宰のみがみえて、筑紫総領がみえないのは当然であると考える。いっぽう、伊予や周芳など大宰が置かれなかった地域は、総領がその地域の統治機構を代表するので、総領がみえるのである（史料8）。

さらに、国防と外交（史料22〜24・27・28）に関することは、筑紫大宰の職掌であるから当然ではあるが、これについても筑紫の統治機構を代表する官職として記事にみえているとみてよい。その他、物品の送付（史料7）、大鐘の貢上（史料19）、隼人の献上（史料25）、衣装の賜与（史料26）などがあるが、これも筑紫の統治機構の代表者としてみえるものと考えることができる。

史料29の直広肆筑紫史益が任じられた筑紫大宰府典について、坂上氏は「周芳総令所」（史料7）を参考にして「竺志総領所」の典と考えている。『日本書紀』の筑紫大宰は、筑紫総領を書き換えたものであるとし、また『日本書紀』の「筑紫大宰府」（「対馬国司」が沙門道文等の来着を報告。天智天皇十年［六七一］十一月癸卯条および史料18）や『続日本紀』の大宝元年以前の記事にみえる「大宰府」（古代山城の修理。文武天皇二年［六九八］五月甲申条・文武天皇三年十二月甲申条）は大宝律令の官司名を遡らせたものとされる立場からすれば当然である。

筑紫史益が筑紫大宰府典に任じられたのは、持統天皇五年（六九一）で二十九年目だとすれば、天智天皇二年（六六三）に着任しているので、白村江の戦いがあった年に赴任したことになる。これは筑紫大宰が博多湾岸の那津官家から、現在の太宰府市周辺に移転したと考えられている時期にあたるので、むしろ筑紫史益は、現在の太宰府市周辺に移転した筑紫大宰の役所に、国防と外交に関する政務を担当する書記官として勤務したのではないだろうか。いっぽう筑紫総領は、この時点でも那津官家（筆者は正確には、那津官家を再編した筑紫大郡・筑紫小郡と捉える）(17)に駐留して、筑紫大宰とは別の官僚組織を備えており、それが「竺志総領所」だったのだろう。

なお、筑紫大宰が駐留する官衙の名称が、『日本書紀』にみえる「筑紫大宰府」であるかどうかは、その官名が『日本書紀』にみえる通り、「筑紫大宰」であるかどうかと同様に判断が難しい。筑紫大宰は確かに養老律令にみえる大宰府と異なる名称である。しかし、『令集解』古記にみえる「筑紫」「大宰府」「竹志大宰府」などの用例の検討から、大宝令では筑紫大宰府という官名であったとする橋本裕氏の見解がある(18)。松本政春氏も橋本説を穏当とした上で、『続日本紀』宝亀十一年（七八〇）二月庚戌条・同年七月丁丑条・同月戊子条・同年八月庚申条、『類聚三代格』巻第五、定秩限事、宝亀十一年八月二十八日太政官奏・巻第十八、軍毅兵士鎮兵事、同年七月二十六日勅等の新羅との緊張にともなう縁海防衛に関する記事にみえる「筑紫大宰」が、天平四年（七三二）時の一連の政策を参考にして立案されたために、『続日本紀』編纂者が天平四年当時の用法に引かれた結果だと想定する(19)。

これによれば、『日本書紀』の筑紫大宰や筑紫大宰府も、大宝令の官名による潤色である可能性もある。『日本書紀』崇峻天皇五年（五九二）十一月丁未条に「筑紫将軍所」がみえる。さらに『善隣国宝記』所引「海外国記」には、白村江の敗戦の翌年に来朝した唐使郭務悰に応対した筑紫駐在の官職の文書として、唐使に宛てた「筑紫太宰辞」と、熊津都督府の唐の鎮将劉仁願に宛てた「日本鎮西筑紫大将軍牒」がみえる。同一の史料の中での書き分けであるから、潤色はあるにしても、筑紫大宰が筑紫将軍とも呼ばれ、その駐留する官衙を筑紫将軍所と称した可能性を示すだろう。筑紫史益は、筑紫大宰の役所ないしは、筑紫将軍所の典であり、その所在地が大宰府政庁第Ⅰ期の掘立柱建物群だったのではないかと考える。

三　『続日本紀』文武天皇四年十月己未条の人事と筑紫大宰・筑紫総領の冠位

『続日本紀』文武天皇四年（七〇〇）十月己未条には、筑紫総領・大弐、周防総領、吉備総領、常陸守（東国総領か）の人事が記されている（史料10）。亀井輝一郎氏は、この総領の任命を「総領の存続を意味するものではなく、新たな大宝令制下へのスムーズな移行消滅をはかるためのものと考えるのが順当であろう」とし、大宝二年（七〇二）八月十六日の石上朝臣麻呂の大宰帥任命（『続日本紀』大宝二年八月辛亥条）は「総領から帥への横滑り人事といってよく、令制大宰（府）に総領が吸収されたとみなすことができる」とする[20]。

坂上氏は、文武天皇四年十月に筑紫総領となった石上麻呂は中納言であり、翌大宝元年三月二十一日の大宝令施行に際して、飛鳥浄御原令制の中納言から大宝令制の大納言に昇任しており（『続日本紀』大宝元年三月甲午条）、現地に赴任していないこと、その他の総領も赴任していないか、早々に中央に戻っていることを指摘し、文武天皇四年の総領任命が形式的であったことを指摘する。さらに、翌年三月に大宝令が施行され、「総領」という官職は消滅することが決まっていたはずであり、なぜ半年しか存在しないことがわかっている周防・吉備の総領を新たに任命したのか、そして文武天皇四年の時点でかかる高官をいったん、大宰にではなく、総領に任じる措置が必要なのか、その趣旨はわかりにくいと述べた[21]。

さらに坂上氏の批判で重要なのは、筑紫大宰と筑紫総領に任命された官人の冠位についてである。『日本書紀』持統天皇三年（六八九）閏八月丁丑条に浄広肆の河内王が筑紫大宰帥に任じられたとあり、『同』持統天皇八年九月癸卯条に浄広肆の三野王が筑紫大宰率に任じられたとみえる。三野王は河内王が持統天皇八年四月頃に筑紫で没したことを受けた後任であろう。ここから坂上氏は、筑紫大宰在任者の帯する浄広肆の冠位を大宝令制の従五位下にあたるとする。そして筑紫総領の石上麻呂が帯する直大壱を同じく正四位上にあたるとする。

その上で、「令制での帥は従三位相当であることを考慮すれば、周防・吉備の総領や常陸守が正五位下相当であるのに対し正四位上相当の石上麻呂の任命を境に、西海道の筆頭行政官の位置づけが格段に上げられた、つまりは令制の大宰府に近づいたとみるべきかと思うが、もし筑紫大宰と筑紫総領とが並行して置かれていたとすると、従五位下相当の筑紫大宰と正四位上相当の筑紫総領とが文武四年後半には併存していたことになり、半年後の大宝令の施行に伴って筑紫総領は消え、それまで従五位下相当とされていた筑紫大宰が、官位令で従三位相当に位置づけられるものの、続日本紀に在任者の影が全く見えないということになり、納得しがたいように思う」と述べた[22]。筑紫大宰の相当位が、筑紫総領の相当位よりも低いとすれば、筑紫大宰が筑紫総領の上位にあって並存していたとみる私見にとって致命的である。最後にこの最も重要な批判について検討し、文武天皇四年の人事と大宝律令制大宰府の成立との関わりについて、論じることにしたい。

『続日本紀』大宝元年三月甲午条に大宝令によって官名・位号を改制した記事があり、親王の明冠を四階（一品から四品）、諸王の浄冠を十四階（正一位から従五位下）とするとある。これによれば、確かに浄冠の最下位である浄広肆は従五位下程度に相当することになり、諸臣の正冠六階（正一位から従三位）につぐ直冠を八階（正四位上から従五位下）とするとあるので、諸臣の直冠最下位の直広肆（従五位下）と同等になってしまうのである。王族と臣下の冠位の関係についてはさまざまな見解があるが、倉本一宏氏が指摘するように、諸王位の下限を大宝令制の従五位下に対応させると、実際にほとんどの諸王が帯していた諸王五位や浄広肆の対応位がきわめて低いものとなり、史料にみえる官職・使節における諸王と諸臣の上下関係が逆転してしまう矛盾を生じる。律令制成立期の皇親冠位は、大宝令制の皇親位階よりも相対的に高かった。

倉本氏の見解によって筑紫大宰に就任した王族の冠位をみると、栗隈王の諸王四位（『日本書紀』天武天皇四年三月庚申条）は正四位上・下、屋垣王の諸王三位（『同』天武天皇五年九月丁丑条）は正・従三位、河内王と三野王の浄広肆は正四位下に対応する[23]。以前、筆者も述べたように、律令制以前の王族は、倭国王に仕奉する存在ではなく、倭国王とともに王権を構成し、代行する地位にあったが、天武朝以降、王族も臣下に位置づけられ、その地位が低下していったことを考慮する必要があるのである[24]。

朝服の色についてもみると、天武天皇十四年（六八五）の服制では、王族の冠位である明位と浄位は朱華、臣下の冠位である正位は深紫、直位は浅紫、勤位は深緑、務位は浅緑、追位は深蒲萄、進位は浅蒲萄とされた（『日本書紀』天武天皇十四年七月庚午条）。これが持統天皇四年（六九〇）四月には、王族の浄大壱以下、浄広弐以上には黒紫、浄大参以下、浄広肆以上には赤紫とし、臣下の正の八級には赤紫、直の八級には緋、勤の八級には深緑、務の八級には浅緑、追の八級には深縹、進の八級には浅縹とされた（『同』持統天皇四年四月庚申条）。

持統天皇四年の服制の改正は、臣下を超越していた皇親が、臣下を序列化する服色の系列に組み込まれたとの理解もあるが[25]、持統天皇四年の服制によれば、浄大参から浄広肆と正の八級（正大壱から正広肆）は同等の赤紫とされており、筑紫大宰在任者の帯する浄広肆は正大肆から正広肆（正・従三位にあたる）と対応する。この想定はやや高過ぎるとしても、服制からみても、天武朝以前は王族の地位は臣下を超越していたということになる。

筑紫大宰に就任した官人の冠位について詳細に検討した中西正和氏は、庄司浩氏[26]、倉本氏、寺西氏等の見解をふまえつつ、筑紫大宰の長官の位階は大宝律令制に置き換えれば、大化五年（六四九）制で従五位下、天智天皇三年（六六四）制では三位から四位、天武天皇十四年（六八五）制では正四位から従四位下であったと推定している[27]。

以上より、天武天皇十四年制下、すなわち持統朝には、筑紫大宰の河内王・三野王と筑紫総領の石上麻呂は、ほぼ同等の地位にあったことがわかる。さらに、そもそも天智朝から持統朝にかけて、筑紫大宰に就任した王族の地位は相対的に低下して行っていたこと、文武天皇四年の人事にみえる官人の冠位は、筑紫大弐、周防総領、吉備総領、常陸守がすべて直広参（正五位下）であるのに対して、筑紫総領のみが直大壱（正四位上）で飛び抜けており、一般的な総領よりも高位で、筑紫大宰の任官者と同等の冠位を持つ石上麻呂を任命している。このことから、むしろ筑紫総領を筑紫大宰と同等に引き上げて近づけようとしたとみることもできる。亀井輝一郎氏は「石上麻呂の筑紫捴領の位階が直大壱と五ランク高いのは令制大宰府への移行を前提に、筑紫大宰の皇親の伝統と令制大宰府の位置づけを考慮したものと考えられる」と述べた(28)。中西康裕氏も文武天皇四年の記事から筑紫総領の官制上の位置が高くなるので、この任命は飛鳥浄御原令ではなく、大宝律令に準拠したものとする(29)。そのような意味で、亀井氏の文武天皇四年の人事が、「総領を廃止し円滑に新たな律令支配機構を樹立するための、いわばソフト・ランディングをはかるための予め予定していた手順であり人事であったと考えられる」との評価は正しいであろう。

さらに筆者は、半年後に施行される大宝令で廃止される総領を文武天皇四年十月に任命した理由を、以下のように考える。福岡県大宰府政庁周辺官衙跡の蔵司西地区で、七世紀末の「久須評」（後の豊後国球珠郡）の荷札木簡と、貸稲（出挙）の帳簿木簡が同じ遺構から出土した。ところで、七世紀から八世紀初めの時期に、地域の正倉や屯倉、大税の管理に関わった官職として、田領（田令）と税司が知られる。田領は『続日本紀』大宝元年（七〇一）四月戊午条に、田領を罷めて、国司の巡検に委ねるとあり、税司は『同』大宝二年二月乙丑条に、これより先に税司が鎰を主《つかさど》っていたが、これ以後、国司が鎰を給わるとみえる。黛弘道氏は、田領は国司・郡司いずれの系列にも属さない屯倉の管理責任者で、税司主鎰は飛鳥浄御原令制下では中官（後の中務省）の統括下にあり、諸国の正倉を管理し、出挙も管轄したとし(30)、この黛氏の見解が通説的理解である。

しかし、蔵司西地区出土木簡の内容から、七世紀末において、調養（庸）物の管理と、雑米や貸稲の管理を同一の組織が遂行していた可能性を考慮すると、黛氏の説を批判し、田領と税司を総領制の構成官であるとみた笹川進二郎氏の学説があらためて注目される(31)。筆者も笹川説の方が、木簡から考えられる七世紀末の大宰府の蔵司地区官衙の機能を整合的に説明できることから、これを支持している(32)。

田領と税司から国司への権限の委譲は、わずかの期間とはいえ大宝律令施行後にずれ込んだ。この権限移譲は総領の廃止と連動する(33)。したがって、文武天皇四年十月に総領を新たに任命したのは、総領の管轄下にある田領と税司から、大宝令制の国司に権限移譲を円滑に進めるためだったのではないかと考える。

なお松本政春氏は、橋本裕氏の説にもとづき、大宝令施行直前になって急に筑紫総領のみを大宰府として残すことに変更され、他の大宰総領関係条文が削除されたとする。総領は文武天皇四年十月の時点では大宝令に規定されていたとみているのである。そして大宝度の遣唐使派遣に際して、遣唐使は大宝官位令・官員令を携行した可能性が高いので、瀬戸内沿岸諸国を管轄し、軍港と山城を一体化して構築された国土防衛体制としての大宰総領制は、倭国の軍事力を誇示し、唐を威嚇するものと唐側に受け取られかねないとして、大宝令から急遽削除されたと捉えている。(34)

しかし、遣唐使が大宝令を携行したことは、これを否定する学説が提出されている。(35)さらに松本氏は、総領をたんなる行政官ではなく、軍政官であるとみているが、筆者は、総領が軍事も掌る行政官であると考えており、史料にみえる地域以外にも、全国に派遣されたと理解しているので、(36)仮に大宝官位令・官員令に規定され、遣唐使が携行したとしても、急遽削除する必要はなかったと考える。

ここまで坂上康俊氏による、大化改新より後、大宝律令より前の史料にみえる「筑紫大宰」は「筑紫総領」を書き換えたものであり、総領の職掌は民政・外交（筑紫に限る）、そして軍事といった多方面に及ぶものであって、「大宰」との分掌は考えがたいとの批判に答えてきた。本章では、あらためて大宰と総領は、新旧の統治方式の相違がある別の官職であり、筑紫大宰は、新たな統治機構である国―評―五十戸を統括する筑紫総領の上位にあって、筑紫（九州）の地方統治機構を代表し、国防と外交の職務をはたしたことを確認した。

執筆の過程で、当初の私見からの自説の揺れを認識し、その釈明もさせていただき、自身の大宰府成立過程についての考察を深める機会ともなった。懇切な御批判をいただいた坂上氏に感謝を申し上げる。

註

（1）本書第Ⅱ部第五章第一節

（2）本書第Ⅰ部第四章第三節・第Ⅱ部第五章。拙稿「九州地方の軍事と交通」（舘野和己・出田和久編『日本古代の交通・交流・情報1制度と実態』吉川弘文館、二〇一六年）
（3）直木孝次郎「大宰と総領」（九州歴史資料館編『九州歴史資料館開館十周年記念大宰府古文化論叢　上巻』吉川弘文館、一九八三年）。春名宏昭「鎮西府について」（『律令国家官制の研究』吉川弘文館、一九九七年）。亀井輝一郎ａ「大宰府覚書―筑紫大宰の成立―」（『福岡教育大学紀要　五三　第二分冊社会科編』福岡教育大学、二〇〇四年）。同ｂ「大宰府覚書（二）―吉備の総領と大宰―」（『福岡教育大学紀要　五四　第二分冊社会科編』福岡教育大学、二〇〇五年）
（4）坂上康俊「令制大宰府成立前史―総領と大宰―」（九州歴史資料館編『大宰府史跡100年記念シンポジウム「律令国家と大宰府史跡」～平城京・大宰府・多賀城』福岡県教育委員会、二〇二一年）一六頁。本論文の掲載書籍は、全体のＰＤＦデータを奈良文化財研究所ホームページの「全国遺跡報告総覧」からダウンロードできる（https://sitereports.nabunken.go.jp/122610　二〇二三年三月十六日閲覧）。
（5）前掲註（4）坂上論文、三・一六頁
（6）本書第Ⅱ部第五章第一節の初出論文（「筑紫における総領について」『九州歴史資料館研究論集』四一、二〇一六年、三頁）
（7）本書第Ⅰ部第四章第三節
（8）吉村武彦「浄御原朝庭の制」（『日本古代国家形成史の研究―制度・文化・社会』岩波書店、二〇二三年）一六三～四頁
（9）山田英雄「征隼人軍について」（竹内理三博士還暦記念会編『律令国家と貴族社会』吉川弘文館、一九六九年）三〇六～七頁
（10）前掲註（3）亀井ｂ論文、一三頁
（11）前掲註（4）坂上論文、一二頁
（12）浅野啓介「庚午年籍と五十戸制」（『日本歴史』六九八、二〇〇六年）八頁
（13）仁藤敦史「広域行政区画としての大宰総領制」（『国史学』二一四、二〇一四年）三頁。渡部育子「古代総領制についての一試論」（『国史談話会雑誌』第二三号、一九八二年）六六頁。同「古代総領関係史料の解釈についての二、三の疑問」（『古代史研究』第五号、一九八六年）五〇頁
（14）前掲註（3）亀井ｂ論文、一六～七頁
（15）本書第Ⅱ部第十二章第四節

(16)　前掲註（4）坂上論文、一〇頁
(17)　本書第Ⅱ部第五章第三節1
(18)　橋本裕「大宰府覚書―大宝令における称呼を中心に―」（『律令軍団制の研究』橋本裕氏遺稿集刊行会、一九八二年）一九六・一九九～二〇一頁
(19)　松本政春「『筑紫大宰府』私考―令文からの大宰総領の削除―」（『律令国家軍制の構想と展開』塙書房、二〇二一年）三七～八・五七～六一頁
(20)　亀井輝一郎「史料2『日本書紀』推古天皇十七年四月庚子条（解説）」「史料29『続日本紀』文武天皇四年六月庚辰条（解説）」（太宰府市史編集委員会編『太宰府市史　古代資料編』太宰府市、二〇〇三年）二〇・一〇三頁
(21)　前掲註（4）坂上論文、一三～六頁
(22)　前掲註（4）坂上論文、一五頁
(23)　倉本一宏「律令制成立期の皇親冠位」（『日本古代国家成立期の政権構造』吉川弘文館、一九九七年）一四六～七・一五三～六頁
(24)　拙稿「律令制太政大臣の成立」（吉村武彦編『律令制国家と古代社会』塙書房、二〇〇五年）一九六頁
(25)　寺西貞弘「天武朝の対皇親政策」（『古代天皇制史論―皇位継承と天武朝の皇室―』創元社、一九八八年）二〇〇～五頁
(26)　庄司浩「天武十四年皇親冠位制について」（『立正史学』三四、一九七〇年）二五～六頁
(27)　中西正和「筑紫大宰の冠位・位階をめぐる諸問題」（『史泉』七五、一九九二年）四四頁。森公章「天武十四年冠位制の皇親冠位の理解をめぐって」（『倭国の政治体制と対外関係』吉川弘文館、二〇二三年）六二～三頁は、天武十四年冠位制の皇親冠位と大宝令制の基本的理念や構造の違いを考慮すべきで、天武・持統朝の皇親の官職・帯冠が大宝令制よりも相対的に高いことはまちがいないが、そのまま構造の異なる二つの冠位・位階制度の対応関係復原には利用できないとする。浄冠四位の授与者は、大宝令制下の諸王クラスの者が多く、浄大肆は正・従四位、浄広肆は正・従五位に対応させた。確かに天武・持統朝にその冠位が実際に有していた地位と、制度的な天武十四年冠位と大宝令制の官位との対応は区別して考える必要があるだろう。虎尾達哉「天武朝における冠位の抑制をめぐって」（『続日本紀研究』第三七一号、二〇〇七年）一一～二頁は、天武朝には皇子は浄大参以上、諸王は浄広参以下とされ、諸王の昇進が抑制されていたことを指摘する。厳密な推定は難しいが、筑紫大宰と筑紫総領の地位の上下を論ずるには、天武・持統朝に筑紫大宰に就任した王族の冠位が持っていた

地位にもとづいて考える必要がある。したがって、天武・持統朝に同一の官司・官職の中での実例にもとづいて検討した倉本氏の方法論が本章の課題には適しており、本書では、筑紫大宰就任者と筑紫総領就任者の地位を相対的に比較するために、大宝令制の官位でいえば、どれくらいに相当するかという観点で大宝令制との対応を述べていると理解していただきたい。

(28) 前掲註(3)亀井b論文、一三頁

(29) 中西康裕「古代総領制の一考察」(亀田隆之先生還暦記念会編『律令制社会の成立と展開』吉川弘文館、一九八九年)一〇八頁

(30) 黛弘道「国司制の成立」(『律令国家成立史の研究』吉川弘文館、一九八二年)三九一・三九六〜七頁

(31) 笹川進二郎「律令国司制成立の史的前提」(『日本史研究』二二〇、一九八〇年)七・二八頁

(32) 本書第Ⅱ部第十二章第二節

(33) 前掲註(31)笹川論文、八・三二〜四頁

(34) 前掲註(19)松本論文、六一頁

(35) 河内春人「大宝律令の成立と遣唐使派遣」(『続日本紀研究』三〇五、一九九六年)二七〜八頁は、大宝遣唐使が大宝律令全体を携行したことは否定するが、国家の統治機構がいかなる制度的形態をとっていたかを説明するために、部分的に大宝官位令・官員令を持っていった可能性は充分に存するとしており、この点を前掲註(19)松本論文、五一頁は重視している。坂上康俊「大宝律令制定前後における日中間の情報伝播」(池田温・劉俊文編『日中文化交流史叢書2　法律制度』大修館書店、一九九七年)七六〜九頁は、唐と類似した帝国法である大宝律令を唐に示すことは、それだけで無礼と評されても仕方がないことを指摘し、官員令も含めた大宝律令を中国に紹介したことそのものがありえないとする。

(36) 本書第Ⅱ部第五章第三節2

第七章　朝倉橘広庭宮名号考

朝倉橘広庭宮（以下、朝倉宮とも記す）は、百済救援軍を率いた斉明天皇が、斉明天皇七年（六六一）五月から七月にかけて居所とした宮である。百済は、唐・新羅連合軍によって前年の義慈王二十年（斉明天皇六年）七月に王城の泗沘城を包囲され、義慈王が降伏して滅亡した。これに対し、百済遺臣の鬼室福信が中心となって残存する兵力を集め、唐・新羅に抵抗を開始する。九月には福信が百済を復興するための援軍を倭国に要請し、十月に倭国は援軍の派遣を決定し、準備を開始した。十二月には斉明天皇が難波に行幸し、翌年正月に斉明天皇は難波を出発して船で西に向かった。船は伊予熟田津の石湯行宮を経て、三月に娜大津（現在の福岡市博多区）に到着した。斉明天皇は磐瀬行宮（長津宮と改称）に滞在し、五月九日に朝倉橘広庭宮に移った。しかし斉明天皇は、わずか二カ月余り後の七月二十四日に朝倉宮で崩御してしまったのである。(1)

朝倉宮が営まれた七世紀後半の筑紫の歴史は、律令制国家の建設を目指していた時代において、大宰府および、その統治対象としての大宰管内（西海道）が成立していく過程であった。この中にあって、朝倉宮の歴史的意義を明らかにすることは、西海道における律令制社会と大宰府の成立を考える上で、重要な意味を持っている。

本章では、朝倉宮の研究史を概観した後、近年、議論が活発になりつつあるその所在地について再検討を行う。その上で、朝倉宮に期待された歴史的な機能について、朝倉橘広庭宮の宮号を検討することを通じて明らかにしたい。

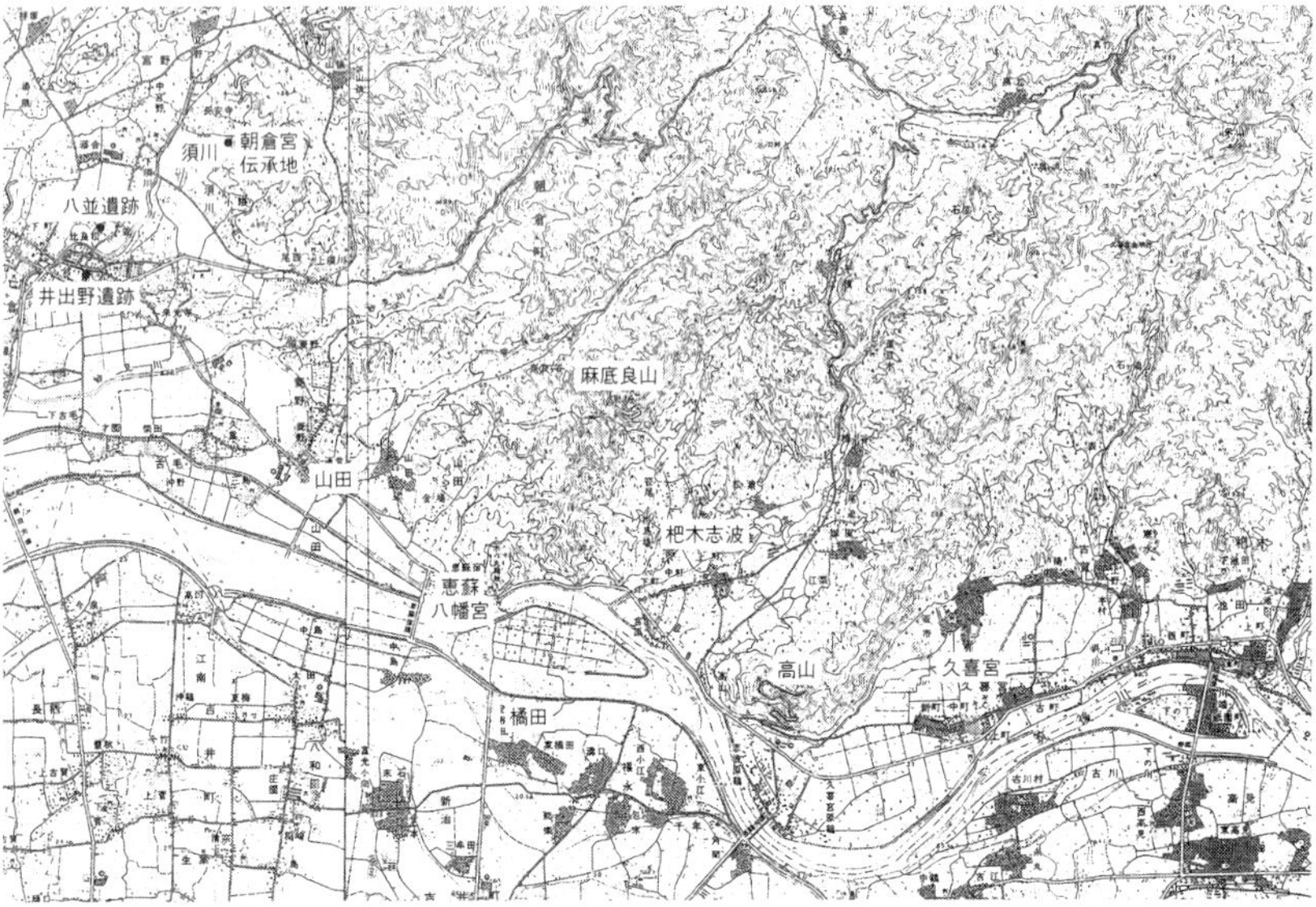

図 10　福岡県朝倉市の朝倉宮推定地周辺図
（この地図は、国土地理院発行の 25,000 分の 1 地形図（田主丸・吉井）を使用したものである）

一　朝倉橘広庭宮の研究史

朝倉宮の明確な遺跡は発見されていないが、近世以来、筑前国上座郡（現在の福岡県朝倉市周辺）に所在したと考えられてきた[2]。しかし中世には、朝倉宮は筑紫以外に所在したとする説もあった。卜部兼方撰『釈日本紀』（文永十一年［一二七四］〜正安三年［一三〇一］頃成立）や一条兼良撰『梁塵愚案抄（神楽注秘抄）』（康正元年［一四五五］以前成立）巻上、朝蔵は、『延喜式』神名下や『土左国風土記』にもとづき、『日本書紀』にみえる朝倉社を土左国土左郡朝倉郷の朝倉神社とする。近世になっても、谷川士清著『日本書紀通証』巻三十一（宝暦十二年［一七六二］刊行）は、当時提唱されていた筑前国上座郡宮野村（もと須川村と一村）とする説（後述）にふれながらも、『倭名類聚鈔』により、伊予国越智郡朝倉郷・立花郷、土左国土左郡朝倉郷、松下見林（一六三七―一七〇四）の豊前国上毛郡とする説を引用しつつ、結論は『釈日本紀』に従っていた。

このような中で、上座郡入地村庄屋であった古賀仁右衛門高重は、『朝倉紀聞』（元禄七年［一六九四］著者奥書、同十六年貝原益軒序）に、同郡須川村に朝倉橘広庭宮があったとする里民の伝説を掲載し、[3] 貝原益軒・好古著『筑前国続風土記』巻十一（元禄十六年［一七〇三］成立）も須川村説をとる。益軒も指摘するように、『日本書紀』の記事をみても、娜大津に上陸し、磐瀬行宮から朝倉宮に遷居しているのであるから、朝倉宮が筑紫にあったとみるのが自然である。そもそも、三善清行「意見十二箇条」前文条が、『備中国風土記』の「（斉明）天皇、行二幸筑紫一、将レ出二救兵一」という記事を引用しており、八世紀には斉明天皇の行幸先は筑紫と認識されていたのである。

近世以来、朝倉市内における朝倉宮の伝承地は、須川、山田、杷木志波の三地区があり、[4] 朝倉宮は朝倉市周辺に所在したと考えるのが通説であった。古賀益城氏は須川に朝倉宮が所在したと考え、[5] 今井啓一氏も大字須川字長安寺に比定している。[6] しかし朝倉市周辺は、娜大津から四〇キロメートルも内陸にあることから、その立地の歴史的意義について、さまざまに議論されてきた。古賀氏と今井氏は娜大津および有明海、近畿地方に通じる豊後方面いずれにも連絡が容易な位置であることを指摘し、渡辺正気氏は筑後川における河川訓練や造船準備、有明海水軍の発遣も考慮に入れたとする。[7]

さらに長洋一氏は、朝倉宮が朝倉地域にあったとし、その決定時期や意義などを詳細に検討した。長氏は、百済王に即位させられた余豊璋が多蔣敷の妹と結婚しており、[8] 伊予国造と大分国造大分君、火君、筑紫三宅連などは多氏の同族で、豊予海峡をはさんだ地域に多氏の同族が分布することを指摘する。その上で近畿地方から、斉明天皇も筑紫への行幸の途中に滞在した伊予の石湯、豊予海峡を経て、豊後に至る百済救援のための戦略的ルートが存在したと推定し、そのルートにそって石湯から九州内部に前進したのが朝倉宮であったとした。[9] 長氏の研究は、朝倉宮が対外戦争を遂行する拠点であるとともに、九州内部の勢力に備える基地でもあったことを明確に論じ、その立地の歴史的意義を明らかにした貴重な成果である。

つぎに、朝倉宮に関する発掘調査成果について概観しておきたい。福岡県は須川地区を有力視し、『朝倉紀聞』の伝承をもとに一九三三年頃から数度にわたり発掘調査を行ったが、長安寺、朝闇寺、朝倉大寺といった寺名が推測される奈良時代の寺院跡を確認したのみであり、朝倉宮との関係は推測の域を出なかった。戦後になり、九州歴史資料館は、斉明天皇の朝倉宮遷居が、対外政策の基地や九州統括の拠点を求めたことによるものと想定し、これが大宰府建設の重要な契機を作ったと考えて、朝倉宮跡を究明するため、一九七三年から七五年にかけて、三次にわたる発掘調査を行った。しかし、発掘調査の結果、須川の伝承地一帯には宮跡が存在しないことが明確となった。報告書では、須川の字「八ツ並」に上座郡衙が存在し、その下層に宮跡がある可能性も推定している(10)。近年、八世紀の上座郡衙と関連する建物群が、八並遺跡（正倉域）や桂川をはさんで南に隣接する井出野遺跡（政庁域）において発見されたが、七世紀に遡る建物群はみつかっていない(11)。

須川説に対して、『日本書紀』斉明天皇七年五月癸卯条の朝倉社を、『延喜式』神名下、筑前国上座郡にみえる麻弖良布神社、八月甲子条の朝倉山を同神社が鎮座した麻底良山に比定する立場が、山田説と杷木志波説である。山田は麻底良山の西側山麓、杷木志波は東側山麓にあたる。九州横断自動車道（大分自動車道）の建設にともなって、この地域で発掘調査が行われた結果、大迫遺跡、杷木宮原遺跡、志波桑ノ本遺跡、志波岡本遺跡において、七世紀代とみられる大型の掘立柱建物群が発見された。建物群を検討した小田和利氏は、これらを朝倉宮関連の施設と捉え、山田より広く防御可能な地理的条件を備えた杷木志波に朝倉宮が存在したと推定した(12)。田中正日子氏は伝承地が狭いことや「広庭」と命名されたことなどから筑後川対岸の生葉郡の肥沃な平野部を一連のものとして含むとした(13)。生葉郡は筑後川をはさんでいるとはいえ、同一の平野的景観の中にある。

このように朝倉宮は現在の朝倉市周辺に存在したと考えるのが通説であった。しかし、朝倉市周辺以外に宮の所在地を求める見解も提起された。朝倉地域以外に宮跡を求めた最初の近代の学説は、狭川真一氏の研究である(14)。狭川氏は、朝倉市（朝倉町・朝倉村）の地名が明治二十二年（一八八九）の町村制施行時からのものであり、また朝倉郡の郡名も明治二十九年の郡名変更からのものであることを確認し、町村名としての朝倉が古代に遡らないことを指摘する。さらに遺構を朝倉宮としうる条件を検討した上で、福岡県小郡市上岩田遺跡を朝倉宮であると結論づけた。

狭川氏の研究は、現在の朝倉の地名が直接に朝倉宮につながらないとし、朝倉宮の所在地を朝倉市内に求めた従来の学説の根拠に再検討を迫るものであった。しかし、上岩田遺跡は初期評衙の遺跡と考えられており[15]、また朝倉市周辺は古代には上座《かむつあさくら》・下座《しもつあさくら》郡と呼ばれており[16]、「あさくら」と読まれる地名は古代に遡る。したがって、狭川説をそのまま受け入れることはできない。

このような中で近年、赤司善彦氏は、朝倉宮が現在の太宰府市周辺に所在したという伝承を紹介し、朝倉市内に所在したとする伝承と同等に捉えるべきとする学説を提唱した[17]。赤司氏の研究を受けて、朝倉宮の故地に筑紫観世音寺が造営されたとする考え方から、太宰府説を支持する見解も提出されている[18]。朝倉宮がどこにあったかという問題は、その歴史的意義を明らかにする上で重要な課題であるが、現在までのところ太宰府市周辺に存在したとする説については、十分な検証は行われていない。朝倉宮について研究する際には、朝倉宮が太宰府に所在した可能性を指摘する赤司説を検証することを避けて通れない。節をあらためて詳しく検討したい。

二　朝倉橘広庭宮所在地の検討

朝倉宮が太宰府に所在した可能性があるとする赤司説の主な論拠は以下の六点に整理できる[19]。①大野城太宰府口城門Ⅰ期の木柱の最も外側の年輪が六四八年。大野城の築城の基準が『日本書紀』天智天皇四年（六六五）八月条よりも遡ることを考慮すべきである。②大野城や基肄城の築城は、これらの外郭施設によって守護されるに相応しい重要施設が中心に存在することを前提としている。③大宰府の防衛施設のあり方は百済の泗沘都城を手本とする。王宮防衛の配置計画がその理念とともに採用されたのが大宰府である。中心施設も王宮と同様の施設を設置した。④朝倉地域は最前線の那津（娜大津）から遠く離れた内陸であり、なぜそのような選地がなされねばならなかったのか。⑤斉明天皇が筑紫に向ったのは長期戦も覚悟した遷都である。真北方位による柵計画も検出された大宰府政庁Ⅰ―1期(Ⅰ期古段階)の建物(七世紀第3四半期)は、この遷都と関係があった。⑥古代から中世にかけての文芸作品や絵画資料に朝倉宮が登場し、朝倉地域の伝承とともに太宰府に所在したとする伝承も存在する。朝倉地域と太宰府の伝承を同等に捉えるべきである。

以下、赤司説の論拠について確認していきたい。①の大野城太宰府口城門木柱については、発掘直後の一九八八年に奈良国立文化財研究所の調査が行われ、外周部の辺材が完全に失われていると判断されたため、残存最外年輪の年代は六四八年+αとされた。しかし、二〇〇八年度に九州国立博物館でX線CTスキャナによる解析と実物資料の観察が行われ、外周部全体の状態が原木そのものの形状を保っていることがわかった。このため六四八年は伐採年に限りなく近く、六五〇年までの間に納まるとされた(20)。ここで『日本書紀』が記す築城年と十五年の年代差があることが問題となる。赤司氏は、木柱に転用材と考える積極的な根拠がなく、またコウヤマキ製の木柱には自然乾燥の期間が必要ではないことや、大野城の築城が二、三年では困難であることなどから、築城開始が伐採年の六五〇年頃に遡る可能性を指摘した(21)。

確かに、大野城の築城開始が六六三年の白村江敗戦以前に遡る可能性はある。しかし一方で、木柱の伐採年が六五〇年であるとしても、大野城以前に使用されていたことや伐採後に長期間保管されていた可能性を完全には否定できていない。築城が二、三年では困難であるならば、重出記事とされる『日本書紀』天智天皇九年(六七〇)二月条の「又築二長門城一、筑紫城二一」(22)を築城完成記事として採用することもできる。

さらに大野城を築いた亡命百済人憶礼福留は、白村江敗戦直後の天智天皇二年九月二十四日に渡来し、同十年正月には兵法に詳しかったとして、長門城を築いた答炑春初とともに大山下の冠位を授けられた。『日本書紀』の関連記事の文脈では、白村江敗戦後の憶礼福留の渡来、大野城築城への関与とこれに対する褒賞という事実関係が明確に記されており、記事の前後関係に誤認は発生しにくいと思われる。

②は本書第Ⅱ部第八章第一節でも述べるように、大野城や基肄城はそれらに囲まれた内部に直接的に守護されるに相応しい施設を必要としない。したがって、たとえ大野城の築城開始が白村江敗戦以前だったとしても、その事実は朝倉宮が大野城南側の現在の太宰府市内に存在したという根拠にならない。すなわち、大宰府東側には明確な防衛ラインがなく、豊前・豊後方面は防衛ライン内部と考えられていた[23]。大宰府東側に存在する阿志岐城は大宰府政庁から豊前に通ずる道を抑えている[24]。太宰府市付近は、博多湾から上陸した敵が水城のふさぐ二日市低地帯を過ぎた後、肥前・肥後や、豊前・豊後を経て瀬戸内海から近畿地方へと続く道が分かれていく最初の分岐点であり、ここに防衛拠点を作ることそのことに意味があったと考える。筑紫大宰（大宰府）の建物は直接的な防衛の対象ではなく、水城や大野城などの防衛施設を有機的に機能させる司令部の機能こそが重要であった。そのために筑紫大宰は通説どおり、白村江敗戦後に那津から現在の太宰府市周辺に移転したと考える[25]。

③について、大宰府の防衛施設が百済の泗沘都城を手本としたことは確かであろう。しかし、それは防衛の戦略上・技術上の問題といえ、その内部に王宮があることも理念に含まれるというのは飛躍がある。④の朝倉宮が朝倉地域に立地した理由は、第一節で紹介した、長洋一氏の豊後道から豊予海峡に出て、伊予の石湯を経て瀬戸内海から飛鳥につながるルートを重視し、石湯から九州内部に前進したのが朝倉宮であるとする学説に尽くされていると考える。この点は、第三節で従来と異なる視点から敷衍したい。⑤について、斉明天皇が筑紫に向ったのが遷都に等しいことは確かである。ただし、①〜④が否定されるならば、大宰府政庁Ⅰ―1期建物を朝倉宮に結び付ける根拠は乏しくなる。

⑥について、大宰府と朝倉宮を関連付けた文芸作品で最も遡ると赤司氏が位置づけるのは、『大弐高遠集』である。藤原高遠の大宰大弐任官は、寛弘元年（一〇〇四）十二月二十八日なので、『大弐高遠集』の成立はこれ以降である[26]。赤司氏は連続する二首の和歌、「そめかは／こひしさは色にいでぬと染かはのこころをくみて人はしらなむ」と「きのまろどのといふやはつくしにありける／むかしよりきのまろどのときこえしはすみつく人のなきななりけ

り」[27]を結び付け、後の歌を太宰府の藍染川から天智天皇の木の丸殿を連想した和歌と解釈する。しかしこの付近の和歌の配列は必ずしも詠まれた順序通りではなく、また二首の和歌が近接して詠まれたとは断言できず、この二首を関連づけて右のように解釈するのは無理である。

つぎに赤司氏は『平家物語』や『源平盛衰記』の、寿永二年（一一八三）に平家と安徳天皇が太宰府にきた時に内裏が山の中だったので、木の丸殿を思い浮かべたという記述を挙げる。しかし『平家物語』巻第八、緒環によると、安徳天皇は岩戸（岩門）の少卿（大宰権少弐）大蔵（原田）種直の宿所を内裏としており、同書の続く太宰府落によると、内裏造営は計画だけで終わり、平家は豊後国住人の緒方三郎維義に攻められ、太宰府から箱崎に撤退した。内裏とされた種直の宿所は現在の福岡県那珂川市安徳に位置していたので[28]、この記述を実際の太宰府と朝倉宮を結び付けた伝承とするのは無理である。そもそもこの『平家物語』の記述じたいが、鴨長明著『方丈記』にみえる福原遷都についての「内裏は山の中なれば、かの木の丸殿もかくやと、なかなか様かはりて優なるかたも侍り」を下敷きにした表現であり、太宰府とは関わりがない[29]。

したがって、確実に太宰府と朝倉宮を結び付けた伝承は、文明十二年（一四八〇）の飯尾宗祇著『筑紫道記』にみえる「染川にそふて下るに、天智天皇の皇居木の丸どのの跡に馬をとゞむ、境内皆秋の野らにて、大き成礎の数をしらず。都府楼の月いにしへを思ふに、きのふの観音寺の鐘又聞がごとし」（塙保己一編『群書類従　第十八輯　日記部／紀行部』続群書類従完成会、一九七七年訂正三版、六五九頁）が最古である。

いっぽう朝倉宮と朝倉地域を結び付けた最も遡る伝承として、天智天皇の歌にある木の丸殿が「筑前国上座郡あさくら」であると注釈した藤原清輔著『奥義抄』中釈、古歌十（保延六年・一一四〇年頃成立[30]）を赤司氏は挙げる。しかし朝倉宮と朝倉地域を結び付けたさらに古い伝承が存在する。正暦二年（九九一）四月十三日筑前国観世音寺長講僧解案に「必件（把岐）庄幷官灯稲等、如レ本可レ為二寺家進退一、既本願天皇　御〔入脱カ〕施也」とみえ、本願天皇（天智天皇）が上座郡把岐荘を観世音寺に施入したと伝える。ついで康和三年（一一〇一）三月十六日大宰府政所下文案が引く観世音寺所司の解状に「右謹案二旧記一件御庄者木呂殿東之山下、以二本願天皇御遊荒野一所レ被二寄進一之根本御庄也。因レ之四至内水田等、併以二大宝年中一所レ被二施入一也」とみえ、観世音寺は、把岐荘が「木呂殿」（「木丸殿」の誤写か）東の山の下にある天智天皇御遊の荒野であり、天智天皇が寄進した根本御庄であると主張する。[31]観世音寺は斉明天皇の菩提を弔うために天智天皇が発願した寺院であり[32]、その寺伝が把岐荘に関する裁判の根拠として主張され、大宰府が承認している点は無視しえない。大宝二年（七〇二）ないし同三年に把伎田高山田九段を含む上座郡杷岐野が施入され、同四年に波岐荒野が寺の苑圃地として施入されており[33]、大宝年間に把岐の地が観世音寺に施入されたことは事実である。さらに把岐の地を天智天皇が寄進したとするのが史実かどうかはともかく、十世紀末に朝倉地域と天智天皇を結び付けた伝承が存在したことは重要である。

森哲也氏は、把岐荘が朝倉宮に付属した土地であった可能性が高いとし、さらに筑後川をはさんで対岸にあって把岐荘と一体の筑後国生葉郡大石封・山北封、鎌屯倉や穂浪屯倉に近接する筑前国嘉麻郡碓井封・鞍手郡金生封、穂浪郡の熟田、那津官家に近接する那珂郡の熟田など、観世音寺の所領は宮や屯倉など王権と関わるものが多いことも指摘する[34]。また清原倫子氏は、把岐荘対岸の生葉（浮羽）郡が、的臣氏という中央と関連を持つ豪族が存在し、造船基地としても栄え、韓半島経営の拠点でもあり、また倭王権の九州制圧の象徴の地であったことから、朝倉宮が生葉郡と一体である朝倉地域に造営されたとみる[35]。

朝倉宮所在地について、朝倉地域とする伝承は十世紀末に遡り、いっぽう太宰府とする伝承は十五世紀までしか遡れない。前者が観世音寺の寺伝である点も重要であり、朝倉宮は朝倉地域に所在した可能性が高いと判断されよう。

なお前掲の大宰府政所下文案によれば、観世音寺では、木の丸殿東の山の下に把岐荘が所在したと伝えられていた。朝倉地域では、杷木から久喜宮にかけて条里地割が検出されており、観世音寺領の把岐田もこの地域に所在したと考えられる[36]。把岐田が久喜宮付近にあったとすれば、大宰府政所下文案にみえる「東之山」が高山に相当しよう。すると康和三年当時の木の丸殿伝承地も、現在と同じく高山をはさんで西側の恵蘇八幡宮が鎮座する丘陵であったと考えて矛盾がない。そして高山と恵蘇八幡宮の間にはさまれた杷木志波には宮原、政所、落中などの地名があり、筑後川の対岸にも朝倉橘広庭宮に由来すると思われる橘田の地名が存する(37)。このうち政所は、把岐荘の政所の故地であろうか(38)。その政所は朝倉宮の施設を継承したものかもしれない。以上の検討から、朝倉宮の所在地は、山田説も可能性を残すが、小田氏が指摘されたように、やはり杷木志波が有力であると考える。

三　朝倉橘広庭宮の宮号と機能

この節では朝倉宮がなぜ内陸の朝倉地域に置かれたかについて、これまでとは異なって、宮の名号から考えてみたい。「橘広庭宮」という宮号から推測されるように、その名は王宮の景観にもとづく。橘が植えられた広大な広場があったのだろう(39)。用明天皇の池辺双槻宮、皇極天皇の飛鳥板蓋宮、田身嶺（多武峰）山上の二本の槻の木のそばに建てられた斉明天皇の両槻宮など、飛鳥時代の王宮には景観から名付けられたものが知られる(40)。橘は常世の国からもたらされた非時香菓《ときじくのかくのみ》という不老長生の呪果であり(41)、斉明天皇と朝倉宮の永遠を象徴して植えたのであろうか。

朝倉宮の神聖な樹木と広大な広場とをあわせた宮号は、毛人の服属儀礼、多褹島人や隼人の饗応、倭国王に忠誠を誓う儀式などが行われた飛鳥寺の西の槻の広場を容易に連想させる(42)。餌香市に植えられた橘の根元に贖罪の財物を置かせた例があり、橘は服属儀礼との関わりもあった(43)。古代における庭は、服属儀礼も含む、集団間の関係・調整、つまり政治とも関連を持つ言葉である(44)。前期難波宮（難波長柄豊碕宮）は南北二六三メートル、東西二三三メートルの広大な朝堂とこれに囲まれた朝庭を持つ。それは膨大な官人たちが倭国王に侍し、政務を行う場として誕生したとされる(45)。以上をふまえると、朝倉宮に期待された役割のひとつに、多くの中央・地方の豪族たちが参集し、斉明天皇に服属し、侍し、政務を行うことがあったのではないだろうか。

ところで、斉明天皇や天智天皇が率いた百済救援の外征軍は、律令的な軍団組織に移行しながらも、前代の国造軍の遺制を存し、中央豪族が率いる豪族軍と西国を中心とする九州北部の国造軍が多く動員されていた(46)。このことは律令官僚制が整備される以前の斉明天皇の時代において、軍事動員にあたっては、倭国王と国造をはじめとする地域首長との人格的な服属関係が大きな意味を持ったことを予測させる。実際、前掲の『備中国風土記』逸文の邇磨郷の地名起源伝承が伝えるように、斉明天皇は筑紫に向かう途中の後の備中国下道郡で二万人の軍士を徴発したという。また倭国王の例ではないが、推古天皇十年（六〇二）四月、厩戸王子の同母弟である久米王子が撃新羅将軍として後の筑前国嶋郡（現在の福岡県糸島市）に駐屯して戦争準備を行ったことを契機に、嶋郡周辺の首長と民衆が厩戸王子一族の支配下に置かれていったと推測される(47)。倭国王がみずから現地に赴くことで、地域首長を服属させ、多くの軍勢を動員することが可能となるのである(48)。

百済救援戦争に従軍した九州北部の首長たちの名を史料から挙げると、筑紫三宅連得許（筑前国那珂郡）、許勢部形見（筑後国山門郡）、大伴部博麻・筑紫君薩野馬（筑後国上妻郡）、韓嶋勝娑婆（豊前国宇佐郡）、壬生諸石（肥後国合志郡）が知られ、この戦争において、とくに筑後を中心とする九州北部内陸部の首長が動員されていることがわかる(49)。このように考えると、朝倉宮が斉明天皇への服属儀礼を行う機能を備えていたことは示唆的である。つまり、百済救援戦争にあたり、九州北部内陸部の軍事動員を円滑に行うために、斉明天皇がみずから内陸の朝倉地域に赴いて地域首長の参集と服属を促進させたのではないだろうか。そのために斉明天皇の朝倉宮は朝倉地域に造営される必要があったのである(50)。

さいごに斉明天皇崩御後の動向について述べて、むすびとしたい。九州北部の地域首長を服属させる人格的な結集核であった斉明天皇の喪失により、朝倉宮は機能を失った。斉明天皇の息子である葛城王子(51)（中大兄王子。後の天智天皇）は戦争中であるにもかかわらず、斉明天皇の遺体とともに飛鳥に帰り、殯を実施した。殯の期間は一年以上に及ぶこともあり、この間、王権が不安定なため、しばしば王位継承をめぐる争いが起きた(52)。倭国王が九州で崩御するという事態ではなおさらである。仲哀天皇が筑紫で崩御した際、応神天皇が幼いため、近畿にいた麛坂王と忍熊王が東国の兵を動員して乱を起こし、応神天皇を擁した母后の気長足姫尊（神功皇后）が乱を鎮圧したという説話が想起されよう[53]。葛城王子は自身を斉明天皇の後継者として、すみやかに倭王権を再統合するため、飛鳥で斉明天皇の殯を行い、倭王権を構成する群臣たちの服属を取り付けなければならなかったのである[54]。

註

（1）『三国史記』新羅本紀、太宗武烈王七年七月条、百済本紀、義慈王二十年六月条、『日本書紀』斉明天皇六年九月癸卯条～同七年七月丁巳条。以下、六国史を出典とする記述は日付のみを記す。なお、百済救援戦争とその最終決戦であった白村江の戦いについては、拙稿「白村江の戦いと倭」（佐藤信編『古代史講義【海外交流篇】』筑摩書房、二〇二三年）において、先行研究によりつつ概要を述べた。

（2）朝倉宮についての調査および研究史は、九州歴史資料館編『朝倉橘広庭宮跡伝承地　第一次発掘調査報告』一九七四年、一～三頁、清原倫子「朝倉橘広庭宮と古代の浮羽の歴史的位置」（長洋一監修・柴田博子編『日本古代の思想と筑紫』櫂歌書房、二〇〇九年）一三九～四一頁、赤司善彦「朝倉橘広庭宮推定地の伝承について」（『東風西声　九州国立博物館紀要』五、二〇一〇年）三六～四二頁などが整理している。

（3）福岡県立図書館が、昭和八年（一九三三）の宮野村大字比良松井上恒三郎の写本を所蔵する（請求記号 K229/7）。須川村の条に以下のようにある（句読点は筆者が加えた）。「〇朝倉橘広庭宮　里民ノ伝説ニ曰、斉明天皇天智天皇ノ皇居ノ跡也。誠ニ広原無双ノ地ニシテ東ニ花園山猿沢ノ池有リ。西ニ桂川ノ流、北ニ降葉山アリ。花園山ニ継テ高山アリ。故ニ朝日ノ光禁裏ニ遅シ。因テ朝闇ト名付シ也。古ノ礎ノ地又ハ菊ノ紋付タル古瓦等一ツ二ツ集メ瓦塚トテ今ニ残レリ。猿沢ノ池花園山ノ麓大行事ノ前ニ在リ。四時水ノ増減ナシ。里民伝曰、此池ニ鐘ヲ沈メテ今ニ揚ラス。旱魃ノ年此池ノ水ヲ汲、泥ヲ上ントスレハ必雨降ト云。今モ大旱ノ時此池ノ水汲尽サントシ、且大行事ノ社ニ雨請スレハ必験アリ。花園山皇居ノ跡大行事社ノ南ニ在リ。降葉山広庭ノ宮ノ北ニアリ。桂川広庭ノ宮ノ西ニ流ル。」

（4）前掲註（2）と同じ。

（5）古賀益城『朝倉橘広庭宮考』朝倉村文化財保存委員会、一九六〇年、八八～九頁

（6）今井啓一「筑前朝倉橘広庭宮について―斉明・天智両天皇の百済救援大本営―」（『大阪樟蔭女子大学論集』一〇、一九七二年）一頁

（7）前掲註（5）古賀著書、一六～七頁。前掲註（6）今井論文、六頁。九州歴史資料館編『朝倉橘広庭宮跡伝承地　第三次発掘調査報告』一九七六年、一三頁

（8）『日本書紀』天智天皇即位前紀、斉明天皇七年九月条

（9）長洋一「朝倉橘広庭宮をめぐる諸問題」（『神戸女学院大学論集』二六―三、一九八〇年）一五・二九～三一頁

（10）九州歴史資料館前掲註（7）報告書、一二～三頁

（11）朝倉市教育委員会編『八並遺跡　井出野遺跡　朝倉市文化財調査報告書　第五集』二〇〇九年、七〇～二頁

（12）小田和利a「福岡県朝倉町大迫遺跡と朝倉橘広庭宮について」（有明文化を考える会編『北部九州の古代史』名著出版、一九九二年）七九頁。同b「朝倉橘広庭宮の再検討―杷木町志波地区の大規模建物跡群とその歴史的位置づけ―」（『九州歴史資料館研究論集』一八、一九九三年）三九頁。同c「朝倉橘広庭宮と観世音寺―宮の所在地についての再検討―」（『九州歴史資料館研究論集』三五、二〇一〇年）三八頁

（13）田中正日子「筑後古代史の展開㈥」（『田主丸郷土史研究』創刊号、一九八七年）二一頁

（14）狭川真一「朝倉橘広庭宮と筑紫」（『古代文化』五一―五、一九九九年）三～四・一〇～一頁

（15）小田富士雄「上岩田遺跡の構成と歴史的位置」（小郡市教育委員会編『上岩田遺跡調査概報　小郡市文化財調査報告書第一四二集』二〇〇〇年）五〇頁

（16）『倭名類聚鈔』西海道郡第六十七、筑前国に「下座〈下都安 佐久良〉　上座〈准上〉」とあり、大宝四年（七〇四）二月十一日付大宰府移（大東急記念文庫所蔵、竹内理三編『大宰府・太宰府天満宮史料　巻一』太宰府天満宮、一九六四年、四二頁）に「波岐荒□　笠志前国上旦〔座〕鹿郡地」とある。

（17）赤司善彦a「筑紫の古代山城と大宰府の成立について―朝倉橘広庭宮の記憶―」（『古代文化』六一―四、二〇一〇年）八八頁。同b「朝倉橘広庭宮について」（『明日香風』一一八、二〇一一年）二〇～一頁。前掲註（2）赤司論文、四六頁

（18）西本昌弘「文献史料からみた川原寺」（関西大学文学部考古学研究室国際シンポジウム実行委員会編『国際シンポジウム　飛鳥・川原寺裏山遺跡と東アジア資料集』二〇一二年）三三頁

（19）赤司説は、前掲註（17）の論文による。

(20) 赤司善彦・光谷拓実「大野城の築城年代再考―太宰府口城門出土木柱の年輪年代の測定から―」（『東風西声　九州国立博物館紀要』七、二〇一二年）二四～五頁

(21) 前掲註（20）赤司・光谷論文、二八～三〇頁

(22) 坂本太郎「天智紀の史料批判」（『日本古代史の基礎的研究　上　文献篇』東京大学出版会、一九六四年）二一八～九頁

(23) 小田富士雄「水城と大宰府都城」（九州歴史資料館編『水城跡　下巻』二〇〇九年）三五四頁

(24) 筑紫野市教育委員会編『阿志岐城跡　阿志岐城跡確認調査報告書　筑紫野市文化財調査報告書　第九二集』二〇〇八年、三五～八・四五～七頁

(25) 本書第Ⅱ部第八章第一節。二〇一五年に実施された筑紫野市前畑遺跡第十三次調査で土塁状遺構が発見された。この土塁状遺構に対する評価を発端として、発掘調査も含む大宰府外郭線の調査研究が行われた。本書終章第二節でも触れるように、大宰府外郭線の調査研究や筑紫野市教育委員会による前畑遺跡の発掘調査成果を経ても、前畑遺跡の土塁状遺構の築造目的や時期は明確でないところがあり、今後の調査研究に俟つ部分が大きい。よって九州北部の防衛構想や大宰府周辺の防衛施設の役割については、初出論文の際の私見を基本的には改めずにおくことにしたい。

(26) 『日本紀略』寛弘元年十二月二十八日丁未条、『御堂関白記』同日条、『権記』同日条など。

(27) 「新編国歌大観」編集委員会編『新編国歌大観　第三巻　私家集編Ⅰ歌集』角川書店、一九八五年、二四一頁

(28) 丸山雍成「中世後期の北部九州の国人領主とその軌跡―原田氏とその支族波多江氏を中心として―」（廣渡正利編『大蔵姓原田氏編年史料』文献出版、二〇〇〇年）三四一頁

(29) 梶原正昭・山下宏明校注『新日本古典文学大系　平家物語　下』岩波書店、一九九三年、七七頁、脚注三〇

(30) 佐佐木信綱編『日本歌学大系　第壱巻』風間書房、一九六三年、二九五頁。清輔は、天智天皇が慎むために（斉明天皇の喪か）、朝倉の山中に黒木の屋（木の丸殿）を造って居し、「あさくらやきの丸殿に我をればなのりをしつ、ゆくはたが子ぞ」と詠んだとする。

(31) 『平安遺文』三五一・四九五四号文書

(32) 『続日本紀』和銅二年二月戊子朔条

(33) 大宰府移（前掲註（16））および延喜五年（九〇五）観世音寺資財帳、水田章・薗団《ママ》地章（太宰府市史編集委員会編『太宰府市史　古代資料編』太宰府市、二〇〇三年、七三六・七三八頁）

(34) 森哲也「『延喜の奴婢停止令』と観世音寺文書」(『市史研究ふくおか』二、二〇〇七年)七～八頁。前掲註(12)小田c論文、三六～七頁も杷岐の薗地に朝倉宮跡地の一部が含まれるとする。

(35) 前掲註(2)清原論文、一六〇・一六三頁

(36) 日野尚志「筑後川流域右岸における条里について―筑前国夜須・上座・下座三郡、筑後国御原・御井(一部)二郡の場合―」(『研究論文集　佐賀大学教育学部』二三、一九七五年)九〇頁。前掲註(12)小田c論文、三六頁。なお、北村安裕「日本古代における寺領の歴史的展開―筑前国観世音寺領杷伎野を例として―」(『歴史学研究』九〇九、二〇一三年)は、古代における大土地所有の歴史的展開のなかに位置づけて、八～九世紀における観世音寺領杷伎野をめぐる状況の推移を論じている。北村氏は、杷伎野を朝倉宮関連所領としており、朝倉宮は朝倉地域に所在したと考えている(同論文、七～八頁)。

(37) 前掲註(12)小田c論文、四一頁

(38) 延喜五年観世音寺資財帳、庄所章にも杷枝庄に東屋、東二屋、西一屋という建物があったことが記される。前掲註(33)『太宰府市史』七三四頁を参照。

(39) 前掲註(5)古賀著書、一五～六頁。清原倫子氏のご教示によると、「広庭」は倭国王が統治する天下をも意味する。欽明天皇の称号にも「天国押波流岐広庭命」(『古事記』継体天皇段)、「天国排開広庭尊」(『日本書紀』継体天皇元年三月甲子条)とみえる。近世の国学者にも同様の理解があり、本居宣長撰『古事記伝』巻四十四、玉穂宮巻では、称号全体を「これも天ノ下所知看ての御称名《ミタヽヘナ》なるべし」とする。「広庭」については「上よりかゝりて称名《タヽヘナ》なり」とし、「天国押波流岐」が広庭にかかるものとする。河村秀根・殷根・益根著『書紀集解』巻第十九冒頭の「天国排開広庭天皇」の注釈も同様に解釈し、両方とも天と国を押し開くという美称によって、広庭の「広」を導き出していると理解する。

(40) 『日本書紀』用明天皇即位前紀、敏達天皇十四年九月戊午条、皇極天皇二年四月丁未条、斉明天皇二年是歳条

(41) 『日本書紀』垂仁天皇九十年二月庚子朔条

(42) 『日本書紀』孝徳天皇即位前紀、大化元年六月乙卯条、天武天皇六年二月是月条、同十年九月庚戌条、同十一年七月戊午条、持統天皇二年十二月丙申条、同九年五月丁卯条。今泉隆雄「飛鳥の須彌山と齋槻」(『古代宮都の研究』吉川弘文館、一九九三年)四一頁

(43) 『日本書紀』雄略天皇十三年三月条

(44)　吉村武彦「古代における宮の庭―広場と政事（まつりごと）―」（『日本古代の政事と社会』塙書房、二〇二一年、初出一九八五年）一七二～三頁

(45)　早川庄八「前期難波宮と古代官僚制」（『日本古代官僚制の研究』岩波書店、一九八六年）三二二～四頁。吉川真司「難波長柄豊碕宮の歴史的位置」（吉村武彦・小笠原好彦編『展望日本歴史5飛鳥の朝廷』東京堂出版、二〇〇一年）一四九～五〇頁

(46)　岸俊男「防人考」（『日本古代政治史研究』塙書房、一九六六年）三〇二～三頁。森公章「朝鮮半島をめぐる唐と倭―白村江会戦前夜―」（『古代日本の対外認識と通交』吉川弘文館、一九九八年）二八五～八頁

(47)　本書第Ⅰ部第四章第二節

(48)　仁藤敦史「古代王権と行幸」（黛弘道編『古代王権と祭儀』吉川弘文館、一九九〇年）四二頁は、倭国王の行幸のひとつである征旅について、久米王子の派遣や斉明天皇の九州遠征を例に挙げつつ、「征旅は大王の持つ軍事指揮能力を象徴するもので、国見・国讃め・狩猟などと同様、在地首長層から委譲された権能を大王自らが確認、行使する場として位置づけることができる。そして、征旅にともなう軍事的征服は、敵対した首長に対して服属儀礼を強要する結果になる」と述べる。

(49)　『日本書紀』天智天皇十年十一月癸卯条、天武天皇十二年十二月癸亥条、持統天皇四年九月丁酉条・同年十月乙丑条、同十年四月戊戌条、『続日本紀』慶雲四年五月癸亥条

(50)　北條秀樹「初期大宰府軍制と防人」（『日本古代国家の地方支配』吉川弘文館、二〇〇〇年）一七五～六頁は、対外的危機をバネとして、きたるべき律令制支配を見据え、従来の沿岸部支配から、より内陸部に踏み込んだ地域の確保と支配に政策移行したと評価する。

(51)　『日本書紀』斉明天皇七年十月己巳～十一月戊戌条

(52)　和田萃「葬送儀礼と即位儀礼」（『日本古代の儀礼と祭祀・信仰　上』塙書房、一九九五年）一〇・六二～四頁

(53)　『古事記』仲哀天皇段、『日本書紀』神功皇后摂政元年二月条

(54)　前掲註（52）和田論文、一四七頁は、殯宮儀礼が亡き天皇、あるいは新たな皇位継承者への服属を誓う要素が濃いことを指摘する。また、吉村武彦「古代の王位継承と群臣」（『日本古代の社会と国家』岩波書店、一九九六年）一二二頁が指摘するように、倭国王と群臣は代替わりごとに、相互の地位を確認していた。倭王権が個々の王の人格によって統合されていたためであり、倭王権は王の代替わりごとに原理的にはすべて再編成された。

第八章　文献史料からみた古代の水城

水城大堤の遺構は、福岡平野から筑紫平野へと抜ける二日市低地帯の北端、大野城が築かれた四王寺山と牛頸丘陵にはさまれた狭い平地部分をふさぐ全長約一・二キロメートルの土塁として現存しており、考古学的な発掘調査によって、その構造が詳細に明らかになっている。

古代の水城について記す文献史料は少ないが、水城が実際にどのような機能を持っていたのか、それは時代とともにどのように変わっていったのか、歴史学の立場から指摘できることもあるだろう。またその記述から、考古学的調査の知見を補えることもあろう。文献史料にみえる古代の水城について、先学の驥尾に付して考察を試みる所以である(1)。

一　水城の築造と九州北部の防衛

〔史料1〕『日本書紀』天智天皇三年（六六四）是歳条

是歳、於㆓対馬島・壱岐島・筑紫国等㆒、置㆓防与㆑烽。又於㆓筑紫㆒、築㆓大堤㆒貯㆑水。名曰㆓水城㆒。

〔史料2〕『日本書紀』天武天皇元年（六七二）六月丙戌条

（前略）時（筑紫大宰）栗隈王、承㆑符対曰、筑紫国者、元戍㆓辺賊之難㆒也。其峻㆑城深㆑隍、臨㆑海守者、豈

為二内賊一耶。（後略）

天智天皇二年八月に韓半島西側の錦江河口付近と推定される白村江で、百済・倭連合軍は、唐・新羅連合軍との戦いに敗れ、九月に百済遺臣が立て籠もっていた州柔城（周留城）が降伏した。これにより百済は完全に滅亡し、倭国の船団は亡命する百済人を乗せて帰国した(2)。

史料1は、白村江の敗戦の翌年にかけられており、『日本書紀』の文脈からすると、四世紀末以来、韓半島に築いてきた地歩を失った倭国に直接、唐・新羅が侵攻することを予測し、これに対応するための措置であったことは明らかである。

防と烽は侵攻する敵軍への直接的な防衛に役立つ戦力ではないので、敵の侵攻を監視する役割を果たすのであろう。養老軍防令55防人向防条・同56上道条では、辺境防備に当たる兵士である防人とその配備地である防を区別しているが、同14兵士以上条の義解が「防者、防人也」と解釈しており、さらに防人が配置されなければ、防を置いても機能しないので、この時に防人も当然置かれたと考えてよい(3)。この記事は律令制下の制度化された防人制の最初の設置を意味する可能性があり、防人の初期的な形態は、律令制以前において、筑紫を中心とした西国の国造軍が重要な役割を果たしていた外征軍が、辺境に常駐化したことに求められる(4)。

水城の機能について、かつては水を貯え、敵襲に際して水を切って敵軍を押し流す施設だとする考え方があった。確かに『日本書紀』をみると、堤は、川の堤防や貯水するために作られた池の堤防として現れ、水を防ぐ役割を果たす施設を意味する(5)。大堤を築いて水を貯えたという記述からは、水城大堤は貯水するための施設だと解釈しうるのである。

しかし、鏡山猛氏が木樋の調査や大堤の構造の検討から指摘され(6)、また発掘調査でも大堤の博多側に幅約六八メートルの濠跡が見つかったことから、水を貯えたのは濠であり、大堤は防御施設としての土塁であることが明らかとなった(7)。

敏達天皇十二年（五八三）是歳に任那復興のために百済から召喚した達率日羅の進言に「毎於二要害之所一、堅築二塁塞一」とあるように、敵の予想進撃路に土塁を築いて阻止線とする戦術構想は百済の戦術思想の一つであったとみられる[8]。後述のように、水城が大野城・基肄城とともに百済の亡命貴族の指導によって築造されたこともふまえれば、水城のような大規模な土塁をともなう防御施設は倭国にないものであった。この記事の原史料を書いた人物は、水城の視覚的形態をふまえ、古来なじみのある池や川にともなう堤防として記述したのであろう。

水城を築いた翌年の天智天皇四年（六六五）八月には、達率答炑春初を長門国に遣わして城を築かせ、達率憶礼福留と四比福夫を筑紫国に遣わして、大野城と椽城（基肄城）を築かせたとある。遺構の上でも、水城土塁の東側に連続する四王寺山には大野城が存在し、土塁の西側に続く牛頸丘陵から南に連なる山地の一つで、大野城の南方約一〇キロメートルに位置する基山には基肄城が築かれている。したがって、水城と大野城、基肄城は一体のものとみられ、これらの防衛施設は個別に築造されたわけではなく、戦略的な意図を持った一連の計画のもとに築かれたことがわかる。防御施設がなくとも、ある程度自然の要害となる山地上の大野城や基肄城より、丘陵と山地にはさまれた平地を塞ぐ水城の築造が優先されたことも、これを傍証する。

大野城と基肄城を築いた憶礼福留と四比福夫は、百済における十六品の官位において、第一位の佐平（定員五名）につぐ第二位（定員三十名）の達率を持つ高官である[9]。憶礼福留は、白村江の敗戦後、撤退する倭国の船団とともに亡命してきたことが知られ、天智天皇十年（六七一）正月には長門城を築いた答炑春初とともに大山下の冠位を授けられ、ともに「閑二兵法一」と記されている[10]。このことと、大野城や基肄城の城壁、城門、城内の建物群などの構造形式が百済の山城と共通点を持つことから、大野城と基肄城は朝鮮式山城と呼ばれる[11]。

憶礼福留が兵法に詳しかったということをふまえれば、憶礼福留や四比福夫の役割は、たんに大野城と基肄城を築くということにとどまらず、筑紫における防衛の戦略的構想や防衛施設全体の設計に関わるものだったと推測できる。水城の築造も憶礼福留や四比福夫等によって計画されたものであろう。さらに、水城大堤西側の丘陵地帯の谷には上大利・春日・小倉・大土居・天神山の小水城が築かれており、また基肄城の東方にも、とうれぎ土塁と関屋土塁の存在が知られている。これらの防衛施設は、平野を取り囲むように、山地や丘陵とその間をつなぐ平地を土塁で塞ぎ、南北の山地に山城を配置しており、この構造が百済最後の都である泗沘の外郭線と類似することから、その影響を受けた外郭線をもつ都市であったと考えられる[12]。

現在の地形と水城や大野城、基肄城の位置をあわせ考えると、水城は、まず博多湾側から侵攻する敵がその南側に侵入するのを防ぐ意図で築かれたのだろう。大野城や基肄城には多数の倉庫があり、倉庫には武器や米が蓄積されていたので[13]、水城が敵に突破された場合は、大野城や基肄城に立て籠もって救援を待ちつつ、抗戦を続けるという構想であったとみられる。大宰府の施設そのものには土塁などの防御施設はない。それは水城の南側に敵が侵入した際には放棄せざるをえず、大宰府の施設そのものは最終的な防衛の対象ではなかった。水城や大野城等の防衛施設を有機的に機能させる司令部の役割こそが大宰府の存在意義とみるべきであろう。大宰府とその外郭線は全体として筑紫における国防の拠点として構築されたのである[14]。

史料2で壬申の乱に際し、筑紫大宰栗隈王は、軍兵を徴発せよという大友王子の命令に、筑紫国は城を峻《たか》くし、隍《ほり》を深くして海に臨んで守ると答え、これを断った。この表現は水城や大野城の存在をふまえたものであり、筑紫大宰はこれら施設を指揮する司令部として、博多湾に対し、那津から水城の背後にある現在の大宰府政庁跡付近に移動したのである[15]。

さて、本来、唐や新羅との最前線となる対馬の金田城の築造が天智天皇六年（六六七）十一月であり、これに水城、大野城、基肄城の築造が先行することは、白村江の敗戦後の国防戦略が、その一環として、将来を展望した筑紫を中心とする国防拠点の構築を目指していたことを示す[16]。さらに、七世紀後半には、朝倉橘広庭宮や筑後国府跡古宮地区Ⅰ期遺構も造営されていることから、対外的危機をバネとして、きたるべき律令制支配を見据え、従来の沿岸部支配から、より内陸部に踏み込んだ地域の確保と支配に政策移行したともいえる[17]。

最後に水城の名称であるが、築造の記事から考えて、それは濠に水を貯えたことに由来する。列島古代の城は、大野城のように地名に由来するものがある一方、稲を積んで作った稲城や、城のそばに鬱蒼と蘆が生い茂る景観に由来する可能性がある阿志岐城（蘆城）など、城の特徴的な防御施設や周辺の景観にもとづくものがみられる。百済の亡命貴族にとって、水濠は土塁と一体となって城として機能するものであったが、古代の倭人は、水濠を中心的な防御施設とする城として、水城を認識していたのである[18]。

二　水城の管理と大宰府の境界意識

〔史料3〕養老衛禁律24越垣及城条　※〈　〉内（律疏の部分）は割注。以下同じ。

凡越二兵庫垣、及筑紫城一、徒一年。陸奥越後出羽等柵亦同。曹司垣杖一百。大宰府垣亦同。国垣杖九十。郡垣杖七十。坊市垣笞五十。皆謂、有二門禁一者。〈縦無二垣墻一、唯有二柵籬一亦是。〉若従二溝瀆内一入出者、与二越罪一同。〈溝瀆者、通レ水之渠。従二此渠一而入出、亦得二越罪一。〉越而未レ過、減二一等一。〈或在二城及垣籬上一、或在二溝瀆中間一、未レ得レ過者、従レ越二兵庫垣一以下、各得レ減二一等一。〉余条未レ過准レ此。〈謂、越二宮城京城宮殿垣、及関応レ禁之処一、未レ過者、各得レ減二罪一等一。〉即兵庫及城柵等門、応レ閉忘誤不レ下レ鍵、若毀二管鍵一而開者、各杖六十。〈兵庫及城柵等、各有レ禁。門応レ閉、皆須レ下レ鍵。其忘誤不レ下レ鍵、若応レ開毀二管鍵一而開、各得二杖六十一。〉錯下レ鍵、及不レ由レ鑰而開者、笞卌。余門各減二二等一。〈錯下レ鍵、謂、管鍵不二相当一者。及不レ由レ鑰而開者、謂、不レ用レ鑰而開。各卌。余門、謂、国郡及坊市之類、官有二門禁一者。若応レ閉忘誤不レ下レ鍵、応レ開毀二管鍵一而開、各笞卌。錯下レ鍵、及不レ由レ鑰而開、各笞廿。故云三余門各減二二等一三。〉若擅開閉者、各加二越罪一等一。〈擅、謂、非時而開閉者。〉即城主無レ故開閉者、与二越罪一同。〈謂、国郡之城主執レ鑰者、不レ依二法式一開閉、与二越罪一同。其坊令市正非時開閉、亦同二城主之例一。既云二城主無レ故開閉一、即是有レ故許レ開。若有三機忽駅使及詔勅事速、非時至二国郡一者、城主験レ実、亦得二依レ法為開一。又依二宮衛令一、京路分レ街立レ鋪。夜鼓声絶、即禁二行人一。若公使及有二婚嫁喪病一、須二相告赴一、求二訪医薬一者、勘問明知レ有レ実放過。是為レ有レ故。除二此等一外、擅開閉者、即合二此坐一。〉

〔史料4〕養老賊盗律27盗節刀条

凡盗二節刀一者、徒三年。〈謂、皇華出レ使、黜二陟幽明一。将軍奉レ詔、宣二威珠俗一、皆執二節刀一、取信二天下一。〉宮殿門・庫蔵及倉稟・筑紫城等鑰、徒一年。国郡倉庫、陸奥越後出羽等柵、及三関門鑰亦同。宮城・京城及官厨鑰、杖一百。公廨及国厨等鑰、杖六十。諸門鑰、笞五十。〈謂、内外百司、及諸関坊市門等、官有二門禁一皆是。亦謂、貪利之非二施行一者。〉

〔史料5〕養老職員令69大宰府条

（前略）大工一人。掌、城隍・舟楫・戎器・諸営作事。少工二人。掌同二大工一。（後略）

大宝元年（七〇一）に完成した大宝律令によって、日本の律令制は成立する。ただし、大宝律令は現存しない。大宝律令を改定した養老律令が養老年間（七一七～二四）に編纂され、天平勝宝九歳（七五七）五月二十日に施行されており、この養老律令のうち、律の一部と『令義解』や『令集解』に引用された令の大部分が現存している[19]。

史料3によると、兵庫の垣と筑紫の城を越えた場合は徒一年とある。垣や城は、疏（子注とも。割注〈〉の部分）に「縦無二垣墻一、唯有二柵籬一亦是」とあることから、築地や城壁といった区画施設を意味する。本注（本文よりやや小さい文字の部分）に「皆謂、有二門禁一者」とあり、門の鍵についての箇所に付けられた疏に「兵庫及城柵等、各有レ禁。門応レ閉、皆須レ下レ鍵」とあるので、これらの築地や城壁には門があり、門を通らずに築地や城壁を勝手に越えれば、懲役一年となる。平時に門はいつも開いているわけではなく、門を閉じる時には鍵がかけられた。

筑紫の城というのは、本注に「陸奥越後出羽等柵亦同」とあることを参照すると、具体的には筑紫（九州）にある水城や大野城、基肄城、鞠智城、さらに所在地不明の三野城、稲積城などの城郭の城壁を指すのであろう[20]。曹司（中央の諸官司）や国府、郡衙の垣を門を通らずに越えるのが杖や笞で打つ刑罰であったのに比べ、兵庫とともに、筑紫や陸奥・越後・出羽など辺境の城郭の城壁を、門を通らずに越えることは、より重い懲役刑であり、厳重に禁じられていた。鍵のかけ忘れや鍵を壊して開けた場合、担当者でない者が鍵をかけたり、鍵を用いないで開けたりした場合も、兵庫や城の門は、それ以外の門よりも重く罰せられた。水城も東西にあった城門を通らずに、勝手に土塁を越えることは厳しく規制されていたであろう。

史料3の疏や本注によると、柵籬や溝涜なども勝手に越えた場合には垣や城を越えた場合と同じ刑罰が科せられた。大宰府の垣は曹司の垣と同等の杖一百とされる。大宰府史跡の発掘調査においては、官衙域を区画する施設として、築地のほか、柵列や溝が発見されるが、これらの区画施設も、定められた出入口以外から勝手に越えて出入りすれば、杖一百が科された。

鍵については、「即城主無レ故開閉者、与二越罪一同」とあり、疏が「謂、国郡之城主執レ鑰者、不レ依二法式一開閉、与二越罪一同」としているので、城主が管理していた。城主について疏は、国司と郡司を想定する。しかし、史料3に対応する『唐律疏議』衛禁律24越州鎮戍等垣城条をみると、唐では、国にあたる州とともに、郡にあたる県にも城壁があり、県の長官も城主となる。(21)日本では国府にも郡家にも城壁がないので、城主は城郭が置かれている国の国司となろう。養老軍防令52辺城門条によると、城門の鍵は城主が自ら管理する。『令義解』は、城主は城を掌る国司とし、この国司を三関国に限定しているが、「辺城門」に関する条文であることからすれば、この解釈は当たらない。史料3の衛禁律の疏も城主を三関国の国司には限っていない。

大宰府は筑前国司を兼帯しているので、水城、大野城の門の鍵は、本来的には大宰府が管理するものであったろう。ただし、筑前国司が別置されると、大野城の管理が大宰府から筑前国司に移ったので、(22)鍵の管理も筑前国司に移動したのではないか。ただ、大宰府の守衛は、西海道六国から上番した軍団兵士によって行われ、その軍団兵士は大宰府官人の権限下に置かれていたので、(23)鍵は筑前国が管理していても、門は大宰府の指揮下にある軍団兵士が守衛していたと考えられよう。大野城の遠賀門を筑前国の遠賀団が警備していた可能性が指摘されることから、(24)城門は守衛する軍団が固定されていたのかもしれない。また、史料4によると、筑紫の城の鍵を盗んだ場合は、宮殿門や倉庫の鍵と同じく徒一年が科せられ、国や郡の倉庫、陸奥・出羽等の柵、三関の門の鍵とともに、最も厳重に管理されていたことがわかる。

筑紫の城の門は、養老軍防令52辺城門条と同条の義解によると、日中のみ開いていて、原則として夜間は閉じられていた。『唐律疏議』衛禁律24越州鎮戍等垣城条の趣旨を考慮すると、門籍（『唐律疏議』衛禁律4宮殿門無籍条疏）によって出入りする人の確認と規制はしておらず[25]、門が開いている間は守衛する兵士の監視下で通行できたであろう。

大野城や基肄城などの山城は、それ単体としても一つの城郭と言えるが、大宰府は「新城」、「大宰府城門」などの表記があり[26]、それが外郭線や条坊を指しているとすれば、都市としての大宰府は、全体が筑紫の城として、その出入口が厳格に決められていた可能性がある。

史料5は養老職員令で大宰府の職員と人数、職掌を規定した部分である。大宰府においては、事務的事項を掌る四等官の他に、専門的事項を掌る品官が置かれ、品官である大工一人・少工二人は、城隍・舟楫・戎器・諸営作を掌る。城隍という職掌が水城や大野城、基肄城などと関係があり、具体的には城隍の管理、小規模な営繕を主とし、年間を通じての必要な労働力や資財等の予算および太政官に提出する臨時の大規模工事の見積もり作成を行った[27]。

〔史料6〕『万葉集』巻第六、九六五～九六八番歌（天平二年［七三〇］[28]）

冬十二月、大宰帥大伴卿上レ京時、娘子作謌二首

凡有者　左毛右毛将為乎　恐跡　振痛袖乎　忍而有香聞

倭道者　雲隠有　雖然　余振袖乎　無礼登母布奈

凡《おほ》ならばかもかも為《せ》むを恐《かしこ》みと振り痛《いた》き袖を忍《しの》びてあるかも（読み下し）

倭《やまと》道《ぢ》は雲隠《くもがく》りたり然《しか》れどもわが振る袖を無礼《なめ》しと思《も》ふな（読み下し）

右、大宰帥大伴卿兼二任大納言一、向レ京上道。此日馬駐二水城一、顧二望府家一。于レ時送レ卿府吏之中、有二遊行女婦一。其字曰二児嶋一也。於レ是娘子傷二此易一レ別、嘆二彼難一レ会、拭レ涕自吟二振レ袖之謌一。

大納言大伴卿和謌二首

日本道乃　吉備乃児嶋乎　過而行者　筑紫乃子嶋　所念香聞
大夫跡　念在吾哉　水茎之　水城之上尓　泣将拭
倭《やまとぢ》道の吉備《きび》の児島を過ぎて行かば筑紫《つくし》の児嶋思ほえむかも（読み下し）
大夫《ますらを》と思へるわれや水茎《みづくき》の水城《みづき》の上に涙拭はむ（読み下し）

大宰帥大伴旅人は、『公卿補任』天平二年（七三〇）条によると、天平二年十月一日に大納言に任じられ、これにともなって『万葉集』巻第三、四四六番歌の詞書や史料6にみえるように、同年十二月に大宰府から平城京へと帰っていった。この歌は、旅人が大宰府を去る際に、水城まできて馬をとめ、府家（大宰府政庁および周辺官衙であろう）を顧み望んで、遊行女婦の児嶋とかわした別れの歌である。この中で四番目に収められた九六八番歌で旅人は水城を詠んでいる。

水城の東門からは四王寺山の山麓に隠れて、大宰府政庁跡や周辺官衙をみることはできない。あるいは西門であったと考えられなくもないが、京に帰るのに遠回りとなる西門を通ったとも思われない(29)。後に触れるように、平安時代の大宰府官長は東門を通って大宰府に入った。したがって、東門において、実際に府家をみることはできないが、その方向を望んで想いを馳せたということになろう。水城を過ぎれば、もう大宰府の景観はみられない。旅人は、水城で見送る大宰府の人々と最後の別れを惜しんだのである。また史料3・4のように、水城の通行は日中に開く門のみが可能とされていた。このこともあって水城は、平時には都市空間、もしくは外郭線に囲まれた都城としての大宰府の内と外を分ける境界として、古代の人々に認識されていたのだろう。

なお、旅人は水城にかかる枕詞として「水茎の」を用いている。同音の類似によってかけたと考えられるが、水城付近、具体的には外濠などに水茎（ミヅクク）が生えていたことにもとづいて詠んだ可能性もある。クグはカヤツリ草科の一年生草木で、河口近くの泥地などに生え、茎は約六〇センチメートルで、初夏、細長い稈《かん》を出し、刈って縄をなうという(30)。

〔史料7〕『続日本紀』天平神護元年（七六五）三月辛丑条

辛丑、（中略）大宰大弐従四位下佐伯宿祢今毛人為㆓築怡土城専知官㆒。少弐従五位下采女朝臣浄庭為㆓修理水城専知官㆒。

佐伯今毛人は、造東大寺司次官・長官などを歴任した人物である。天平宝字八年（七六四）正月二十一日に営城監に任じられ、同年八月四日には肥前守を兼ね、その後大弐となっていた。営城監は特定の城ではなく、大宰府管内の城の営繕を監督する職と考えられ、その職務をふまえて改めて怡土城の築城を専当する職に任じられたのであろう。怡土城は天平勝宝八歳（七五六）六月二十二日に大宰大弐吉備真備の建議によって築造が開始され、『続日本紀』宝亀六年十月壬戌条によると、天平宝字七年（七六三）にはほぼ完成していた。その後、史料7で佐伯今毛人が築怡土城専知官となったことを受けて築造が再開され、神護景雲二年（七六八）二月二十八日に完成した。

采女浄庭は、天平宝字七年九月十五日に豊後守、翌八年十月三日に大宰少弐に任じられた。城の築造や営繕に関する前歴があったかどうかは不明で、水城の修理を専当する職に任命された理由は明らかではない。

ところで、天平宝字二年（七五八）十二月十日に遣渤海使小野田守等が、唐の天宝十四載（七五五）十一月九日に安禄山が反乱を起こしたことを日本の政府に伝えた。これを受けて大宰帥船王と大弐吉備真備に対応策の建議を命じ、翌年三月二十四日に大宰府が造船、防人の教習、築城を建策している。以後、辺境防備強化の諸施策がとられ、さらにこれを受けて新羅征討計画が進められた。この計画は実際の武力行使まで意識する段階に至ったが、計画を推進した藤原仲麻呂の没落もあり、天平宝字八年十一月十二日の西海道節度使廃止をもって終了している[31]。怡土城は、新羅征討計画以前から築城が開始されていたが、すでに天平勝宝五年（七五三）頃から日本は新羅と対立するようになっており、怡土城は新羅を征討する前進基地として築造されたとみられる[32]。

史料7の任命記事の段階では、新羅征討計画は終了しているが、その後も新羅との対立は続いており、怡土城完成に向けた築城の促進と、水城の修理を進める必要があったのである[33]。

水城については、その後十一世紀まで具体的な史料を欠くので、史料からは九～十世紀の詳細な様子はわからない。弘仁十四年（八二三）正月二十九日には主城二員が置かれ、承和七年（八四〇）九月二十日には大主城一員を廃し、主厨・主船二員が置かれている。大野城については、『類聚三代格』巻第十八、統領選士衛卒衛士仕丁事、天長三年（八二六）十一月三日太政官符で大野城の修理は兵士にかえて新設の衛卒が行うことが命じられた（養老軍防令53城隍条によると、城や濠が崩れた時は兵士に修復させた）。さらに、『同』同巻、器仗事、貞観十二年（八七〇）五月二日太政官符に大野城の器仗を大宰府官人の交替に際して検定すべきことがみえ、『同』同巻、統領選士衛卒衛士仕丁事、貞観十八年三月十三日太政官符には大野城の粮米を城庫に納めるべきことや、城司という官司もみえる。『延喜五年（九〇五）観世音寺資財帳』の山章に御笠郡大野城山壱処の四至として、大野城の「遠賀門下道」とあり、城門が機能していることがわかる。史料からみると、九世紀代を通じて、管内の城を維持する官職や官司が存在しており、大野城と同様に、水城も防衛施設として維持されていたのではないだろうか。

〔史料8〕『扶桑略記』天慶三年（九四〇）十一月二十一日条

（前略）賊徒到二大宰府一、更所レ儲軍士出レ壁防戦、為レ賊被レ敗。于レ時賊奪二取大宰府累代財物一、放レ火焼レ府畢。（後略）

『日本紀略』天慶四年五月十九日戊寅条によると、伊予で反乱を起こした藤原純友らは、この日、大宰府に襲来した。直接に水城とはないが、大宰府の軍士は壁を出て防戦したとある。壁とは外郭線の城壁を意識した表現ではないだろうか。具体的には水城の門を出て、博多湾から来襲する純友軍と戦ったのだろう。戦時の防衛施設として水城が認識されていることをうかがわせる。大宰府軍を破った純友軍は、守る者のない水城を突破し、大宰府を襲撃したのだろう。そして、累代の財物を奪い、大宰府に放火したが、『本朝世紀』同月二十日条によると、その翌日、征南海賊使小野好古と博多津で戦い、純友軍は敗れた。

〔史料9〕『小右記』寛弘二年（一〇〇五）七月十日条

（前略）大弐去月十六日書今日到来云、六月十四日巳剋着二水城一、請二取印鎰一。午剋著二府庁宿所一。先令レ奉二行任符一之後、著二庁座一、定二神宝行事官人一、并請二取諸司鎰等一。自余事不レ遑二記事一。（後略）

〔史料10〕『大弐高遠集』(34)

府にいるひ、みつきのせきに、少弐・府官なとむかへにあつまりきたり。

いはかきのみつきのせきにむれむとふうちのこゝろもしらぬもろ人

〔史料11〕『詞枕名寄』巻第三十五(35)

かきたへてみつきになりぬこれやさは心つくしのかとてなるらん（源）俊頼

くもりなくすむとおもひしみつきよりやみにまとひてたちかへりぬる（『良玉集』逸文）

右一首筑紫にて舟よせ侍て後のほりけるにみつきと云所を出るとてよめる

〔史料12〕『夫木和歌抄』巻二十一、雑部三(36)

夕霧や立へたつらんいはかきのみつきの関に舟もかよはす（藤原光俊の歌）

史料9の『小右記』は小野宮右大臣藤原実資の日記である。藤原高遠は『御堂関白記』等によると、寛弘元年十二月二十八日に大宰大弐に任じられた。その高遠が大宰府に着任した際の様子を実資に宛てて書き送った書状が引用されている。大弐高遠は六月十四日に水城に到着し、大宰府の印と正倉等の鎰を請け取った。史料10によると、少弐・府官が迎えに集まってきたとある。『朝野群載』巻第二十二、諸国雑事上、国務条々事にみえる国司の就任儀礼と対照すると、これは境迎《さかむかえ》と呼ばれる儀式である。通常は新任の国司を国境まで国衙の官人達が出迎えて行う儀式で、『朝野群載』が「其儀式随二土風一而已」とするように、諸国の実情に応じて行われた(37)。

『古今著聞集』巻第十九、草木第二十九に、嘉保二年（一〇九五）に権帥源経信が下向した際、筑前国篴田駅に着いたとあり、平安時代の大宰府官長は、福岡平野の東寄りの道を通って大宰府にきたとみられるので、大宰府の境迎は水城の東門で行われたのだろう。『朝野群載』は、国司は国風を問い、礼に従って無益のことをいうべきでなく、その国の者は境迎の日に必ず官長の賢愚を推量するとする。この儀式は国の境界外からきたよそ者である国司を、その国の社会に迎え入れる意味を持っていた。大宰府の境迎は大宰府管内の入口ではなく、水城で行われ、史料10にあるように、その日は府に入る日と認識されていた。水城の門は大宰府への入口であり、水城は八世紀以来引き続いて、大宰府の空間とその外とを分ける境界だったのである。

史料10・12では水城に「いはかきの」という枕詞がかかる。いはかき（岩垣）は、岩石で築いた垣根等を意味するので（『日本国語大辞典』）、当時の人々は水城が人工的な構造物であることは認識していたようである。また「水城の関」と詠んでいるので、門の通行に規制をかける施設として十一世紀初頭にも機能していたであろう。史料11・12に舟で水城を通過したとあるが、これは水城の濠ではなく、水城の中央部を流れる御笠川を通ったのであろう。

三　水城の維持と終焉

〔史料13〕『平家物語』巻第八、太宰府落

平家は緒方三郎維義が三万余騎の勢にて既によすと聞えしかば、とる物もとりあへず太宰府をこそ落給へ。さしもたのもしかりつる天満天神のしめのほとりを、心ぼそくもたちはなれ、駕輿丁もなければ、そう花・宝輦はたゞ名のみきゝて、主上要輿にめされけり。国母をはじめ奉て、やごとなき女房達、袴のそばをとり、大臣殿以下の卿相・雲客、指貫のそばをはさみ、水きの戸を出て、かちはだしにて我さきに前にと箱崎の津へこそ落給へ。（後略）

寿永二年（一一八三）に福原落ちして九州に向かった平家は、大宰府を都としようとしたが、緒方三郎維義の軍勢に追われ、同年十月二十日、大宰府から脱出した。その際に水城の戸を出て箱崎の津へ向かったという。十二世紀後半に水城の機能が維持管理されていたかどうかは判然としないが、東門付近には、戸と呼べるような建築物が残存し

ていたことを推測させる。

〔史料14〕『八幡愚童訓（八幡愚童記）』(38)

（前略）武力難及ケレハ水木城引籠リ支テ見ント逃支度ヲコソ搆ケレ。聞之コソ遅ケレ我先ニト落シカト、独モ戦者ナシ。（中略）水木城ト申ハ前深田ニテ路一ツアリ。後ハ野原広続テ水木多豊也。馬蹄飼場ヨリ兵粮淵屋アリ。左右山間卅余町ヲ透シテ高クキヒシク築タリ。城戸口ニハ磐石門ヲ立タリ。今礎石計ニ成ニケリ。南ハ山ニ近テアヒ染川流タリ。右山腰ヲハ深ク広ク堀ヲホリ、二三里廻レリ。（中略）廿一日、朝海面ヲ見遣ルニ、蒙古ノ船無二一艘一皆々馳帰ケリ。（中略）異賊兵船一艘志賀嶋懸テ逃ヤラデ有シニモ、余恐テ左右ナク向者コソ無リケレ。（中略）当二其時一我モ〳〵ト押寄テ高名ニソ生捕ケル。水木岸前双テ百廿人被レ切ケル。（後略）

文永十一年（一二七四）十月二十日、蒙古軍が博多湾周辺に襲来した。少弐景資を大将とする九州の武士達は激しく抗戦したが、蒙古軍の武力に抗し難いと判断し、博多から撤退して「水木城」に立て籠もろうとした。かつて水濠があったであろう場所は深田になっており、おそらくは古代以来の官道を継承する道が門付近から延びていたらしい。『八幡愚童訓』の筆者は、水城を含め、大宰府を取り囲む巨大な城郭として「水木城」を捉えており、実際には水城をみずに何らかの史料にもとづいて記したとみられる(39)。すでに水城の門は礎石ばかりになっており、十三世紀後半には維持管理も行われなくなって久しく、まさしく水城跡となっていた。

しかし、水城の土塁は健在であり、水濠も深田になっていたとはいえ、捕虜を岸の前で処刑したとあり、岸は明確に認識できた。武士達は水城を防衛線に使おうとしており、敵を防ぐ施設として、十分に戦術的な価値を当時の水城にも認めていたのである。

以上、文献史料から古代の水城をみてきた。白村江の敗戦後、筑紫に国防拠点を構築する一環として築造された水城は、八世紀には大野城や基肄城とともに、筑紫の城として、門以外の通行が厳しく規制され、また大宰府の内と外を分ける境界として意識されていた。八世紀後半には新羅との関係悪化にともなう辺境防備強化の中で修理が施された。

その後、九世紀代を通じて維持管理は行われていたと推測される。九四一年の藤原純友の乱においても防衛施設として意識されており、また大宰府の境界としての認識や平時の門の通行に対する規制は十一世紀初頭に至っても存在していた。門の建物は十二世紀後半までは何らかの形を留めていたようだが、十三世紀後半には礎石のみとなり、もはや水城の日常的な維持管理は放棄されて久しかったとみられる。この頃になると、水城の名は、筑前国水城村という地名としても使用されるようになっていた(40)。

註

（1）水城関係史料は、福岡県教育委員会編『水城―昭和50年度発掘調査報告』一九七六年、同編『九州縦貫自動車道関係埋蔵文化財調査報告XXVI福岡県筑紫郡大宰府町水城跡の調査』一九七八年に集成がある。後者には、黒板勝美「福岡県学術研究旅行報告書」一九一三年、同「福岡地方旅行談」一九一四年、中山平次郎「水城の研究」一九一四年、同「元寇研究の三参考文籍」一九一五年、武谷水城「水城史観」一九三〇～一年、同「水城史観補新」一九三一年も収録され、これらの論考が文献史料についても詳細に考察している。

（2）『日本書紀』天智天皇三年八月甲午・戊戌・戊申・己酉、九月丁巳・辛酉・癸亥・甲戌条。以下、日付のみの記載の出典はすべて六国史である。

（3）倉住靖彦『古代の大宰府』吉川弘文館、一九八五年、八二頁。なお、養老律令の条文番号は、井上光貞他校注『日本思想大系　律令』岩波書店、一九七六年による。

（4）岸俊男「防人考」(『日本古代政治史研究』塙書房、一九六六年) 三〇五・三一四～五頁

（5）『日本書紀』景行天皇五十七年九月条・仁徳天皇十一年十月条・同十三年十月是月条

（6）鏡山猛『大宰府都城の研究』風間書房、一九六八年、一二四～六頁

（7）福岡県教育委員会前掲註（1）報告書、一九七六年、四～八・一七～八頁

（8）前掲註（3）倉住著書、八四頁

（9）『三国史記』雑志、職官下

（10）『日本書紀』天智天皇二年九月甲戌条・同十年正月是月条

（11）前掲註（6）鏡山著書、一三一・一七九頁。西谷正「朝鮮式山城」（朝尾直弘他編『岩波講座　日本通史　第三巻』岩波書店、一九九四年）二八六頁

（12）前掲註（6）鏡山著書、一七九～八二頁。阿部義平「日本列島における都城形成—大宰府羅城の復元を中心に—」（『国立歴史民俗博物館研究報告』第三六集、一九九一年）九～一〇・二〇～七頁。本書終章でも触れるように、従来、阿部義平氏の説に従って、大宰府周辺の防衛施設を「羅城」と呼んできたが、同時代の呼称として「羅城」は存在しないので、現在では「外郭」と呼ぶべきことが提唱されている。

（13）『類聚三代格』巻十八、器仗事、貞観十二年五月二日太政官符、『同』巻十八、統領選士衛卒事、貞観十八年三月十三日太政官符、『延喜交替式』（新訂増補国史大系本、七〇頁）、大宰府史跡不丁地区ＳＤ二三四〇出土八四号木簡「為班給筑前筑後肥等国遣基肄城稲穀随大監正六位上田中朝×」（九州歴史資料館編『大宰府政庁周辺官衙跡Ｖ—不丁地区　遺物編2—』二〇一四年、一八頁）。本書序章で紹介したように、大野城内に約七〇棟の倉庫が立ち並ぶ姿は、奈良時代以降のもので、創建当初とは異なることも明確になってきている（赤司善彦「古代山城の倉庫群の形成について—大野城を中心に—」高倉洋彰編『東アジア古文化論攷2』中国書店、二〇一四年、四〇二頁）。ただし築城当初でも、敵に水城を突破された後、大野城や基肄城に逃げ込み、救援がくるまで籠城するという戦術は十分にあり得たと考える。

（14）前掲註（3）倉住著書、九〇～一頁

（15）八木充「筑紫大宰とその官制」（『日本古代政治組織の研究』塙書房、一九八六年）三〇五～七頁。ただし八木氏は、都府楼地区における筑紫大宰の新設もありうることを条件とする。なお、大宰府の東側については明確な防衛施設は知られなかったが、一九九九年に阿部説の羅城東側推定線の東側にある宮地岳において古代山城が発見された。発掘調査によって、蘆城駅を分岐点として、米の山峠を経て豊前に向かう田河道と石坂峠を越えて大宰府政庁に向かう道をにらんで立地する神籠石式山城であることがわかり、また文献史料の検討から蘆城が古代の城名を伝えている可能性が推測されるため、阿志岐城跡と命名された（筑紫野市教育委員会編『阿志岐城跡　阿志岐城跡確認調査報告書　筑紫野市文化財調査報告書第九二集』二〇〇八年、三五～八・四五～七頁）。大野城や基肄城の築造との前後関係は明確ではないが、これらに先行するとしても、

防衛拠点構築を構想する際、その存在が考慮された可能性は高く、一体的に機能することが期待されたであろう。

（16）前掲註（3）倉住著、八八〜九頁。この箇所で倉住氏は、金田城の築城が遅れたことから、倭国が、唐・新羅の追撃的な来攻を当面の切迫したものとみなしていなかったとするが、筑紫全体の防衛を考慮し、対馬を放棄してでも国防拠点の構築を優先したと考えることもできる。倉住氏は天智天皇三年（六六四）五月の唐使郭務悰の来朝、同四年九月の唐使劉徳高の来朝をふまえて唐との正式な国交が回復されたと捉え、また来攻の脅威からある程度は解放されたとするが（前掲註（3）著書、八八・一〇六〜九頁）、『日本書紀』持統天皇四年十月乙丑条、『三国史記』新羅本紀第七、文武王十一年七月条によると、六六八〜七〇年頃の段階でも、唐が倭国に侵攻するという風聞が伝えられていた（実際は新羅を討つ計画だった）。六六九年に高句麗遺民が宝蔵王の庶子安勝を君主として反乱を起こすと、これを新羅は救援し（『三国史記』新羅本紀、文武王十年六月・七月条、文武王十一年七月条、高句麗本紀第十、総章二年二月条、咸亨元年〜四年条）、以後、韓半島の統一を企図して唐と戦争に突入する（『三国史記』新羅本紀、文武王十一年九月条以下）。唐・新羅が倭国に侵攻する脅威がなくなったのは、新羅が唐との戦争に備えるために倭国に使者を派遣してきた六六八年九月以降である（『日本書紀』天智天皇七年九月癸巳条。森公章「倭国から日本へ」『日本の時代史3倭国から日本へ』吉川弘文館、二〇〇二年、八四〜五頁）。

（17）北條秀樹「初期大宰府軍制と防人」（『日本古代国家の地方支配』吉川弘文館、二〇〇〇年）一七五〜六頁

（18）『日本書紀』垂仁天皇五年十月己卯朔条。前掲註（15）筑紫野市教育委員会報告書、三五〜八頁。佐藤宗諄「日本古代の〝城〟についての覚書」（『国立歴史民俗博物館研究報告』第一〇集、一九八六年）二八八頁

（19）井上光貞「日本律令の成立とその注釈書」（前掲註（3）『律令』）七四三〜七・七五四〜六・七六八〜九頁

（20）『続日本紀』文武天皇二年五月甲申条、同三年十二月甲申条

（21）『唐律疏議』の条文番号は、律令研究会編『譯註日本律令　律本文篇上・下』東京堂出版、一九七五年による。

（22）太宰府市史編集委員会編『太宰府市史　通史編Ⅰ』第三編第七章第三節（長洋一氏執筆）、太宰府市、二〇〇五年、八二六〜三三三頁

（23）松川博一「大宰府軍制の特質と展開―大宰府常備軍を中心に―」（『九州歴史資料館研究論集』三七、二〇一二年）三三〜四二頁（同著『古代大宰府の政治と軍事』に収録）

（24）原田諭「第三編第二章第三節二　軍事」（前掲註（22）『太宰府市史　通史編Ⅰ』）五八一頁

（25）律令研究会編『譯註日本律令　唐律疏議譯註篇二』東京堂出版、一九八四年、七七頁

(26)『日本書紀』持統天皇三年九月己丑条、『続日本紀』養老五年七月庚午条
(27)正木喜三郎「建築生産機構の変遷について—大宰府官司制における—」(九州歴史資料館編『九州歴史資料館開館十周年記念大宰府古文化論叢　上巻』吉川弘文館、一九八三年)四〇七〜一二頁
(28)『万葉集』の本文、読み下しは、高木市之助ほか校注『日本古典文学大系　萬葉集一〜四』岩波書店、一九五七〜六二年による。
(29)なお、『万葉集』巻第三、四四六〜八番歌によると、大伴旅人は備後鞆の浦を通過しており、海路で京に帰ったようである。
(30)前掲註(28)『萬葉集　一』補注、四四九頁
(31)河内春人「東アジアにおける安史の乱の影響と新羅征討計画」(『日本歴史』五六一、一九九五年)二六〜三一頁
(32)酒寄雅志「怡土城に関する一考察」(『続日本紀研究』一九四、一九七七年)一七〜九頁
(33)前掲註(32)酒寄論文、二四〜五頁
(34)竹内理三編『大宰府・太宰府天満宮史料　巻四』太宰府天満宮、一九六八年、三六九頁。宮内庁書陵部編『図書寮叢刊　夫木和歌抄　三』一九八六年、三〇二頁、九五四四番歌にも収録される。
(35)渋谷虎雄編『校本謌枕名寄　本文篇』桜楓社、一九七七年、一一九四頁、五三五八・五三五九番歌。源俊頼は一〇五五年生、一一二九年没。権帥源経信の子で、大宰府にも下向した。『良玉集』は藤原顕仲(一〇五九年生、一一二九年没)撰。
(36)前掲註(34)宮内庁書陵部文献、三〇二頁、九五四五番歌。藤原光俊は一二〇三年生、一二七六年没。
(37)加藤友康「摂関政治と王朝文化」(加藤友康編『日本の時代史6摂関政治と王朝文化』吉川弘文館、二〇〇二年)六一頁
(38)塙保己一編『群書類従　第一輯　神祇部』続群書類従完成会、一九七七年訂正三版、四〇七〜九頁。群書類従本以外のテキストとの異同は、前掲註(1)中山「元寇研究の三参考文籍」を参照。
(39)前掲註(1)中山「元寇研究の三参考文籍」二六頁
(40)『鎌倉遺文』一六一三〇号文書、弘安九年(一二八六)閏十二月二十八日関東式目

第九章　大宰府と大野城

天智天皇二年（六六三）八月の白村江の戦いにおける、唐・新羅連合軍に対する百済・倭連合軍の敗北と百済の完全な滅亡により、唐・新羅が直接に倭国に攻めてくる可能性が高まった。倭国は、翌年に水城を築き、さらにその翌年には大野城と基肄城を築いて、唐・新羅の侵攻に備えた。さて一般に、大宰府の機能として、国防と外交、西海道と呼ばれた九国三嶋の統治の三つが挙げられる。この中で国防の機能が大野城と関係してくる。具体的には大野城の管理や守衛ということになるが、これらに大宰府はどのように関わっていたのだろうか。まず主に文献史料をみながら、大野城をはじめとする防衛施設の管理と守衛の歴史的変遷をたどっておこう。

一　筑紫大宰と大野城の築城

天武天皇元年（六七二）六月に勃発した壬申の乱の際、大宰府の前身の官職（役所名でもある）である筑紫大宰の栗隈王は、近江朝廷を率いた大友王子からの軍兵を徴発せよとの命令を拒絶し、「筑紫国者、元戍二辺賊之難一也。其峻レ城深レ隍、臨レ海守者、豈為二内賊一耶（後略）」と述べた（『日本書紀』天武天皇元年六月丙戌条）。大宰府の軍事機能を端的に表現した言葉として著名である。海の彼方から侵攻してくる敵を望む筑紫大宰の駐在場所としては、白村江の敗戦直後に建設された大宰府政庁第Ⅰ期古段階の掘立柱建物が、水城と大野城の双方の連絡に便利であり、相応しい。

なお、第Ⅰ期古段階の建物を筑紫大宰の施設と捉えず、大野城に筑紫大宰が駐在したとする説もある[1]。しかし、敵の上陸が確認される前には大野城には見張りがいれば十分で、平時から筑紫大宰が山上の大野城内に常駐している必要はなく、また、すでに第Ⅰ期古段階の建物を造営するために、政庁跡の全面にわたって整地が行われており、それが飛鳥浄御原令の施行頃に位置づけられ、筑紫大宰の施設である可能性が高い第Ⅰ期新段階の建物へと引き継がれている[2]。以上より、第Ⅰ期古段階の建物を筑紫大宰の中心施設と考えてよく、海に向かって水城の背後の位置に建てられたこの建物こそが、筑紫大宰栗隈王の発言にかなった駐在場所である。

また近年、水城や大野城の築城目的について、唐・新羅の侵攻に備えたものではないとする学説も提出されている[3]。すなわち、天智天皇三年（六六四）五月甲子条に唐の百済鎮将劉仁願が郭務悰らを遣わしたことから、倭国は侵攻の危機が遠ざかったことを確認したとし、白村江の敗戦で律令国家体制の確立を緊急課題とした倭国が、大宰府都城の整備を急ぎ、水城や大野城を築城したものとする理解である。しかし、『三国史記』新羅本紀や高句麗本紀によると、新羅文武王十年（六七〇）六月に高句麗遺民が宝蔵王の庶子安勝を君主として反乱を起こすと、これを新羅は救援し、以後、韓半島の統一を企図して唐と戦争に突入する。唐・新羅が倭国に侵攻する脅威がなくなったのは、新羅が唐との戦争に備えるために倭国に使者を派遣してきた天智天皇七年（六六八）九月以降であり、水城や大野城、基肄城が築かれた天智天皇三～四年（六六四～五）頃には唐・新羅が侵攻する危機感のただ中にあった[4]。対馬の金田城の築城が天智天皇六年十一月で、水城や大野城に遅れるが、最前線である対馬の防衛を放棄してでも、筑紫における国防拠点の構築を優先したと考えるべきであろう[5]。

さて、大野城太宰府口城門跡から出土した、大野城創建期に建てられた第Ⅰ期城門木柱の筏穴のそばに、刻書「孚（浮）石部」があることが発見された。この木柱と柱根刻書については、第Ⅱ部第十章で詳しく述べるが、創建期の大野城に関する重要な資料である。木柱の伐採年が年輪年代測定法により、六四八年から六五〇年までに収まることから、[6]この刻書はそれ以降のものである。伐採年と『日本書紀』が記す大野城が築かれた天智天皇四年（六六五）に十五年あまりの開きがあることから、大野城の築城が白村江敗戦以前に遡るとする説もあるが、[7]伐採後の長期保存や他での転用の可能性は完全には否定されていない。『日本書紀』は敗戦後の億礼福留の渡来と大野城築城の指導、それに対する褒賞という事実関係を明確に記しており、やはり大野城は六六五年に築かれたと考えてよいだろう。[8]

二　大野城築城当時の管理と守衛

『続日本紀』文武天皇二年（六九八）五月甲申条に「令㆔大宰府繕㆓治大野・基肄・鞠智三城㆒」とある。大宰府とあるが、この当時は筑紫大宰である。中央政府が筑紫大宰に命じて大野城・基肄城・鞠智城の修理を行わせていることから、大野城が築かれた当初、その管理にあたったのは筑紫大宰であったろう。大野城跡主城原地区では管理棟の可能性もある七世紀後半の掘立柱建物が発見されている。[9]

さて、大野城を守った軍事力の性格は、どのようなものであったろうか。ここで六〜七世紀の倭王権による九州に対する軍事編成の経緯を振り返っておこう。[10]継体天皇二十一年から二十二年（五二七〜八）にかけて起こったと伝える筑紫君磐井の乱で、磐井を討った物部麁鹿火と大伴金村は、乱後に九州各地の中小首長とその支配下の人民を系列の部民に編成し、韓半島の戦争へと動員していったのであり、それは白村江の戦いまで続いていた。筑紫大宰が、七世紀以前の国造制にもとづく外征軍を率いた撃新羅将軍久米王子をはじめとする王族将軍の系譜をひく可能性があることをふまえれば、[11]大野城の築城と当初の守衛は、律令制以前の国造制や部民制の統治方式によって行われていたといえよう。

孝徳朝の大化改新後に各地に派遣されて評の設置を行った、広域を管轄する地方官である総領は、国造や伴造、県稲置などの地域首長を評造に任命し、評を編成していた。後述するように、[12]大化改新期に評に編成されたのは、それ以前に地方の伴造や県稲置に率いられて、屯倉に奉仕させられていた人民（部民）であり、評―五十戸に編成されていない首長私有民（民部・家部、部曲）が存在していた。首長私有民は天智天皇九年（六七〇）に編纂された庚午年籍に登録され、天武天皇四年（六七五）の部曲廃止を契機に評―五十戸（里）に編戸され、公民化されたと考える。

水城や大野城・基肄城が築かれた白村江の戦い直後の天智朝には、評に編成されて公民化された旧部民と、首長私有民をあわせて、円滑に大野城の築城に動員できるのは、孝徳朝以前からその役割を担ってきた国造であり、大野城の築城当初に守衛に当たった軍事力も国造軍であったと考える。したがって、大野城の築城当初に使用された動員方式は、筑紫大宰（王族将軍）―筑紫総領（臣下の地方官）―国造の統率下に、①評―五十戸（旧部民）、または②地方豪族（地域首長）―首長私有民（民部・家部、部曲）の二系列があったであろう。

天武天皇四年の部曲廃止以降、天武天皇十二～十四年（六八三～五）の国境画定をふまえて、国宰の国である令制国が成立すると、地域支配機構が国―評―五十戸（里）に一元化され、兵士の動員と編成は、国造に替わって評造が行ったとみられる[13]。当時、軍事組織は行政機構の評と分離しておらず、律令軍団制が大宝律令によって成立した後に両者は分離した[14]。これをふまえれば、七世紀の大野城の守衛は、当初は筑紫大宰―筑紫総領―国造軍、天武朝の令制国成立以降は、筑紫大宰―筑紫総領―国宰―評造軍によって行われ、大宝律令の成立によって、軍団に移行したのである。

ところで向井一雄氏は、古代山城が国府（初期国府を含む）などの官衙、奈良時代駅路やさらに古い交通路沿いに造られていることを指摘した上で、軍事・行政未分離の遺制を持つ軍団が九州北部の古代山城の配置に関係している蓋然性が高いと述べている[15]。諸国には兵士一千人からなる軍団が置かれた。軍団で兵士は、五十人一隊を基本単位に編成され、この軍団を地域首長が任命された軍毅（大毅・少毅）が指揮した。『類聚三代格』巻第十八、軍毅兵士鎮兵事、弘仁四年（八一三）八月九日太政官符に、西海道諸国の軍団兵士の定員を減員したことがみえるが、これによると、筑前国には一千人の軍団が四つ置かれていたことがわかる。明治三十二年（一八九九）、御笠北高等小学校

（現在の太宰府市立水城小学校）の地ならし作業中に発見された銅印「遠賀団印」と、昭和二年（一九二七）、福岡県筑紫郡水城村大字国分字堀田（現在の太宰府市坂本三丁目）の桑畑で発見された銅印「御笠団印」（いずれも東京国立博物館所蔵）、大宰府政庁跡出土四五号木簡（削り屑）「御笠団生ア羊」から、遠賀団と御笠団の名称が判明する。(16)

これ以外の筑前国の二つの軍団の名称や所在地は不明である。古代山城は古代の官道沿いに配置されており、その配置は、大宰府防衛を意識した構造と、瀬戸内海を通る畿内への侵攻の防衛を意識した構造との二重構造とみられ、古代国家の防衛構想の中で理解できるとされる。(17)御笠郡や遠賀郡周辺を除くと、筑前国内の軍団空白地域の官道と山城は、大宰府から豊前国府を結ぶ豊前路と阿志岐山城（筑紫野市）、御所ヶ谷神籠石（行橋市）、豊前路とつながる可能性がある鞍手道と鹿毛馬神籠石（飯塚市）、大宰府から豊後国府を結ぶ日向路と杷木神籠石（朝倉市）、唐原古代山城（築上郡上毛町）、大宰府から肥前国の玄界灘沿岸を通って対馬に向かう対馬路と雷山神籠石（糸島市）がある。

また一戸から一人の兵士を徴発したとすると、(18)兵士一千人の軍団を編成するには、一郷（里）あたり兵士五十人となるので、二十郷ほどの供給源が必要となる。『倭名類聚鈔』にみえる筑前国の郷数は百五郷ほどとみられるので、五十戸に満たない郷もあるとすれば、軍団が四つなので、軍団一つあたりを二十～三十郷の人民が支えたとみられる。(19)

軍事拠点の配置と軍団一つを支える郷数をふまえると、筑前国の残り二つの軍団は、豊前路や日向路に沿った筑豊地域ないし筑後川北岸地域に一つ、福岡市早良区や西区、糸島市周辺に一つを想定できるであろうか。先の弘仁四年八月九日太政官符によると、筑後国の軍団数は、兵士三千人で三団とある。筑後国の古代山城は高良山神籠石（久留米市）と女山神籠石（みやま市瀬高町）の二つである。『倭名類聚鈔』によると筑後国の郷数は五十五郷ほどなので、兵士数は一戸一人とすれば二千七百五十人となり、三千人にやや足りない程度となる。筑前国と筑後国が元は筑紫国一国であったことをふまえると、筑後国生葉郡と竹野郡は、筑後川をはさんで、杷木神籠石が所在する筑前国上座郡の対岸にあるので、生葉郡と竹野郡に山本郡を加えた十八郷と、上座郡七郷（あるいは、七郷の一部）程度で、杷木神籠石を支えていたと考えることもできよう。筑後川北岸地域の杷木神籠石を主に筑後国側で支えていたと考えるならば、筑後国で三つの古代山城を維持したことになり、筑後国の軍団数の三と一致する。

これをふまえれば、筑前国の所在不明の軍団二つは、鹿毛馬神籠石が所在する筑豊地域（嘉麻郡、穂波郡、鞍手郡の十八郷）と、雷山神籠石が所在する糸島市や福岡市早良区・西区周辺（怡土郡、志麻郡、早良郡の二十二郷）にあったと想定できる[20]。御笠団が御笠郡から那珂郡、席田郡、夜須郡、下座郡の二十九郷（上座郡七郷の一部が加わるかもしれない）から徴発したとすれば、宗像郡や遠賀郡、糟屋郡の二十九郷の人民が遠賀団に所属したとみるのが妥当であろうか。筑前国の古代山城は鹿毛馬神籠石と雷山神籠石、大野城と阿志岐山城の四つで、軍団数とは合っているようにみえる。太宰府市内で御笠団印と遠賀団印が出土していること、大宰府政庁跡出土木簡に「遠賀」の文字が多くみえること[21]、後述のように、『延喜五年（九〇五）観世音寺資財帳』から大野城に「遠賀門」という城門があり、遠賀団が守衛した可能性があることから、御笠団と遠賀団が大野城を守衛し、維持していたと考えることができよう。古代山城の位置と郷数のつり合いを考慮すると、阿志岐山城も遠賀団と御笠団の担当であったとすれば、遠賀団と御笠団をあわせた五十八郷（および上座郡七郷の一部か）で大野城と阿志岐山城を維持したとみるのがよいかもしれない。実際には、上記で検討した諸郡の前身となる評を拠点とする評造軍が、七世紀後半に築かれた九州北部の古代山城を拠点とし、また支えていたと考えられるのである。

三　大宝律令施行後の大宰府と大野城

大宝元～二年（七〇一～二）に施行された大宝律令では、大野城をはじめとする九州地方の防衛施設は「筑紫城」と呼ばれ、その施設が所在する国司が管轄した。大宝律令を改定した養老律令の衛禁律24越垣及城条によると、門を通らずに筑紫城の城壁を勝手に乗り越えた場合は徒一年とされ、また軍坊令52辺城門条と同条の義解によると、城門の鍵は施設が所在する国の国司が管理することになっており、日中は門を開き、夜間は原則として閉じられていた。『唐律疏議』衛禁律4宮殿門無籍条の疏の趣旨を考慮すると、宮殿の門と違って、これら防衛施設の門では、あらかじめ提出させた門籍によって出入りする人の確認と規制はしておらず、門が開いている間は守衛する兵士の監視下で通行できたであろう。大宰府は筑前国を兼帯し、帥や大弐・少弐の職掌に国司と同じ「城牧」があるので、律令の法意としては、水城や大野城は大宰府が管轄する規定であった(22)。

先に述べたように、評造軍は大宝律令施行後、行政機構と分離され、軍団へと編成された。近年の研究により、西海道六国（筑前・筑後・豊前・豊後・肥前・肥後）の軍団兵士が交替で大宰府に上番し、大宰府官人の指揮のもと、大宰府常備軍を構成していたことが明らかにされている(23)。大宰府が西海道の軍団を指揮する権限を保有していたことは確かであり、それが天平六年（七三四）四月に停止された西海道節度使の権限を引き継いだものとみるか(24)、私見のように、律令制以前の筑紫大宰の軍事機能の遺制および擅興律1擅発兵条に規定された外敵や国内の反乱軍追討の権限と養老捕亡令2有盗賊条・3追捕罪人条に規定された罪人追捕の権限にもとづくとみるか(25)は議論が分かれるところであるが、いずれにしても八世紀以降においては、大宰府の指揮の下で実際に水城や大野城を守衛していたのは軍団兵士であった。

前節で触れたように、『延喜五年観世音寺資財帳』の山章に「大野城山」と「遠賀門」がみえる。また『類聚三代格』巻第十八、弘仁四年（八一三）八月九日太政官符によれば、筑前国には四つの軍団があり、このうち軍団印「遠賀団印」と「御笠団印」が出土し、大宰府政庁跡出土四五号木簡に「御笠団生ア羊」とあることから、遠賀団と御笠団が存在したことも先述の通りである。遠賀門は遠賀団の兵士が守ったと考えることもできるので、大野城は城門ごとに守衛する軍団が決められていた可能性もある。

その後、『類聚三代格』巻第十八、統領選士衛卒衛士仕丁事、天長三年（八二六）十一月三日太政官符により、大宰府管内の軍団兵士を廃止して、選士・統領・衛卒が置かれることになった。大宰府には府を護る兵として選士四百人、統領八人が置かれ、さらに衛卒二百人が配備された。衛卒の職掌の中には兵士が行っていた大野城の修理も含まれており、城の維持管理が軍団兵士、さらには衛卒によって担われていたことがわかる。

大宰府政庁南西に隣接する不丁地区官衙跡では八世紀の須恵器の皿に「大城」と書いた墨書土器が出土している。(26)「大城山」は『万葉集』巻第八、一四七四番歌・巻第十、二一九七番歌にみえ、大野城が築かれた大野山を意味したものであり、政庁周辺の役所で大野城を管理する事務を行っていたことを示すものであろう。

八世紀から九世紀初めにかけて、筑前国司が大宰府と別に置かれたり、併合されたりといった制度の変遷があり、筑前国司が別置された際には、水城や大野城は筑前国司が管理した。(27)大同三年（八〇八）以降、筑前国司が常置されるが、弘仁十一年（八二〇）までには、大野城は例外的に大宰府が管轄すると定められる（弘仁十一年三月四日大宰府牒案、『平安遺文　古文書編　第十巻』四九〇〇号文書）。同十四年には主厨・主船二名を廃止して、新たに主城二名（大主城・少主城）を置いた。主城は、大宰府に所属し、大野城（水城もか）の管理を担当したが、城が築造された当初から置かれたものではない。新羅に対する危機感から大野城の管理を徹底させようとしたものだろう。しかし対外的危機がうすらぐと、承和七年（八四〇）には、主城一名を廃止して、主厨一名を置き（以上、『類聚三代格』巻第五、加減諸国官員并廃置事、承和七年九月二十三日太政官奏）、中央政府は恒例の御贄などの税物の確保に意を用いるようになった。(28)

貞観十二年（八七〇）以来、大野城を守る兵士である衛卒の粮米は、大宰府政庁周辺の税庫に納めていたが、同十八年には、もとに戻して大野城の城庫に納めるようにしたという城司の証言があることから（『類聚三代格』巻第十八、統領選士衛卒衛士仕丁事、貞観十八年三月十三日太政官符）、衛卒の食料の米は「城司」が管理していたことがわかる。主城が城司の構成要員と考えられており、主城に駆使されるものとして、衛卒が置かれたとされる。(29)この他、『類聚三代格』巻第十八、器仗事、貞観十二年五月二日太政官符および『延喜交替式』には、大宰府庫と大野城に器仗（武器）が収納されており、大宰府官人の交替に際して損失や修理が確認されていたことが知られる。その後、先述のように、『延喜五年観世音寺資財帳』の山章に「大野城山」と「遠賀門」がみえる。これが古代山城としての大野城に関する最後の記録である。

ここまで古代山城の管理と守衛を中心として、大宰府と大野城の関係を検討してきた。律令は、古代山城の管理と守衛において、山城が所在する地域の国司が所管することを規定しており、大野城は筑前国司が置かれていない時には大宰府が管理していた。七世紀後半については、筑紫大宰・筑紫総領の指揮下において、国造軍、ついで評造軍が管理と守衛の実際にあたったことを示し、それが大宝律令以降、行政機構と軍団との分離により、山城所在地の国の軍団兵士による守衛に引き継がれたことが明らかになったと考える。

註

（1）　森浩一企画・渡辺正気著『日本の古代遺跡34福岡県』保育社、一九八七年、一一五頁。井上信正「大宰府」（条里制・古代都市研究会編『古代の都市と条里』吉川弘文館、二〇一五年）四四頁。渡辺氏は、大野城跡の七〇棟ちかい倉庫から、数万の人が籠城できる規模であり、百済滅亡時のにがい教訓から、築城当初の大宰府の軍政府は大野城内に計画されていて、南山麓の大宰府跡はその出先であったのではないかとする。しかし赤司善彦「古代山城の倉庫群の形成について─大野城を中心に─」（高倉洋彰編『東アジア古文化論攷2』中国書店、二〇一四年）四〇二頁が明らかにしたように、大野城跡の倉庫群は八世紀以降に建てられたものであるから、倉庫群の存在を根拠として、築城当初に数万人が籠城する計画であるとして、大宰府の軍政府を大野城内に置いたと考えることはできないであろう。井上氏は筑紫大宰の栗隈王の発言などをふまえ、歴代の百済王宮が山城にあったこと、泗沘城でも扶蘇山城が広い意味で王宮の一部であったことから、栗隈王の居場所は大野城であるとした。大宰府の防衛施設が百済の泗沘城を参考に築かれたことはよいとしても、百済王が扶蘇山城に常住したわけではないであろうし、筑紫大宰が大野城に駐在したとするのは飛躍があるだろう。なお、倉住靖彦「大野城司考」（九州大学国史学研究室編『古代中世史論集』吉川弘文館、一九九〇年）八～九頁は、大野城と基肄城の役割は「逃げ込み城」であると述べており、私見も倉住氏の見解を支持する。

（2）九州歴史資料館編『大宰府政庁跡』二〇〇二年、五五〜六頁
（3）小田富士雄「白村江戦の戦後処理と国際関係」（『古文化談叢』七三、二〇一五年）二一一・二一六・二二一〜三頁
（4）森公章「倭国から日本へ」（森公章編『日本の時代史3倭国から日本へ』吉川弘文館、二〇〇二年）八四〜五頁
（5）本書第Ⅱ部第八章第一節
（6）赤司善彦・光谷拓美「大野城の築城年代再考―太宰府口城門出土木柱の年輪年代の測定から―」（『東風西声　九州国立博物館研究紀要』七、二〇一二年）二四〜五頁
（7）赤司善彦「筑紫の古代山城と大宰府の成立について―朝倉橘広庭宮の記憶―」（『古代文化』第六一巻第四号、二〇一〇年）五六九頁。前掲註（6）赤司・光谷論文、二八〜三〇頁
（8）本書第Ⅱ部第七章第二節
（9）福岡県教育委員会編『特別史跡大野城跡Ⅲ主城原地区建物跡―史跡環境整備事業に伴う発掘調査概報―』一九七九年、三〜九・一四〜六頁
（10）本書第Ⅰ部第四章
（11）岸俊男「防人考」（『日本古代政治史研究』塙書房、一九六六年）三一四〜五頁。波多野晥三「大宰府淵源考―筑紫大宰の性格について―」（『日本歴史』第七二号、一九五四年）四〇頁
（12）本書第Ⅱ部第十一章
（13）篠川賢『日本古代国造制の研究』吉川弘文館、一九九六年、二四七・二七六頁
（14）吉村武彦「浄御原朝庭の制」（『日本古代国家形成史の研究―制度・文化・社会』岩波書店、二〇二三年）一六三〜四頁
（15）向井一雄「国府と古代山城」（大橋泰夫・江口桂編『季刊考古学・別冊37古代国府の実像を探る』雄山閣、二〇二二年）一二二〜五頁
（16）松川博一「古代の大宰府と軍団―御笠団印をめぐって―」（『西日本文化』四九三号、二〇二〇年）二〇〜三頁。前掲註（2）『大宰府政庁跡』五四九頁
（17）大高広和「大宰府成立前後の大宰府・豊前間の交通路」（大宰府史跡発掘五〇周年記念論文集刊行会編『大宰府の研究』高志書院、二〇一八年）四三六〜七頁
（18）下向井龍彦「軍団」（平川南・沖森卓也・栄原永遠男・山中章編『文字と古代日本2文字による交流』吉川弘文館、二〇〇

〇五年）二九六頁

(19)　岡田有矢「出土土器からみた平安時代肥後国内における鞠智城の位置付け」（熊本県教育委員会編『鞠智城と古代社会―第十号―』二〇二二年）二三頁は、鞠智城跡出土土器は在地的様相の強い土器群であり、大宰府および肥後国との直接的関連性は見出せないとした。そして実質的な鞠智城の管理は地元（菊池郡内の集落か）が担っていたと読み取ることもでき、鞠智城の管理に国家（大宰府や肥後国）が直接人・モノを送り込む体制ではなかったとして、重層的な管理体制を示すとする。これは、個々の古代山城が日常的には一国すべての郡・郷ではなく、いくつかの郡・郷で支えられていたことを示すのではないだろうか。

(20)　八世紀後半に築城された怡土城に関連することではあるが、怡土城から南東に日向峠を越えた先の、早良平野の西南隅の丘陵地に位置する福岡市西区の金武青木A遺跡（旧早良郡にあたる）からは「怡土城擬大領」と書かれた一号木簡が出土した。同遺跡からはほかに「志麻郡」と書かれた三号木簡も出土している（福岡市教育委員会編『金武青木　福岡市埋蔵文化財調査報告書第一一四六集』二〇一二年、巻頭図版および五〇～一頁）。報告書では、今回の調査成果により、金武周辺で検出されている奈良時代の大型建物群を中心とする施設は、旧今津湾を見渡す主船司や大宰府防衛の前線基地である怡土城などが設置されている糸島平野側に、人や物資を供給する後方中継の拠点基地であり、また製鉄、鍛冶関連施設の中心地の一つでもあった可能性が考えられるようになったとする。そして、雷山神籠石や水城が造られた時代から約百年を経て、再び緊張する国際情勢の中にあって金武一帯は、交通の要衝という地の利と、鉄に関わる工人集団の存在により、大きく変貌を遂げていったと思われるとし、幸いにも軍事的機能は行使されず、その緊張が解けるとともに金武が担っていた役割も徐々に失われていったと述べる（同上報告書、八六頁）。大高広和「木簡からみた西海道の軍事と交通」（『木簡研究』第四二号、二〇二一年）二五六・二七〇頁は、怡土城擬大領は、怡土城の造営もしくは維持管理に関わっていた、怡土郡かその近隣の郡の擬大領のことではないかとし、この遺跡と木簡について、当初大宰大弐吉備真備が「専当」し、大宰府主導で広域に展開したと考えられる怡土城造営にまつわる、諸々の生産活動に関係する遺跡・木簡と捉えておきたいと指摘した。さらに大高氏は福岡市早良区の次郎丸遺跡出土の墨書土器「城司」や早良郡家跡とみられる有田・小田部遺跡とも近いこととあわせて、この地域一帯で怡土城を造営するための諸活動が展開し、その造営に関する「城司」という組織、役職があったことを想定できるとする。怡土郡域の古代山城の造営や維持管理に早良郡が関わっていることを示しており、雷山神籠石の築城や維持に早良郡域の人々が動員されたことを推測させる。

(21)　四四・四七号木簡（前掲註（2）『大宰府政庁跡』）五四八～九頁
(22)　本書第Ⅱ部第八章第二節
(23)　松川博一「大宰府軍制の特質と展開—大宰府常備軍を中心に—」（『九州歴史資料館研究論集』三七、二〇一二年）三八～四二頁（同著『古代大宰府の政治と軍事』に収録）
(24)　北條秀樹「初期大宰府軍制と防人」（『日本古代国家の地方支配』吉川弘文館、二〇〇〇年）一八五～九頁
(25)　拙稿「九州地方の軍事と交通」（舘野和己・出田和久編『日本古代の交通・交流・情報1　制度と実態』吉川弘文館、二〇一六年）二五〇～五頁
(26)　九州歴史資料館編『大宰府政庁周辺官衙跡Ⅴ　—不丁地区　遺物編2—』二〇一四年、三三～四頁
(27)　長洋一「史料114弘仁十一年三月四日大宰府牒案（解説）」（太宰府市史編集委員会編『太宰府市史　古代資料編』太宰府市、二〇〇三年）四一八～二〇頁
(28)　長洋一「史料131『類聚三代格』巻第五、加減諸国官員并廃置事、承和七年九月二十三日太政官奏（解説）」（前掲註（27）『太宰府市史　古代資料編』）五〇四～五頁
(29)　前掲註（1）倉住論文、二一～三頁

第十章　大野城跡出土柱根刻書再考

『日本書紀』天智天皇四年（六六五）八月条は、達率答㶱春初を長門国に遣わして城を築き、達率憶礼福留と達率四比福夫を筑紫国に遣わして、大野および椽（基肄）の二城を築いたと記す。さらに『日本書紀』同九年（六七〇）二月条にも、長門に城一つ、筑紫に城二つを築くとある。坂本太郎氏は、この二つの記事は同事を指すとし、四年は築城の開始、九年は完成とみる方法を否定する。その上で、同じ築城のことを述べた出所の違う史料が、無批判に別々に採録されたのであろうとし、国防強化策は百済撤退直後に着手すべきものであるとの理由から、年紀は天智天皇四年の方に従うべきとする(1)。

これによって一般に大野城や基肄城は、天智天皇二年八月の白村江の敗戦後、唐・新羅の侵攻に備え、同四年に築城されたと考えられている。ただ、この記事じたいからは、築城開始を意味するのか、完成までを意味するのかは明確ではない。

さて、創建期の大野城を考えるための重要な史料が、二〇〇五年四月に見つかった。大野城創建期にあたる第Ⅰ期太宰府口城門の柱根に刻書があることがわかり、発見者の杉原敏之氏が報告している(2)。後述するように、この刻書の釈文については複数の見解があり、決着をみていない。本章では、刻書を再検討した上で、釈読の私案を提示し、この刻書の歴史的位置付けについて論ずることにしたい。

一　大野城出土柱根刻書の研究史

この柱根は、一九八六年度に行われた太宰府口城門跡の調査で出土したものである。出土直後の一九八八年に、奈良国立文化財研究所による年輪年代の調査が行われ、この柱根には樹皮や辺材部が残っておらず、心材のみのものと判断された。このため、この柱根の伐木年は六四八年以降であるという以上のことは明らかにすることができなかった。(3)

柱根は自然乾燥した後、九州歴史資料館に保管・展示されていたが、刻書が存在することは、長く知られなかった。以下、杉原氏の報告によって柱根の概要を記す。(4)柱根は、第Ⅰ期城門の桁行三間の西から二番目の柱穴掘形内に原位置を保って残存していた。現状の法量は、高さ一〇六・五センチメートル、径四三〜四六センチメートルである。筏穴を一カ所設けている。材質はコウヤマキである。

刻書は、柱根の下端付近、筏穴の刳り貫きに平行する位置に三文字ある（次頁の図11）。報告文では、一文字目は「氵」の欠落した「孚」とし、二文字目は「石」とみる。判読が難しいのは三文字目だが、右半部を「阝（おおざと）」と理解し、左半部の下位に「口」を作ろうとする意図をみて、「部」と考えている。以上より「孚石部」という釈文案を提示する。この案は、杉原氏の報告文の註6で佐藤信氏も同様の意見であると記されるいっぽう、八木充氏の異なる釈文案も掲載される。

八木氏は後に別稿を執筆され、自身で詳論されている。(5)結論として、一・二文字目は同じ案である。意見が分かれるのは三文字目である。八木氏は旁が「おおざと」であることは承認し、郡、部、都の可能性を示す。さらに検討を加えられ、郡なら第四画、部なら第五・六画が刻影と大きく異なり、さらに部とするとハライ（掠）がなじまないとし、残る候補として「都」を採用する。

さらに、佐藤氏が、大化改新以前より大伴氏の統率下にあった軍事氏族で、藤原宮や平城宮の宮城門の守衛にあたった十二の門号氏族の事例をふまえ、浮石部を城門創建に関わった氏族とみる見解についても批判する。八木氏は、大野城造営時、筑紫地方にこのような歴史的慣行が存在したとは、容易に理解できないとし、刻書が土中に埋められていたことから、埋設された門柱の地下部分に担当氏族名を刻書する必要は、まったくなかったと述べ、部名は王族名・豪族名・渡来民・地名、あるいは職業名などによって成立するのが通例であって、孚石部などといった部姓者が七世紀後半の筑紫地方に存在したと想定できるであろうかと疑問を呈する。

刻書を「孚石都」と釈読した八木氏は、「都」を津の仮名表記とみて、刻書の三文字を浮石津と解釈する。古代地名としては伝わらないが、現存地名として、和歌山県有田郡湯浅町大字田に浮石があることを指摘し、コウヤマキの主産地が飛騨地方や紀伊半島の高野山一帯であることもふまえ、高野山周辺で伐採されて作材されたと考えられた。そして刻書については、伐採の山地で作材のさいに刻字したか、あるいは有田川を筏で組んで運漕し、河口にあたる浮石津の地で刻んだかのいずれかであろうとする。このように、刻書が発見された当時、浮石部とする説と浮石都とする説が提出されているが、その後は議論が進展していない。

図11　大野城出土柱根
（写真提供：九州歴史資料館）

いっぽう柱根は、二〇〇八年度に九州国立博物館でX線CTスキャナによる解析と実物資料の観察が行われ、外周部全体の状態が原木そのものの形状を保っていることがわかった。このため六四八年は伐採年に限りなく近く、伐採は六五〇年までの間におさまるとされた。赤司善彦氏は、この調査成果と、コウヤマキ製の木柱には自然乾燥の期間が必要ではないことや、大野城の築城が二、三年では困難であることなどから、築城開始が伐採年の六五〇年頃に遡る可能性を指摘した(6)。

これについては以前に、伐採後、大野城以前にも使用されていたり、長期保存されていたりした可能性があること、築城が二、三年で困難ならば、重出記事とされる天智天皇九年（六七〇）条を完成とみることもできること、築城を指導した亡命百済人の憶礼福留は、天智天皇二年八月の白村江敗戦の翌月に渡来し、同十年正月に兵法に詳しかったとして褒賞にあずかっており、一連の事実として築城の経過が明確に述べられていることを指摘し、赤司説の根拠を否定した(7)。私見は、天智天皇四年に大野城の築城が開始されたと考えている。

なお、X線CTスキャナの調査で判明した、もう一つの事実として、大野城出土柱根の年輪年代の調査は、平城宮出土のコウヤマキの暦年標準パターンを用いて行われ、そのパターンがよく一致した。このことから、この柱根が平城宮に用いられたコウヤマキと同じ原産地で伐採された可能性が高く、用材は近畿地方から運ばれたことになるということである(8)。柱根にとって重要な事実である。

以上の研究史をふまえ、次節では、刻書の釈文について再検討していきたい。

二　大野城出土柱根刻書の釈文と意味

(1) 刻書の釈文の再検討

刻書の釈文について、杉原氏、佐藤氏、八木氏ともに、一・二文字目を「孚石」とみることは同じである。本書も異論はない。やはり問題は三文字目である。先行研究が一致する通り、旁が、おおざとであることは確かである。論点は偏をどう考えるかである。

杉原氏が図化された刻書の筆順（図12）によって、三文字目を詳しくみると、①で左上端から右横位方向に刻み、

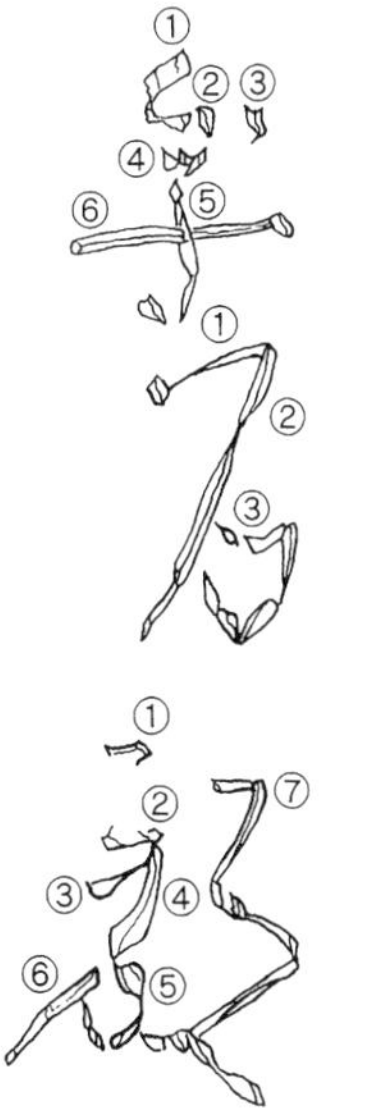

図 12　柱根刻書の筆順
（杉原敏之 2006 より転載）

左斜めに振り下ろし、②で左から右へ横位に引いていることが注目される。つまり、一画目に点を打ち、二画目に横画を引いているのであり、なべぶたとみえる点と線を刻んでいるのである。

つぎに③と④は、郡とよく似た線を刻んでいるが、郡とすると、さきにみた①の点がなじまない。都も同様である。三画目の筆運びが縦横に九〇度近く回っているが、部の三・四画目とみることもできなくはない。⑤には、杉原氏が指摘する通り、口を作ろうとする意図を読み取ることができよう。

最後に⑥は、八木氏が、ハライと捉え、部では、このハライがなじまないとし、三文字目を都とした線である。確かに部の五画目とした場合、運筆が左右逆になり、左に長く線が伸びている。また本来の書き順では、六〜八画目で構成する口とも刻んだ順番が反対になっている。ハライの存在からすれば、郡や都の方が相応しいようにみえる。しかし木簡の字形を参考にみてみると、部でも、刻書の⑥と左右逆の運筆ではあるが、左から右に引く横線で、左斜め下に長く五画目が伸びている事例がみられる。[9]

以上より、筆順や筆の方向・角度に問題がないとはいえないが、刻書の字形との一致点は、部が最も高い。したがって、本書は、杉原氏、佐藤氏と同じく刻書を「孚石部」と判読し、浮石部であると考える。

杉原氏は、文字が筏穴と近接し、両者の位置関係が意識されており、さらにこの箇所が、柱掘形内に埋められた後は、地表に露出することがないことから、文字は柱が加工された直後から立てられる時までに刻まれているとし、刻書は「柱の輸送」、あるいは「柱の設置」に際して行われたことを指摘する。そして前者の場合、原産地あるいは積み出しの地名か検閲者の署名が考えられ、後者の場合は、柱の設置における最終検閲者の署名が考えられるとし、「孚石部」と読めることから検閲者の署名、あるいは城門創建に関わった氏族を想起すると

結論する。(10)

本書も「孚石部」と判読するので、これが浮石部という部姓である可能性が高いとみる。問題は、既存の文献史料には、浮石部という氏族名がみえないことである。もちろん出土文字資料によって、新出の氏族名が確認されることは十分にあり得ることだが、それとともに既知の氏族名に当てはまるものがないかどうか考えてみる必要もあるだろう。

（2）浮石部の読みとその意味

そもそも浮石部は、どう読むのだろうか。「浮」は、『古事記』上巻の国生み神話にみえる「浮脂（うきあぶら）」の読みなどからみて、石に続くように活用して「うき」、あるいは「うく」などと読むと考えられる。(11)「石」は「いし」と読む場合と「いは」と読む場合がある。(12)いずれの可能性もあり、「いし」と読んだ場合、「うきいし」もしくは、「き」と「い」が一体化して「うきし」という読みになるが、該当する氏族名が見当たらない。いっぽう「いは」と読んだ場合、「うきいは」もしくは、「うきは」と読める可能性がある。

『日本書紀』雄略天皇七年是歳条にみえる日鷹吉士堅磐固安銭という人名について、本文の注に「堅磐、これを柯《か》陀《た》之《し》波《は》と云ふ（原漢文）」とあり、「堅磐」を「かたしは」と読むことがわかる。「かたし」の「し」と「いは」の「い」が、ともにイ段の音であることから、一体化したのだろう。このことから、「うき」の「き」と「いは」の「い」も一体となり、「うきは」と読まれた可能性は十分にある。(13)

浮石を「うきは」と読めるならば、浮石部を従来から知られている氏族名と関連させて理解しうる可能性が出てくる。その際、まず次に掲げる史料が想起される。

〔史料1〕『日本書紀』景行天皇十八年八月条

到二的邑一而進食。是日、膳夫等遺レ盞。故時人号二其忘レ盞処一曰二浮羽一。今謂レ的者訛也。昔筑紫俗号レ盞曰二浮羽一。

〔史料2〕『筑後国風土記』逸文、生葉郡条

公望私記曰、案、筑後国風土記云、昔、景行天皇巡レ国既畢、還レ都之時、膳司在二此村一、忘二御酒盞一云々。天皇、勅曰、惜乎。朕之酒盞。〈俗語云二酒盞一為二宇枳一〉因曰二宇枳波夜郡一。後人、誤号二生葉郡一。（『釈日本紀』巻十）

『日本書紀』によると、景行天皇が熊襲を討った後、的（いくは）の邑に至って食事を召し上がった。この日、膳夫たちが、盞（うき。酒杯）を置き忘れた。そこで当時の人は盞を忘れたところを名付けて浮羽といった。いま的というのは訛ったものである。昔、筑紫の俗では、盞を名付けて浮羽といったという。『筑後国風土記』逸文では、景行天皇が「惜《あたら》しきかも。朕が酒盞《うき》はや」と仰せられたことから宇枳波夜《うきはや》郡になったという話になっており、酒盞を「うき」というのは筑紫に限らない俗語であったとされる。

いずれにしても、史料1・2では、景行天皇の伝承によって、浮羽（うきは）の地名が生じ、それが訛って、奈良時代当時の地名である生葉（いくは）となったと説明している。「うきは」から「いくは」に転じることについて、日本古典文学大系『日本書紀』も補注で、iとuの狭い母音が交替したことによるもので、あり得ないことではなかったとする[14]。

この筑後国生葉郡の地名が、大伴氏の統率のもとに宮廷の守護を職とする宮城門の門号氏族の一つ、的臣と関わりがあることは、すでに指摘されている[15]。的臣については、『日本書紀』仁徳天皇十二年八月己酉条に、氏族名の起源伝承がある。それによると、高麗（高句麗）の客を朝廷で饗応した時に、群臣および百寮を集めて、高麗の献じた鉄の盾と的（まと）を射させた。諸人は、的を射とおすことができなかったが、ただ的臣の祖である盾人宿祢ひとりが、鉄の的を射とおした。翌日、盾人宿祢を褒めて、名を賜わって的戸田宿祢といったという。

的の意味について、本居宣長は、さきの『日本書紀』仁徳天皇十二年条や、孝徳天皇の大化三年正月壬寅条、天武

天皇四年正月壬戌条の「射」に「いくふ」や「いくひす」の古訓があることから、射は、まとを射るわざをいうので、被射（いくはれ）の意味で、まとをも「いくは」というかと注し、また「いくは」は本よりまとの古名で、射（いくふ）は的射（いくはいる）という言葉でもあるだろうとも述べる[16]。氏族名の語源が、まとを射る行為に由来するか、まとの古名に由来するかは両説併記するが、「いくは」の読みが本来のものであることは、ここから理解される。

なお、直木孝次郎氏は、津田左右吉氏が仁徳天皇十二年の伝承を、的戸田宿祢の名称の起源を説明するための架空の物語としたのに従い[17]、その史実性を否定する。さらに的臣が弓矢に関係する氏族であることについても、筑後国生葉郡をはじめ、山背国的野や尾張国海部郡伊久波神社、淡路国津名郡育波郷などイクハの地名があること、的臣が、一般に地名をウジ名とする臣姓豪族であることから、的臣は弓矢に携わることを職掌とする伴造氏族ではなく、イクハの地方を地盤とする豪族であるとする。さらに、的臣とともに葛城曽都比古を祖先とする同族の玉手臣や阿支奈臣の分布から、根拠地は河内・和泉と推定するとともに、『日本書紀』欽明天皇五年（五四四）三月条や同十四年八月丁酉条の韓半島関係の記事を史実とし、韓半島支配に関与したことが、この氏族の軍事力を一層強化させ、有力な軍事氏族に成長させたと述べる[18]。

いずれにしても、的臣と「いくは」の地名が関連するならば、景行天皇十八年条の酒杯の「うき」から浮羽の地名が生じ、それが生葉に転訛したという伝承とは反対に、「いくは」という氏族名または地名が先に存在し、それが「うきは」に転訛したと考えるべきであろう。景行天皇の筑紫巡幸伝承は、百済救援戦争における斉明天皇の筑紫行幸に構想を得たと考えられるので[19]、景行天皇十八年条の生葉の地名起源伝承も、俗に酒盞を「うき」と言ったことをふまえて、七世紀後半以降に作られた架空の物語とみられる。とはいえ、それは「いくは」と「うきは」が互いに転訛しうることを否定するものではない。二つの発音が交替し得ないならば、そもそも生葉の地名起源伝承を作り出し得ないからである。

「いくは」と「うきは」が転訛しうることを少し敷衍したい。『倭名類聚鈔』によると、筑後国生葉郡の読みは「以久波」である。いっぽう昌泰年間（八九八〜九〇一）に僧昌住が撰述した『新撰字鏡』では、的について「倭人姓。由久皮（波）」と注しており、的は「ゆくは」とも読まれた。[20] さらに、景行天皇十八年条では、浮羽の古訓に「ウクハ」（熱田神宮本、寛文九年版本）、「ウケハ」（北野天満宮本）がある。[21] これらをふまえれば、いくは→ゆくは→うくは→うきはといった通用が想定できるのではないだろうか。

さらに、『日本書紀』欽明天皇五年三月条に、『百済本記』にみえる「烏胡跛《うごは》臣」について「蓋是的臣也」という注があり、的が「うごは」という音として、『日本書紀』編纂以前に韓半島側で認識されていたことも重要である。[22] 以上より、「いくは」という氏族名または地名が「うきは」に転訛し、通用していたことが理解される。したがって、浮石を「うきは」と読めるならば、これを「いくは」と通用させ、的という氏族名として解釈できるといえるだろう。

三　大野城出土柱根刻書の歴史的位置付け

前節までの検討により、柱根の刻書は、浮石部で、「うきはべ」と読みうること、浮石は、的（いくは）の氏族名と解釈でき、浮石部は的部を意味しうることが明らかになった。さらに、天智天皇九年（六七〇）に作られた庚午年籍によって一般人民に部姓が与えられたのであり、それまでは部集団に属しているという実態はあるものの、その者に「某部」という部姓が与えられていたわけではなく、民衆は無姓であった。[23] したがって、柱根の刻書は庚午年籍以前の史料であるので、浮石部は、一般人民の姓ではなく、的臣氏の支配下にあって部民集団の的部を統率した、的部の伴造を意味するだろう。ただし、的臣や的部は、河内国・和泉国・山背国・近江国・播磨国に分布し、関連地名も尾張国や淡路国にあったので、刻書の浮石部は、必ずしも筑後国生葉郡に居住した的部とは限らない。[24]

ここまで述べたことをふまえ、これまでの調査報告とあわせて、柱根刻書の歴史的位置づけを考えてみたい。釈文と意味が右のようであるとすると、つぎに刻書が施された時期が問題となる。文字を刻むことが可能な時間は、六五〇年頃に伐採されてから、天智天皇四年（六六五）以降、大野城の築城によって刻書が土中に埋められるまで、十五年あまりある。

杉原氏の報告にもとづき、柱根の加工過程を確認しておく。柱根は上部から下部にかけて、手斧等の工具によって面調整が行われている。その後、下端付近の筏穴の刳り貫きの高さに平行する形で、縦方向に幅二・五センチメートル、高さ二・五〜三・五センチメートル前後の面を七つ削り出して、刻書面を調整加工している。刻書箇所の風化面も柱加工面と極端な差はなく、時間を置かずに削り出されていることがわかる(25)。

貢納物に記される名は、調庸墨書銘や税の荷札の例をふまえれば、品質や量などについて納入する側の責任を明確にする機能を持つ。木柱が伐採後、倭王権に納入されて、大野城を築くまでの十五年あまりの間、どこかに保管されていたならば、筑紫まで輸送する際には、新規に用材の納入者を確認したり、品質等について保証したりする必要もないので、木材の伐採や加工、納入、検収等の責任者の名を記す必然性は低い。また、倭王権が管理する別の建物等の部材に使われていて、大野城の門の柱として再利用された場合でも、同様に筑紫まで輸送する際に、新たに氏族名を刻む必要はないだろう。また、八木充氏が指摘されたように、柱の設置に際して、埋められて見えなくなる部分に最終検閲者の名を記す必要性もない。刻書の箇所は当初から筏穴を意識している。以上より、刻書が施されたのは、伐採されてから、筏に組んで水上輸送のために搬出されるまでの間であった蓋然性が高い。

さきに年輪年代の調査から、柱根に用いられたコウヤマキが近畿地方から運ばれた可能性が高いと考えられていることに触れた。したがって、この柱根のコウヤマキは、六五〇年頃に近畿地方で伐採され、搬出されるまでの間に、木材を切り出し、目的地まで水上輸送することに責任を持った豪族の浮石部（的部）某が、自らの氏族名を刻んだと理解されるのである。その切り出しや加工には、浮石部某が率いた的部集団（評や五十戸に編成されていたであろう）を動員したかもしれない。

では、六五〇年頃に柱根の材木が伐採された際、その輸送の目的地はどこだったのだろうか。六五〇年頃に伐採されたことと、近畿地方で産出した可能性があることから、この時期に近畿地方において行われた、大規模な建物建設をともなう工事を探してみよう。そうすると、まったくの憶測ではあるが、『日本書紀』白雉三年（六五二）九月条に造営が完成したと伝えられる、孝徳天皇の難波長柄豊碕宮の建設工事が想起される。その遺跡は、一九五四年以来の発掘調査によって、現在の大阪市中央区法円坂・大手前周辺で発見された前期難波宮跡であることが確実となっている。前期難波宮には火災痕跡があり、それが『日本書紀』朱鳥元年（六八六）正月乙卯条が、難波の大蔵省から出火し、宮室がことごとく焼失したと伝える記事にあたるものとみられ、難波長柄豊碕宮は一部の建物を造り替えながら、天武朝末年の六八六年まで存続したと考えられている[26]。

難波長柄豊碕宮の建築は掘立柱建物であり、中枢部の殿舎は、その重要度により、柱の太さや柱間寸法などが区分されていた。柱の太さが七〇～七五センチメートルの建物として、内裏前殿・内裏南門・八角殿・朝堂院南門・朱雀門があり、五〇～六〇センチメートルの建物に内裏後殿、四〇～四五センチメートルの建物として内裏後殿の東の南北棟建物ＳＢ二一〇一・朝堂院第一堂、上記以外の建物や回廊は三〇～四〇センチメートル程度の柱の太さである[27]。大野城出土柱根の直径は四三～四六センチメートルであり、難波長柄豊碕宮の建物に使われている柱の太さと比べて、それほど違和感はないと思われる。

白雉三年（六五二）の完成記事の後、同四年には葛城王子（中大兄王子）が、母の皇祖母尊（退位後の皇極天皇。後に重祚して斉明天皇となる）と同母妹の間人大后とともに飛鳥に移り、さらに同五年十月に孝徳天皇が難波長柄豊碕宮の正寝で崩御してしまうが、百済救援戦争に際し、『日本書紀』斉明天皇六年（六六〇）十二月庚寅条に、斉明天皇が難波宮に行幸したことがみえるように、王宮として維持されていた。中枢部の周辺にも東方官衙や内裏西方官衙が営まれ、焼失することなく、天武朝まで維持される。また前期難波宮の整地層に、六六〇年代までの土器が含まれるなど、六五二年の完成記事や六五四年の孝徳天皇の崩御後も工事は続けられていた[28]。大野城跡出土柱根が、伐採後、長期保存されていたか、別の建物に使用されていたかは明らかではないが、難波宮のような近畿地方における都城造営のために準備された部材であったのかもしれない。さきに紹介した直木孝次郎氏の説のように、的臣が河内・和泉を根拠地としたと考えられることも傍証となる。難波長柄豊碕宮造営にあたり、本拠地が近い的臣が、支配下の伴造の浮石部某とその統率下の的部集団を動員して、木材の切り出しと輸送にあたった可能性がある。

さらに的部は、淡路国津名郡育波郷（『倭名類聚鈔』）や播磨国神前郡的部里（『播磨国風土記』）など、瀬戸内海沿岸に分布する。『播磨国風土記』神前郡条には、以下のようにみえる。

〔史料3〕『播磨国風土記』神前郡条

的部里〈石坐神山・高野社〉土中々。

右、的部等居二於此村一。故曰二的部里一。（後略）

これは、難波から筑紫への海上輸送のために、沿岸の的部集団を動員できることを意味する。尾張国の例ではあるが、『延喜式』神名上に、尾張国海部郡に伊久波神社が鎮座していることは、的臣と海人との関係を示唆するとも考えられる。

また、『日本書紀』欽明天皇五年三月条・同十四年八月丁酉条にみえるように、的臣は、韓半島の安羅にあって任那（加耶）復興のために百済や新羅と行き来し、その調整にあたっている。的臣が古来、韓半島政策に関与していたことは、明証はないものの、斉明・天智朝の百済救援戦争に出兵したり、白村江の敗戦後の防衛施設の築造に協力したりしうる可能性を示す。

以上より、的臣は、難波長柄豊碕宮のために近畿地方で的部に用材を伐採させ、輸送させたのではないだろうか[29]。その木材が使われずに長期保存されていたか、建物に使用された木材が再利用されたかは明確ではないが、的臣は大野城の築城にあたり、瀬戸内海沿岸の的部集団を動員して、その木材を筑紫まで輸送し、あるいは筑後国生葉郡の的部集団を大野城太宰府口城門の建設にも徴発したかもしれない。ひとつの臆説として提示しておく。

最後に浮石部という字が用いられた理由について、後考のために憶測を述べておきたい。浮石とは不思議な用字である。『古事記』下巻、仁徳天皇段に天之日矛の娘・伊豆志袁登売神をめぐって、秋山の下氷壮夫と春山の霞壮夫という兄弟神が争う物語がある。賭けに負けたのに賭け物をくれない兄の下氷壮夫を、弟の霞壮夫は恨んで母親に訴える。母親は呪いをかけて兄を苦しめるが、その呪いの言葉の中に「またこの石の沈むがごと、沈み臥《こや》せ（病に沈みふせよ）」とある。[30] 石は水に沈むものである。『日本書紀』景行天皇十八年条の生葉郡の地名起源伝承のように、浮羽ならば、羽は水に浮くので問題はないのに、なぜ浮石なのだろうか。

ところで、『古事記』上巻の国生み神話で伊邪那岐神と伊邪那美神が生んだ神々の中に、鳥之石楠船神（またの名は天鳥船）という神がいる。本居宣長は、鳥のように疾く行く、石のように堅い楠の木でできた船という意味の神名であるという。また、『日本書紀』神代上、第八段一書第五の、素戔嗚尊が韓国で杉と櫲樟《くすのき》は浮宝《うきだから》（船）の材料にせよと述べたことも引用する。[31] 浮く石というのは、石のように堅い木材で作られた丈夫な船を連想させる言葉なのではないだろうか。みずからの氏族名を、筏に組んで水上輸送するコウヤマキに刻む際、うきはべの某は、木材が無事に目的地に到着することを願い、このような縁起のよい文字を選んだのかもしれない。

ここまで、大野城跡出土柱根の刻書を再検討してきた。本書で刻書は、浮石部と判読され、「うきはべ」と読み、的部を率いた伴造の氏族名と理解しうることを明らかにした。この刻書は六五〇年頃に木材が伐採された際に、木材を切り出し、搬出した責任者として、浮石部某が氏族名を柱根に刻んだものと考えられる。大野城の築城開始を六六五年とみる立場からすれば、刻書を大野城の築城と積極的に結び付ける明証はないとせざるを得ない。しかし、的臣が河内・和泉を本拠地とし、瀬戸内海沿岸や筑後国生葉郡に的部集団が居住し、的臣が古来、韓半島政策にも関与していたことをふまえると、的臣は百済救援戦争に出征し、白村江の敗戦後は、的部集団を動員して難波から筑紫に木柱の部材を輸送し、大野城の築城にあたった可能性も想像することができよう。

註

（1）坂本太郎「天智紀の史料批判」（『日本古代史の基礎的研究　上　文献篇』吉川弘文館、一九六四年）二一八〜九頁
（2）杉原敏之「大野城出土柱根の刻書」（『九州歴史資料館研究論集』三一、二〇〇六年）一〜一二頁
（3）福岡県教育委員会編『特別史跡大野城跡Ⅶ太宰府口城門跡発掘調査概報』一九九一年、一五〜七頁
（4）前掲註（2）杉原論文、三〜七頁
（5）八木充「大野城の門柱刻書について」（『日本史研究』六二四、二〇一四年）六六〜七頁
（6）赤司善彦・光谷拓美「大野城の築城年代再考—太宰府口城門出土木柱の年輪年代の測定から—」（『東風西声　九州国立博物館研究紀要』七、二〇一二年）二四〜五・二八〜三〇頁
（7）本書第Ⅱ部第七章第二節
（8）前掲註（6）赤司・光谷論文、二九〜三〇頁
（9）奈良文化財研究所編『改訂新版日本古代木簡字典』二〇一三年、二〇六頁、「部」の項
（10）前掲註（2）杉原論文、七〜八頁
（11）本居宣長撰『古事記伝　乾』三之巻、吉川弘文館、一九三〇年増訂三版、一四六頁
（12）前掲註（11）『古事記伝　乾』十之巻、四七五頁で「大石」を「おおいし」と訓じる。また『古事記』上巻の本文の注に「石土毘古神」の「石」について、「訓レ石云二伊波一」とある（同書、五之巻、二二一頁、倉野憲司校注『古事記』岩波文庫、一九六三年、二一六頁）。
（13）九州大学人文科学研究院教授の高山倫明氏（国語学）の御教示によると、石見や石清水のようにイワ（イハ）に石の字があてられることは珍しくない。また『万葉集』にみえる和芸毛（わぎも。我妹。巻第十五、三七〇一番歌）、和企弊（わぎへ。我家。巻第五、八四一番歌）、奈気伎（なげき。長息。嘆。巻第十四、三五二四番歌）のように、ア行で始まる語が複合語の後部にくると、古代語ではかなり規則的に前部末尾の母音と融合するので、明石（アカシ）、千々石（チヂハ）のように、イシやイハでも同様のことが起こる。したがって、浮石がウキハである可能性は十分にあるとのことである。

（14）坂本太郎他校註『日本古典文学大系　日本書紀　上』岩波書店、一九六七年、補註7－二三、五五九～六〇〇頁

（15）直木孝次郎「的臣と玉手臣」「門号氏族と衛門府」（『日本古代兵制史の研究』吉川弘文館、一九六八年）九七～八・一〇二～三頁

（16）前掲註（11）『古事記伝　乾』二十二之巻、一一四三頁。古訓は寛文九年（一六六九）版本（田中幸夫氏寄贈本。九州歴史資料館所蔵）で確認した。寛文九年版本の底本である楓山本『日本書紀』（江戸城紅葉山文庫旧蔵、国立公文書館所蔵）の古訓も同じである。国立公文書館デジタルアーカイブの写真で確認した（二〇二三年四月十二日閲覧）。第四冊、仁徳天皇十二年八月己酉条　https://www.digital.archives.go.jp/img/3967277 の五一コマ目、第八冊、大化三年正月壬寅条　https://www.digital.archives.go.jp/img/3967281 の六〇コマ目、第十冊、天武天皇四年正月壬戌条　https://www.digital.archives.go.jp/img/3967283 の七コマ目。

（17）津田左右吉『日本古典の研究　下』岩波書店、一九五〇年、二四四頁

（18）前掲註（15）直木論文、九七～一〇一頁

（19）津田左右吉『日本古典の研究　上』岩波書店、一九四八年、一七七頁。永山修一「南九州の古代交通」（『古代交通研究』一二、二〇〇三年）二四頁

（20）京都大学文学部国語学国文学研究室編『天治本新撰字鏡』臨川書店、一九六七年、六八一頁。「新撰字鏡」（塙保己一編『群書類従　第二十八輯　雑部』続群書類従完成会、一九七七年訂正三版）三一九頁

（21）古訓のうち、寛文九年版本のものは註（16）に同じ。寛文九年版本の底本である楓山本『日本書紀』（前掲註（16））の古訓も同じである。国立公文書館デジタルアーカイブの写真で確認した（二〇二三年四月十二日閲覧）。第三冊、景行天皇十八年八月条　https://www.digital.archives.go.jp/img/3967276 の五六コマ目。それ以外の古訓は、新訂増補国史大系本の傍注に収録されたものによる。

（22）坂本太郎「継体紀の史料批判」（前掲註（1）著書所収）二五六頁は、『百済本記』は、百済滅亡後、日本に亡命した百済人が、その持参した記録を適当に編集して、日本政府に提出したものであろうとする。

（23）加藤晃「我が国における姓の成立について」（坂本太郎博士古稀記念会編『続日本古代史論集　上巻』吉川弘文館、一九七二年）四一四～五・四二三・四二七～八・四三四～五頁。市大樹「総説」（奈良文化財研究所編『評制下荷札木簡集成　奈良文化財研究所史料第七十六冊』二〇〇六年）二四頁

(24)　註(18)に同じ

(25)　前掲註(2)杉原論文、五頁

(26)　中尾芳治「前期難波宮をめぐる諸問題」(吉村武彦・小笠原好彦編『展望日本歴史5飛鳥の朝廷』東京堂出版、二〇〇一年、初出一九七二年)二五七〜六三頁。高橋工「前期・後期難波宮跡の発掘調査成果」(中尾芳治・栄原永遠男編『難波宮と都城制』吉川弘文館、二〇一四年)六〇頁

(27)　植木久「難波宮の建築」(前掲註(26)『難波宮と都城制』)一〇五頁

(28)　前掲註(26)高橋論文、六四〜七頁。佐藤隆「難波地域の土器編年からみた難波宮の造営年代」(前掲註(26)『難波宮と都城制』)九二〜四頁

(29)　栄原永遠男「難波宮の造営と材木の供給」(『大阪歴史博物館研究紀要』一四、二〇一六年)二・一〇〜二頁によると、前期・後期難波宮の部材には、コウヤマキが特徴的に含まれる。コウヤマキは播磨国・西摂地域で採取されて、難波に海上輸送され、一部は淀川・木津川を遡り、山崎津・淀津や泉津に貯木されたり、平城京・平安京やその周辺の建築部材に利用されたりした。大野城跡出土柱根と暦年パターンの比較に使用した平城宮出土のコウヤマキの産地が近畿地方か、播磨国・西摂地域かは課題だが、後者であれば、『播磨国風土記』にみえる的部が播磨国周辺で木材を伐採し、難波に輸送した可能性もある。

(30)　本居宣長撰『古事記伝　坤』三十四之巻、吉川弘文館、一九三〇年増訂三版、一七八六頁。前掲註(12)『古事記』岩波文庫、一五三・二八〇頁

(31)　前掲註(11)『古事記伝　乾』五之巻、二三五〜六頁

本章は、平成二七年度科学研究費(基盤研究(C)「木簡による大宰府の西海道統治の実態に関する研究」課題番号一五K〇二八五五　研究代表者:酒井芳司)の成果の一部である。

第十一章　筑紫における評の成立

皇極天皇四年（六四五）六月の蘇我本宗家討滅を契機に始まる大化改新によって、国造とその地域支配のあり方は大きく変わる。『日本書紀』が伝えるところによれば、韓半島の百済・新羅・高句麗の三国が倭国に「三韓の調」を献上する儀式が六月十二日に行われることになった。倭国に朝貢する証である「調」の献上は、皇極天皇自ら参加する重要な朝廷儀式である。その場で中大兄王子（葛城王子とも。後の天智天皇）や中臣鎌足らは、当時最大の権勢を誇っていた蘇我入鹿を暗殺し、翌日には入鹿の父、蝦夷が自尽した。ここに、稲目から馬子・蝦夷・入鹿と続いた大豪族、蘇我本宗家が滅亡することになる。この年の干支により、この事件を「乙巳の変」と呼ぶ。皇極天皇から譲位された同母弟の孝徳天皇は、飛鳥から難波へ遷都を行い、そこで翌年、「改新之詔」を発布し、さまざまな新しい施政方針を示した。以後、この改新詔を核として、大化改新と呼ばれる政治改革が行われた(1)。

この「改新之詔」には、首長たちが支配していた土地と人民を天皇が支配するように改めた「公地公民」の原則が定められ、地方行政制度や戸籍による「班田収授法」、統一的な税制が書かれている。かつては律令制国家の起源として大化改新は高く評価されていたが、改革の多くは七世紀後半に実現していることから、その記載を疑う「改新否定論」が生まれた。その後、宮都遺跡の発掘調査が進み、七世紀後半における王宮の実像が明らかになり、飛鳥地域で七世紀木簡の出土が相次いだ。これによって、近年では考古学的発掘により難波遷都や「評―五十戸」という地方行政制度が確認され、政治改革を評価する「新肯定論」が有力になっている(2)。大化改新の実像や律令制国家成立への過程は、新たな史料にもとづいて再検討が進められている。本章では、孝徳朝の大化改新以後、筑紫国造とその地域支配のあり方が、どのように変わり、どのように大宝律令制大宰府の成立に至ったのか、その過程を明らかにしたい。

一　筑紫における評の編成と筑紫国造

大化改新によって、孝徳朝に評の編成（立評）が行われるが、[3] 筑紫における立評の過程は、出土文字資料も含めて、孝徳朝に遡る史料がなく明確ではない。これについて、重松敏彦氏が、那津官家と三国の屯倉がどのように評に編成されていったかを考察した。[4] 三国の屯倉のうち、穂波屯倉と鎌屯倉が、後の穂波郡、嘉麻郡につながることから、これらが穂波評、鎌評に編成されたこと、妙心寺梵鐘銘に糟屋評がみえるので、糟屋屯倉が糟屋評に編成され、糟屋郡につながることは確かである。そして、私見で国宰国としての筑紫国の成立を示す史料とした、[5]『日本書紀』持統天皇四年（六九〇）九月丁酉条の大伴部博麻の帰朝報告に、博麻が百済救援戦争に「筑紫国上陽咩郡」から出征したとあることと、朝倉橘広庭宮（朝倉宮）との位置関係から、上陽咩評《かむつやめのこおり》・下陽咩評《しもつやめのこおり》の分割は斉明朝に遡り、上旦《かむつあさ》座評《くらのこおり》と下旦座評《しもつあさくらのこおり》の分割も同様であって、ヤメ評、アサクラ評の成立も孝徳朝の立評時に求められるとした。さらに、総領が評の編成に携わったと考え、筑紫総領の設置も孝徳朝とする。首肯できる見解である。

この他、七世紀後半に、全国に八つの神郡（評）が置かれた。神郡は、倭王権が支配領域を拡大するための拠点や、韓半島への航路の要衝として、古代交通上の要衝で、かつ倭王権にとっても軍事上の要衝でもある地の神社のために設置したが、宗像郡（評）もその一つであり、孝徳朝に置かれたとみられる。[6]

以上のように、三国の屯倉のいくつかは、評に編成されたことがわかる。では、那津官家、および那津官家と三国の屯倉との統括関係は、どうなったのだろうか。重松氏は、孝徳朝における評の編成によって、那津官家に移築されていたクラは本来属していた地域に返還され、それらのクラから構成されていた那津官家は解体したのではないかとした。[7] 私見はこれと異なり、田中卓氏が指摘したように、難波屯倉が、外交施設としてみえる難波郡（評）となり、さらに難波大郡・難波小郡となったのと同様に、那津官家（筑紫官家）が筑紫評に編成され、後に筑紫大郡（『日本書紀』天武天皇二年［六七三］十一月壬申条）・筑紫小郡（『同』持続天皇三年六月乙巳条）となったと考える。[8] この場合、三国の屯倉との統括関係も維持され、筑紫評—三国の評の重層的な評の支配が行われたとみる。[9]

評が重層的に存在するというのは、奇異に思われるかもしれない。しかし、静岡県浜松市伊場遺跡出土敷智郡屋椋帳木簡（伊場遺跡二一号）では、遠江国敷智評周辺の屋と倉を、敷智評の管轄下のサトごとに列挙するにあたり、駅評の人である語部三山の椋一などと並んで、加毛江五十戸の人である「□　□男」の椋一などを挙げる。[10] 評と五十戸は、その集団の長の姓がともに造であり、両者には身分上の差異はなく、行政組織の系統化は存在しなかったとされる。[11] ゆえに、敷智評の管轄下に駅評と加毛江五十戸が並列してあったと解することも可能であり、評が重層的に存在した可能性があろう。[12]

そして、筑紫評に編成された那津官家を管掌した筑紫評造は、筑紫国造である筑紫君だったと考える。その場合、筑紫君の本拠地であるヤメ評、あるいは分割後の上陽咩評の評造には、『常陸国風土記』行方郡条で、茨城国造や那珂国造の最高族長ではない茨城国造壬生連麿と那珂国造壬生直夫子が、惣領高向大夫等に行方郡（評）を建てることを申請して、その評の初代の官人となったように、[13] 筑紫君の一族が就任したか、あるいは筑紫評造となった筑紫君の族長自身が兼ねたかの二つの可能性を考えておきたい。百済救援戦争で唐の捕虜となり、上陽咩郡の軍丁の大伴部博麻が身を売って、帰国させ、天智天皇十年（六七一）十一月に対馬にたどり着いた筑紫君薩野馬（夜麻）がいるので（『日本書紀』天智天皇十年十一月癸卯条、持続天皇四年十月乙丑条）、筑紫君と上陽咩評との深い関係が考えられる。

那津官家を筑紫評に編成する際に、三国の屯倉を編成した評との統括関係も維持されたと考える理由は、一般に大化改新後も、評に編成されず、倭王権に把握されていない首長支配下の人民が存在したとみられるので、筑前・筑後地域にも、筑紫君の支配下にあって、倭王権に掌握されていない人民が広く存在したと推測されるからである。

〔史料1〕『日本書紀』天智天皇三年（六六四）二月丁亥条

天皇命二大皇弟一、宣下増二換冠位階名一、及氏上・民部・家部等事上。（中略）其大氏之氏上賜二大刀一。小氏之氏上賜二小刀一。其伴造等之氏上賜二干楯・弓矢一。亦定二其民部・家部一。

〔史料2〕『日本書紀』天武天皇四年（六七五）二月己丑条

詔曰、甲子年諸氏被レ給部曲者、自レ今以後、皆除之。又親王・諸王及諸臣、并諸寺等所レ賜、山沢島浦、林野陂池、前後並除焉。

史料1は、甲子の宣と呼ばれ、とくに「民部・家部」の解釈が、律令公民制の成立過程をどのように考えるかの主要な検討対象となり、また大化改新否定論の提起にはじまる大化改新論争の重要な論点ともなっている[14]。『日本書紀』大化二年（六四六）正月甲子朔条の大化改新詔に「罷二昔在天皇等所立子代之民・処々屯倉、及別臣連伴造国造村首所有部曲之民、処々田庄一。仍賜二食封大夫以上一、各有レ差」とあるように、大化改新詔で部曲を廃止することになっているが、これに疑問を呈した画期的な学説を、北村文治氏が提出した[15]。北村氏は、甲子の宣で定められた民部・家部について、民部は純然たる豪族私民であり、ここではじめて国家が調査確認して部曲とした上で、豪族に賜ったものとし、この部曲を史料2のように、天武天皇四年に廃止したとした。

民部・家部については、大化改新否定論を提起した原秀三郎氏のように、民部は国家所有の人民で、家部は豪族所有の人民とする説[16]、鎌田元一氏が論じ、狩野久氏が承認したように、品部は、部民一般を王権に対する従属・奉仕の側面からとらえた語であり、部曲（民部）は、部民に対する諸豪族の領有・支配の側面を表現した語であり、両者は表裏一体のものとする説[17]（なお、鎌田氏は家部を豪族私有民と捉える[18]）、共同体所有の賤民のうち、家族的結合をなして配隷したのが家部であり、個別的に共同体に配没した奴婢で国家に掌握されたのが民部と推測する説[19]などがある。

民部・家部＝部曲の首長私有民としての性格を強調して理解する学説として、篠川賢氏は、部曲は、部民化されていない首長の私的領有民であり、甲子の宣で、はじめてその掌握が命じられて、天智天皇九年（六七〇）編纂（『日本書紀』同年二月条）の庚午年籍に登録され、天武天皇四年に廃止されたとする。[20] また仁藤敦史氏は、『日本書紀』大化元年（六四五）八月庚子条の鐘匱の制の詔に、訴える人は伴造があれば、その伴造がまず勘当して奏し、尊長があれば、その尊長がまず勘当して奏せとあり、同日条に「国家所有公民」と「大小所領人衆」という併称もあることから、この時期、支配系統が、王権に直属する伴造配下の民と有力諸氏・国造配下の民に分かれていたとする。そして民部・家部の王民化は甲子の宣まで遅れ、その内容も王族や豪族の有する権益はあまり変化せず、庚午年籍の段階でも、部民・ミヤケ系列の五十戸編成と氏族単位の民部・家部＝部曲という二元的な編成がなされていたとした。[21] 私見も篠川氏や仁藤氏の見解を支持している。

このように、部民制の廃止、公民制の成立については諸説があるが、大化改新後も、倭王権に掌握されない人民が一定数いたことは確かである。平野邦雄氏は、大化改新期の詔から、地方豪族の私的な支配下にあるか、その周辺に分散していた農民で、いずれの部民にも編成されていなかった農民が存在したことを指摘し、国造の領域には、このような所属の不確定な農民が存在したと推定した。また、正倉院文書の戸籍原本の調査では、大宝二年度（七〇二）の筑前国嶋郡川辺里と豊前国上三毛郡塔里・加自久也里、同国仲津郡丁里の戸籍には、氏姓を記入せずに名のみを記した部分があり、そこには例外なく国印を捺されていなかった。[22] 平野氏は、これら無姓の農民は、中央との所属関係を持っていなかった人々であり、空白部分に後から氏姓を追記して国印を捺した人々もあり、これらはその同族に所属関係のあるものが、その縁を求めて便宜的にその氏姓を付けたと考えた。[23]

〔史料3〕『続日本紀』天平十七年（七四五）五月己未条

（前略）筑前・筑後・豊前・豊後・肥前・肥後・日向七国、无姓人等、賜二所レ願姓一。（後略）

史料3によると、八世紀の西海道には、無姓の人民が存在していた。天智天皇九年（六七〇）の庚午年籍の編纂によって、首長と人民の姓が定められたが[24]（人民の定姓は庚寅年籍によるとする説もある）[25]、戸籍編纂時に氏姓が確定されなかった人民には、国造や伴造、県稲置となった地域首長の私有民で、部民に編成されず、倭王権が把握していない人々が含まれていた可能性がある。

いっぽう部民に編成されていた民衆は、大化改新以前には、統率する地域首長に率いられて、屯倉に奉仕しており、大化改新によって屯倉が評や五十戸に編成されれば、倭王権が掌握する人民となり、評を支配する地方官、すなわち孝徳朝に設置された総領や、斉明朝末年までに九州に置かれた国宰の統括下に入ったと考えられる。

なお、筑前国と豊前国戸籍の無姓者は、律令制国家が、無姓者に部姓を付加することには積極的であったのと異なり、氏姓の根本台帳である庚午年籍で確定したカバネ姓の変更は認めなかったため、庚午年籍に脱漏した人々で、たとえ姓の確定した人物と父子関係があっても、カバネ姓の継承を認められず、無姓のまま放置された者ともみられる[26]。したがって、そのすべてが地域首長の私有民であったとはいえないが、平野氏の指摘のように、筑前国と豊前国戸籍には、御野国戸籍に多くみられる国造族や県主族などの族姓者がみえないので、無姓者や部姓者の中に地域首長の私有民を含む可能性はある。

磐井の乱後に、大伴金村と物部麁鹿火は、かつて磐井の勢力下にあった中小の地域首長とその支配下の民衆を、大伴氏や物部氏の地方伴造と部民に編成し、崇峻天皇四年（五九一）の四氏族将軍の筑紫駐屯時には、紀、巨勢、大伴、葛城氏の将軍が、九州の人民を部民に編成し、さらに推古朝には、上宮王家（聖徳太子一族）も同様に、九州の人民を部民に編成した[27]。しかし、一般に国造や伴造となった地域首長の統率する人間集団のすべてが、部民として屯倉に奉仕したわけではなく、倭王権に属さない人民や中小首長もいたと考える。

それらは無姓であったであろうが、戸籍編纂にあたり、縁故のある部姓を持つ民と同じ部姓を付けられたのではないだろうか。無姓だった人民は、庚寅年籍で部姓や人部姓、族姓などの姓を付けられ、大宝二年度の筑前国や豊前国の戸籍で部姓に改姓されたとされる[28]。

先述のように、三国の屯倉を統括する那津官家を筑紫国造が管掌し、その屯倉に奉仕する人間集団の総体が、筑紫国造の支配する筑紫国であったとみられる。したがって、屯倉に奉仕していない筑紫君の統括下の中小首長とその私有する民衆が、筑前・筑後地域に存在していたとすれば、孝徳朝に、那津官家と三国の屯倉を、筑紫評と三国の評に編成したからといって、筑紫評による三国の評の統括をすぐに解体することはできなかったと考える。

磐井の乱によって、九州北部の首長層は敵味方に分かれて戦い、戦後には有明連合を構成した首長層にも、物部氏や大伴氏の地方伴造になる者が現れた。倭王権は、那津官家とその三国の評統括の体制によって、一方で筑紫君を従属下に置きつつその後ろ盾となり、一方で筑紫君の有明連合の盟主としての権威を利用し、これを国造に任命して、分断された九州北部の地域社会を再統合し、韓半島での対外戦争の基地としたと考えられる。那津官家とその三国の評統括の体制は、筑紫国造の権威を維持しつつ、倭王権がその権力を対外戦争に利用する仕組みであった。

したがって、磐井の乱以前と変質しているではあろうが、かつての磐井の勢力の広がりと、国造となった葛子以後も、筑紫を氏族名に冠する複姓氏族のように、筑紫国造と関係を結んだ中小首長がいることを考慮すれば、筑前・筑後のみならず、豊前地域にも、その統率下の中小首長や私有民が点在していた可能性は否定できないだろう。評―五十戸に編成されて、倭王権の直接的な統治下に入った首長や人民以外を、韓半島での戦争に十全に動員しようとすれば、国造の地域社会に対する影響力、地域首長を人格的に従属させる権威に頼らなければならなかったであろう。

百済救援戦争の際に、筑紫に行幸した斉明天皇が、那津から四〇キロメートルも離れた内陸にある朝倉宮に移った理由は、朝倉宮で斉明天皇が筑紫内陸部の首長を服属させ、百済救援戦争に人民や物資を動員させるためであった(29)。総領、国宰、評、五十戸という大化改新後に作られた地方支配制度のみでは、地域首長や人民を戦争に十全に動員するのは難しかったであろう。『備中国風土記』逸文（『本朝文粋』巻第二、三善清行意見封事）に、百済救援戦争に際し、斉明天皇が備中国邇磨郷で、試みにこの郷の軍士を徴発したところ、二万人の兵が集まったと伝える。倭国王が現地に赴くことで、地域首長を服属させ、その支配下の人民を動員することが可能となるのである。撃新羅将軍の久米王子が筑前国嶋郡に駐屯したことを契機に、上宮王家の部民が、嶋郡を中心に九州北部・中部に設定されていったことも同様である(30)。

このように、大化改新以前には、大伴狭手彦・磐や崇峻朝の四氏族の将軍、久米王子などの王族将軍も、倭国王の代理として、現地に赴くことによって、筑紫の首長と支配下の民衆を服属させて、伴造と部民に編成し、那津官家や三国の屯倉に奉仕させたのである。大化改新以前の「国司（ミコトモチ）」は、部民制の原理によって、現地の首長や部民集団とつながりを持つ者が、倭王権から派遣され、屯倉を拠点として、国造と協業して職務を遂行しており(31)、将軍の地域支配は、このミコトモチの支配と類似したあり方である。

『日本書紀』推古天皇十七年（六〇九）四月庚子条に初見し、隋使到来に備えて設置された筑紫大宰が、王族将軍の系譜を引くことを考慮すると、原則として王族が就任した筑紫大宰は、倭国王の代理として、倭王権に把握されていない首長支配下の人民を、首長を服属させることを通じて新たに掌握し、白村江の敗戦後、九州の国防に備えるとともに、総領と評の支配にこれらの人民を王民として組み込み、筑紫における律令制支配の成立を支えたのである。

二　筑紫国造の国の解体と令制国の成立

つぎに、筑紫における律令制地方支配の成立過程(32)とあわせながら、筑紫国造と筑紫評の行方を追ってみたい。孝徳朝に筑紫総領が設置された後、斉明天皇七年（六六一）までに、九州には、筑紫国・豊国・肥国が置かれ、筑紫国は筑紫総領が直轄統治し、豊国・肥国には国宰が派遣された。なお、『古事記』上巻の国生み神話には、筑紫嶋に筑紫国・豊国・肥国・熊曾国がみえるが、隼人を倭王権の支配下に組み込むことは、天武朝に本格化し(33)、さらに『古事記』のもととなった帝紀・旧辞の虚実を定める作業が天武天皇の生前に完了していたとみられるならば(34)、熊曾国（後の日向・大隅・薩摩国）に国宰が派遣されるのは、天武朝であろう。

関連事項	太宰府市周辺 筑紫総領【内政】	太宰府市周辺 将軍・筑紫大宰【軍事・外交】	那津（博多）周辺 筑紫総領【内政】	那津（博多）周辺 将軍・筑紫大宰【軍事・外交】	
527～8磐井の乱 糟屋屯倉献上 535筑紫・豊・火三国の屯倉設置			536那津官家（比恵遺跡） 筑紫国造管理 ↓	新羅等を撃つ将軍 537大伴狭手彦・大伴磐 591紀・巨勢・大伴・葛城 600境部臣・穂積臣	6世紀
607遣隋使小野妹子派遣			那津官家（那珂遺跡） 筑紫国造管理 ↓	602撃新羅将軍久米王子 609・643**筑紫大宰**（初見）	601～645年
661頃～豊・肥国宰（筑紫国は**筑紫総領**の直轄） 663白村江敗戦。664甲子の宣。670庚午年籍。675部曲（民部・家部）廃止。682頃～?熊曾(日向)国宰。683～5国境画定。689飛鳥浄御原令。この頃、筑前・筑後、肥前・肥後、豊前・豊後分割。690庚寅年籍	689前後～**筑紫総領**が移転（政庁Ⅰ期新段階周辺） 700**竺志惣領・筑紫捴領**石上麻呂・**大弐**小野毛野 →	664**筑紫大宰**＝日本鎮西筑紫大将軍［善隣国宝記］が移転（政庁Ⅰ期古～新段階） 660?阿倍比羅夫。669蘇我赤兄。668・671栗隈王。676屋垣王。682丹比嶋。689粟田真人・河内王。694三野王 ↓	650前後～?**筑紫総領** / 筑紫評（673筑紫大郡・689筑紫小郡。那珂遺跡） 筑紫国造（筑紫評造）管理 ↓	649**筑紫大宰帥**蘇我日向 688筑紫館 ↓	645～700年
701～2大宝律令		**大宰府** 702**大宰帥**石上麻呂	那珂郡家（那珂遺跡）	筑紫館（後の鴻臚館）	701年以降

図13　大宰府の成立過程と官衙遺跡

しかし、国宰国としての筑紫国・豊国・肥国が成立しても、それは国境が画定された国ではなかったので、飛び地的に後の豊前国や肥後国の領域内に存在していた筑紫評支配下の評（豊国の膝崎屯倉・桑原屯倉・肝等屯倉・大抜屯倉・我鹿屯倉、肥国の春日部屯倉等に由来する評）は、豊国宰や肥国宰の管轄下にはなく、引き続き筑紫評造たる筑紫君を通じて、筑紫総領が統括していたと考える。なお本書第Ⅱ部第五章の初出論文（第三節（1））では、これらの評は豊・肥国宰に帰属したとしたが、本章のように見解を改める。

　このような筑紫評による三国の評の統括は、どのように解消されたのだろうか。やはりそれは、首長私有民の公民化とそれにもとづく、五十戸一里の地域編成を通じてであろう。甲子の宣で民部・家部を定めたことについての私見は、早川庄八氏が指摘されるように[35]、首長私有民に対して王権による制約が加わったものでもあるが、制限であると同時に、所有の公認でもあったことを重視し、民部・家部は、王権の支配が及ばず、評制にも編成されていない地域首長やその支配下の人間集団であったと考える。

『続日本紀』神亀四年（七二七）七月丁酉条に「筑紫諸国、庚午籍七百七十巻、以二官印一印之」とあり、西海道諸国の庚午年籍の巻数七百七十巻が、『倭名類聚鈔』の西海道九国二嶋の郷（里）数五百九よりもはるかに多いことから、庚午年籍は里よりも小さな単位、すなわち豪族に直結する、または豪族によって編成された人間集団を単位として作られていたのである(36)。早川氏は、庚午年籍に登載されたのも、王権によってすでに掌握されている豪族とその私有民たる部曲、国家の民とされた旧部民のみであるとした(37)。しかし、庚午年籍には、脱漏が皆無ではないが、王権の支配下になかった無姓の人民も含めてすべての人民を登載しようとしたと考えられる(38)。

倭王権の支配下にない地域首長と統率下の人民は、筑紫においては、筑紫大宰による軍事動員のための服属の推進によって、徐々に王権の支配下に入っていったのであろう。壬申の乱を経て、天武天皇四年（六七五）二月には、甲子の宣で賜った部曲が廃止され（史料2）、首長による人民の私有が禁止される。評制下の木簡のサトの表記は、はじめ五十戸であったが、天武天皇十二年（六八三）以降に里と五十戸が混在し、持統天皇二年（六八八）以降に里に統一される(39)。したがって天武朝前半に、五十戸一里の編成が進んだものとみられ、王権による首長私有民の掌握が進展した。天武天皇十二年から十四年にかけて、国境画定が行われ、国宰（国司）の国は、領域をともなう律令制の国（令制国）となる(40)。そして、持統天皇四年（六九〇）の庚寅年籍で、天武朝を通じての人民の五十戸一里への編成が結実し、首長の私有民も公民化される(41)。

筑紫評による三国の評の統括は、この過程で解消され、筑紫総領や豊国宰・肥国宰が、三国の評をそれぞれ支配する行政機構の系列化も成立したと考える。国造制との関係でみると、国造国としての筑紫国は、天武朝に最終的に解体されたといえよう。篠川賢氏も、国境画定に際して国造制の廃止が決定されたとしている(42)。

〔史料4〕『日本書紀』天武天皇五年（六七六）八月辛亥条

詔曰、四方為二大解除一。用物則国別国造輸、秡柱。馬一匹・布一常。以外郡司。各刀一口・鹿皮一張・钁一口・

刀子一口・鎌一口・矢一具・稲一束。且毎レ戸、麻一条。

この史料は、この時までに律令制下の一国一員の律令国造が成立していたことを示すとされる[43]。国宰国としての筑紫国が、持統天皇三年（六八九）の飛鳥浄御原令施行前後に筑前・筑後に分割された後も[44]、この地域の国造は筑紫国造のみだったと考えられる。『別聚符宣抄』が引く延喜十四年（九一四）八月八日太政官符には、全国の国造田が掲載されており、筑前国に六町、筑後国に十二町の国造田が置かれていた。篠川賢氏は、筑前国の六町は竺志米多国造に支給され、筑後国の十二町は竺志国造に支給されたものとしている[45]。竺志米多国造の本拠地は、肥前国の東端、筑後国と国境を接する地域の目達原古墳群の周辺とみられる[46]。律令制下の筑前・筑後地域にも、やはり筑志（筑紫）国造しかおらず、筑紫君の本拠地は八女地域であることから、筑紫君が律令制下においても筑紫国造であった可能性はあるだろう。そして、筑紫評を通じた地域支配体制が解体された後も、筑紫君は、他の国造と同様に、国造としての政治的権威を持ち続けたと考えられる[47]。

天武朝前半期の五十戸一里の編成の進展によって、筑紫評の三国の評統括が解消されるまでは、筑紫君は筑紫評造として、那津にあったのではないだろうか。三国の評統括の解体後は、筑紫評造の地位を筑紫三宅連に委ね、筑紫君は、上陽咩評の評造となり、大宝律令制下には、上妻郡の郡領氏族となったかもしれない。しかし、いずれも史料では確認できないので、あくまでも憶測として記しておく。

三国の評を統括する機能を失っても、筑紫評は存続し、筑紫評の那津官家に由来する建物は、外交施設の筑紫大郡・筑紫小郡として機能した。筑紫君が筑紫評造から退転すると、筑紫評は、同時に旧那津官家に付属する耕作地などが広がっていた地域を管轄する行政組織（後の筑前国那珂郡家の前身）ともなったのだろう[48]。

白村江の敗戦後、那津は危険であり、筑紫総領の統括の下に、筑紫評に集積された稲穀などの税物を、そのまま博多湾岸においていたとは考えにくい。したがって、国防体制の構築のため、天智朝に筑紫大宰が那津から現在の太宰府市周辺に移転したのとともに、筑紫総領も太宰府市周辺に移転したと推測することもできる[49]。しかし、天智朝に筑紫評造たる筑紫君が、依然として那津の筑紫評において、国造国としての筑紫国を支配している状況では、九州の統治を担う筑紫総領は、筑紫評を離れることはできなかったであろう。

そして、天武朝に五十戸一里の編成や、筑紫評の三国の評統括と国造国としての筑紫国の解体、筑紫君の筑紫評造解任が行われたことによって、筑紫総領とその内政機能は、集積した税物とともに、那津から太宰府市付近に移転することができたのである。その時期は、筑紫大宰とその軍事機能の移転より遅れて、天武朝後半以降となる可能性がある。福岡市那珂遺跡群では、七世紀前半の掘立柱建物の倉庫は、建物にともなう溝群から七世紀後半代の高坏や七世紀末の遺物が出土し[50]、七世紀後半には倉庫群は姿を消すが、区画溝や瓦が発見されている。これらは郡衙や寺院にともなうともされるが、筑紫大郡があったとも推定されている[51]。

いっぽう、大宰府政庁第Ⅰ期建物は、七世紀後半に遡る古段階と、飛鳥浄御原令施行前後に成立した新段階に分かれる。古段階は白村江の敗戦後に軍事機能を強化した筑紫大宰に関わる施設で、新段階は礎石建物の第Ⅱ期政庁に連続する機能を持つ[52]。さらに、蔵司西地区では、七世紀末の①久須評（後の豊後国球珠郡）の荷札など西海道支配に関する木簡と、②貸稲（出挙）などに関する木簡が、一括して出土している[53]。蔵司地区で、八世紀の礎石建物ＳＢ五〇〇〇に先行する掘立柱建物が発見されており[54]、掘立柱建物は、木簡の廃棄主体の有力な所在地候補である。七世紀末に大宰府政庁周辺で内政機能が整備される状況も、筑紫総領の太宰府市移転が、天武朝後半から持統朝初めにかけてであることを傍証しよう。

なお以前、①は那津から移転した筑紫大宰・総領に関わる木簡で、②は地域首長に関わる木簡であることから、筑紫大宰・筑紫総領に関する施設と評の施設が近接して存在したと考えたことがある。本章および次章第一・二節では、もう一つの可能性として、筑紫国宰を兼帯する筑紫総領の筑紫国支配に関わる可能性を指摘したい。これら貸稲関係木簡は、総領が大化以来、評造である筑紫君とともに、筑紫評と統括下の三国の評を管理していたために、天武朝における筑紫評の三国の評統括の解体後も、評造となった筑紫国内の地域首長と協力して、貸稲など地域支配に、大宝律令制以降の大宰府や国司よりも直接に関与していたことを示すのかもしれない[55]。

以上、筑紫国造の部内支配のあり方が、孝徳朝の大化改新以後、七世紀後半に、筑紫における評編成とどのように関係しつつ変化したのかについて検討を加えた。天武天皇四年（六七五）の部曲廃止とこれに続く、五十戸一里の編成、天武天皇十二年（六八三）から十四年にかけての国境画定事業と令制国の成立によって、九州においても、総領―国―評―五十戸の地域支配制度が成立した。筑紫総領による九州の内政統治機能が確立することによって、筑紫総領が、筑紫国造の管理する筑紫評（旧那津官家、筑紫大郡・筑紫小郡）を通じて、九州北部の三国の評（旧三国の屯倉）を統括する体制は解体された。国防と外交を管轄する筑紫大宰は先行して天智朝に現在の太宰府市周辺に移転し、国防拠点の中心となっていたが、国―評―五十戸という新たな機構を通じて地域支配を担う筑紫総領は、天武朝以降に進行した九州の内政統治制度の成立をもって、従来、統治拠点としていた旧那津官家を離れ、筑紫大宰が駐留する大宰府政庁第Ⅰ期建物周辺に移転することが可能となったと考えた。筑紫大宰・筑紫総領の那津から大宰府への移転は、天智朝と天武朝後半以降の少なくとも二度の段階を経て遂行されたのであり、それは大宰府政庁第Ⅰ期建物の古段階と新段階の時期にそれぞれ対応するものとみられるのである。

本章のような文献史学の研究成果と大宰府史跡の発掘調査成果とを突き合わせて、大宰府の成立過程を詳細にどのように解明していくかは今後の課題である。次章では七世紀後半、大宰府成立期の木簡から、この時期の大宰府（筑紫大宰・筑紫総領）の地域支配の様相を明らかにする。

註

（1）吉村武彦『大化改新を考える』岩波書店、二〇一八年、一～二頁

（2）吉川真司「律令体制の形成」（歴史学研究会・日本史研究会編『日本史講座1東アジアにおける国家の形成』東京大学出

版会、二〇〇四年）二〇一～二頁。仁藤敦史『東アジアからみた「大化改新」』吉川弘文館、二〇二二年、一～二頁
(3) 鎌田元一「評の成立と国造」（『律令公民制の研究』塙書房、二〇〇一年）一五六・一六四～五頁
(4) 重松敏彦「『大宰府の七世紀史』覚書」（『太宰府市公文書館紀要―年報太宰府学―』一一、二〇一七年）六三～八頁
(5) 本書第Ⅱ部第五章第三節1
(6) 有富由紀子「下総国香取神郡の諸相」（『千葉史学』六〇、二〇一二年）二六～七頁。小林宣彦「日本古代の神事と神郡に関する基礎的考察」（『國學院雑誌』一一三―一一、二〇一二年）五九・六三頁
(7) 前掲註（4）重松論文、六三～四頁
(8) 田中卓「郡司制の成立㊤・㊥・㊦」（『社会問題研究』二―四・三―一・四―二、一九五二～三年）㊥五九～六一頁・㊦五三頁
(9) 本書第Ⅱ部第五章第三節1
(10) 鈴木敏則・渡辺晃宏・山本崇編『伊場遺跡発掘調査報告書　第一二冊　伊場遺跡総括編（文字資料・時代別総括）』浜松市教育委員会、二〇〇八年、伊場遺跡木簡釈文⑼～⑽頁
(11) 狩野久「律令国家の形成」（『日本古代の国家と都城』東京大学出版会、一九九〇年）一三二頁
(12) 那津官家の統括下にあった三国の屯倉のうち、評や郡に引き継がれていない屯倉は、評と五十戸の行政組織の系統化が存在しなかったことから、奉仕する人間集団の規模の大小などによりつつ、五十戸に編成されたものもあれば、評にはなったが、郡に引き継がれなかったものもあったと考える。なお、伊場木簡二一号にみえる駅評については、一般の評とは異なるとの理解もあるが、ここは、本来、渕評と同格である駅評が、加毛江五十戸と並んで渕評の下に所属していたとみる見解を支持する（市大樹「出土文字資料からみた駅制と七道制」〔『日本古代都鄙間交通の研究』塙書房、二〇一七年、一一六～二〇頁〕）。
(13) 前掲註（3）鎌田論文、一五一～四頁
(14) 武光誠『研究史　部民制』吉川弘文館、一九八一年。野村忠夫『研究史　大化改新　増補版』吉川弘文館、一九七八年
(15) 北村文治「改新後の部民対策に関する試論」（『大化改新の基礎的研究』吉川弘文館、一九九〇年）二二三～八頁
(16) 原秀三郎「大化改新論批判序説―律令制的人民支配の成立過程を論じていわゆる『大化改新』の存在を疑う」（『日本古代国家史研究―大化改新論批判』東京大学出版会、一九八〇年）三三～四・三七～四一頁

（17）鎌田元一「『部』についての基本的考察」（前掲註（3）鎌田著書）五九〜六二頁。狩野久「部民制―名代・子代を中心として―」「律令国家の形成」（前掲註（11）狩野著書）六〜七・一一六〜八頁
（18）鎌田元一「七世紀の日本列島―古代国家の形成―」（前掲註（3）鎌田著書）三八〜四〇頁
（19）八木充「律令賤民制の成立」（『律令国家成立過程の研究』塙書房、一九六八年）二八八〜九頁
（20）篠川賢「『大化改新』と部民制」（篠川賢・大川原竜一・鈴木正信編『国造制・部民制の研究』八木書店、二〇一七年、一五〜六頁。部民制については、森公章「倭国から日本へ」（『日本の時代史3倭国から日本へ』吉川弘文館、二〇〇二年）五〇〜一頁が、大化改新詔を含む孝徳朝の部民対策に関わる詔から整理している。それによると、中央豪族や国造が「己民」とする人民のうち、「子代之民」＝「子代入部」と、王子等の「御名入部」とされた人民が屯倉に奉仕させられている「品部」で、これが部民である。それ以外の中央豪族や国造が「己民」とする人民のうち、田荘に奉仕させられている人民が「部曲之民」であり、これが首長（豪族）私有民である。私見も基本的に森氏の理解に従う。
（21）仁藤敦史「七世紀後半における公民制の形成過程」（『国立歴史民俗博物館研究報告』一七八、二〇一三年）二六二・二六七・二七〇〜一頁
（22）竹内理三「正倉院戸籍調査概報」（『史学雑誌』六八－三、一九五九年）五二頁
（23）平野邦雄「無姓と族姓の農民」（『大化前代社会組織の研究』吉川弘文館、一九六九年）三三三・三三九〜四〇頁
（24）加藤晃「我が国における姓の成立について」（坂本太郎博士古稀記念会編『続日本古代史論集　上巻』吉川弘文館、一九七二年）四二七〜八頁
（25）湊敏郎「律令的公民身分の成立過程」（『姓と日本古代国家』吉川弘文館、一九八九年）七一・九三頁
（26）南部昇「庚午年籍と西海道戸籍無姓者」（井上光貞博士還暦記念会編『古代史論叢　上巻』吉川弘文館、一九七八年）六四二〜六頁
（27）本書第Ⅰ部第四章第一・二節
（28）前掲註（25）湊論文、八二・八五〜六頁。ただし湊氏のいわれる無姓者は、甲子の宣にみえる家部にあたるとされ、部民として倭王権の支配下にあった人民と、そうではない首長私有民を含んでいる。湊氏は、一般人民は無姓であり、庚寅年籍で、公民の最下層の姓である部・人部・族姓が付与されたと考えている。そして部姓者（某部）は大化前代には首長層であり、某部の称号が一般人民にまで及ぶのは持統朝頃とし、某部の称号が首長層から人民へ拡大転化していく時期に首長層は

カバネを与えられていったとみている（七六～七頁）。また甲子の宣の民部は有姓者であり、庚午年籍で姓を登録された者、カバネ姓・部姓の首長層と某・人姓者であり、家部は有姓者に隷属する、後の部・人部・族姓と律令的賤民身分の人民であったとする（九五～七頁）。天武天皇四年の部曲は、甲子の宣の家部から「カキベ」身分（民部と同じく氏姓秩序内に公的地位を与えられている者）に編入された者に、以前の民部を加えた者と捉える（九七～八頁）。そして庚午年籍は氏族・部民組織に対する人民の所属を、有姓者から無姓者にいたるまで記録しており、甲子の宣はその予備手続きとして、氏上を定め、氏上の下の有姓者（民部）と、有姓者に隷属する無姓者（家部）の各身分を規定したと述べる（九八～九頁）。湊氏は、筆者がいうところの首長私有民も、国造や伴造、県稲置に率いられて屯倉に奉仕させられていた部民も、一般人民は無姓者であり、地域社会内部における階層性をふまえて、首長層から、これら一般人民に姓が拡大されていくものとして、公民制の成立過程を捉えている。筆者は旧部民も、首長私有民も、庚午年籍ないし庚寅年籍以前に、無姓であったことは異論がないが、屯倉に奉仕していた旧部民は、孝徳朝以降、評―五十戸に編成されて公民となり、それ以外の首長によって田荘に動員されていた私有民は、公民となっていなかったと考えている。筆者は公民か、公民でない首長私有民かというように、地域社会を縦割りで分けた視点で述べており、筆者がいう首長私有民には、一般人民のみではなく、湊氏が在地のカバネ姓者である首長の政治的近親集団に位置付けた族姓者も含まれることになる。部姓者はカバネ姓者の居住地から遠い地域に分布し、族姓者は在地のカバネ姓者と同地域に居住するとされ、族姓者のカバネ姓者（国造や地方的伴造、県主、村落単位の首長などさまざまな規模がある）との従属関係は、部姓者とカバネ姓者（中央・地方の伴造）の支配関係とは異質とされる（湊氏「六・七世紀の在地における某・族姓者の身分について」前掲註（25）湊著書、五〇～四頁）。族姓者は倭王権の王族や首長との直接的関係を持たず、地域首長に従属する人々であることを示唆する。

（29）　本書第Ⅱ部第七章第三節

（30）　本書第Ⅰ部第四章第二節。なお、『日本書紀』孝元天皇七年二月丁卯条に、孝元天皇と欝色謎命との子である大彦命は、阿倍臣、膳臣、阿閇臣、狭狭城山君、筑紫国造、越国造、伊賀臣の七族の始祖とある。さらに百済救援戦争に際しては、『同』天智天皇即位前紀斉明天皇七年（六六一）八月条および、天智天皇二年（六六三）三月条に、後将軍阿倍引田臣比邏夫がみえる。『続日本紀』養老四年（七二〇）正月庚辰条の大納言阿倍朝臣宿奈麻呂の薨去の記事に、宿奈麻呂は後岡本朝筑紫大宰帥大錦上比羅夫の子ともある。したがって阿倍臣と筑紫国造の始祖を大彦命とする系譜は、おそらく以前からの豊前の膳臣と筑紫国造のつながりも前提としながら、斉明朝に阿倍引田臣比邏夫が将軍として筑紫に赴いた際に形成されたものと考える（西村健太郎「鞠智城の築造過程と古代肥後の氏族的特質」『鞠智城と古代社会』第九号、二〇二一年、一一二頁）。

(31) 中大輔「日本古代国家形成期の交通と国司―その前史と成立・展開―」（『歴史学研究』九六三、二〇一七年）三八～九頁

(32) 本書第Ⅱ部第五章第三節（1）

(33) 中村明蔵『隼人の実像』南方新社、二〇一四年、二二～六頁

(34) 矢嶋泉『古事記の歴史意識』吉川弘文館、二〇〇八年、一八～二六・六九～七六・八四頁。拙稿「神話と『古事記』『日本書紀』」（東京国立博物館・九州国立博物館編『国宝大神社展』ＮＨＫ・ＮＨＫプロモーション、二〇一三年）二三八頁

(35) 早川庄八「律令制の形成」（『天皇と古代国家』講談社、二〇〇〇年）一〇二～三頁

(36) 前掲註（35）早川論文、一〇五～七頁

(37) 前掲註（35）早川論文、一〇四頁

(38) 前掲註（25）湊論文、一〇〇頁

(39) 市大樹「総説」（奈良文化財研究所編『評制下荷札木簡集成　奈良文化財研究所史料　第七十六冊』二〇〇六年）一一頁

(40) 鐘江宏之「『国』制の成立―令制国・七道の形成過程―」（笹山晴生先生還暦記念会編『日本律令制論集　上巻』吉川弘文館、一九九三年）八三～四・九一頁。中村順昭「律令制成立期の国造と国司」（佐藤信編『史料・史跡と古代社会』吉川弘文館、二〇一八年）五四一頁は、国境画定は国司の管轄範囲を明確にしたもので、後の令制国につながるが、評を前提にして区画されたとする。さらに、評の設置は国造の支配下の領域を評に分割したものであったが、天武朝の国境画定では評の組み合わせによって国司の管轄する国の領域が定められたとした。そして、国造の国と必ずしも一致しない国司の管轄する国が定められた場合もあり、国司の国と国造の国の二通りの国が併存したことになるとも述べる。

(41) 前掲註（35）早川論文、一〇八～一〇頁。地域首長の私有民について、大川原竜一「日本古代国家形成期の地域支配と国造」（『歴史学研究』九八九、二〇一九年）五三～四頁は、天武天皇四年（六七五）の部曲廃止の翌年、後掲の史料4『日本書紀』天武天皇五年八月辛亥条で、大解除において全国を対象に戸ごとに麻一条を貢進させる前提として、天武天皇四年の中央氏族の「部曲」（「民部」）廃止になぞらえて、各地の首長層のもとに存していた私的隷属民や国造の「部曲」も、評に所属する「五十戸」に編成されたと推定する。浅野啓介「庚午年籍と五十戸制」（『日本歴史』六九八、二〇〇六年）は、『播磨国風土記』によれば、広山里などで庚午年籍から庚寅年籍の間に編戸が行われており、造籍と編戸は完全に一緒に行われ

たわけではなかったことを指摘し（八頁）、さらに、飛鳥の石神遺跡出土の「・乙丑年十二月三野国ム下評　・大山五十戸造ム下ア知ツ／従人田ア児安」（前掲註（39）『評制下荷札木簡集成』一〇二号、五一頁）を始めとする七世紀の木簡をもとに、氏別と居住地に基づいた編戸の二つの造籍方法について検証して、庚午年籍ではカバネを持った人々については氏別の編戸が行われ、それ以外の、部姓や無姓の人々には単独の部姓にこだわらない居住地にもとづいた編戸が行われたとし、天智天皇三年（六六四）に民部を給わった諸氏は中央氏族で、地方豪族の部曲は単独の部姓にこだわらない居住地にもとづいた編戸の範疇に入っていたと述べた（九～一〇頁）。これに関連して、前掲註（21）仁藤論文、二六四頁は、『播磨国風土記』の部名里から地名里への変更事例の検討から、天武天皇四年の部曲廃止以前にも地名里への変更がなされていることを指摘し、部民集団を母体とする五十戸が、必ずしも部名五十戸と表記せず、里制施行以前から非部名（地名）五十戸で表記されていることを認めるならば、非部名（地名）五十戸が領域的支配の指標には必ずしもならないと述べる。このこともふまえるならば、木簡にみえる部姓と異なる名称の五十戸に編成されていた部姓者は、首長私有民ではなく、すでに大化改新以前から部民として屯倉に奉仕し、孝徳朝に評―五十戸に編成されていた人民であったと考えることができ、必ずしも居住地にもとづいた編戸を示しているとは限らないことになる。したがって、カバネを持つ人々以外にも氏別に編戸された首長私有民（部曲）はおり（実際には、族姓や無姓の人々だったのではないだろうか）、天武天皇四年の部曲廃止によって、中央と地方の首長私有民の五十戸への編戸は進展したと考える。

（42）篠川賢『日本古代国造制の研究』吉川弘文館、一九九六年、二七四～五頁

（43）新野直吉『研究史　国造』吉川弘文館、一九七四年、二二八～九頁。大川原竜一「律令制下の国造に関する基礎的考察」（吉村武彦編『律令制国家の理念と実像』八木書店、二〇二二年）二八九～九三頁が指摘するように、近年、大化改新前後で、国造に新旧の区別をつけることは批判されており、律令制下にも旧来の国造が存続していると考えられ、それがどのような性格なのかが検討されている。たとえば、前掲註（42）篠川著書、二八七～九四頁も、七世紀末から八世紀初期の史料にみえる国造は、旧来の国造の「生き残り」とみる。

（44）長洋一「筑紫・火・豊国の成立」（坪井清足・平野邦雄監修『新版古代の日本　第三巻　九州・沖縄』角川書店、一九九一年）二〇一頁

（45）前掲註（42）篠川著書、三一四～六頁

（46）佐田茂「筑後地方における古墳の動向―在地豪族の変遷―」（『鏡山猛先生古稀記念古文化論攷』鏡山猛先生古稀記念論文

集刊行会、一九八〇年）五六二頁

(47) 森公章「律令制下の国造に関する初歩的考察—律令国家の国造対策を中心として—」（『古代郡司制度の研究』吉川弘文館、二〇〇〇年）九〇～六頁。前掲註（40）中村論文、五四〇頁は、天武朝以降も国造は存続し、祭祀、裁判や役民貢進は国造の権限として残っていたことを指摘する。

(48) 森哲也氏は、和銅四年（七一一）に観世音寺に施入された筑前国那珂郡の熟田三段百三十歩（『延喜五年観世音寺資財帳』）が、那津官家に由来する土地である可能性を指摘する（森哲也「『延喜の奴婢停止令』と観世音寺文書」『市史研究ふくおか』二、二〇〇七年、八頁）。

(49) 本書第Ⅱ部第五章の初出論文では、そのように考えた（第三節（1））。

(50) 下村智・荒牧宏行編『那珂遺跡4　福岡市埋蔵文化財調査報告書　第二九〇集』福岡市教育委員会、一九九二年、五二頁によった。

(51) 菅波正人「那津の口の大型建物群について—福岡市比恵遺跡、那珂遺跡群の6～7世紀の様相—」（『博多研究会誌』四、一九九六年）四～五・一〇頁。菅波正人氏は、福岡市博多区那珂遺跡群では、七世紀前半から後半にかけて、大型倉庫や方形区画の溝などが確認され、牛頸産の瓦も出土し、那津官家関連とされる比恵遺跡群にも隣接していることから、筑紫大郡などを含めた公的な施設があったとする（菅波正人「鴻臚館の成立と変遷」大宰府史跡発掘五〇周年記念論文集刊行会編『大宰府の研究』高志書院、二〇一八年、八八頁）。

(52) 杉原敏之「大宰府政庁のⅠ期について」（『九州歴史資料館研究論集』三二、二〇〇七年）一六～七頁

(53) 拙稿「大宰府史跡蔵司西地区出土木簡の再検討」（『九州歴史資料館研究論集』三〇、二〇〇五年）三九～四〇頁

(54) 下原幸裕「蔵司地区官衙の調査成果」（『都府楼』四八、二〇一六年）五九頁

(55) これについては、本書第Ⅱ部第十二章第二節で詳しく検討した。

第十二章　大宰府成立期の木簡——七世紀木簡を中心に——

大宰府の遺跡は、現在の福岡県太宰府市に所在する大宰府政庁跡を中心に広がり、大宰府史跡と総称されている。大宰府の成立過程についてはさまざまな説があるが、現在の通説的な見解は、倉住靖彦氏の学説である。それによると、大宰府は、倭王権が、継体天皇二十一年（五二七）に起こった筑紫君磐井の乱をその翌年に鎮圧した後、宣化天皇元年（五三六）五月に那津（現在の福岡市博多区）の口に修造した那津官家を起源とし、推古天皇十五年（六〇七）の遣隋使発遣を契機に、『日本書紀』推古天皇十七年四月庚子条に初見する筑紫大宰が派遣されて那津官家に駐留した。さらに天智天皇二年（六六三）八月の白村江の戦いでの敗戦により、九州北部の国防体制を整備する過程で、筑紫大宰は、その中核として軍事機能を強化し、水城や大野城、基肄城に囲まれた現在の太宰府市に移転し、律令制の地方支配制度が整備されることによって、大宝律令において大宰府が制度的に完成したと考えられている(1)。

大宰府史跡では現在までに、一三〇〇点余りの木簡が出土しているが、大宰府成立期の木簡は、いずれも七世紀末の大宰府政庁周辺官衙跡蔵司西地区と太宰府市国分松本遺跡から出土した木簡がまとまった資料で、その他には大宰府政庁跡と政庁周辺官衙跡不丁地区から出土した木簡群に一点ずつ七世紀末に遡る資料がある。

本章では、大宰府史跡から出土した七世紀の木簡を検討することによって、成立期の大宰府の組織や、当該期の地方官衙の様相について論じることにしたい。

一　蔵司西地区出土木簡と廃棄主体の所在地

大宰府政庁周辺官衙跡蔵司西地区は、大宰府史跡第四次調査として、一九七〇年二月から五月にかけて発掘調査が行われた[2]。蔵司西地区は、大宰府政庁跡中軸線から西へ約三〇〇メートルの地点で、蔵司跡と西方の来木の二つの舌状台地にはさまれた地域である。調査地域の東半部は、調査当時は水田となっていた低湿地であり、その北側には、灌漑用の西浦池があるが、本来の自然地形は、北方の坂本部落から台地の間をぬって南下する流路があったと想定される。

調査地域の西半部は、来木の台地に続く段状をなす水田で、東半部の水田との比高二メートルをはかり、比較的高燥の地である。調査の結果、発掘区西半部の台地南端に東西方向の築地などを検出し、また東半部の水田となっていた低湿地に設定したトレンチN、Sでは想定どおり南北方向の溝SD〇九九を検出した。溝の幅は約二六メートル、深さは二メートル以上に及ぶが、時代により溝の流路の移動を指摘できる。他に須恵器、土師器、瓦器および磁器が出土した。

SD〇九九は第Ⅰ層（弥生時代）から第Ⅴ層（鎌倉時代以降）の五つの層に分かれ、Nトレンチの第Ⅳ層から木簡九点が出土した。第Ⅳ層は現地表面から一・五メートルをはかり、植物性遺体が圧縮された厚さ約二〇〜四〇センチメートルの茶褐色を呈する腐植土層である。この層は西岸付近で厚く、東にいくに従い次第に薄くなり、西岸から約一〇・六メートル付近で終わる。受部を有する須恵器杯、土師器杯や無返りの杯蓋が出土し、その堆積年代は七世紀後半から末とみられる。Sトレンチでは、遺物はきわめて少なく、第Ⅳ層は認められなかった。Nトレンチが溝の傾斜変換線付近にあたり、その西岸に堆積が集中したと解される。

木簡の内容は、以前に詳しく述べたことがあるので、詳細はそれらに譲り、本章では必要な範囲で言及する[3]。まずは釈文を掲げる。

(1)・「□□疾病為依　」
・□日下部牛□〔閇カ〕
里長日下部君牛閇」　（一四七）×三一×六　〇一九

(2)　□大夫之□〔紬カ〕　〇九一

(3)・「＜久須評大伴ア　」
・「＜太母□□□三貝」　一五六×二七×三　〇三二

(4)　「八月廿日記貸稲数□財ア人　財×物×　（一五三）×三二×七　〇六一（物差）

(5)　年里五戸　（一三四）×（二五）×（五）　〇八一

(6)・「告稲事者受食白　大伴ア戸手此」
・「无□〔故カ〕在時□〔奴カ〕吾□□□□〔麻稲取カ〕出白」　三四三×二一×六　〇一一

(7)　「□□□□子亥戌□
□□□□□□□□□〔記カ〕　（一六三）×三七×五　〇一九

(8)　□十二篇其□〔以カ〕□□　（一一六）×三七×六　〇八一

(9)　「＜（墨痕なし）」　一〇一×二二×六　〇三二

まず木簡群の時期を再確認しておく。(1)は一九七〇年三月七日に大宰府史跡で発見された最初の木簡であり、同時に九州で初めて発見された木簡でもある。この木簡のみは他の八点が南北溝第Ⅳ層の腐植土層から出土したのと異なって、第Ⅳ層にブロック状に混入する黄色砂質粘土に含まれていた。しかし、裏面に里長がみえるので、郷里制が施行された霊亀三年（七一七）を下限とし、表面一行目の牛□と裏面二行目最後の文字は残画から「閇」だった可能性が高く、人名の一部であるマロを表す。その類例は、奈良県の飛鳥池遺跡と石神遺跡出土木簡、法隆寺金堂木造広目天像の光背銘文など七世紀代の史料にみられる。したがって内容からみて、他の八点とそれほど隔たりがない七世紀末の木簡とみてよいであろう。

さらに(5)の荷札と推定される木簡に「~年里」という里名がみえる。該当する里名は知られないが、七世紀の荷札木簡において、サトの表記が天武天皇十二年（六八三）から持統天皇二年（六八八）の間に「五十戸」から「里」に変化したとされるので、一括性の高い(2)~(9)の木簡も、(1)と同じく七世紀末の木簡であるとみられる。(4)

つぎに、廃棄した主体の性格を考察するための史料となる木簡について、内容を確認しておく。(1)は「里長日下部君牛閇」が、評ないし地域首長層、あるいは筑前国や筑紫大宰・筑紫総領に宛てて差し出した文書木簡であり、その宛先で廃棄されたものだろう。

(3)は久須評（後の豊後国球珠郡）から納められた税物（アワビなど貝類か）の荷札である。筑前国の範囲を越えた地域からの税物の荷札であり、七世紀末の調査区周辺に、広域の地方支配組織である筑紫大宰・筑紫総領が存在したことを推測させる。オモテ面からウラ面へと続く「大伴ア太母」は人名である。大伴部は(6)にもみえ、西海道では筑後国や薩摩国に分布し、磐井の乱後に九州各地に多く置かれた大伴氏系部民の例として、考えることができる。(5)

(4)は貸稲（大宝律令以前の出挙の古称）した稲の数を記録したもので、八月二十日という日付から、春夏の出挙時ではなく、秋の収納に際して負稲人名と稲束数を記録したものとみられる。

(5)は「~年里」という里名と「五戸」（戸令9五家条に規定される「五保」を意味する）が記された荷札の可能性がある木簡である。

(6)のオモテ面は「告す、稲の事は受けたまへむと白す」と読め、文意は「稲については、受給させていただきたいと申し上げます」となろう。続く「大伴ア尸手」は、稲受給申請の宛先とみられ、ウラ面にかけて「此れ无し」と続き、その後は「故に在る時に、奴吾麻、□稲を取らむと出でて白す」と読んで、「ゆえに、大伴ア尸手がいる時に、奴吾麻は、□稲を取ることを出頭して申し上げます」と取るべきかと考える。(6)のウラ面に「稲取」と推定される文字があり、長野県屋代遺跡群から出土した出挙の記録木簡に「稲取人」という用例があるので、(6)も出挙にともなう稲貸付の申請文書と推定される。(4)が出挙の記録であったことも考慮される。

つぎに木簡を廃棄した組織体の所在地について、木簡の出土状況や周辺の遺構の分布から考える。木簡の廃棄主体は、(3)や(4)・(6)から、まずは倉庫が存在する可能性がある七世紀末から八世紀初頭の遺構が存在する地区に所在したと考えられよう。木簡は溝を流れてきた遺物が堆積した地点から出土している。調査区西側の来木地区は七世紀末から九世紀初めの鋳造工房が確認され、総柱礎石建物SB四二五五も発見されたが、税物ではなく、銅・鉄製品を収納した倉庫とみられている。[6] したがって、来木地区の遺構は、木簡の内容と異質なので、廃棄主体の所在地は、調査区東側の蔵司丘陵上ないしは、南北溝の上流に位置する政庁後背地のいずれかに想定しうる。

坂本八幡宮周辺の政庁後背地では、八幡宮西側の第一〇二次調査区で七世紀後半の掘立柱建物SB二九八〇などが確認されているが、倉庫は検出されていない。その西側に隣接する第一〇〇次調査区は削平が著しく、遺構や遺物はみつかっていないが、倉庫が存在した可能性は留保されよう。[7]

蔵司丘陵上には、八世紀前半に建てられた東西九間（三六・九五メートル）、南北四間（一二・九九メートル）の規模をもつ二面廂の礎石建物SB五〇〇〇が存在し、西海道の調庸物を管轄した蔵司官衙の中枢建物と考えられる。二〇〇九年度以降に実施している重点調査によって、近年、D区のSB五〇〇〇の東側（A・C区）で、六棟の東に向かってコの字形に配置される総柱礎石建物が発見された。この建物群は柱筋を揃えることなどから同時併存（施工）の可能性があり、上限は八世紀、廃絶は十世紀代とみられる。[8]

礎石建物に先行する掘立柱建物の遺構も確認されつつあり、(3)の久須評の荷札をはじめとする税の物品を収納した蔵司の前身官司（『令集解』宮衛令8兵庫大蔵条令釈にみえる「筑紫大蔵」[9]）との関連が注目される。ただし、SB五〇〇〇に先行する三棟の掘立柱建物（側柱）と、東側のC区の第二三六次調査区の総柱建物群南東端の礎石建物1

図14①　蔵司西地区出土木簡赤外線写真（一）

一号　三号　四号

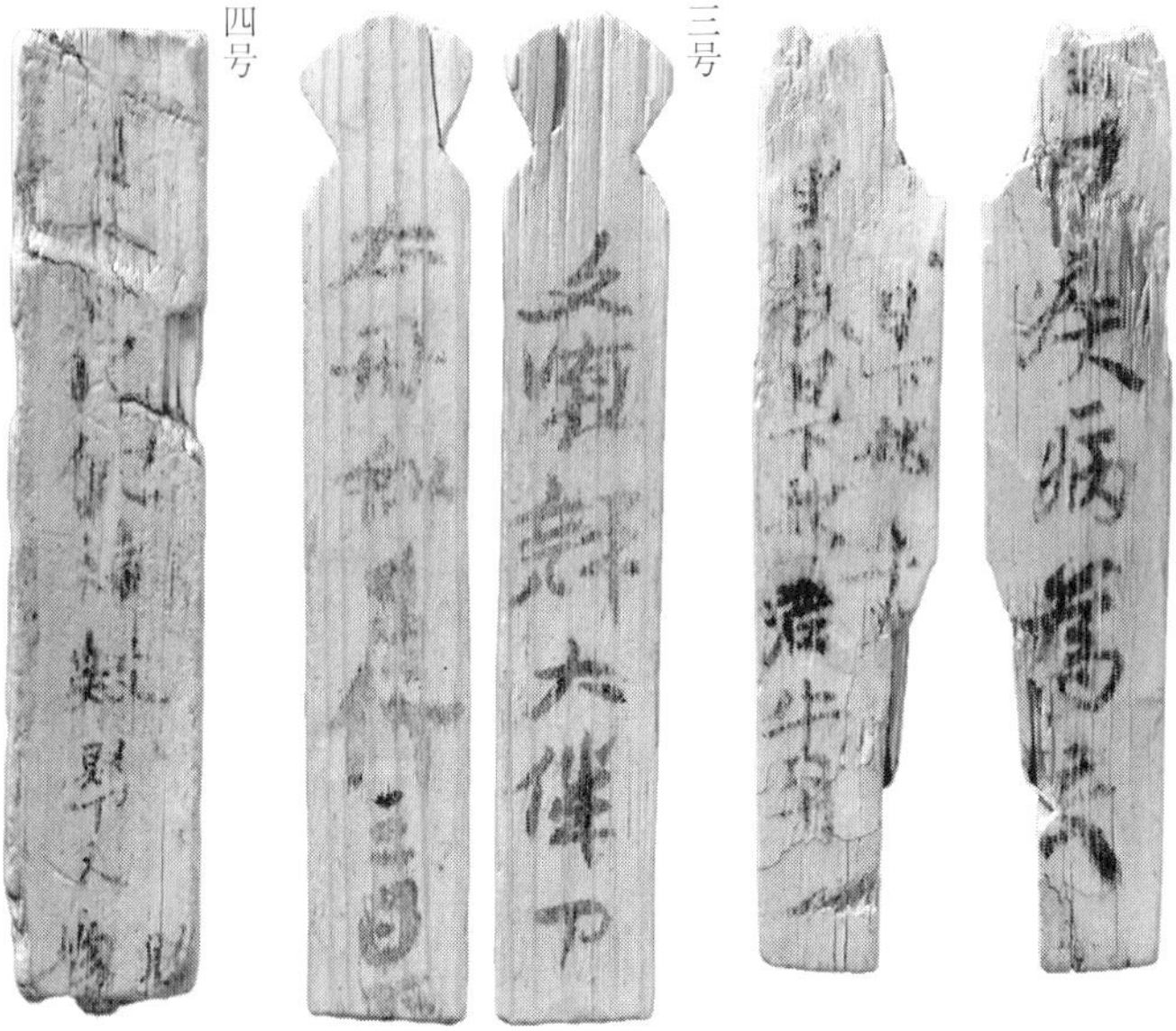

五号　七号

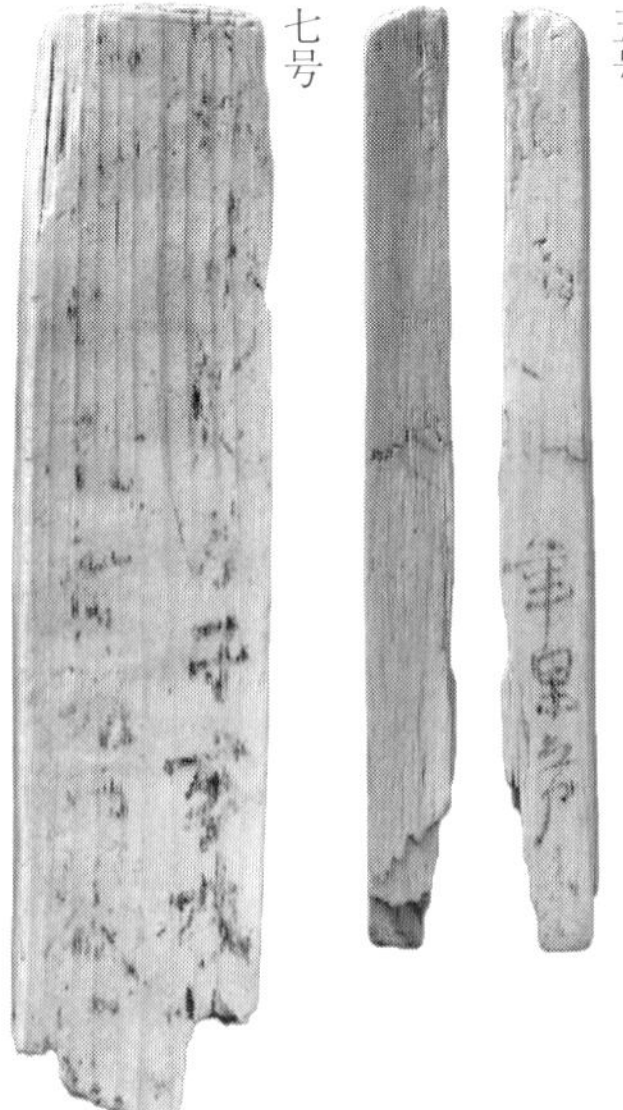

八号　九号

①・②　撮影：中村一郎氏
①・②・③　写真提供：九州歴史資料館

図14②　蔵司西地区出土木簡赤外線写真（二）
六号

図14③　蔵司西地区出土木簡
二号

参考図版（奈良文化財研究所提供）

飛鳥藤原第九三次調査（飛鳥池遺跡（工房地区））炭層出土

〔夜評カ〕
・加□□□　□
〔波　閇　二カ〕
・□□□佐□俵□
138・(26)・4　081

『飛鳥・藤原宮発掘調査出土木簡概報（十四）』

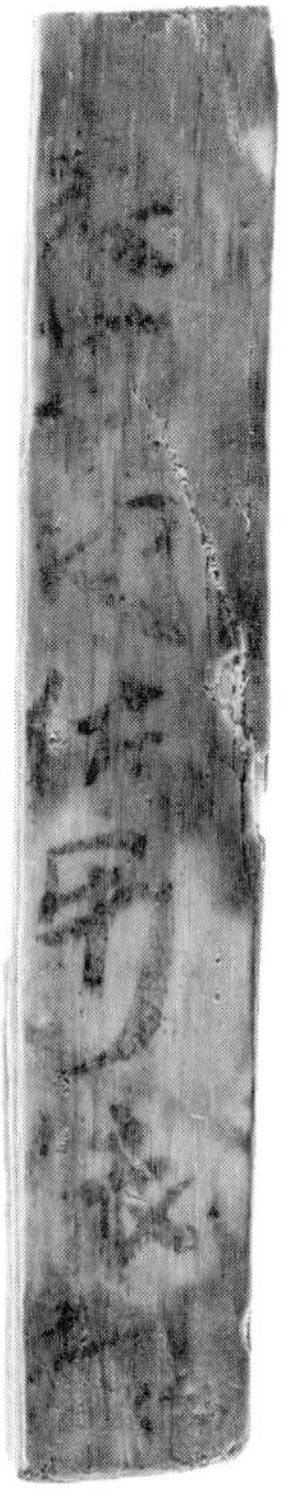

飛鳥藤原第一二二次調査（石神遺跡第一五次）東西溝ＳＤ四〇八九（埋立土）出土
□閇
(66)・(17)・3　081

『飛鳥・藤原宮発掘調査出土木簡概報（十七）』

撮影：中村一郎氏

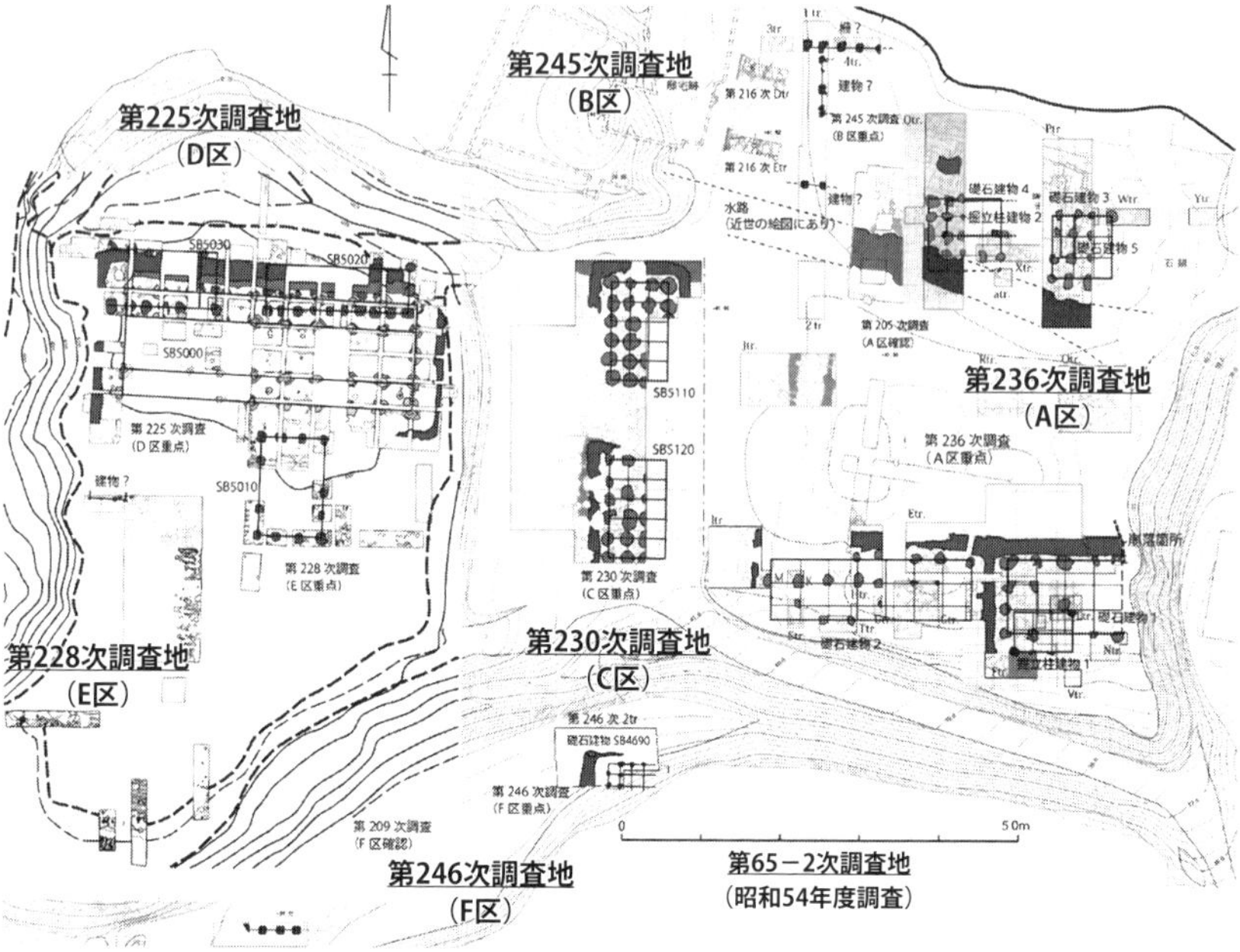

図 15　蔵司丘陵南半部遺構全体配置図

九州歴史資料館文化財調査室調査研究班編『令和２年度大宰府史跡現地説明会資料　特別史跡「大宰府跡・蔵司地区の調査成果～大宰府史跡第 245・246 次調査～」』図６に加筆。

（ＳＢ五一三〇）に先行する掘立柱建物１（ＳＢ五一七〇、総柱）、北側の礎石建物４（ＳＢ五一六〇）の西側の第二四五次調査区の掘立柱建物（ＳＢ五二〇〇）・柱列（ＳＢ五一九〇）が検出されているが、七世紀代に遡る倉庫群などはみつかっていない。蔵司地区の掘立柱建物に、調庸や稲穀の管理事務を掌る組織が所在したとすれば、蔵司前身官司である可能性もあるが、その場合は、倉庫は調査範囲外の他所に存在したことになる。

今のところ、木簡の廃棄主体の所在地は、これらの政庁後背地と蔵司丘陵上が想定できるが、いずれの可能性が高いだろうか。これについては、木簡が主に出土したＳＤ〇九九Ｎトレンチの腐植土層の上層には灰色粘土が堆積しており、上方からの水流があったにせよ、水の流れはそれほど強くなかったと想像される。このことと、蔵司丘陵上の礎石建物ＳＢ五〇〇〇に先行する掘立柱建物の存在を考慮すると、蔵司丘陵上が、木簡を廃棄した主体の所在地として、最も蓋然性が高いと判断される[10]。

　このように考えると、蔵司丘陵上には、七世紀末から八世紀以降を通じて、大宰府の被管官司である蔵司が、基本的には引き続いて存在していた可能性が高くなる。しかし、木簡群を詳細に検討してみると、その機能は、七世紀代と八世紀以降では異なる部分がある。次節ではその相違と、そこから考えられる、筑紫大宰・筑紫総領も含めた、七世紀の地方官司の独自の性格を明らかにしたい。

二　蔵司西地区出土木簡からみた総領制下の稲穀管理

　蔵司西地区出土木簡は、同じ遺構から出土した同時期の木簡群であるが、内容をみると、①筑紫大宰・筑紫総領（大宰府）に関するものと②評（郡）司ないし地域首長に関するものが含まれる。①には(3)、②には(4)・(6)が該当する。その他の木簡は、①と②いずれでもありうる。二つの組織が別々の場所から投棄した木簡が混在する可能性を完全に排除できないものの、木簡の出土地点と層位は、①と②が泰然と分かれてはいない。したがって、もし同じ場所から廃棄したと想定してよければ、七世紀後半の蔵司西地区周辺には、筑紫大宰・筑紫総領に関する施設と評（郡）司などに関する施設が近接して存在した可能性があると考えたことがある[11]。

　森公章氏は、(4)の「貸稲」の帳簿木簡や(6)の出挙に関する文書木簡に注目し、中央では調庸物のうち、布・綿類は大蔵省、庸の米・塩は民部省、舂米は大炊寮に納入されたが、七世紀後半には、民部省や大炊寮の前身が整備されていく途上であり、大蔵の物品収納・管理の上での役割が大きいことなどもふまえ、大宰府では、中央官司のような稲穀管理の分掌は行われておらず、調庸の収納・管理に責任を持つ蔵司が、クラとして一括して掌握していた可能性を指摘した。また貞観十二年（八七〇）二月二十三日以前、諸国の雑米が大宰府の諸司・諸所に直接輸納されていたが、以後は税司が所管する税庫にすべて納めさせ、その役割を強化したことから（『日本三代実録』同日条）、(4)・(6)

の出挙木簡は、諸司・諸所で米の運用が行われていたことと関連するとの推測も示す。(12)

以下、①の調物の荷札木簡と、②の出挙の記録や文書木簡が同じ遺構から出土したことについて再考する。以前筆者は、筑紫大宰・筑紫総領の施設と、評（郡）司の施設が近接して存在したとみたが、もう一つ、七世紀末においては、大宝律令が施行された八世紀以降と異なり、同一の組織が①と②の機能をはたしていた可能性は考えられないだろうか。

七世紀から八世紀初めの時期に、地域の正倉や屯倉、大税の管理に関わった官職として、田領（田令）と税司が知られる。田領は『続日本紀』大宝元年（七〇一）四月戊午条に、田領を罷めて、国司の巡検に委ねるとあり、税司は『同』大宝二年二月乙丑条に、これより先に税司が鎰を主《つかさど》っていたが、これ以後、国司が鎰を主るとみえる。田領は国司・郡司いずれの系列にも属さない屯倉の管理責任者で、税司主鎰は飛鳥浄御原令制下では中官（後の中務省）の統括下にあり、諸国の正倉を管理し、出挙も管轄したとする黛弘道氏の見解があり、(13)これが通説的理解である。

しかし、蔵司西地区出土木簡の内容から、七世紀末において、調養（庸）物の管理と、雑米や貸稲の管理を同一の組織が遂行していた可能性を考慮すると、黛氏の説を批判し、田領と税司を総領の構成官であるとみた笹川進二郎氏の学説があらためて注目される。(14)

筆者は、大宰と総領を別のものとみている。すなわち、筑紫大宰は推古朝に置かれ、白村江の敗戦後の天智朝に那津から現在の太宰府市に移転し（大宰府政庁第Ⅰ期古段階）、国防と外交を掌り、これとは別に、孝徳朝に派遣された筑紫総領が九州の内政を掌り、天武朝における部曲廃止と国境画定、編戸によって、国造制と、那津官家を再編成した筑紫評の三国の評統括が解体され、天武朝後半から持統朝初め（六八〇年代後半）に、那津の筑紫評から筑紫総領が、大宰府政庁（第Ⅰ期新段階）周辺に移転したと考える。(15)

七世紀末に筑紫総領の九州の統治と関わる荷札木簡と、田領や税司の職掌と関わりの深い貸稲の記録や文書木簡が、同じ溝の同一の層位から一括して出土したことは、田領や税司を総領の構成官とみた笹川説を傍証するであろう。なお、税司は鎰を主ることとからすれば、評の正倉に収納された稲穀の出納や貸稲と関わるものと推測される。また田領は屯倉を管理していたことから、大化改新以後に、屯倉が評に編成された後は、田領が調養物や田租の徴収を含む評の管理を掌ったとみておく(16)。

那津から現在の太宰府市への移転後も筑紫総領は、総領所を構成する田領や税司を通じて、九州各地の評造と協力し、貸稲などの記録も掌握し、あるいは那津官家にも田地が付属していたので(17)、旧所在地の「那珂」評や膝下の「御笠」評の貸稲を評造とともに行うなど、稲穀収取に直接に関与したのではないだろうか。

筑後国御原郡の故地に所在する、小郡市井上薬師堂遺跡出土木簡に、「加太里」(筑後国御井郡賀駄郷の古称。三号)や、筑後国竹野郡竹野郷と関わる「竹野万皮引」、御井郡山家郷と関わる「山ア田母」(いずれも人名。二号)などがみえ、評域を越えた里名がみえる。これと、出挙を行った「白日椋」が白日別命(筑紫神)の神名を冠したクラである可能性があることなどから、隣接する上岩田遺跡(筑後国御原評衙)周辺に筑紫大宰の補完的な関連施設があり、その施設の域内で評家の職務が遂行されたとの説がある(18)。本書の視点からすると、筑紫総領が田領や税司を通じ、評家を拠点として、評域を越えた広域の貸稲を行ったとみられる。

なお、雑米の収納は七世紀にも、八世紀以降と同様に大宰府の被管諸司・諸所の前身官司が行っていたのではないだろうか。大宰府の被管諸司は、松川博一氏により、八世紀前半まで遡ることが明らかにされた(19)。また地方官司の政所や税所、調所などの「所」が律令制以前の官司制と系譜的連続性を持つことも指摘されている(20)。

さらに『日本書紀』大化二年三月辛巳条に、官司の屯田と、吉備嶋皇祖母尊の貸稲とを廃止し、屯田は群臣および伴造らに分かち賜うとみえ、この「官司」は実質的には豪族層の国政分掌を意味し、その「屯田」も豪族層が経営を委ねられていた屯倉に付属する水田であったとの指摘がある(21)。大宰府の被管諸司・諸所に直接に雑米が納入されていたことは、律令制以前的な縦割りの収取制度と整合的であり、七世紀に遡るものと推測される。発掘調査でも蔵司地区では、礎石建ちの二面廂建物SB五〇〇〇や倉庫群の下層で、掘立柱建物が発見されたが、総柱建物は、A区で二間×二間の掘立柱建物1が一棟あるだけで、倉庫はみられない。したがって、七世紀末の段階で、蔵司地区に田領や税司が存在したとしても、事務管理機能が中心で、稲穀の収納機能はなかったのであろう。

以上のように、大宝律令以後、筑紫総領の廃止（私見では筑紫大宰と統合されたとみる）、田領や税司の権限の国司への移譲により、正倉の管理運営は九州各地の郡家に移り、蔵司は庸米以外の稲穀管理の機能がなくなり、調庸物を収納する蔵として純化したのだろう。

三　蔵司西地区出土木簡と国分松本遺跡出土木簡

太宰府市国分三丁目に所在する国分松本遺跡では、第一一次調査と第一三次調査において、埋没した自然河川ＳＸ〇〇一から木簡十三点が出土した。木簡が出土した土層が堆積した年代は、八世紀第Ⅱ四半期と考えられている。ここでは、本章と関わる第一三次調査木簡のうち三点のみ釈文を掲出する。

(1)・「　嶋評　　、戸主建ア身麻呂戸又附去建□〔アカ〕×
　　　　　　　　政丁次得□□〔万呂カ〕兵士次伊支麻呂政丁次×
　『嶋□□〔戸カ〕　占ア恵［　］川ア里占ア赤足戸有□□×
　　　　　　　　小子之母占ア真□〔廣カ〕女老、女之子得×
　□□□』　　　穴凡ア加奈代戸有附□□□□□□〔建ア万呂戸カ〕占ア×
　　　　　　　　□□
・「并十一人同里人進大貮建ア成戸有　、戸主□〔建カ〕×
　同里人建ア咋戸有戸主妹夜乎女同戸□□〔有カ〕×

麻呂損戸　又依去同ア得麻女丁女同里□□〔人ヵ〕×　（三〇七）×（八〇）×九　〇八一
白髪ア伊止布損戸　二戸別本戸主建ア小麻呂□×　〇九一

(2)　、戸主□〔建ヵ〕

(3)　「<竺志前国嶋評私□板十六枚目録板三枚父母方板五枚并廿四枚」　三二三×四三×五　〇三二

国分松本遺跡では、内容から七世紀とみられる木簡が出土し、七世紀代の国分地域を考える重要な資料となっている。中でも(1)嶋評の籍帳に関わる戸口変動を記した木簡、(3)「竺志前国嶋評」の付札木簡は注目される。(1)の木簡は、坂上康俊氏により、庚寅年籍作成直後の六九一年か、その次の造籍が終わった六九七年に、造籍の年を含んだ一年間の戸口の変動を記録した木簡と考えられている。(22)

(3)の「私□板」「目録板」「父母方板」は何らかの帳簿木簡と考えられ、本木簡は帳簿木簡をまとめて管理する際にインデックス的な機能を持つ付札として使用されたとみられる。この木簡を付した板の送付先もしくは保管先は筑前国府あるいは筑紫大宰の筑前国担当部署である可能性が高い。(23)国分松本遺跡の北側には、筑前国分尼寺跡が隣接し、その東に筑前国分寺（僧寺）跡が並ぶ。国分松本遺跡出土木簡から、七世紀末には、筑前国の政務を担当する組織が近くに存在した可能性が高まったといえる。天平宝字三年（七五九）八月五日国政所牒（『大日本古文書　編年文書巻之十四』二六九～七〇頁）にみえる筑前国政所の前身となる官司であろう。

筑前国政所の前身官司は、七世紀末から筑紫大宰・筑紫総領の施設とは別に現在の太宰府市国分地域に整備されたのだろう。筑前国政所の前身官司を国分地域に整備した理由は不明だが、水城・大野城と連絡しやすい位置にあるので、防衛施設の日常管理の便宜を考慮したのかもしれない。いずれにしても、田領や税司など、筑紫総領の貸稲・雑米管理の部署が、蔵司地区にあったとすれば、大宝律令以後と異なり、田租や正税の管理権限を国宰が持たなかった七世紀末には、筑前国支配に関する施設は、政庁周辺と別に、その北西の丘陵地域にまとめて配されたのであろう。

四　大宰府跡出土木簡からみた七世紀の貢進物の運用

蔵司西地区出土木簡から考えられる重要な論点として、(3)の久須評から納められた税物の荷札や、(5)の年里五戸の荷札とみられる木簡が提起する、大宰府に集積された貢進物の運用の問題がある。評制下に遡る荷札は、この木簡の他に、大宰府政庁周辺官衙跡不丁地区出土六七号木簡がある。(24)

「く合志□〔評カ〕」　(二一五)×(三二)×三　〇三九

評制下の荷札木簡は、飛鳥地域や藤原宮跡周辺、難波宮跡など、七世紀に宮都が置かれた地域で出土する。しかし、宮都周辺から出土した木簡で、確実に西海道諸国からもたらされた七世紀の荷札は皆無である。西海道諸国では、原則として貢進物は大宰府に送られ、調綿や紫草など少数を除いては宮都までもたらされることはなく、衛士や仕丁も宮都に赴くことはなかった。律令制下の大宰府には管内の貢納物・労働力が集積されたが、それは七世紀に遡るものであったことが評制下の荷札木簡からわかったのである。(25)

この事実は次のような問題をもたらす。七世紀後半には、数国におよぶ広域の行政を管轄する地方官として、各地に総領が派遣された。史料上確認されている総領は、東国（坂東）、吉備（または播磨）、周芳（周防）、伊予、筑紫である。通説では大宰も総領と同じものと考えられており、史料では筑紫大宰と吉備大宰が確認される。総領が置かれたのが、これらの地域のみなのか、全国に置かれたのかは、見解が分かれるが、大宝律令の施行により、筑紫以外の大宰・総領は廃止され、筑紫の大宰府のみが存続したと考えられている。(26)

七世紀後半、筑紫以外の地域にも、大宰・総領が置かれていたのであれば、筑紫以外の地方でも、貢進物の荷札木簡が出土してもよいはずである。しかし、現実にはその事例がなく、評制下の荷札木簡は、筑紫以外すべて宮都で出土するのである。このことは、筑紫とそれ以外の地域の大宰・総領制に何らかの相違があることを示す。

宮都に送られるべき貢進物の荷札が地方で出土する場合、その地方官司がその税物を独自に運用し、消費できたことを意味する。その権限が大宝律令以後の大宰府と同様、七世紀後半の筑紫大宰・筑紫総領のみに認められたのはなぜだろうか。

大宰と総領を別のものと考える私見の立場からみると、これは大宰と総領が置かれた地域と、総領のみが置かれた地域の違いによるのではないかと考える。

大宰と総領が置かれた地域は筑紫と吉備である。しかし吉備では筑紫と異なって、貢進物荷札は発見されていない。『日本書紀』天武天皇元年（六七二）六月丙戌条に、壬申の乱に際して、近江朝廷を率いる大友王子は、大海人王子に従う筑紫大宰の栗隈王と吉備国守の当摩公広嶋を殺害し、筑紫と吉備の軍事力を掌握することをはかったことがみえる。この時、筑紫は大宰だが、吉備は国守である。吉備大宰は、『日本書紀』天武天皇八年三月己丑条に、吉備大宰石川王が病となり、吉備で薨じたとみえるのが唯一の史料である。

このことから吉備大宰が置かれたのは、天武朝のごく短い期間であり、それ故に、吉備では貢進物荷札がみつかっていないと考えることができるのではないだろうか。壬申の乱の際に、大友王子は、吉備国守の当摩広嶋の殺害に成功したが、筑紫大宰の栗隈王を殺すことには失敗している。このことにかんがみて、大海人王子は即位後に、より軍事的に強力に吉備を掌握できるように、壬申の乱でも味方についたとみられる石川王を吉備大宰に任じたのであろう。その後、中央集権国家の建設が進み、国内支配が安定すると、国防と外交の要地である筑紫に対して、吉備は大宰の存在意義が低下し、ほどなく廃止されたと考える。(27)

以上より、集積した貢進物を宮都に送らずに、現地で運用しうる権限は、広域の地方行政官である総領ではなく、国防（軍事）と外交を掌る大宰が保有したのではないかと考える。本来、筑紫大宰は、韓半島における対外戦争を遂行するための出兵基地である那津官家に駐留したであろう大友磐・狭手彦の兄弟（『日本書紀』宣化天皇二年十月壬辰朔条）や、撃新羅将軍の久米王子（『同』推古天皇十年二月己酉朔条など）のような外征軍の将軍にその起源があ

る。(28)

那津官家の現地管理者は、磐井の乱後に筑紫国造となった筑紫君葛子とその子孫であったと考えるが、(29)これら現地の地域首長は、あくまでも現地で物資や兵員、労働力を集積することを職掌とする管理者であり、その集積された人的・物的資産を、対外戦争のために運用する権限は、外征軍の将軍にあったであろう。(30)その系譜を引く筑紫大宰が存在するからこそ、七世紀代から八世紀以降と同様に、筑紫では、筑紫総領を通じて集積された九州地方の人的・物的資産を、国防や外交のために、筑紫大宰の指揮下で独自に運用することが行われていたのではないだろうか。

大宰府の蔵司は「筑紫大蔵」とも呼ばれた。「蔵」の文字は中央のクラに用いられ、地方官司では、大宰府のみに転用された。(31)西海道の調庸物を収納し、その財源として独自に使用する権限を与えられていた大宰府の蔵として筑紫大蔵の名称は相応しく、大宝律令以前に遡る古名である可能性がある。(32)中央の大蔵省にも通じる筑紫大蔵の名称や蔵の字の使用は、筑紫大宰・大宰府が調庸物を独自運用する権限を持ったことと関係があると考える。

『日本書紀』雄略天皇十五年条や欽明天皇即位前紀、『新撰姓氏録』山城国諸蕃、秦忌寸条、『古語拾遺』などには、調庸物の徴収や大蔵の成立に秦氏が関わった伝承が多く伝えられる。秦氏は秦の民と呼ばれる渡来人や支配下の人民を統率し、秦氏の渡来系技術を地方に移植して、「庸調」の布製品の生産に関わり、その徴収や収納、大蔵の管理に関わっていた。(33)大宰府官人や筑前、筑後、豊前、豊後、肥後の国々に秦氏や秦部の人々が分布し、(34)これらの秦氏を安閑天皇二年（五三五）五月に九州北部に設置されたと伝える屯倉が組織化したことも指摘される。(35)大宰府蔵司の成立や運営にも九州北部の秦氏が関与した可能性が推測されるが、十分な論証は今後の課題である。

ここまで、蔵司西地区出土木簡を中心として、七世紀末の大宰府跡周辺で出土した木簡から、当該期の地方官司のあり方について考えられる問題を提起してきた。まだ仮説に過ぎないが、大化改新以後の律令制地方支配制度の成立を解明するための一助になればと考える。

註

（1）倉住靖彦『古代の大宰府』吉川弘文館、一九八五年、一～一三八頁。これ以前の大宰府成立に関する研究史は、倉住靖彦「大宰府研究の現状と問題点についての序章」（『日本史研究』一五三、一九七五年）にまとめられている。倉住氏の著書以後の研究史は、本書序章第四節、第Ⅰ部第二章、第Ⅰ部第四章、第Ⅱ部第五章を参照。

（2）大宰府史跡第四次調査は、福岡県教育委員会編『福岡県文化財調査報告書第四七集　大宰府史跡　昭和四五年度発掘調査の概要』一九七一年に概要が報告された。さらに、正式報告書である九州歴史資料館編『大宰府政庁周辺官衙跡ＸⅡ―蔵司地区平地部編1―』、同編『大宰府政庁周辺官衙跡ＸⅢ―蔵司地区平地部編2―』二〇二〇年が刊行された。本章の遺構・遺物についての記述は、これらの報告書による。

（3）拙稿ａ「大宰府史跡蔵司西地区出土木簡の再検討」（『九州歴史資料館研究論集』三〇、二〇〇五年）。拙稿ｂ「福岡・大宰府跡蔵司西地区」（『木簡研究』三七、二〇一五年）。拙稿ｃ「第Ⅳ章　出土遺物(7)文字関連資料1)木簡」（九州歴史資料館編『大宰府政庁周辺官衙跡ＸⅡ―蔵司地区平地部編1―』二〇二〇年）

（4）市大樹「総説」（奈良文化財研究所編『奈良文化財研究所史料　第七十六冊　評制下荷札木簡集成』二〇〇六年）一一頁

（5）本書第Ⅰ部第四章第一節

（6）九州歴史資料館編『大宰府史跡　平成八年度発掘調査概報』一九九七年（以下、大宰府史跡の発掘調査概報は『平成八年度概報』のように記す）、一一・二九～三〇頁

（7）『昭和六一年度概報』五三頁。『昭和六二年度概報』二二頁

（8）九州歴史資料館文化財調査室調査研究班編『令和元年度大宰府史跡現地説明会資料　特別史跡「大宰府跡」・蔵司地区の調査成果～大宰府史跡第二三六・二四五・二四六次調査～』二〇一九年十月二十六日

（9）松川博一「大宰府官司制論―被管官司を中心に―」（大宰府史跡発掘五〇周年記念論文集刊行会編『大宰府の研究』高志書院、二〇一八年。以下、本論文集は編者、出版社を略す）六一頁（同著『古代大宰府の政治と軍事』に収録）

（10）前掲註（2）正式報告書、二二頁

（11）前掲註（3）拙稿ａ、四一頁

（12）森公章「大宰府官衙の研究」（『大宰府の研究』二〇一八年）四一～二頁。なお、『日本三代実録』貞観十二年（八七〇）二月二十三日乙巳条については、前掲註（9）松川博一論文、六三頁も参照。

(13) 黛弘道「国司制の成立」（『律令国家成立史の研究』吉川弘文館、一九八二年）三九一〜八頁

(14) 笹川進二郎「律令国司制成立の史的前提」（『日本史研究』二二〇、一九八〇年）五〜八・二七〜九頁

(15) 本書第Ⅱ部第十一章第二節

(16) 吉村武彦「浄御原朝庭の制」（『日本古代国家形成史の研究―制度・文化・社会』岩波書店、二〇二三年）一四九〜五一頁は、黛説に対して、大化改新後に屯倉が存続するという説も不確かであり、屯倉は国宰が管轄するすべての田地などではなく、その一部分でしかないことを指摘し、疑義を呈する。そして田領は国司の巡行と同じように、部内全域の勧農を担っていたとし、たとえ屯倉が存続していたとしても、国内の評を巡検する勧農に従事していただろうとする。私見も大化改新後、屯倉は評―五十戸に編成されたとみているので、田領は評を管轄したと考える。

(17) 舘野和己「官稲の起源とミヤケ」（奈良国立文化財研究所埋蔵文化財センター編『郡衙正倉の成立と変遷』奈良国立文化財研究所、二〇〇〇年）九一頁

(18) 田中正日子「評制下の上岩田遺跡と筑紫大宰の支配をめぐって」（小郡市教育委員会編『上岩田遺跡調査概報　小郡市文化財調査報告書　第一四二集』二〇〇〇年）五八頁

(19) 前掲註（9）松川論文、六九頁

(20) 渡辺滋「日本古代行政機構の展開過程―地方官衙における「所」を例として―」（吉村武彦編『律令制国家と古代社会』塙書房、二〇〇五年）三四六〜八頁

(21) 北村安裕「日本古代における土地支配体制の特質と形成過程」（『歴史学研究』九六三、二〇一七年）五〇頁

(22) 坂上康俊「嶋評戸口変動記録木簡をめぐる諸問題」（『木簡研究』三五、二〇一三年）一六八頁

(23) 髙橋学「福岡・国分松本遺跡」（『木簡研究』三五、二〇一三年）一三三頁。なお、第一一次調査出土木簡については、遠藤茜「福岡・国分松本遺跡」（『木簡研究』三三、二〇一一年）を参照。

(24) 九州歴史資料館編『大宰府政庁周辺官衙跡Ⅴ―不丁地区　遺物編2―』二〇一四年、一五〜六頁

(25) 吉川真司「律令体制の形成」（歴史学研究会・日本史研究会編『日本史講座1東アジアにおける国家の形成』東京大学出版会、二〇〇四年）二一一頁。前掲註（4）市論文、四頁

(26) 総領制の研究史は、本書第Ⅱ部第五章にまとめている。

(27) 石川王の吉備大宰任命と、壬申の乱での大海人王子との関係は、亀井輝一郎氏が私見とは異なる立場ながら、詳しく論じ

ておられるので、参照されたい（同氏「大宰府覚書（二）―吉備の総領と大宰―」『福岡教育大学紀要』第五四号　第二分冊　社会科編』二〇〇五年、一四～六頁）。
(28) 波多野晥三「大宰府淵源考―筑紫大宰の性格について―」（『日本歴史』第七二号、一九五四年）四〇頁
(29) 本書第Ⅰ部第三章第一節
(30) 本書第Ⅰ部第四章第三節。拙稿「九州地方の軍事と交通」（舘野和己・出田和久編『日本古代の交通・交流・情報1制度と実態』吉川弘文館、二〇一六年）二三六～九頁
(31) 平野邦雄「クラ（倉・庫・蔵）の研究―大宰府、郡家の発掘調査によせて―」（九州歴史資料館編『九州歴史資料館開館十周年記念大宰府古文化論叢　上巻』吉川弘文館、一九八三年）三一〇頁
(32) 前掲註（9）松川論文、六一頁
(33) 毛利憲一「6・7世紀の国家と収取制度」（『歴史学研究』九七六、二〇一八年）五三頁
(34) 本書第Ⅰ部第四章第二節
(35) 田中史生「ミヤケの渡来人と地域社会―西日本を中心に―」（『日本歴史』第六四六号、二〇〇二年）一二～五頁

終章　大宰府成立史のまとめと今後の課題

本書では十二章にわたって、六〜七世紀における九州の地域社会に対する倭王権の統治政策の推移とあわせながら、大宰府の成立過程を論じた。最後に研究成果を振り返った上で、その歴史的意義と研究史上の位置づけを論じ、今後の研究の方向性を述べたい。

一　大宰府成立史研究の成果

（1）筑紫君磐井の乱と那津官家の設置

まず本節では、筑紫君磐井の乱前後の九州北部の豪族（首長）層の動向と、筑紫大宰の派遣をはじめとする倭王権の九州支配の歴史的経過を中心にしつつ、繰り返しになるが、本書の研究成果を略述する。大宰府の起源と考えられているのが、宣化天皇元年（五三六）五月に、倭王権が那津の口（博多）に修造したと伝える官家、いわゆる那津官家である。ミヤケ（屯倉・官家）は、倭王権の支配拠点であり、磐井の乱後、継体天皇二十二年（五二八）十二月に磐井の息子の葛子が糟屋屯倉を献上したのを最初として、全国に設置された。この磐井の乱を契機として、倭王権は九州の首長層の勢力基盤の内部に支配の楔を打ち込むことになる。その後、糟屋屯倉を含む九州北部の屯倉を統括し、韓半島に出兵するための基地として、那津官家が置かれた。さらに推古天皇十五年（六〇七）の遣隋使派遣を契機に、大宰府の前身である筑紫大宰が新たに派遣されて、那津官家に駐留し、外交を掌った。

磐井の乱の原因は、直接的には韓半島政策をめぐる倭王権と磐井の対立が背景にある。『日本書紀』や『古事記』によると、継体天皇二十一年（五二七）、新羅が加耶諸国に侵攻する情勢のなか、倭王権は加耶諸国を救援するために近江毛野を派遣するが、新羅と独自の交流をもっていた磐井は毛野の軍を妨害する。倭王権は翌年に大伴金村と物部麁鹿火を遣わして磐井を討ち、磐井の子の葛子は贖罪のために糟屋屯倉を献上したと伝える。乱の前には、九州北部の首長層と広く連合し、その盟主として磐井は継体天皇の王権を支えていたが、倭王権と戦うことになった際に、胸肩君や水沼君、火君などの有力首長は倭王権に協力し、磐井は新羅系渡来人の秦氏系氏族や同族の豊前地域の膳臣などを味方として戦ったとみられ、九州北部の首長層は一枚岩で倭王権と戦うことはできなかった。

磐井を討った大伴金村と物部麁鹿火は、九州の中小首長をそれぞれの地方伴造とし、中小首長の統率下にある人民の一部を部民として間接的に支配下に置いた。九州北部には物部氏系部民として、物部のほか、春米部、二田物部、筑紫贄田物部、十市部、鳥飼部、弓削部、矢作部、胆狭山部などが分布し、また大伴氏系部民として、大伴部のほか、日下部、久米部、建部、犬養部、伊福部、山部、佐伯、的、壬生部などがみえる。そして、これらの部民の居住地の近くに筑紫・豊・肥三国の屯倉が設置された（本書第Ⅰ部第四章第一節）。

『日本書紀』は安閑天皇二年（五三五）五月に、筑紫の穂波屯倉（福岡県飯塚市）・鎌屯倉（嘉麻市鴨生）、豊国の媵碕屯倉（北九州市門司区、または大分県国東半島）・桑原屯倉（福岡県八女市黒木町、または築上郡築上町、田川郡大任町）・肝等屯倉（京都郡苅田町）・大抜屯倉（北九州市小倉北区貫）・我鹿屯倉（田川郡赤村）、肥（火）国の春日部屯倉（熊本市国府）が置かれたと伝える。

また京都妙心寺鐘銘に戊戌年（六九八）に糟屋評造春米連広国が鋳造させた鐘である旨がみえ、春米連が石上氏（物部氏）と同祖とされることから、糟屋屯倉も倭王権に献上された後、物部麁鹿火の支配下にある春米連が現地で屯倉を管掌したと推測される。以上より、まず物部氏と大伴氏が地域の中小首長と統率下の人民を掌握し、それを前提に倭王権は支配拠点である屯倉を設置していった。九州北部の人民は中小首長に率いられて屯倉に奉仕した。これら筑紫・豊・肥三国の屯倉は、対外交流にとって重要な玄界灘沿岸地域と、瀬戸内海から豊前地域を経て博多湾を結ぶ道、豊後地域を経て筑紫君の本拠地である八女地域に至る道をおさえたのである。

ところで一般に倭王権が屯倉の物資を輸送する際には、倭国王や中央豪族それぞれに仕えている地域首長に命じて、各首長が預かる屯倉の物資を運ばせるという、人格的な縦割りの命令系統で輸送が行われた。したがって、物部氏系部民には物部氏をつうじて、大伴氏系部民には大伴氏をつうじてでなくては物資を運べないのである。九州北部各地に屯倉は分散し、かつ屯倉間の横の交通が確立していないこともあり、韓半島での対外戦争を遂行する際に、三国の屯倉では緊急時に人的・物的動員をしようとしても、拠点とするには不十分である。

このような状況に対応するため、『日本書紀』によると、宣化天皇元年（五三六）五月、実年代は六世紀の中頃と推定されるが、倭王権は那津（博多）の口に官家を修造した。それは三国に散在する屯倉の倉の一部を収蔵する穀ごと那津に移築して集めるという方法で行われ、三国の屯倉に奉仕していた地域の中小首長と支配下の部民は、地元の屯倉に加えて那津の屯倉にも奉仕することになった。この那津官家の修造によって九州北部各地から穀と人を那津に恒常的に集中させる体制が成立したのである。それは大宰府の西海道（九州）総管の歴史的前提といえる（本書第Ⅰ部第二章第三節結語）。

屯倉・官家の実際の運営は中小首長が隷属下の人民を率いて行ったが、これらの労働力は、ミヤケの設置と連動して地域首長が任命された国造が貢進した。那津官家は、筑紫三宅連という首長が存在することから、実際は筑紫官家と呼ばれた可能性が高いが、この筑紫三宅連を実務的な管理者として、筑紫国造となった筑紫君葛子が那津官家への労働力の貢進を担ったのであろう。なお大伴氏や物部氏の支配下に入らず、筑紫君の統率下にあった中小首長もあったが、それらも県稲置に任じられ、筑紫国造に率いられて屯倉に奉仕し、究極的には倭国王（大王）に仕えた。

このようにして那津に集積された穀と人は、韓半島での戦争に動員されることになる。戦争の実際の指揮にあたるのは、宣化天皇二年十月に韓半島に派遣されたという大伴狭手彦や、筑紫に留まってその国政を執ったという兄の磐のように中央豪族であった。その際、九州に多くの部民を設置した大伴氏が将軍であったことは那津官家への動員を十分に行うために必要なことであったであろう。

(2) 厩戸王子（聖徳太子）一族の九州支配と撃新羅将軍久米王子

六世紀の倭王権の韓半島出兵は、欽明天皇二十三年（五六二）正月、加耶諸国が新羅に滅ぼされて失敗に終わる。しかし、その後も加耶の復興を企図して新羅に軍事的圧力をかけ続けた。崇峻天皇四年（五九一）十一月、紀男麻呂・巨勢猿・大伴囓・葛城烏奈良を大将軍として筑紫に出兵させる。これら四氏族は用明天皇二年（五八七）七月に蘇我馬子の呼びかけに応じて物部守屋討滅に参加しており、この出兵を契機に物部氏から九州の支配を奪っていった。

その後も加耶諸国復興は進まず、また九州には複数の中央豪族が進出し、地域社会の支配は複雑さを増していったものと思われる。推古天皇八年（六〇〇）二月、境部臣と穂積臣が将軍として派遣され、同十年（六〇二）二月、厩戸王子（聖徳太子）の同母弟である久米王子（来目皇子）が撃新羅将軍として派遣され、四月には筑紫に到り、進んで後の筑前国嶋郡に駐屯し船舶を集めて軍粮を運んだ。嶋郡や早良平野を含む博多湾西側は、新羅・加耶・百済からの土器が搬入されており、七世紀第2四半期まで対外交渉の拠点として機能し続けていた。さらに元岡・桑原遺跡群では鍛冶道具を副葬した古墳があり、六世紀から七世紀にかけて製鉄工人の存在が想定され、七世紀後半には中央政権主導による鉄生産方法が導入され、八世紀まで存続した。このように嶋郡周辺は対外交渉と鉄生産の拠点であったことから、久米王子も戦争準備のために駐屯したのであろう。実際、『肥前国風土記』三根郡条には、久米王子が物部若宮部をして物部経津主神を物部郷に鎮祭させ、また忍海漢人を漢部郷にすえて兵器を造らせたと伝えており、久米王子は嶋郡以外の地でも地域支配や兵器生産を行っていた。

その後、久米王子は病にかかり翌年二月に没する。しかしこれを契機に厩戸王子一族（上宮王家）が九州各地を支配していくことになる。とくに嶋郡には生部（壬生部）・財部・搗米部（舂米部）・久米部・多米部・難波部（大宝二年筑前国嶋郡川辺里戸籍）・白髪部（太宰府市国分松本遺跡出土木簡）など上宮王家の王子・王女の養育を担当した部民が集中する。これらの部民は玄界灘沿岸や周防灘周辺、後の筑前国嘉麻郡、国東半島、肥後国北部、筑紫君の本拠地である八女地域や肥前国・肥後国南部など有明海沿岸、さらに日向国・大隅国・薩摩国にも分布する。先にみた糟屋屯倉も管掌氏族が舂米連であり、物部守屋討滅に功績があった厩戸王子に与えられ、厩戸王子は娘の舂米王女の養育を舂米連に担当させたとみられる。この他、厩戸王子に仕えた秦造河勝や葛城臣、平群臣、妃の父である膳臣傾子の部民も九州各地に分布しており、上宮王家は部民支配の集積によって九州を広範に支配下に置いていたのである（本書第Ⅰ部第四章第二節）。

（3）隋との国交開始と筑紫大宰の派遣

このような情勢のもとで、『日本書紀』推古天皇十七年（六〇九）四月庚子条に筑紫大宰が初見する。同十五年七月に小野妹子を遣隋使として派遣しており、筑紫大宰は隋使来着に備えて現地で迎接するために派遣された。この点で、厩戸王子とともに推古朝の王権中枢を構成した推古天皇の養育にあたった額田部、蘇我馬子の部民である蘇我部が後の筑前国早良郡や嶋郡など博多湾周辺に分布することも注目される。上宮王家が九州各地を支配し、推古天皇と蘇我馬子も博多湾沿岸を掌握していた。七世紀後半の筑紫大宰の就任者には、栗隈王や屋垣王、河内王、三野王のように王族が多いので、七世紀前半の筑紫大宰も常駐したかどうかは確証がないが、厩戸王子一族の王族が就任したと推測する。

『備中国風土記』逸文に百済救援戦争に際して、斉明天皇が筑紫に向かう途中、後の備中国下道郡邇磨郷で二万人の勝兵を集めたという伝承があるので、倭国王が現地に行幸することで、多くの首長と人民を戦争に徴発できたことが理解される（本書第Ⅱ部第七章第三節）。推古朝の撃新羅将軍・久米王子に諸々の神部、国造・伴部らと軍兵二万五千人が授けられたように、王族将軍は倭国王の代理として部民制の人格的支配原理にもとづいて軍隊を率いており、久米王子は物部氏や大伴氏の豪族将軍と同様の原理によって、九州の地域支配をも進めた。そして九州の部民の多くが上宮王家、その滅亡後には敏達天皇系王族に隷属したこともふまえれば、筑紫大宰は、久米王子が就任した王族将軍の系譜に連なり、部民制によって九州の首長と人民を支配していたといえる（本書第Ⅰ部第四章第三節）。[1]

大化改新以後、七世紀後半の九州には広域を管轄する地方官として、筑紫大宰と別に新たに筑紫総領が置かれ、総領のもとで律令制地方支配組織が成立していく。総領は、『常陸国風土記』に東国惣領がみえるほか、『日本書紀』に吉備、周芳、伊予、筑紫の総領がみえる。

（4）筑紫における律令制地方支配の進展と豪族

皇極天皇四年（六四五）六月の蘇我本宗家討滅に始まる大化改新までは、地域の首長が国造・伴造・県稲置となって、ミヤケの現地管理者となり、それぞれの支配下にある人民（部民）を率いて、ミヤケに奉仕させた。首長の支配下には、これらミヤケに奉仕させられた人民以外にも、倭王権に把握されていない首長の私有民もおり、これらの私有民は、首長の経営する田荘に使役された。

大化改新により、孝徳朝に従来のミヤケは評に編成された（天下立評）。しかし、評や五十戸（厳密に編成された五十戸一里ではないので、以下、「サト」と表記する）に編成されたのは、ミヤケに奉仕させられていた人民（部民）であり、倭王権は首長の私有民を掌握していなかった（以下、本書第Ⅱ部第五章第三節（1）・第十一章による）。

九州北部においては、六世紀以来、那津官家（筑紫官家）が筑紫・豊・火（肥）三国の屯倉を統括し、韓半島における対外戦争の拠点となっていた。この三国の屯倉は、それぞれ所在する地域の中小首長が、伴造や県稲置となって支配下の人民を率いて経営し、これらを統括する那津官家を、筑紫国造となった筑紫君が管理した。そしてこの那津官家と豊・火国にも飛び地的に散在する統括下の三国の屯倉に奉仕させられていた人間集団の総体が、筑紫国造の筑紫国の実態であった。

筑紫国造たる筑紫君の支配下には、その影響下にあった中小首長が私有する人民も含めて、多くの私有民が存在した可能性がある。したがって、評の編成によって、那津官家が筑紫評となり、その統括下の三国の屯倉、たとえば、糟屋屯倉であれば、これが糟屋評となったとしても、那津官家が三国の屯倉を統括する体制、すなわち国造の国としての筑紫国は容易に解体できなかったであろう。ゆえに、九州北部においては、筑紫評が糟屋評など旧三国の屯倉由来の評を重層的に支配する体制が維持された。筑紫君は筑紫評造として、国造国としての筑紫国を支配し続けたのである。なお、斉明天皇七年（六六一）までには、領域が確定した国ではないが、国宰国としての筑紫国・豊国・肥国が置かれた。

天智天皇三年（六六四）二月の甲子の宣によって、民部・家部として首長私有民の把握が進められるが、首長による人民の私有は否定されなかった。さらに、同九年二月の庚午年籍の編纂によって、すべての人民が戸籍に登録されるが、ミヤケに奉仕していた部民が、評やサトごとに登載される一方、民部・家部といった首長私有民は、所属する氏族単位で登録されていた。したがって、同二年八月の白村江の敗戦後も、天智朝には首長による人民の私有は廃止できず、筑紫君が筑紫評造として、筑紫評と統括下の三国の評を支配する体制、すなわち国造国としての筑紫国も解体できなかったのである。

筑紫大宰と筑紫総領は、大化改新後も那津官家（筑紫評）において、筑紫国造で筑紫評造たる筑紫君と協力して、地域支配を行っていたが、白村江の敗戦後、水城や大野城、基肄城などの国防拠点が現在の太宰府市近辺で構築され、その司令部となるために、筑紫大宰は、新たに建設された大宰府政庁第Ⅰ期古段階の建物へと移転した。しかし、筑紫評造が、依然として那津の筑紫評において、国造国としての筑紫国を支配していたので、九州の統治を担う筑紫総領は、筑紫評を離れることはできなかった。

天武天皇元年（六七二）の壬申の乱を経て、大海人王子が即位して天武天皇となり、この天武朝において、人民の厳密な五十戸一里への編成が進展する。天武天皇四年二月には、甲子の宣で氏族に賜った部曲（民部・家部）が廃止され、首長による人民の私有が禁止された。これによって国造国としての筑紫国も解体されることになり、筑紫君も筑紫評造から解任され、本拠地である筑紫国上陽咩評（後の筑後国上妻郡）の評造を帯するのみとなったのだろう。首長私有民の廃止と厳密な五十戸一里の編成を受け、天武天皇十二〜十四年にかけて国境画定が行われ、律令制の国（令制国）としての筑紫国・豊国・肥国が成立する。その集大成として、持統天皇四年（六九〇）九月に、人民が厳密に五十戸一里に編戸されて登録された庚寅年籍が作成された。なお、隼人支配が天武朝に進展することと、私見が『古事記』のもとになった帝紀・旧辞の虚実を定める作業が天武天皇の生前に完了したとみることから、熊曾国（後の日向・大隅・薩摩国に相当する南九州地域）も天武朝に成立したと考える。豊国や肥国、熊曾国には、国宰が派遣されたが、筑紫国は筑紫総領が国宰を兼務した。

筑紫評の施設は、天武朝に大小に分割されて筑紫大評・筑紫小評（『日本書紀』では、筑紫大郡・筑紫小郡と表記される）となり、天武朝以降、新たに整備された筑紫館（後の鴻臚館）とともに外交施設として機能した。筑紫大評は、那津官家推定地である福岡市比恵遺跡群の南側に隣接する那珂遺跡群に所在したと推定されている。筑紫君が筑紫評造を解任された後の筑紫評は、おそらく筑紫君の下で筑紫評の実務を行っていた中小首長である筑紫三家連が評造となり、所在する周辺地域を支配する官衙（後の筑前国那珂郡衙の前身）としても機能したであろう。

この段階でようやく、筑紫総領が筑紫評を離れる条件が整ったとみられ、天武朝後半から持統朝にかけての時期（六八〇年代後半）に、筑紫総領は現在の太宰府市近辺に移転したであろう。持統天皇三年六月の飛鳥浄御原令施行にともなうとみられる、九州統治に適した構造を持つ政庁第Ⅰ期新段階建物の建設や、蔵司西地区での七世紀末の荷札木簡「久須評」（後の豊後国球珠郡）の出土など、大宰府政庁跡周辺において九州の内政統治機能が、この時期に充実することもその傍証となる。

最終的には大宝元年から二年（七〇一～二）に施行された大宝律令によって、筑紫以外の総領が廃止され、国防と外交を人格的に掌る筑紫大宰と九州の内政を機構的に掌る筑紫総領が統合されて、筑紫における唯一の大宰府が完成する。以上が本書で明らかにした大宰府の成立に至る歴史的過程の概略である。

二　大宰府成立史と九州における律令制形成史研究の課題

本書では、倭王権による九州地方の地域社会に対する統治の形成の様相をふまえつつ、大宰府の成立史を論じてきた。大宰府の成立史についての錯綜する研究状況に対して、まずその成立過程を一貫した歴史的推移として把握しようとした。本書第Ⅰ部第二章第三節・第四章第一節で、那津官家の修造と、大伴氏による伴造・部民支配を裏付けとして那津官家が兵站基地として機能したとした点について、岩永省三氏から、考古学的事実の積み重ねが重要であると指摘されている。さらに同氏より、那津官家の管掌者を筑紫君（筑紫国造）とし、筑紫・豊・肥三国の屯倉を那津官家が統括し、これらの官家・屯倉に奉仕した人間集団が筑紫国造の筑紫国であり、国造国としての筑紫国は領域的ではないと述べたことについても、筑紫君が那津官家を預かったという仮説から出発した仮説の重積による結論であるから、考古学的方法などによる検証が必要であると評されている(2)。

岩永氏の指摘の通り、本書で提示した大宰府の成立史は仮説であり、さらに具体的で詳細な文献史料、遺跡、遺物に対する研究が行われ、その進展によって検証と修正が加えられるべきものである。多様な文献史学と考古学による研究が総合されて、大宰府の成立史と九州地方における律令制支配の形成過程が明らかにされる必要がある。その観点から、前節で述べた本書の成果の研究史上の意義に留意しつつ、今後の課題を述べることとする。

1. 石塚山古墳
2. 番塚古墳
3. 御所山古墳
4. 徳永夫婦塚古墳
5. 黒添メウト塚古墳
6. 徳永丸山古墳
7. 徳永泉古墳
8. 福丸古墳群
9. 椿市廃寺
10. 入覚上畔遺跡
11. 別所古墳
12. 入覚大原遺跡
13. 下崎ヒガンデ遺跡
14. ビワノクマ古墳
15. 延永ヤヨミ園遺跡
16. 八雷古墳
17. 前田山遺跡
18. 下稗田遺跡
19. 庄屋塚古墳
20. 綾塚古墳
21. 橘塚古墳
22. 扇八幡古墳
23. 箕田丸山古墳
24. 金屋遺跡
25. 羽根木古屋敷遺跡
26. 崎野遺跡
27. 長井遺跡
28. 代遺跡
29. 馬場代古墳群
30. 辻垣下出口遺跡
31. 辻垣遺跡群
32. 隼人塚古墳
33. 覗山城跡
34. 稲童古墳群
35. 渡築紫古墳群
36. 宝山桑ノ木遺跡
37. 矢留常ノ前遺跡
38. 福原長者原官衙遺跡
39. ヒメコ塚古墳
40. 竹並遺跡
41. 御所ヶ谷神籠石
42. 馬ヶ岳城跡
43. 天生田大将陣横穴群
44. 甲塚方墳
45. 彦徳甲塚古墳
46. 惣社古墳
47. 居屋敷窯跡
48. 徳永川ノ上遺跡
49. 豊前国府跡
50. 豊前国分寺跡
51. 豊前国分尼寺跡
52. 木山廃寺
53. 上坂廃寺
54. 船迫窯跡群
55. 青龍窟
56. 渡筑紫遺跡Ｃ区
57. 冨久遺跡
58. 稲童豊後塚遺跡
59. 石町遺跡
60. 節丸西遺跡
61. 流末溝田遺跡
62. 浄土院遺跡
63. 山崎遺跡
64. 大熊条里遺跡
65. 黒田エノヲ遺跡
66. 呰見大塚古墳
67. 池田遺跡

図16　京都平野の主要遺跡分布図

行橋市教育委員会編『県営ほ場整備事業（入覚地区）関係埋蔵文化財発掘調査報告7　下崎ヒガンデ遺跡Ⅰ　行橋市文化財調査報告書第67集』2021年　第5図に加筆。

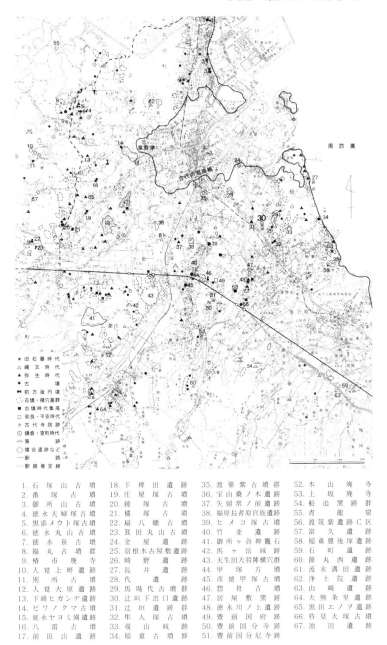

（1）九州諸地域における律令制成立史の具体相

本書は、九州地方における律令制支配の形成と大宰府の成立の過程を概観したが、そこで示した全体像は、九州各地の地域社会に即して個別に検証されなければならない。その具体例として最近、現在の福岡県東部の京都平野における律令制支配の成立を検討したことがある[3]。京都平野は、その北部が豊前国京都郡（現在の京都郡苅田町、行橋市の一部と同郡みやこ町の一部）、南部が同国仲津郡（行橋市の一部とみやこ町の一部）にあたる。

京都平野北部では、周防灘沿岸に三世紀後半に九州最古の定型化した前方後円墳の一つである苅田町の石塚山古墳（全長約一三〇メートル）が築かれる。同じく三世紀後半に宇佐市赤塚古墳（全長五七・五メートル）が築かれた宇佐地域と並び、京都平野の首長は九州の中でもいち早く倭王権と関係を持った。京都平野全体を統括する首長墓は、五世紀前半の苅田町御所山古墳（全長約一一九・六メートル）、五世紀末頃の番塚古墳（全長約四五メートル）と続いた後に衰退し、京都平野各地で有力な中小首長層が台頭する[4]。

五世紀から六世紀は韓半島の軍事的な緊張関係を反映して、古墳から多くの甲冑が出土する。五世紀代の甲冑出土古墳は、周防灘沿岸の京都平野に多く、とりわけ平野南部の仲津郡域の行橋市稲童古墳群からは多くの甲冑が出土した。なかでも五世紀後半の円墳の二一号墳（径二二メートル）では眉庇付冑、横矧板鋲留短甲二領と頸甲までが揃って出土している。平野北部の京都郡域では、行橋市域で六世紀第2四半期に、倭王権との関係の強い前方後円墳の八雷古墳（全長約八〇メートル）が築かれた[5]。八雷古墳からは盾を持つとされる人物埴輪が出土した。京都郡にあたるみやこ町（旧勝山町）域では六世紀末に方墳の橘塚古墳（長さ三七メートル、幅三九メートル）、七世紀初頭に円墳の綾塚古墳（径四〇メートル）といった巨石古墳が築かれた。仲津郡域の同町（旧豊津町）には六世紀後半に甲塚方墳（長さ三七メートル、幅四七メートル）も築かれている。甲塚方墳と橘塚古墳は蘇我氏系といわれる方墳で、綾塚古墳は畿内型家形石棺を持つことから、引き続き、倭王権は京都地域に強く関与したと考えられる[6]。

このように五世紀代以降、京都平野では北部の京都郡域と南部の仲津郡域それぞれで、有力な首長の存在が推測される。文献史料にみえる氏族名と直接的に結び付けることには慎重である必要があるが、苅田町は、三国の屯倉の一つである肝等屯倉の所在地に比定され、行橋市延永ヤヨミ園遺跡から墨書土器「京郡物太」が出土し、また京都郡には諌山郷があり、延永ヤヨミ園遺跡からは荷札木簡「不知山里」も出土した(7)。天平十二年（七四〇）八月に勃発した藤原広嗣の乱では、乱の序盤に兵を率いて官軍に帰順した豊前国の郡司の一人に、下毛郡擬少領勇山伎美麻呂がおり（『続日本紀』同年九月己酉条）、勇山連は筑紫国の胆狭山部（『日本書紀』安閑天皇元年閏十二月是月条）を統率した物部氏系の氏族であることもふまえると(8)、墨書土器「京郡物太」は、京都郡物部大領を意味するだろう。『日本書紀』景行天皇十二年九月戊辰条に、景行天皇が九州巡幸の初めにあたり、周芳（周防）の娑麼から、多臣の祖の武諸木、国前臣の祖の菟名手、物部君の祖の夏花を遣して、対岸の豊前地域の状況を視察させたと伝える。北九州市長野角屋敷遺跡出土木簡に、京都郡の北に隣接する企救郡大領の物部臣今継がみえ(9)、『日本書紀』雄略天皇十八年八月戊申条にも、物部目連に従って戦った筑紫聞物部大斧手の活躍がみえていることも、京都平野周辺に物部氏系の地域首長の存在を示し、京都郡の郡領氏族に物部氏がいたことの傍証となる。

さらに広嗣に従った賊徒として京都郡鎮長で大宰史生の小長谷常人がみえ（『続日本紀』天平十二年九月戊申条）、苅田町に小波瀬の地名が遺存し、苅田町と行橋市の境には小波瀬川が流れているので、京都郡域の小首長で、かつ大宰府との関係が強かったことが推測される。景行天皇が行宮を建てたと伝える長峡県（行橋市長尾）もあり、総じて京都平野北部は、倭王権や大宰府との関係が深い。

この他に先述の長野角屋敷遺跡出土木簡に企救郡税長の膳臣澄信がみえ、『日本霊異記』上巻、三十縁には宮子（京都）郡少領の膳臣広国もみえる。『筑後国風土記』逸文では、筑紫君磐井は豊前国上膳県に逃げたと伝え、筑紫国造と膳臣はともに大彦命の後裔氏族とする系譜を持っていた。仲津郡擬少領の膳東人があり（『続日本紀』天平十二年九月己酉条）、大宝二年の豊前国上三毛郡塔里・加自久也里戸籍にも膳大伴部の人々がみえ（『大日本古文書　編年文書』巻一、一五三・一五七頁）、加自久也里戸籍には膳臣広売がみえる（『同』巻一、一五六頁）。このように膳臣と関連氏族は豊前国に分布していた。他に京都郡大領には楉田（勝）勢麻呂がみえるが（『続日本紀』天平十二年九月己酉条）、楉田勝は宇佐八幡宮とも所縁のある渡来系氏族で、宇佐八幡宮と弥勒寺が、京都平野の開発を進めたことにともなって進出した首長であろう。(10)

つぎに京都平野南部の仲津郡域に目を転じてみよう。行橋市の周防灘に面する海浜段丘上に、石並古墳（稲童二〇号墳。全長六八メートル）をはじめとする稲童古墳群二五基があり、円墳や方墳が四～五世紀にかけて造営されている。二一号墳は五世紀中頃の径二二メートルの円墳で、眉庇付冑や三角板・横矧板鋲留短甲、馬具、刀剣など豊富な副葬品が出土し、武人的性格の被葬者とされる。行橋市の祓川下流域東岸の丘陵上には六世紀後半の隼人塚古墳（全長四〇メートル）があり、みやこ町（旧豊津町）の今川上流域には先述の六世紀後半の甲塚方墳がある。

群集墳と同様の性格の墳墓として横穴墓群があり、京都平野では三〇カ所余りある。行橋市の仲津郡域には総数一千基余を数える日本最大規模の竹並横穴墓群もある。五世紀後半から八世紀にかけて造営された。鉄刀、鉄鏃、刀子といった武器、工具、馬具や金銅製環頭大刀、銀製圭頭大刀などが出土し、被葬者はこの地域の軍事的な有力家族層とされる。(11)

皇極天皇四年（六四五）六月の蘇我本宗家討滅に始まる大化改新以後、中央集権国家の建設が急速に進展し、大宝元～二年（七〇一～二）に施行された大宝律令によって国―郡―里の統一的な地方行政制度が完成する。西海道と呼ばれた九州地方は、大宰府が統治する特別行政区とされ、九州島北東岸には、豊前国や豊後国が置かれた。天武天皇十二～十四年（六八三～五）には国境を画定して、国造の国が廃止されて、律令制の国（令制国）が成立した。この時に領域が確定した豊国が成立したのであり、持統天皇四年（六九〇）には厳密な編戸の結果を集大成した庚寅年籍が編纂され、その際に豊国は豊前国と豊後国に分割された（本書第Ⅱ部第五章第三節（1）・第十一章第二節）。しかし、豊前国・豊後国の範囲全体が豊国であったことはなく、京都郡の長峡地域が豊国であったともされる。(12)『古事記』上巻、大八島成出の段は、筑紫嶋（九州島）は筑紫国・豊国・肥国・熊曾国の四面からなるとする。『先代旧事本紀』巻第十、国造本紀でも、豊前国と豊後国の範囲には、倭王権が六～七世紀に地域首長を任じた豊国造・宇佐国造・国前国造・比多国造・大分国造が伝えられる。豊国造の勢力範囲は現在の福岡県と大分県の県境である山国川以北とされ(13)、豊国造の豊国は、豊前国北部の福岡県域となる。

七世紀後半、九州にも国司の前身である国宰が派遣されたと考えられる。『豊後国風土記』総記は、もと豊後国は豊前国とあわせて一つであったと伝える。この広域の豊国は、豊国造・宇佐国造・国前国造・比多国造・大分国造を統括する豊国宰の管轄範囲として、斉明朝末年ないし天智朝初めに新たに設定されたものであろう。その意味では豊前国・豊後国をあわせた豊国が存在しなかったというわけではないが、確かにそれ以前の伝統的な歴史実態をふまえた領域であったとは言い難い。いっぽう、田河や宇佐地域は、厳密には古来の豊国造の豊国ではないが、京都平野の東西に隣接して、嘉穂型埴輪の分布や(14)、朝鮮系瓦の分布など、共通する文化もみられ、およそ豊前国の範囲は、歴史的に深いつながりを持っていた。

豊前国府跡は、仲津郡にあたる現在のみやこ町豊津惣社・国作で、九世紀後半から十世紀後半の政庁の建物が発見された。政庁域は南北一〇五メートル、東西八〇メートルで、築地塀で囲まれる。近年、その北西約二キロメートルの行橋市南泉二丁目（旧大字福原）の福原長者原遺跡で、八世紀前半の最大で一五〇メートル四方の政庁が発見された。福原長者原遺跡のⅡ・Ⅲ期政庁の南門は国府級の格式とされる八脚門であり、国庁（国府の政庁）級の規模を持つ、九州では最大級の古代官衙政庁とされる。みやこ町豊津の九世紀後半の豊前国府に先行する国府の有力候補地とされる(15)。いずれにしても、豊前国府の遺跡は一貫して仲津郡域に所在する。

『豊後国風土記』総記には、景行天皇が祥瑞によって、この地を豊国と名付け、豊国直らの祖である菟名手に豊国を治めさせたとある。菟名手は豊前国仲津郡の中臣村（現在の行橋市草場一帯）に至ったとも伝え、京都平野は豊国統治の拠点であった。『先代旧事本紀』巻十、国造本紀にも、成務朝に菟名手とみられる宇那足尼を豊国造と定めたとある。仲津郡中臣村の比定地である行橋市草場一帯は、福原長者原遺跡の近傍である。この付近には先にみた六世紀後半の隼人塚古墳や甲塚方墳もある。したがって豊前国府は、七世紀前後の豊国造の本拠地がある仲津郡に置かれたと考えられるのである。

以上の遺跡や文献史料からうかがえる六～七世紀の京都平野の状況によると、平野北部の京都郡の首長は、物部氏や大宰府との関係がうかがえ、南部の仲津郡域には豊国造の豊国直が本拠地を置いていたとみられる。京都郡域には那津官家が統括した肝等屯倉があり、物部氏の地方伴造の首長が管掌していたのではないだろうか。そう考えると、大宰史生を務めた小長谷常人の存在など、那津官家を起源とする大宰府との深い関係がうかがえることと整合的である。本書第Ⅰ部第二章第三節で述べたように、那津官家と三国の屯倉に奉仕した人間集団が、筑紫国造の筑紫国であったとすれば、京都平野北部には、飛び地的に筑紫国造の管轄下にある首長や人民がいたことになろう。そして平野南部は豊国造の豊国であり、斉明朝末年ないし天智朝初めに宇佐国造・国前国造・比多国造・大分国造とあわせて、これら国造を統括する豊国宰の管轄範囲として、豊国が新たに設定されたものと考える。

その後、天武朝の国境画定に際して、国造国の解体と令制国の設置が行われると、先にみた地域の古墳文化の共有範囲などにもとづきながら、後の田河郡や企救郡、京都郡に存在した筑紫国造の国の飛び地が令制国としての豊国に組み込まれ（庚午年籍と庚寅年籍の間の時期なので、戸単位での編戸が実施されたか）、令制国としての筑紫国と豊国（後の筑前国と豊前国）の国境が定まったと推測する。そして豊国の前後分割は、筑紫国や肥国の分割と同じく、持統天皇四年（六九〇）の庚寅年籍編纂時である。なお、このような本来は首長が統治する地域の相対的に狭い範囲の地名が、隣接するいくつかの首長が統治する地域とあわせた広域の地名（国名）で把握されるようになった例が指摘されている(16)。さらにその広域の地名が、上・下や前・後に分割されて、令制国の国名となる。豊前国と豊後国も他と同様の歴史的経過をたどって成立したとみられる。いっぽう、有明首長連合を再編成して、磐井の乱後に那津官家と統括下の三国の屯倉の体制が成立し、この体制から構成された筑紫国造の筑紫国は当初から広域であり、九州の他の豊国、肥国、日向国（熊曾国）とは成立の経緯が異なっていることがわかる。現状では、その歴史的意義を明らかにすることは今後の課題として残さざるを得ない。本書で述べた仮説と地域社会の具体的状況を突き合わせていくことで、より複合的に豊かに地域における権力構造や律令制支配、古代国家の成立を解明していくことができるだろう。

（2）国防施設と軍事機能の成立過程および大宰府外郭線の解明

百済・倭連合軍が白村江の戦いで、唐・新羅連合軍に大敗した後、国防のために築かれた水城や大野城、基肄城について、本書ではとくに水城と大野城の管理と守衛の様相を中心に検討した。これらの国防施設が築かれたのは天智朝で、天武朝の部曲廃止以前であることから、当初は筑紫大宰・筑紫総領の指揮下において、国造軍が守衛にあたったものとみられる。天武朝後半に国境画定が行われて国造の国が解体され、令制国が成立し、地方支配制度が国―評―五十戸（里）に一元化された。その後は、評家が軍事的な拠点となり、行政と軍事機構が未分化であったことから、評造軍が古代山城の守衛にあたったものと考えられる（本書第Ⅱ部第九章第二節）。

大宝律令によって行政と軍事機構が分離されると、評造軍は国―郡―里（郷）と別の軍団となった。兵士一千人からなる軍団の筑前国と筑後国における数と、これを支える郷数を勘案すると、軍団の名称と古代山城（いわゆる朝鮮式と神籠石系を含む）は、概ね一つの山城の所在地周辺の郡のまとまりが、一つの軍団と対応していることが予見された。軍団の前身である評造軍と古代山城には関係があり、山城周辺のいくつかの評造軍が、その山城を軍事的拠点とし、また守衛に当たっていたことが推測される。

大宝律令以後は、水城や古代山城の管理と守衛は、律令の規定により、所在地の軍団が行ったものと考えられる。ただし、城内に建てられた倉庫群に収めた穀などは、大宰府の管理下にあり、その使用には大宰府の許可が必要だったと考えられる（本書第Ⅱ部第八章第二節・第九章第三節）。

もちろん、評造軍や軍団が拠点としたのは古代山城ばかりではなく、向井一雄氏が指摘するように、国府や郡家などさまざまな官衙や鎮・営など山城以外の防衛施設もその拠点となり得たと考えられる。さらに瀬戸内海沿岸の古代山城が地域の中心となる古墳群の近くに占地するものが多いのに対して、九州北部の古代山城は古墳群から離れたところで、かつ官衙の近くに置かれたものが多い。また古代山城は駅路に沿って配置される例が多い(17)。今後、この視点を意識しながら、古代山城の築城やその後の守衛、管理の実態を明らかにする必要があるだろう。

さらに大野城については、創建期にあたるⅠ期の太宰府口城門跡から出土した柱根があり、そこに施された刻書「孚石部」は再検討の結果、「うきはべ」と読み、的部（いくはべ）を意味すると解釈した。年輪年代法によるこの柱根の伐採年が西暦六五〇年であることから、本来は当時造営が進んでいた孝徳天皇の難波長柄豊碕宮（前期難波宮）のために切り出された木材であったと推測した。的部を統括した的臣氏が河内・和泉を本拠地としていたと推定されていることも傍証とした（本書第Ⅱ部第十章第二・三節）。大野城の築城が、対外的な危機感のさなかに、亡命百済人の指導のもと、倭王権が主導して実施されたことは定かであると考えるが、創建期城門の木材を近畿地方から輸送してきたとすれば、まさに倭国を挙げての築城であったことを裏付けることになる。

古代山城の機能について、水城や大野城、基肄城の他、肥後国の鞠智城も含めて、築城当初の対外的な危機感が低下していくと、国防という軍事的機能以外の地域支配や行政拠点としての役割が大きくなっていくことが指摘されるようになった(18)。八世紀以降に存続する山城の問題を考える上で重要な視点であり、また、松川博一氏も検討された大宰府の府庫と大野城の城庫との関係などは、次項の大宰府の部内諸司の成立や所在地比定とも関連する。さらには不動倉が置かれたということであれば、西海道の律令制地方支配の実態を解明する上でも重要である。そのことを目標とする筆者にとって、今後とも追及するべき課題である。

大宰府に関連する国防施設としては、大宰府外郭線の調査研究も今後の大きな課題である。二〇一五年に実施された筑紫野市前畑遺跡第一三次調査で土塁状遺構が発見された。この土塁状遺構に対する評価を発端として高まった大宰府外郭線の調査研究においては、図上検討と踏査をふまえ、第一次から第四次の発掘調査が行われた。その発掘調査に際しては、土塁ではないかとみられた遺構について、それが人工によるものか、それとも自然に形成されたものか、人工によるものであれば、それがはたして古代の土塁に伴うものであるのか否かが問題となった。大宰府外郭線の発掘調査では、遺構といわゆる地山との区別について、考古学の研究者の見解が相違することが多かった。地質学的所見も同様で、どのような状況であれば古代の土塁と評価されるのか明確な基準がなく、検討課題として顕在化がはかられた(19)。

大宰府外郭線について調査研究が実施されたことは、それでもいくつかの点で理解が深められている。とりわけ概念の上で重要な成果があった。従来、大宰府外郭線は「羅城」と呼ばれてきたが、中国都城の外郭の城壁を指す「羅城」を、中国と大宰府の関係が十分に検証されていない現状では、その呼称を大宰府にそのまま当てはめることに違和感がある。また大宰府と系譜の上で連なるとされる百済の王都である泗沘都城を「羅城」と呼ぶようになったのは近代以降のことで、それ以前は「羅城」と呼ばれていなかったことが指摘され、大宰府外郭線と呼ぶようになった(20)。

大宰府外郭線の調査研究の発端となった前畑遺跡の土塁状遺構は、背振山から東へ伸びる山塊の先端に位置し、筑紫野市大字筑紫・若江・隈・原田にまたがる南北約一・五キロメートル、東西約一・四キロメートルの独立丘陵上の北側尾根線上に築造されている。一三次調査の時点での北端部が標高五三・三八メートル、南端部が標高七〇・三三メートル、比高差一六・九五メートルとなる。尾根線の南の最高所は標高七二メートルで宝満川の氾濫原に移行する平野部との比高差は約四六メートルである。土塁状遺構の全長は約五五八メートルにわたる。尾根東側は急斜面で、西側の斜面は比較的緩やかであり、東側が土塁の外側になる。土塁状遺構の築造年代は、上限が七世紀中葉であり、その機能時期は八世紀前半から九世紀初頭とされる(21)。

本書第Ⅱ部第七章第二節・第八章第一節でも触れたように、大宰府外郭線の東側は従来、明確な防御施設が確認されていなかったが、一九九九年に発見された阿志岐城と、この前畑遺跡の土塁状遺構によって、東側にも防御施設が存在していたことがわかってきた。しかし前畑遺跡の土塁状遺構の築造目的や機能が、水城や大野城、基肄城と一連のものであったのかは、まだ未解明の課題である。

基肄城の東側には、とうれぎ土塁と関屋土塁という古代の土塁が発見されている。これらは一体となって土塁線を構築していたとみられるが、この土塁は構造からみて北に面している。これは肥前国の防衛を意味しており、関屋土塁が基肄城と一連の防衛構想で造られているとすれば、北からの攻撃に備えており、有明海方面からの攻撃に対しての配慮は薄いのである。そして基肄城は大宰府の南の守りであるとしても、内実は北からの攻撃に対して大宰府から後退した場合の防衛線という意味があろうとも指摘される(22)。

前畑遺跡の土塁状遺構が東側からの攻撃を想定しているとすれば、やはり大宰府を防衛の対象とした施設と考えられるので、基肄城やとうれぎ土塁、関屋土塁の防衛構想とは異なることになる。阿志岐城が大宰府から豊前方面への官道をおさえる機能を持っていたことを考えると、阿志岐城とも防衛上の機能が異なる。水城・大野城・基肄城・とうれぎ土塁・関屋土塁・阿志岐山城は、大宰府の地が、博多湾から上陸して九州内陸部や豊前・豊後を経て近畿地方に向かう道の最初の分岐点であり、その分岐点から先に敵を侵攻させないことを目的に築かれている点で一貫性がある。白村江の戦いでの敗戦直後の天智朝に、防衛線の内側である東側からの攻撃を想定した防衛施設を築く必然性が明確に説明できないのである。

前畑遺跡の土塁状遺構は、基肄城や関屋土塁、とうれぎ土塁との動線の連動が想定され、さらに宝満川を平地の境界線に見立てて、阿志岐城へとつながるとされる。さらに宝満川の河道が、正方位地割りの大宰府南郊条里と約二五度東偏する御笠・永岡条里との境界線にあたること、この宝満川流域左岸に、八世紀後半から九世紀初頭に設置された関剗とみられる筑紫野市岡田地区遺跡群の官衙跡があることから、この地域が大宰府東側の境界域であったことも指摘される(23)。このことは、前畑遺跡の土塁状遺構が奈良時代から平安時代初期に、大宰府東側の境界線であったことを示すものではあるが、その築造目的や時期が、水城や大野城、基肄城と同じであったとは限らない。したがって、天智朝以降に前畑遺跡の土塁状遺構が何らかの別の目的で築かれた可能性も追求しなければならないだろう。

天武朝になると、倭王権の九州南部への版図拡大が企図され、隼人支配が進められることになる。『続日本紀』文武天皇二年（六九八）五月甲申条で、大宰府に大野・基肄・鞠智三城の繕治を命じているが、鞠智城について、森公章氏は南方への一つの拠点として、鞠智城の整備を行うことは十分にありうるとする。そして肥後国の北部にある鞠智城は大宰府との連絡も確保できるので、鞠智城を対隼人の拠点にしたと理解している[24]。『続日本紀』文武天皇三年（六九九）十二月甲申条に、大宰府に三野城と稲積城を修理させたことがみえる。三野城が日向国児湯郡三納郷、稲積城が大隅国桑原郡稲積郷にあったとすれば[25]、やはり天武朝から持統朝に、隼人支配のために古代山城を築くことがありえたとみられる。天智朝以降に、大宰府の南側や東側からの攻撃を想定した防御施設を造営する契機として、現段階では、天武朝以降を考えることができるかもしれない。あるいは、小鹿野亮氏は天平十二年（七四〇）の藤原広嗣の乱後、一時的に大宰府が廃止され、西海道（とくに大宰府周辺）の秩序の回復が急務であったことから、岡田遺跡群の「関剗」が置かれたとみるが[26]、広嗣の乱前後の時期も土塁状遺構を築いた時期の候補となるだろうか。いずれにしても、土塁状遺構の構造や遺物に対する考古学的調査研究の成果をふまえて解明されるべき今後の課題である。

（3）古代豪族・渡来人と大宰府機構（部内諸司）の成立過程

律令制下の大宰府は、国防と外交、西海道の統治という重要な職務を遂行するために、その管轄下に部内諸司（被管諸司）を設置していた。いっぽう大宰府政庁の周辺には、整然と区画された官衙跡があり、この官衙跡と被管諸司の所在地の比定や、官衙域の範囲をめぐっては多くの議論がある。西海道各地の首長層や渡来系氏族は、この部内諸司に下級官人や工人等として奉仕していた。本書で論じてきた大宰府の成立過程と西海道における律令制支配の形成過程をより具体的に明らかにしていくためには、これらの部内諸司の成立と西海道の首長等の官人化の過程を解明する必要があり、今後の課題として残されている。

大宰府政庁は元日拝礼などの重要な儀式を行ったり、大宰帥、大弐・少弐、大監・少監らの決裁権をもつ官人に、書記官である大典・少典が政務を報告して決裁を受けたりする施設であり、監や典が勾当して個々の事務的な仕事を行う官衙（曹司）や工房は政庁周辺にあった[27]。

政庁南側の広場の西に隣接して不丁地区、反対の東側には日吉地区の官衙域がある。また政庁東側には月山丘陵の東麓に接して月山地区の官衙域があり、その東には、筑前・筑後・豊前・豊後・肥前・肥後等出身の郡司層などの子弟を教育した学校院（府学校）があった。政庁西側の蔵司丘陵上では、西海道の調庸物を収納した蔵司の官衙とみられる二面庇の礎石建物があり、近年、礎石建ちの倉庫群も発見された。谷をはさんで西側の来木丘陵上とその周辺には銅・鉄の生産工房があった。さらに政庁の西北方でも官衙がみつかり、政庁東北隅部では、第Ⅱ期政庁造営以前に北方から流れ込んだ腐植土層から木簡が出土し、未調査の政庁の東北方にも官衙の存在が推測される。不丁地区の西にある大楠・広丸地区でも掘立柱建物がみつかっており、官人の居住域と推定されてきた。これらの成果をふまえ、政庁周辺の官衙域（府庁域）は、東西八町（一町は約一〇八メートル）あまりで、学校院を包摂して観世音寺に隣接し、政庁南側に張り出し部分をもつ逆凸字形に復原された[28]。

大宰府の内部には、政所をはじめ十九の役所（所・司）があったことが文献史料から指摘されていた[29]。発掘調査の成果から、蔵司は蔵司丘陵周辺、匠司は来木丘陵周辺、貢上染物所は、紫草の荷札が官衙域東限の南北溝ＳＤ二三四〇から出土したことから不丁地区にあったと推定されてきたが、大宰府被管諸司の総体的かつ体系的な把握や、成立時期、所在などは不明なところが多い。

近年、松川博一氏は、『続日本紀』天平十七年（七四五）八月己丑条に印十二面を支給された大宰府管内諸司を、大宰府被管諸司とみて、大宰府被管の十二司の比定を試み、防人司・主神司・主船司・匠司・城司・府学校・主厨司・蔵司・税司・薬司・判司・陰陽司、もしくは府衛が存在したと想定し、出土文字資料などにより、その大半が奈良時代まで遡ることを確認した。そして、蔵司地区にあった蔵司が、不丁地区の手工業生産に関わる工房群も管轄し、匠司は土木・建築工事、瓦などの建築部材の製造・調達、船舶の建造、武器・武具の生産を管掌したとする[30]。

小田富士雄氏は井上信正氏の大宰府条坊の一区画を小尺三百尺・大尺二百五十尺（約九〇メートル）四方とする条坊案[31]にもとづいて、学校院と来木地区を除き、八世紀第1四半期（時に第2四半期を含む）には、政庁を中心に南北七条、東西六坊の長方形プランの府庁域であったとした。[32]また小田和利氏は、大宰府出土の陶硯のうち、定形硯の比率の分析を通し、周辺官衙の遺構の検討とあわせて、大宰府被管諸司の所在の比定を行った。とくに大楠・広丸地区を官人居住域ではなく官衙とし、大楠地区を主厨司とみた。さらに出土陶硯の三九・二％を定形硯がしめる日吉地区を大帳所とし、漏刻が置かれた伝承を持つ月山丘陵東側の月山地区を陰陽司として、不丁地区に政所と貢上染物所があったとみる。[33]これらは、石松好雄氏の逆凸字形の府庁域案に再考をうながす説である。

かつて周辺官衙域の発掘調査を担当した髙倉洋彰氏は、これら試案の提起を評価しつつも、遺構の分析が不足しているとする。月山地区について、その規模が第Ⅱ期政庁の三分の一であることや、柵列とされる区画施設は築地とみられるとして、これを政所に比定し、政庁の東西に主要官衙の蔵司と政所が置かれたとする。不丁地区は、三区画に分かれることと木簡の内容などから税司・貢上染物所・貢物所を想定し、税司の倉は北に隣接する蔵司地区にあったとする。大楠地区は遺構の分析から従来通り、官人居住域とする所見を支持し、広丸地区は筑前国府推定地と近接するので、筑前国の曹司の可能性を指摘する。[34]

研究者それぞれの論拠や方法論も異なっており、それが部内官司の所在地比定の相違につながっている。髙倉氏も述べられるように、官司名の比定にはより多くの根拠を積み重ねる必要がある。今後は各研究者の方法論の妥当性を検討し、さらに発掘調査成果を精査して、大宰府政庁周辺官衙域の調査成果を総括していくことが求められるのであり、その成果として官司と官衙遺構との対応も明らかにされなければならない。さらに部内官司の所在地比定と関連して、その成立過程の解明も重要である。大宰府の機構と首長層の官人編成がどのように形成されたか、七世紀後半から八世紀にかけて大宰府政庁と周辺官衙がどのように造営されたかを明らかにすることにもつながるからである。[35]

本書第Ⅱ部第十二章第三節でも触れたように、太宰府市国分松本遺跡出土木簡から、国分地区周辺に筑前国政所の前身となる官衙が存在した可能性が高まった。この地区に筑前国関連官衙が立地したとすれば、その理由や形成過程を今後、究明していく必要がある。筑前国庁の遺構はいまだ発見されていないが、筑前国を支配する官衙が、国庁を備えたものだったのか、筑前国政所といった大宰府の部内官司に近いものだったのかなど、筑前国府の具体像の解明は、大宰府が所在する御笠郡の郡庁の探索とともに、今後の大きな課題である。

さらに、貞観十二年（八七〇）二月二十三日以前、諸国の雑米が大宰府の諸司・諸所に直接輸納されていたが、以後は税司が所管する税庫にすべて保管することにしたことが知られる（『日本三代実録』貞観十二年二月二十三日乙巳条）。これは律令制以前の縦割りの収取制度と整合的であり、地方官司の所が律令制以前の官司制やさらには部民制との連続性を持つ可能性があることも考えられるのである。屯倉の運営に秦氏支配下の渡来系氏族が関与したことが指摘され、九州北部の三国の屯倉を統括する那津官家が大宰府の起源と考えられることも、筑紫大蔵とも呼ばれ、西海道の調庸物を収納した大宰府の蔵司の成立と深く関わると推測される。

大宰府政庁跡の西側にある蔵司地区は、蔵司の小字名から、大宰府の蔵司の所在地と推定されてきた。礎石が地表面にみえていたため、従来から二面廂の礎石建物ＳＢ五〇〇〇が知られていた。二〇〇九年以降の重点調査でＳＢ五〇〇〇の東側で六棟の東に向かってコの字形に配置される総柱礎石建物が発見され、蔵司の倉庫群の可能性がある。調査成果の整理をふまえると、蔵司地区の遺構は、七世紀後半から十一世紀におよぶⅠ～Ⅴの五期の変遷（十二世紀以降にあたるⅥ期は官衙の廃絶期）があったことが判明している(36)。注目すべきは、Ⅰ期（七世紀末から八世紀初頭）に、二面廂礎石建物ＳＢ五〇〇〇の下層にある東に向くコの字形配置の掘立柱建物が三棟確認され、蔵司丘陵西側の谷から出土した七世紀末の木簡群を廃棄した官司の所在地と考えられることである。さらに問題なのは、このⅠ期に続くⅡ期（八世紀前半）にＳＢ五〇〇〇が建設されるものの、倉庫群は存在せず、ようやくⅢ期（八世紀中頃から後半）に六棟の総柱礎石建物からなる倉庫群が建てられることである。蔵司地区に八世紀中頃まで倉庫群が存在しなかったことから、この官衙が大宰府の蔵司であるかどうかについて疑問が生じることになっている。この蔵司地区Ⅰ

期で倉庫群が発見されない理由として、筆者は三つの案を考えた。

①七世紀代の倉庫群が未発見（未発掘の近傍にあるか、遺構が失われているか）。

②七世紀代には調養（庸）の実物が直接に他の大宰府被管の司・所に納められており、税の現物を蔵司地区で集中管理していなかった。

③筑紫大宰・筑紫総領は天智天皇二年（六六三）八月の白村江の戦いの大敗後に、那津（博多）から現在の太宰府市に移転したとされる。水城や大野城・基肄城の築城からみて、国防に関する機能は天智朝に現在の太宰府市に移転したとみられるが、九州の内政統治機能まで含めてすべて移転したかは明確ではない。那津官家に集積されていた税物の移転が七世紀末までかかった可能性もある（第Ⅱ部第十一章第二節）。福岡市那珂遺跡群には七世紀後半に外交施設の筑紫大郡が所在した可能性も指摘されており[37]、那珂遺跡群では白村江の戦い後も官衙が機能していたとみられる。

①の場合、倉庫群が蔵司地区と別に存在している可能性を想定することになり、この場合は蔵司地区の基本的性格には変更がなく、七世紀後半から八世紀にかけて蔵司の機能が継続して丘陵上に存在したとみることになる。

②については、貞観十二年（八七〇）二月二十三日以前には、西海道諸国からの雑米が、大宰府の諸司・諸所に直接に納められていたが、これ以後、庸米や雑米は総じて税司が所管する税庫に納めることとされた。これを参照して考えれば、調庸が諸所・諸司に直接に納められ、蔵司地区の官衙は物資の納入を管理する事務機能を担っていたとみることができる。『日本書紀』大化二年（六四六）三月辛巳条で「官司処々屯田」が廃止されているが、官司は豪族層が国務分掌している屯倉、屯田は屯倉に附属した水田とする見解があり[38]、諸司・諸所に縦割り的に直接に税が納入されるあり方は前代の部民制と親近性が強い。律令制以前から引き続いて、大宰府の司・所に直接に税が納められ、蔵司に実物の税物の収納が一元化されていなかった可能性がある。

③については、那珂遺跡群が天智朝以降まで筑紫大郡として機能していることと、大宰府政庁第Ⅰ期新段階

の造営や、木簡「久須評」の出土など、政庁周辺での内政統治機能の整備が、七世紀末の持統朝頃とみられることから、七世紀末の段階で、実物の税が未だ那珂遺跡群の官衙に収納されていた可能性も考慮する必要があると考える。

ただ、大宝律令制大宰府が成立し、礎石建ち瓦葺建物の第Ⅱ期大宰府政庁が造営された八世紀前半に至っても蔵司地区に倉庫群は存在せず、八世紀中頃に倉庫群が建設される理由は別に追及される必要がある。これについては、西海道九国三嶋から納入された調庸物がすべて蔵司地区の倉庫群に収納されていないと考えた方がよいのではないだろうか。もともと大宰府の起源である那津官家は、九州北部の三国の屯倉に蓄積された稲穀を、その倉庫ごと移築して、那津に集めたことによって成立した（本書第Ⅰ部第二章第二節）。この倉庫群は、那津官家に比定されている福岡市博多区比恵遺跡の倉庫群周辺のごく狭い範囲に存在したとは限らない。そう考えるならば、大宰府が現在の太宰府市に移転した後も、西海道諸国嶋の調庸物を収納する倉庫群は、大宰府条坊も含めた地域に分散していた可能性を考慮する必要がある。条坊内に九国三嶋の出先機関があり、その倉庫に調庸物が収納され、大宰府の諸所・諸司に納入されたと考えることもできる。天平勝宝七歳（七五五）に相模国が造東大寺司に土地を売ったことがみえる、平城京の相模国調邸[39]と同様の西海道九国三嶋の出先機関が、大宰府条坊内にもあったのではないだろうか。

大宰府政庁跡から篦書土器「□〔糟カ〕屋郡」（筑前国糟屋郡）や墨書土器「上毛郡」（豊前国）、文字瓦「岡郡」（筑前国遠賀郡）、大楠地区から墨書土器「上毛□」、蔵司地区から墨書土器「□〔松カ〕浦」（肥前国松浦郡）など、大宰府管内の郡名を記した土器等が出土している。さらに、大宰府条坊跡と周辺からも「肥後」や「大隅（隈）」の国名のほか、「三万大」（筑後国三潴郡）、「佐可」（肥前国佐嘉郡）、「神崎郡」（肥前国）、「八代郡」（肥後国）、「玉名」（肥後国玉名郡）などの西海道内の郡名とみられる墨書や篦書のある土器が出土している[40]。西海道各地の特徴を持つ土器が条坊内でどのように出土しているかを、条坊における官衙建物や出土文字資料の分布とあわせて研究することで、大宰府条坊に置かれた九国三嶋の出先機関の実態を明らかにできるかもしれない。今後の課題として挙げておきたい。

なぜ、八世紀中頃になって、蔵司丘陵上に倉庫群が整備されるのかについて、明確に回答することは難しい。ただし『続日本紀』神護景雲二年（七六八）十月甲子条に、新羅の交関物を買うために、大宰の綿を左大臣藤原永手と右大臣吉備真備に二万屯、大納言白壁王と弓削御浄清人に一万屯、従三位文室浄三に六千屯、中務卿文室大市と式部卿石上宅嗣に四千屯、正四位下伊福部女王に一千屯を賜わったとあることは参考になる。

大宰府の綿を中央有力者の新羅との交易の代価として賜わったもので、この交易用の綿はおそらくは大宰府の倉庫に収納されていたであろう。新羅使の来朝は天平年間（七二九～四九）後半から交易が大きな目的となった。(41)『日本三代実録』元慶元年（八七七）十二月八日甲戌条に、資財帳（大宰府の財産目録）、蕃客帳（新羅・渤海からの使節の滞在中の出費などを記録）、遣唐使留置帳（遣唐使が鴻臚館などの施設に留まったことで出費した際の記帳簿）、返上帳（対外取引の代価支払いの帳簿）に載せられた貢綿九千百五十二屯がいたずらに庫底に積もって腐損しているので、沙金五百七十二両と相博して永貯としたいと、大宰府が申請して中央政府に許可されたことがみえる。中央有力者のための交易代価の綿に限らず、大宰府の倉庫には大宰府の経常の出費に使う綿の他、外国使節の応接や交易用の代価とする物資が備蓄されていた。調庸を管理する蔵司の官衙のそばに、倉庫群が集め建てられる背景としては、対外交流など大宰府の重要な支出を円滑に執行するための措置であった可能性があるのではないだろうか。

九世紀以後も蔵司地区の倉庫群は永く維持された。その背景には、大宰府の財産の集中的管理や効率化の側面があったと考える。『類聚三代格』巻第十二、諸使并公文事、斉衡三年（八五六）五月二十七日太政官符に、管内諸国の調庸は府庫に検収し、用に随って出して充てるとあり、蔵司地区の倉庫群に集積した調庸物を効率的に支出していた様子がうかがえるのである。

本書は第一節で概略を述べたように、大宰府の成立過程を一貫した歴史的経過として把握することを目指した。否定的な見解も多い那津官家を大宰府の起源と捉えることと、推古朝に筑紫大宰が派遣されたことの二点が、大宰府の成立史と古代の九州地方における律令制支配の形成史を研究する上で、九州各地の地域史とも関わりつつ、歴史的意義を検討するに値する事象であることを、本書が十分に明らかにできているならば、筆者としては望外の喜びである。

最後に第二節で、本書における研究成果をふまえ、大宰府成立史を中心に、奈良時代以降まで踏み込んで、今後の課題を提起した。本書の成果については今後、文献史学、考古学による、さらに具体的で詳細な文献史料や遺跡、遺物の研究が行われ、その進展によって先学諸賢の批判や筆者自身による修正が加えられ、より充実した九州の古代史が明らかにされることを祈念するものである。

註

（1）波多野晥三「大宰府淵源考―筑紫大宰の性格について―」（『日本歴史』七二、一九五四年）四〇頁

（2）岩永省三「第7章　北部九州6・7世紀史研究の予備的検討」「第8章　ミヤケの考古学的研究のための予備的検討」（『古代国家形成過程論―理論・針路・考古学―』すいれん舎、二〇二二年）三七九・三八〇〜一頁。なお岩永氏は、とくに第7章で六〜七世紀の九州北部の地域史研究の研究史を詳細に整理し、これに追記して「本章で冗長なまでに文献史学者の研究史を列挙したのは、多様な学説を比較検討を通じ、文献史学者が史料に即して検証可能な範囲を超えて未検証仮説を次々に積み上げる方法で推論を展開している部分がかなり多いことを明らかにし、それらについては、今後考古学資料とも突き合せて検証を試みる必要がある問題点を鮮明にすることを意図したからである」と述べられた（三五三頁）。意識的に推論を重ねて仮説を提示したことではあるが、御批判いただいた点はその通りであり、今後、個々の地域社会に即した具体的な研究を積み上げていきたいと考える。

（3）拙稿「総論　京都平野と豊国の古代」（九州歴史資料館編『特別展　京都平野と豊国の古代』二〇二二年）。とくに一二〜五・一九〜二二頁

（4）行橋市史編纂委員会編『行橋市史　上巻』行橋市、二〇一五年、四六八〜七一頁。京都平野の首長墓の変遷は、同書、四六八〜七九頁にまとめられている。

（5）古谷真人・宇野愼敏「行橋市・八雷古墳の再検討」（『古文化談叢』第八五集、二〇二〇年）二〇〇〜二頁

（6）吉村靖徳『九州の古墳』海鳥社、二〇一五年、五六〜七頁
（7）九州歴史資料館編『東九州自動車道関係埋蔵文化財調査報告第二集　福岡県行橋市延永ヤヨミ園遺跡Ⅱ区の調査1』二〇一二年、七三頁。同編『延永ヤヨミ園遺跡Ⅲ区Ⅱ（第1分冊）一般国道201号行橋インター関連関係埋蔵文化財調査報告第5集』二〇一五年、二二二頁
（8）篠川賢『物部氏　古代氏族の起源と盛衰』吉川弘文館、二〇二一年、一七四〜五頁
（9）財団法人北九州市教育文化事業団埋蔵文化財調査室編『北九州市埋蔵文化財調査報告書二三五集　長野角屋敷遺跡』一九九九年、三一〜三頁
（10）小長谷の地名比定および椹田勝や宇佐八幡宮の京都郡・仲津郡への進出については、大高広和「木簡からみた西海道の軍事と交通」（『木簡研究』第四二号、二〇二一年）二六〇・二六二〜六頁を参照。
（11）前掲註（4）『行橋市史　上巻』四五七〜六七頁
（12）新川登亀男「国と評の成立」（大分県総務部総務課編『大分県史　古代篇Ⅰ』大分県、一九八二年）一一四頁。柴田博子「令制日向国の成り立ちと大隅・薩摩」（坂上康俊編『古代中世の九州と交流』高志書院、二〇二二年）七四頁
（13）平野邦雄「九州における古代豪族と大陸」（松本雅明監修・福岡ユネスコ協会編『九州文化論集1古代アジアと九州』平凡社、一九七三年）二五二頁
（14）小嶋篤「嘉穂型埴輪の研究」（『埴輪論叢』八、二〇一八年）六六〜八頁は、古墳時代後期に作られた九州のⅣ群系埴輪である嘉穂型埴輪の技術系統を検討し、嘉穂型埴輪は遠賀川上流域で高密度に分布し、西の穂波川流域に展開する系列と、東の彦山川流域に展開する系列の二系統で構成されている。彦山川流域の系統の埴輪は豊後高田市の猫石丸山古墳からも出土し、豊前国の範囲で発見されている。
（15）九州歴史資料館編『東九州自動車道関係埋蔵文化財調査報告第一三集　福原長者原遺跡第3次調査　福原寄原遺跡第2・3次調査』二〇一四年、八・一三〇〜三頁
（16）前掲註（12）柴田論文、七六頁は、立評が遅れていた大隅・薩摩地域のうち、大隅地域は七世紀末までに評を立て、大宝律令施行に伴って日向国に組み入れられ、薩摩地域は、大宝二年（七〇二）に薩摩国を建国するまでほとんど立評ができておらず、いずれの令制国の領域内にもなかったとした。志方正和「九州諸国の成立—造籍を論拠として—」（『芸林』一三巻五号、一九六二年）三九頁は、肥国は肥前、肥後の全域をしめるものではなく、肥後が肥国とし、小嶋篤「火国の領域設定

と鞠智城」（熊本県教育委員会編『鞠智城と古代社会―第九号―』二〇二一年）七二～三頁も、古墳時代後期以降の火国は肥前領域と肥後領域で主たる古墳構築技術が異なることを指摘した。服部一隆「房総三国の成立について」（『千葉史学』七五号、二〇一九年）二二～三頁は、小規模な国造が多かった房総半島を「ふさ」というまとまりに統合しようとしたとする。右島和夫「古墳時代の毛野・上毛野・下毛野を考える」（右島和夫・若狭徹・内山敏行編『季刊考古学・別冊17古墳時代毛野の実像』二〇一一年）一〇頁は、後の上毛野と下毛野をあわせた毛野の地域圏は歴史的に存在せず、後の上毛野と呼ばれる地区が毛野と呼ばれていたとする。須永忍「毛野の地域像」（吉村武彦編『律令制国家の理念と実像』八木書店、二〇二二年）一八六～七頁も上毛野が毛野であったことを承認した上で、五世紀後半頃、王権が新たに緊密な関係を構築した栃木県宇都宮市の笹塚古墳の勢力を隣接する毛野に併合したとし、六世紀初頭の火山災害によってダメージを受けた上毛野の再編と下毛野の勢力拡大により、上毛野と下毛野が分割されたとする。

(17)　向井一雄「国府と古代山城」（大橋泰夫・江口桂編『季刊考古学・別冊37古代国府の実像を探る』雄山閣、二〇二二年）一二二～四頁

(18)　赤司善彦「古代山城の倉庫群の形成について―大野城を中心に―」（高倉洋彰編『東アジア古文化論攷2』中国書店、二〇一四年）三九七・四〇一～二頁は、大野城・基肄城の三×五間の礎石倉庫群が八世紀前半から建設され、この倉庫群が稲穀等を収納する倉であることを指摘する。その上で、この倉庫群が八世紀前半に整備されたのは、古代山城に膨大に蓄積された稲穀は、対外的な非常事態への備えであるだけでなく、西海道の地域支配に不可欠な不動穀としての性格を備えていたからとする。肥後国菊池城院（鞠智城）には兵庫とともに不動倉があり（『日本文徳天皇実録』天安二年［八五八］六月己酉条）、松川博一「律令制下の大宰府と古代山城」（『九州歴史資料館研究論集』四三、二〇一八年）二七～八・三一頁（同著『古代大宰府の政治と軍事』に収録）は、大宰府の軍事や外交に対する、万が一の蓄えや備えとして、大野城・基肄城や鞠智城など大宰府管内の古代山城に、有事の際に必要な武器・武具を納める兵庫や、兵粮はもとより非常時の公粮、さらには財源を蓄える不動倉などの倉庫が設けられたことを指摘する。熊本県教育委員会が推進する鞠智城に関する若手研究者支援の研究成果でも、鞠智城など古代山城の地域支配拠点の機能に注目する成果がみられる。鞠智城については隼人支配政策など南九州の統治に対する支援の機能を指摘する見解もある。菊池達也「律令国家成立期における鞠智城―『繕治』と列島南部の関係を中心に―」（『律令国家の隼人支配』同成社、二〇一七年、初出二〇一四年）五四頁、近藤浩一「新羅との外交・交流史からみた肥後鞠智城―Ⅰ期後半～Ⅱ期に対する再検討―」（熊本県教育委員会編『鞠智城と古代社会―第四号―』

二〇一六年）八六・一一〇～一頁、近江俊秀「律令国家の誕生と鞠智城」（『同―第六号―』二〇一八年）九二～三頁、柿沼亮介「古代国家による辺境支配と鞠智城の機能の変質の相関」（『同―第九号―』二〇二一年）四二～三頁、垣中健志「地域社会からみた鞠智城―八世紀から十世紀を中心に―」（『同―第十号―』二〇二二年）四二～三頁など。なお堀江潔「鞠智城『繕治』の歴史的意義」（前掲註（12）『古代中世の九州と交流』）三六～七頁は、『続日本紀』文武天皇二年（六九八）五月甲申条にみえる、大宰府に命じて大野城・基肄城・鞠智城を繕治させたことを論じる際に、鞠智城の役割についての先行研究を整理している。

（19）九州歴史資料館編『大宰府外郭線Ⅰ』二〇二三年、二七七～八頁

（20）前掲註（19）九州歴史資料館報告書、一〇～一頁。朴淳發「東アジア都城制からみた百済の都城」（水城・大野城・基肄城１３５０年記念事業実行委員会編『水城・大野城・基肄城１３５０年記念式典・シンポジウム発表資料集』二〇一四年）五〇～一頁は、文献史料の検討により、中国が自国の都城外郭において「羅城」という用語を使用したのは、九七四年に完成した『旧五代史』で宋の東京城（開封）の外郭城を「羅城」と呼んだところからで、「羅城」という用語の起源も五胡十六国時代の非漢族都城である夏の統万城と後涼・北涼交替期の段業（北涼の初代王）の都城駱駝城などと同様宮城と直接並列した外郭を「羅城」と特称していたとし、内外城並列構造となるものだけを羅城とし、内城外郭型都城は「外郭」と命名するのが望ましいとする。そして泗沘都城の外郭が建設された時期には「羅城」という用語自体登場していないことも指摘する。朴氏の説をふまえて、赤司善彦「東アジアの外郭線」（前掲註（19）九州歴史資料館報告書）一九八・二〇四～五頁も、泗沘都城の外郭に羅城の名称を用いるのは適切でないとし、また泗沘都城の外郭は「半月城」と形容される通り、北と東の半月形で全体を囲繞していないことを指摘した。

（21）筑紫野市教育委員会編『前畑遺跡第13次発掘調査　土塁状遺構の発掘調査　筑紫野市文化財調査報告書第一一二集』二〇二〇年、九〇・一一五・一一八頁。同編『前畑遺跡　重要遺跡確認調査　筑紫野市文化財調査報告書第一二二集』二〇二一年、一〇・三七・五一～二頁

（22）田平徳栄「基肄城考」（九州歴史資料館編『九州歴史資料館開館十周年記念　大宰府古文化論叢　上巻』吉川弘文館、一九八三年）七〇四～六頁。前掲註（19）九州歴史資料館報告書、一六～七頁によると、関屋土塁は、佐賀県三養基郡基山町大字小倉・宮浦に所在する土塁状遺構である。一九六八年当時は西側を鉄道路線で切られた状態の土塁が、長さ二〇メートルほど残っていた。土塁は北に急傾斜し南に低い段を持っていたことから北向きに設置されたと推察され、基底からの高さ

は四・八メートル、長さ二〇メートル、段の幅は一五メートル程度と計測されている。この場所は肥前、筑後より大宰府に通ずる要路で、関屋という地名が伝えられていることも関連して、防衛目的の構築物が施工されたものであり、土塁線が北向きであることから肥前国の守りを目的としたもの、という考察がなされている。本来は千塔山と城ノ上丘陵の間約二七五メートルを接合するように造られていたとされる。また同書、一七頁によると、とうれぎ土塁は、佐賀県三養基郡基山町大字宮浦に所在する。関屋土塁の西端に取り付く千塔山丘陵から、さらに西側にあり、基肄城水門跡（南門跡）から約二・五キロメートル南東に位置する。

(23) 小鹿野亮「大宰府の東―御笠の平野と宝満川、大宰府東境界考―」（大宰府史跡発掘五〇周年記念論文集刊行会編『大宰府の研究』高志書院、二〇一八年）四八五～九・四九五～八頁。前掲註（21）筑紫野市教育委員会報告書、第一二二集、五六～八頁

(24) 森公章「鞠智城『繕治』の歴史的背景」（『史聚』五〇号、二〇一七年）三二二～三頁。前掲註（18）堀江論文、四七頁は三野城と稲積城の所在地について、博多湾岸説と南九州説を整理した上で、三野城と稲積城が南九州に所在したとし、稲積城は南九州の国制施行に反対する勢力に対する対策の拠点とする。そして文武朝には鞠智城・三野城・稲積城は陸上交通で結ばれており、鞠智城・三野城は、稲積城の活動円滑化のための後方支援基地の機能を期待されたと捉える。

(25) 井上辰雄『隼人と大和政権』学生社、一九七四年、一三六頁。永山修一「隼人と律令制」（坪井清足・平野邦雄監修『新版［古代の日本］第三巻 九州・沖縄』角川書店、一九九一年）一六四～五頁

(26) 前掲註（23）小鹿野論文、四八八頁

(27) 松川博一「大宰府官司制論―被管官司の検討を中心に―」（前掲註（23）『大宰府の研究』）六六～九頁（同著『古代大宰府の政治と軍事』に収録）

(28) 石松好雄「大宰府庁域考」（前掲註（22）『大宰府古文化論叢 上巻』）二二六～八頁、第5図大宰府府庁域図

(29) 竹内理三「大宰府政所考」（『竹内理三著作集 第四巻 律令制と貴族』角川書店、二〇〇〇年、初出一九五六年）五一三頁

(30) 前掲註（27）松川論文、五六～六六頁。蔵司と匠司の管轄分担については、同論文、六一～三頁を参照。

(31) 井上信正「大宰府条坊論」（前掲註（23）『大宰府の研究』）四六三～七二頁

(32) 小田富士雄「成立期大宰府都城調査の成果と検討」（前掲註（23）『大宰府の研究』）二七～八頁

（33）小田和利「大宰府出土の陶硯について」（前掲註（23）『大宰府の研究』）六三一～九頁

（34）髙倉洋彰「大宰府官衙の所司比定」（機関誌『都府楼』編集委員会編『都府楼』第五一号、二〇二〇年）七二～七頁

（35）下原幸裕「軒瓦からみた八世紀前半の大宰府関連施設の整備」（前掲註（23）『大宰府の研究』）五八九～九二頁が、軒瓦の整理をもとに、大宰府とその関連施設の造営過程を明らかにしている。

（36）進村真之「蔵司地区官衙跡の調査成果」（機関誌『都府楼』編集委員会編『都府楼』第五二号、二〇二一年）一二二～五頁。九州歴史資料館編『大宰府政庁周辺官衙跡XIV―蔵司地区丘陵部編　上巻・下巻―』二〇二四年。蔵司地区の遺構変遷全体に対する筆者の理解は、拙稿「文献史料からみた蔵司」（『同』下巻）三九九～四一〇頁を参照。

（37）菅波正人「鴻臚館の成立と変遷」（前掲註（23）『大宰府の研究』）八八頁

（38）北村安裕「日本古代における土地支配体制の特質と形成過程」（『歴史学研究』九六二、二〇一七年）五〇頁

（39）天平勝宝七歳（七五五）五月七日相模国司牒・同年十一月十三日相模国司牒・同八歳二月六日相模国朝集使解（『大日本古文書　編年文書　巻之四』五八・八三・一一四頁）

（40）松川博一「出土文字資料からみた大宰府」（『古代都市大宰府の研究―出土文字資料と文学作品からみた大宰府の諸相―課題番号二六三七〇七八五　平成26～29年度科学研究費補助金　基盤研究（C）「古代都市大宰府の復元的研究」研究成果報告書』九州歴史資料館、二〇一八年）四一～二頁

（41）倉住靖彦「史料83『続日本紀』神護景雲二年十月甲子条（解説）」（太宰府市史編集委員会編『太宰府市史　古代資料編』太宰府市、二〇〇三年）二九五頁

初出一覧

本論文の各章の初出論文は下記の通りである。初出論文発表後の研究動向やそれにともなって私見を改めた箇所は、註で初出論文との異同を記した。また大幅な加筆・修正を行った論文は、本文および註に私見の修正・補足を組み込んでいる。

序章　大宰府成立史への本書の視点（新稿）

第Ⅰ部　九州の古代豪族と倭王権

第一章　古墳群からみた九州の古代豪族と倭王権（「筑紫諸国と南島」吉村武彦他編『シリーズ地域の古代日本　筑紫と南島』角川選書、二〇二二年に加筆・修正）

第二章　那津官家修造記事の再検討（「那津官家修造記事の再検討」『日本歴史』七二五、二〇〇八年）

第三章　筑紫国造の地域支配―筑紫君と胸肩君、水沼君の動向を中心に―（「筑紫国造と評の成立」大宰府史跡発掘五〇周年記念論文集刊行会編『大宰府の研究』高志書院、二〇一八年の第一・二章と「第一章第五節『神郡宗像』の成立と変遷」新修宗像市史編集委員会編『新修宗像市史　いくさと人びと』宗像市、二〇二二年、「第一章第三節第三項　記紀に見える宗像大神」同編『新修宗像市史　祈りとまつり』宗像市、二〇二四年を統合し、加筆・修正）

第四章　倭王権の九州支配と筑紫大宰の派遣（「倭王権の九州支配と筑紫大宰の派遣」『九州歴史資料館研究論集』三四、二〇〇九年）

第Ⅱ部　筑紫における大宰府の成立

第五章　筑紫における総領について（「筑紫における総領について」『九州歴史資料館研究論集』四一、二〇一六年）

第六章　筑紫大宰と筑紫総領―職掌と冠位の再検討―（「筑紫大宰と筑紫総領―職掌と冠位の再検討―」吉村武彦編『律令制国家の理念と実像』八木書店、二〇二二年に加筆・修正）

第七章　朝倉橘広庭宮名号考（「朝倉橘広庭宮名号考」吉村武彦編『日本古代の国家と王権・社会』塙書房、二〇一四年）

第八章　文献史料からみた古代の水城（「文献史料からみた古代の水城」九州歴史資料館編『水城跡　下巻』二〇〇九年）

第九章　大宰府と大野城（「大宰府と大野城」九州歴史資料館編『特別展　四王寺山の1350年―大野城から祈りの山へ―』二〇一五年に加筆・修正）
第十章　大野城跡出土柱根刻書再考（「大野城跡出土柱根刻書再考」『九州歴史資料館研究論集』四二、二〇一七年）
第十一章　筑紫における評の成立（「筑紫国造と評の成立」大宰府史跡発掘五〇周年記念論文集刊行会編『大宰府の研究』高志書院、二〇一八年の第三章に加筆・修正）
第十二章　大宰府成立期の木簡―七世紀木簡を中心に―（「大宰府成立期の木簡―七世紀木簡を中心に―」『木簡研究』第四二号、二〇二一年）
終章　大宰府成立史のまとめと課題
第一節　大宰府成立史研究の成果（「九州北部の豪族と筑紫大宰」『九州国立博物館アジア文化交流センター研究論集　第2集　大宰府史跡指定100年と研究のあゆみ』九州国立博物館・福岡県立アジア文化交流センター、二〇二一年）
第二節　大宰府成立史と九州における律令制形成史研究の課題（新稿）

あとがき

本書は、二〇二三年度に明治大学大学院文学研究科に提出した博士学位請求論文「大宰府成立過程の研究」に補訂を加えて書籍化したものである。御多忙の中、審査をお引き受けいただいた、主査の中村友一准教授、副査の高橋一樹教授および、佐藤信東京大学名誉教授の諸先生方には、心より感謝を申し上げる。

私が生まれ育ったのは、千葉県北東部の農村であり、伝統的な地域社会のコミュニティーが息づいていた。大正生まれの祖父母や明治生まれの大伯父・大伯母と一緒に暮らしていた私には、明治・大正時代、さらに江戸時代は現在と地続きに感じられた。おのずと古いものに親しみがあり、小学三・四年生頃には歴史が好きになっていた。小学六年生以降は東京に移り住んだが、高校時代は歴史研究部に所属し、大学進学にあたっても、明治大学文学部の日本史学専攻を選んだ。

高校一年生の冬に昭和天皇の死去前後の社会状況を経験し、天皇制に興味を抱いたので、明治大学では、天皇制が生まれた日本古代史を専攻した。大学二年生の史籍講読で根本誠二先生から古代史の史料読解の手ほどきをしていただいた後、三年生から大学院まで、吉村武彦先生から本格的に古代史研究の御指導を受けた。学部では『続日本紀』、大学院では『令集解』をテキストとし、律令制そのものと、律令制が機能していた奈良時代の歴史を研究する方法を集中的に学んだ。飛鳥時代以前を研究するにしても、平安時代を研究するにしても、日本古代史を研究するには、まず基本として律令制の研究方法を十分に身に付ける必要があることを徹底して教えていただいたのである。

卒業論文は当初、古代天皇制と密接に関係する摂関政治のはじまりに取り組もうと考えたが、吉村先生から、まず政治制度の研究をしっかりするべきだと御指導をいただき、官奏という太政官政務の成立過程を追及した。大学院に進学後は、古代国家が専制国家か、畿内貴族制国家かという古代史の重要な争点に関係する、天皇と太政官合議制の解明に取り組んだ。中央諸官司の日常政務や、国司の地方支配の現実から提起されてくるさまざまな案件に対して、天皇と太政官の間でいかに政策が国家意思として定立されるのかという視点から、この研究史上の大問題に立ち向かおうとした。しかし当時の私には手に余る問題で、修士論文は書き上げたが、十分なものではなかった。

大学院在学中には、古記録のゼミで山中裕先生、加藤友康先生に御指導いただいた。山中先生には、夏の京都での『御堂関白記』の講義に参加させていただいた他、明治大学の兼任講師を辞されて後も、毎月、金沢文庫の御自宅に大学院の先輩方とお邪魔し、『御堂関白記』の講読を続けさせていただき、大変にお世話になった。後年、九州国立博物館（九博）に在籍した際、最後に担当した特別展が陽明文庫の展覧会であり、図録をお送りしたが、入院されていた先生にお届けすることがついに叶わなかったのは痛恨事である。展覧会が終わり、陽明文庫にすべての借用資料をお返ししたその日が、奇しくも山中先生の御命日であったことを後に知った。加藤先生には、授業の他にも、『北山抄　吏途指南』など平安時代の地方支配に関する史料を読む会に参加させていただき、先生や他の出席者の方々から古代国家の地方支配について多くのことを教えていただいた。加藤先生には、その後も今日に至るまで、さまざまなことでお世話になっている。この会の出席者で、明治大学大学院でともに学び、古代国家の地方支配研究を牽引している渡辺滋氏は、後に現在の私が暮らす福岡県の隣県の山口県立大学に赴任された。私にとっては頼もしい味方である。また院生時代に出会い、奈良国立博物館に勤められた野尻忠氏が昨年、九博にこられたのも心強い限りである。

この他、吉村先生が主宰する月例の『令集解』研究会や吉村ゼミの懇親会をはじめ、ゼミの先輩である河内春人氏や服部一隆氏に誘われて参加した、歴史学研究会（歴研）の日本古代史部会、古代史サマーセミナーで、各地の研究者や他大学の大学院生の皆さんと出会うことができた。『令集解』研究会やゼミの懇親会では、大町健氏、川尻秋生氏、高島英之氏、伊藤循氏、森田喜久男氏、三舟隆之氏、荒井秀規氏など吉村先生ゆかりの方々や明治大学の先輩の方々、歴研日本古代史部会では、大会や例会で、中村順昭氏、服藤早苗氏、荒木敏夫氏、仁藤敦史氏、佐藤長門氏、平野卓治氏、田中史生氏、富井修氏、中野高行氏から、たくさんの御教示をいただき、部会運営委員会では、ともに院生として、河内氏・服部氏の他、黒瀬之恵氏、井内誠司氏、亀谷弘明氏、三原康之氏、村上史郎氏といった皆さんとともに、大会や例会の運営に携わった。古代史サマーセミナーでは、後にお世話になる坂上康俊先生、三上喜孝氏、市大樹氏との出会いがあった。一九九九年の柳川市でのサマーセミナーでは、後に同僚となり、ともに大宰府研究に従事することになる松川博一氏と出会い、大宰府常備軍の口頭発表を拝聴した。松川氏とはここ十年来、日々、大宰府について語り合い、多大な学恩をいただいており、感謝に堪えない。

歴研日本古代史部会は、一九九七年度歴研大会の古代史部会で亀谷弘明氏を中心に、古代社会の多様性を「地域」の視角から解明しようとするシンポジウム「古代の地域社会と国家」を実施した。地域社会の多様な実態から、古代国家と地域社会の双方向関係を問う視点は、私にとって大きな魅力であった。地域社会の研究から、天皇と太政官制を再検討できないかとも考えた。しかし具体的な地域をフィールドとして選ぶことができず、着手は困難に思えた。

しかし、意外なことに転機が訪れる。二〇〇一年五月、福岡県教育委員会が九州歴史資料館（九歴）の日本古代史専門の学芸員を募集したのである。就職して専門職として研究を続けていきたいと考えていた私は、採用試験を受験し、幸いに採用していただいた。当初は、亡くなられた前任者の倉住靖彦氏の研究成果を学ぶことに専念したが、大宰府史跡出土木簡の保存管理と、刊行準備が進められていた大宰府政庁跡の正式報告書に掲載する木簡の正報告は、待ったなしであり、同期で福岡県国立博物館対策室の学芸員となった松川博一氏を手伝い、不案内な木簡の調査研究に取り組むことになった。その際に、山口大学の橋本義則先生に御教示をいただくことになり、また松川氏のお誘いで月に一度、橋本先生が開かれていた『唐両京条坊考』を読む会にも参加させていただいた。橋本先生は、卒業論文で政務研究を扱って以来の憧れの研究者であり、お目にかかれたのが、とにかく嬉しかった。先生の厳密な史料の読解への姿勢に接し、感銘を受けた。残念ながら御逝去され、何も学恩をお返しできなかったのが悔やまれる。

九歴では、寺社の文化財調査、出土文字資料の調査、文化財の展示、博物館の教育普及など経験したことのないさまざまな業務に従事することになった。寺社の文化財調査はまったく経験がなく、先輩学芸員で美術史を専門とする井形進氏の姿勢から多くを学んだ。九歴で本格的な特別展・企画展を担当することがないまま、二〇〇九年度から九博に異動することになり、初めて担当した宝満山の展覧会では、展示室の空間構成に悩み、井形氏に相談に乗っていただいた。後に九州の山岳信仰の展覧会も担当したが、その際にも展示の内容から九州各地の霊山の御尊像の借用・展示まで大変にお世話になった。なお、これが契機となり、太宰府市から小郡市に移転した九歴に二〇一四年度に戻ってからも、九歴に事務局がある九州山岳霊場遺跡研究会の事務局員として、九州の山岳信仰の研究に関わり、森弘子先生や事務局の中心となっていた岡寺良氏から、私が門外漢だった山岳信仰について学ぶ機会を与えていただき、大変にありがたかった。考古学の専門職の方では、とくに九博で赤司善彦氏から大野城や基肄城、九歴で小田和利氏から大宰府政庁周辺官衙や朝倉宮、小嶋篤氏から九州の古墳時代について、折に触れ、貴重なお話をうかがえた。

私の古代大宰府研究は、木簡、墨書土器、刻書土器、漆紙文書など大宰府史跡出土の文字資料の調査研究から始まった。とくに木簡は、保存管理の実務について、かつて大学院進学時の日本史関係卒業論文発表会で出会い、その後、奈良文化財研究所（奈文研）に就職された畏友馬場基氏に初歩から御指導いただいた。馬場氏からの御教示をもとに、九歴の保存科学担当職員である加藤和歳氏の協力を受けながら、大宰府史跡出土木簡の保存管理に取り組んだ。また渡辺晃宏氏には全国の木簡所蔵機関の担当者が年に一度、奈文研に集まる会議「木簡ワークショップ」に何度もお呼びいただき、木簡所蔵機関の方々と議論を共有できた。木簡の調査でも、渡辺氏、馬場氏を始め市大樹氏、山本崇氏、浅野充氏、山本祥隆氏、桑田訓也氏など奈文研の皆様には多大な御協力を賜っており、深く感謝を申し上げる。このほか、一人一人お名前を挙げえないが、九州の寺社をはじめとする御所蔵者の皆様、自治体の文化財専門職の皆様には、日頃から大変お世話になっており、厚く御礼を申し上げる。

大宰府出土木簡の研究成果を大宰府史跡の正式報告書に執筆する過程で、地方官衙として突出した大宰府の存在を実感し、その本質を知るために、大宰府の成立過程を明らかにする必要を痛感した。何より九州の風土と歴史、そこに暮らす人々がもつ魅力が、九州の歴史を解明することに大きな意欲を与えてくれた。遅々とした歩みであったが、少しずつ研究を進め、ようやく成ったのが本書である。二十年近くをかけた割には、成果は微々たるもので恥じ入る次第である。吉村先生からは、博士論文を書くように何度も御催促をいただきながら、遅きに失した提出で、誠に申し訳ない限りである。本書が倭王権と九州の古代豪族との関係から、大宰府成立を検討した視点は、九州の古代地域史研究を推進してこられた長洋一先生と田中正日子先生からいただいた学恩による。大宰府史跡調査研究指導委員会委員の小田富士雄先生、西谷正先生、八木充先生、狩野久先生、山中章先生、佐藤信先生、増渕徹先生、坂上康俊先生、亀田修一先生、森公章先生から、また九歴協議会委員の柴田博子先生から貴重な御教示を賜ったことに、厚く御礼を申し上げる。

本書が古代史選書の一冊として刊行されるのは、佐藤信先生、舘野和己先生、小口雅史先生の御推薦によるものであり、深く感謝を申し上げる。また御依頼後、長い年月を費やした本書を寛容にお待ち下さった同成社の佐藤涼子様と山脇あや様、編集を担当いただいた工藤龍平様と一木光子様にも厚く御礼を申し上げる。なお、本書は、二〇二四年度　明治大学大学院文学研究科　学生研究奨励（成果公開促進）基金の助成を受けて出版されたものである。

最後に私事にわたり恐縮であるが、歴史研究の道に進むことを許容してくれた両親の博司と美智子、そして誰よりも、吉村先生の御指導の下でともに日本古代史を学び、時にくじけそうになる私の博士論文の執筆を励まし続け、執筆作業への助力を惜しまず、今日に至るまで人生をともに歩んでくれている妻の理恵子に心より感謝を捧げる。

二〇二四年七月

酒井芳司

索　　引

――件名――

―あ　行―

―か　行―

―さ 行―

―た 行―

―な　行―

—は　行—

—ま　行—

—や　行—

—ら　行—

——人名——

—あ　行—

—か　行—

―さ　行―

―た　行―

―な　行―

―は　行―

大宰府《だざいふ》の成立《せいりつ》と古代豪族《こだいごうぞく》

■著者略歴■

酒井芳司（さかい・よしじ）

1972年　千葉県生まれ

2003年　明治大学大学院文学研究科史学専攻博士後期課程中退

その後、明治大学文学部助手、九州歴史資料館主任技師・学芸員、九州国立博物館主任研究員、九州歴史資料館企画主査・学芸員を経て、

現　在　九州歴史資料館参事補佐・学芸員、博士（史学）

［主要著作論文］

「太政大臣の職権について―太政官政務統括の実態から―」『古代文化』第51巻第1号、1999年

「律令太政官合議制の機能と展開」『明治大学人文科学研究所紀要』第49冊、2001年

「大宰府・水城」森公章編『史跡で読む日本の歴史3古代国家の形成』吉川弘文館、2010年

「九州地方の軍事と交通」舘野和己・出田和久編『日本古代の交通・交流・情報1制度と実態』吉川弘文館、2016年

「宝満山祭祀の創始と展開」九州山岳霊場遺跡研究会・九州歴史資料館編『第11回九州山岳霊場遺跡研究会「宝満山の古代山岳信仰」資料集』2021年

2024年10月25日発行

著　者　酒井芳司

発行者　山脇由紀子

印　刷　藤原印刷㈱

製　本　㈱積信堂

発行所　東京都千代田区平河町1-8-2
山京半蔵門パレス（〒102-0093）
TEL 03-3239-1467　振替 00140-0-20618
㈱同成社

ISBN978-4-88621-991-6 C3321

古代史選書

①古代瀬戸内の地域社会　松原弘宣　八〇〇〇円
②天智天皇と大化改新　森田　悌　六〇〇〇円
③古代都城のかたち　舘野和己編　四八〇〇円
④平安貴族社会　阿部　猛　七五〇〇円
⑤地方木簡と郡家の機構　森　公章　八〇〇〇円
⑥隼人と古代日本　永山修一　五〇〇〇円
⑦天武・持統天皇と律令国家　森田　悌　五〇〇〇円
⑧日本古代の外交儀礼と渤海　浜田久美子　六〇〇〇円
⑨古代官道の歴史地理　木本雅康　七〇〇〇円
⑩日本古代の賤民　磯村幸男　五〇〇〇円
⑪飛鳥・藤原と古代王権　西本昌弘　五〇〇〇円
⑫古代王権と出雲　森田喜久男　五〇〇〇円
⑬古代武蔵国府の成立と展開　江口　桂　八〇〇〇円
⑭律令国司制の成立　渡部育子　五五〇〇円
⑮正倉院文書と下級官人の実像　市川理恵　六〇〇〇円
⑯古代官僚制と遣唐使の時代　井上　亘　七八〇〇円
⑰日本古代の大土地経営と社会　北村安裕　六〇〇〇円
⑱古代天皇制と辺境　伊藤　循　八〇〇〇円
⑲平安宮廷の儀式と天皇　神谷正昌　六〇〇〇円
⑳律令国家の軍事構造　吉永匡史　六〇〇〇円
㉑古代王権の宗教的世界観と出雲　菊地照夫　八〇〇〇円
㉒古代貴族社会の結集原理　野口　剛　六〇〇〇円
㉓律令財政と荷札木簡　俣野好治　六〇〇〇円
㉔古代信濃の地域社会構造　傳田伊史　七五〇〇円
㉕古代国家成立と国際的契機　中野高行　七〇〇〇円
㉖古代都城の形態と支配構造　古内絵里子　五〇〇〇円
㉗律令国家の隼人支配　菊池達也　六〇〇〇円
㉘古代国家と北方世界　小口雅史編　七五〇〇円
㉙日本古代の駅路と伝路　木本雅康　六〇〇〇円
㉚律令制と日本古代国家　小口雅史編　七五〇〇円
㉛隼人と日本書紀　原口耕一郎　五五〇〇円
㉜平安時代の政治秩序　戸川　点　七〇〇〇円
㉝日唐賤人制度の比較研究　榎本淳一　五〇〇〇円
㉞古代東アジア史料論　小口雅史編　八〇〇〇円
㉟古代氏族と地方寺院　三舟隆之　八〇〇〇円
㊱平安貴族社会と技能官人　高田義人　六〇〇〇円
㊲能登・加賀立国と地域社会　森田喜久男　五〇〇〇円
㊳古代律令国家と神祇行政［OD版］　小倉慈司　一〇〇〇〇円
㊴仏都平泉の造営と構造　佐藤嘉広　六五〇〇円
㊵上野国交替実録帳と古代社会　前澤和之　八〇〇〇円
㊶古代城柵と地域支配　八木光則　八〇〇〇円
㊷古代山陰と東アジア　大日方克己　七〇〇〇円
㊸日本古代宮都と中国都城　村元健一　五五〇〇円
㊹古代環日本海地域の交流史　小嶋芳孝　八五〇〇円
㊺古代大宰府の政治と軍事　松川博一　八〇〇〇円
㊻古代大和の王宮と都城　小澤　毅　七〇〇〇円
㊼古代出雲の氏族と社会　武廣亮平　七五〇〇円
㊽古代郡司と郡的世界の実像　森　公章　八五〇〇円

（すべて本体価格）